마르크스의 유령들

SPECTRES DE MARX
DE JACQUES DERRIDA

Copyright © EDITIONS GALILÉE 1993
All rights reserved.
Korean translation copyright © GREENBEE PUBLISHING CO. 2014
Korean translation rights arranged with EDITIONS GALILÉE through EYA(Eric Yang Agency).

프리즘 총서 014
마르크스의 유령들

초판 1쇄 발행 2007년 9월 29일
2판 1쇄 발행 2014년 8월 20일
2판 2쇄 발행 2017년 6월 20일

지은이 자크 데리다 | **옮긴이** 진태원

펴낸곳 (주)그린비출판사 | **펴낸이** 유재건 | **등록번호** 제2017-000094호
주소 서울시 마포구 와우산로 180, 4층 | **전화** 02-702-2717 | **이메일** editor@greenbee.co.kr

ISBN 978-89-7682-418-9 93160
이 도서의 국립중앙도서관 출판시도서목록(CIP)은 서지정보유통지원시스템 홈페이지(http://seoji.nl.go.kr)와 국가자료
공동목록시스템(http://www.nl.go.kr/kolisnet)에서 이용하실 수 있습니다.(CIP제어번호: CIP2014022798)

마르크스의 유령들

자크 데리다 지음 | 진태원 옮김

프리즘총서 **014**

응B
그린비

마르크스의 유령들 : 채무 국가, 애도 작업 그리고 새로운 인터내셔널

이 저작은 캘리포니아 대학(UC Riverside)에서 1993년 4월 22일과 23일 두 차례의 회의에서 발표된 강연에 기원을 두고 있다. 당시 이 강연은 베른트 매그너스와 스티븐 컬린버그가 "마르크스주의는 어디로Whither Marxism?"라는 유희적이면서 애매한 제목 아래 조직한 국제 컬로퀴엄의 개막 강연이었다.[1] 이 제목은 분명 "마르크스주의는 어디로?"를 뜻하지만, 또한 "마르크스주의는 소멸하고wither 있는 중인가?"를 암시하고 있다.

이 텍스트는 증보되고 다듬어지긴 했지만, 강연의 논증 구조와 리듬, 구어 형식을 여전히 유지하고 있다. 주석은 물론 나중에 추가되었다. 새롭게 발전시킨 논의들은 '〔 〕'로 표시해 놓았다.

---

1) 이 컬로퀴엄 자료집은 다음과 같은 제목으로 출간되었으며, 데리다의 강연은 빠져 있다. Bernd Magnus & Stephen Cullenberg eds., *Whither Marxism?: Global Crises in International Perspective*, Routledge, 1995.

헌사

다른 이름을 위한 한 이름, 전체를 위한 한 부분. 우리는 항상 아파르트헤이트(인종격리정책)의 역사적 폭력을 하나의 환유로 취급할 수 있을 것이다. 아파르트헤이트의 과거와 마찬가지로 현재에서도. 우리는 항상 아파르트헤이트가 지닌 폭력의 독특성을 통해, 현재 세계에서 일어나고 있는 많은 폭력들을, 다양한 경로를 따라(응축, 전위, 표현이나 표상) 해독해 볼 수 있을 것이다. 부분이자 원인, 결과, 증상, 사례로서 저쪽에서 일어나는 일은, 이곳에서, 항상 이곳에서 —— 우리가 어디에 있든, 우리가 어디서 바라보고 있든 —— 집에서 좀더 가까운 이곳에서 일어나는 일을 번역해 준다. 무한한 책임, 곧 모든 형태의 떳떳한 양심에 대해 금지된 휴식.

하지만 우리는 결코 한 남자의 암살에 관해 한 인물에 대해 말하듯 말해서는 안 되며, 심지어 귀감의 논리에 따라, 깃발이나 순교의 수사법에 따라 본받을 만한 인물처럼 말해서도 안 된다. 한 남자의 삶, 그의 죽음만큼이나 유일한 이 삶은 항상 어떤 전형 이상일 것이며, 어떤 상징과 다른 것이리라. 그리고 이것이 바로 고유명사가 항상 명명하는 것이리라.

하지만. 하지만 이 점을 기억해 두면서, 여느 보통명사가 아닌 어떤 보통 명사에 의지해서, 나는 한 명의 폴란드 이민자와 공범들, 크리스 하니 Chris Hani의 암살범 모두가 며칠 전, 4월 10일에 살해한 그 사람은 **공산주의자 그 자체**라는 점, **공산주의자로서 공산주의자**라는 점을 환기해 두겠다. 암살범들은 자신들이 공산주의를 공격한 것이라고 선언했다. 이렇게 해서 그들은 협상을 중단시키고 한참 진행되고 있던 민주화를 방해하려 했다. 아파르트헤이트 반대 투쟁의 대중적인 영웅이었던 이 사람은, 모순에 빠져 있던 소수파 공산당에 다시 한 번 헌신하기로 결정한 뒤 아프리카국민회의ANC의 고위직 자리를 그만두었다. 아파르트헤이트에서 자유롭게 된 나라에서 아마도 앞으로 그가 맡게 될 공식적인 정치적 역할, 심지어 정부 관료 역할 역시 포기한 바로 그 순간에 갑자기, 위험스러운, 참을 수 없는 인물이 되어 버린 것 같다.

크리스 하니를 추모하고 이 강연을 그에게 바칠 수 있게 허락해 주기 바란다.

:: 차례

‖ 일러두기 ‖

1 이 책은 Jacques Derrida의 *Spectres de Marx*(Galilée, 1993)를 완역한 것이다. 이 책의 국역본 초판은 2007년에 이제이북스에서 출간되었으며, 본서에서는 독자의 편의를 위해 본문의 쪽수, 각주 위치 등을 가급적 이제이북스판과 일치시켰다.

2 이 책에서 논의되는 외서들 중 국역본이 있는 것들은 해당 번역본의 쪽수를 표시해 놓았다. 대개 국역본의 번역을 따랐지만 역자가 약간 수정한 곳들도 있다(수정한 곳을 지적하지는 않았다).

3 본문에는 데리다가 사용한 대괄호 〔 〕, [ ] 이외에도 역자가 독자들의 이해를 돕기 위해 제시한 다수의 대괄호 [ ]가 있다. 혼동을 막기 위해 역자가 추가한 부분에는 '—옮긴이'라고 표시해 두었다.

4 데리다가 중의적인 수사법적 표현을 많이 쓰기 때문에, 두 가지 이상으로 해석될 수 있는 구절에 대해서는 본문에 '/'으로 표시해 두었다.

5 데리다가 원문에서 그대로 인용하는 영어와 독일어 및 라틴어와 그리스어는 이 번역서에서도 그대로 인용했으며, 필요할 경우에는 번역을 해 두었다.

6 원서의 주석은 본문 뒤에 후주로 처리했으며, 옮긴이 주석은 각주로 처리했다.

7 단행본·정기간행물 등에는 겹낫표(『 』)를, 단편·논문 등에는 낫표(「 」)를 사용했다.

8 외국 인명, 지명 등은 2002년에 〈국립국어원〉에서 펴낸 '외래어 표기법'에 따라 표기했다.

머리말[2]

여러분들이나 나 가운데 어떤 한 사람이 앞으로 나와 말한다. 저는 마지막으로 사는 법을 배우고 싶습니다.

마지막으로, 그러나 왜?

사는 법을 배우기/가르치기Apprendre à vivre. 이상한 표어다. 누가 배우는가? 누구에게? 사는 법을 가르치기, 그러나 누구에게? 우리가 정말 알게 될까? 우리가 정말 사는 법을, 그 전에 먼저 "사는 법을 배우기"가 의미하는 것을 알게 될까? 그리고 왜 "마지막으로"인가?

맥락 바깥에서——하지만 맥락은 항상 열린 채 남아 있으며, 따라서 오류를 낳을 수 있고 불충분하다——그것 자체만 놓고 볼 때, 문장이 아닌 이 표어는 거의 이해 불가능한 문구를 이룬다. 더욱이 그 관용어는 어느 정도까지나 번역될 수 있을까?[3]

그럼에도 불구하고 또는 바로 그 때문에 이는 주인의/고압적인 magistrale 어법이다. 왜냐하면 주인의 입에서 나온 이러한 표어는 항상 폭력에 대하여 어떤 것을 말해 줄 것이기 때문이다. 그것은 되돌릴 수 없고 비대칭적인 전달 과정에 있는 화살처럼, 대부분 아버지로부터 아들에게,

---

2) "머리말"로 옮긴 "exordium"은 라틴 수사법 용어 중 하나로, 강연자가 말하게 될 여섯 부분 중 첫번째 부분이며, 여기서는 주로 강연의 주제나 진행 방식 등이 제시된다.
3) 프랑스어에서 "apprendre"는 "~을 배우다"는 뜻과 함께 "~을 가르치다"는 뜻도 포함하고 있다. 번역 가능성에 대한 데리다의 언급은 바로 이 점을 염두에 둔 것으로 보인다.

스승으로부터 제자에게, 또는 주인으로부터 노예에게 날아가는 화살처럼 울린다("나는 너에게 사는 법을 가르쳐 주려고 한다"). 따라서 이러한 전달은 **경험**으로서의 전달(사는 법을 배우는 것은 경험 그 자체가 아닌가?)과 **교육**으로서의 전달, **훈육**으로서의 전달 사이에서 머뭇거린다.

그러나 사는 법을 배운다는 것, 그것을 순전히 **자기 자신으로부터/자기 혼자서 배운다는 것, 자기 자신**에게 사는 것을 가르친다는 것("마지막으로 사는 법에 대해 배우고 싶습니다")은 살아 있는 존재자에게는 불가능한 것이 아닌가? 이는 논리 그 자체가 금지하는 것 아닌가? 산다는 것은, 말뜻만으로 볼 때 배우는 것이 아니다. 자기 자신으로부터 배우는 것도 아니며, 삶으로부터 배우는 것도, 삶이 가르쳐 주는 것도 아니다. 오직 타자로부터, 죽음을 통해서만 배울 수 있다. 어떤 경우든/어쨌든 타자로부터 삶의 가장자리에서. 내적인 가장자리 또는 외적인 가장자리에서, 그것은 삶과 죽음 사이에서 이루어지는 타자에 의한 교육hétérodidactique인 것이다.

하지만 어떤 것도 이러한 지혜보다 더 필수적이지는 않다. 자기 자신으로부터/자기 혼자서 사는 법을 배운다는 것은 윤리 그 자체다. 삶은 다르게 사는 법을 알지 못한다. 그리고 우리가 오직 자기 자신으로부터/자기 혼자서 사는 법을 배우는 것 말고 다른 어떤 일을 할 수 있겠는가? 그러므로 이것은 살아 있는 것으로 가정되어 있는 생명체에게는, 불가능하면서도 필수적인 기묘한 참여다. "사는 법을 배우고 싶습니다." 이것은 죽음과 마주하는 한에서만 의미를 지니고, **정의로울** 수 있다. 타자의 죽음으로서 내 죽음/내 죽음만이 아니라 또한 다른 사람의 죽음도.[4] 삶과 죽음 사이, 따라서 여기가 항상 정의롭게 말하는 척하는 교훈적 명령을 하는 장소다.

뒤따라 나올 내용은——도래할 것으로 남아 있어야 하는 것에 대해 알지 못하는 가운데 ——어두운 밤중에 이루어지는 시도처럼, 따라서 머리말에 대한 얼마간 일관된 분석을 위한 단순한 시도처럼 전개된다. "나는 사는 법을 배우고 싶습니다. 마지막으로." 마지막으로 무엇을.

만약 그것, 사는 법을 배우는 것이 수행되어야 할 것으로 남아 있다면, 그것은 단지 삶과 죽음 사이에서만 발생할 수 있다. 삶 속에서만도, 죽음 속에서만도 아니다. 둘 사이에서, 그리고 삶과 죽음 사이에서와 같이 우리가 좋아하는 모든 "둘" 사이에서 발생하는 것은 어떤 환영[5]과 함께함으로써만 그 자신을 유지할 수 있다/어떤 환영에 대해서, 어떤 환영과 함께 서로 이야기를 나눌 수 있을 뿐이다.[6] 그렇다면 반드시 혼령들esprits에 관해 배워야 할 것이다. 비록 그리고 특히 이것, 곧 유령이 존재하지 않는다 하더라도. 비록 그리고 특히 실체도 본질도 실존도 아닌 이것이 결코 그 자체로 현존하지 않는다 하더라도. "사는 법을 배우기"의 시간, 현존하는 교사가 없는 시간은 다음과 같은 것으로 귀착되는데, 머리말이 우리를 여기로 이끌어 오고 있다. 곧 유지하기/대화하기 과정에서, 동행이나 견습 과정에서, 환영

---

4) 이 구절은 "La mienne comme celle de l'autre"를 옮긴 것이다. 프랑스어 "comme"는 영어 "as"와 마찬가지로 자격의 의미(~로서)만이 아니라 비교, 유사성의 의미(~와 마찬가지로)도 지니고 있는데, 여기서는 이 두 가지 의미가 모두 활용되고 있다.

5) 이 책에는 유령이나 귀신을 가리키는 몇 가지 단어가 등장하는데, 우리는 이를 각각 다음과 같이 옮겨서 사용할 것이다. "fantôme" → "환영", "revenant" → "망령", "spectre" → "유령", "apparition" → "출현", "허깨비" 또는 "허깨비의 출현". 하지만 이 단어들은 모두 데리다가 말하는 "유령"을 나타내며, 질적인 차이를 지니고 있지는 않다. 다른 한편 "esprit"는 대부분 "정신"으로 옮겼지만, 문맥상 유령이라는 의미로 사용된 경우에는 "혼령"으로 옮겼다.

6) "어떤 환영과 함께함으로써만 그 자신을 유지할 수 있다/어떤 환영에 대해서, 어떤 환영과 함께 서로 이야기를 나눌 수 있을 뿐이다"의 원어는 "s'entretenir de quelque fantôme"이다. 프랑스어에서 "entretenir"는 "유지하다"는 뜻과 함께 "대화하다", "이야기하다"는 뜻도 지니고 있으며, 또한 "de quelque fantôme"은 "환영과 함께"로도 "환영에 대해"로도 이해될 수 있기 때문에, 이처럼 옮길 수 있다.

들과의 교류 없는 교류 과정에서, 환영들과 **함께** 사는 법을 배우는 것. 다르게, 더 낫게 살기. 아니 더 낫게 살기가 아니라 더 정의롭게 살기. 그러나 그들과 함께. 함께–존재하기 일반을 어느 때보다 더 우리에게 수수께끼처럼 만드는, 이러한 거기에 함께가 없이는 어떠한 타자와 함께–존재하기도, 어떠한 사회적 관계socius도 없다. 그리고 이러한 유령들과 함께 존재하기는 또한, 단지 그럴 뿐만 아니라 또한, 기억과 상속, 세대들의 **정치**일 것이다.

만약 내가 환영들과 상속에 대해, 세대들 및 환영들의 세대들에 대해, 곧 현존하지 않으며 우리에 대해서나 우리 속에서 또는 우리 바깥에서 현재 살아 있는 것들도 아닌 어떤 **타자들**에 대해 길게 말하려고 한다면, 이것은 정의正義의 이름으로 말하는 것이다. 아직 그것이 있지 않은 곳, 아직 그것이 **거기**에 있지 않은 곳에서, 그것이 더 이상 있지 않은 곳에서(그것이 더 이상 **현존하지**présente 않는 곳에서라고 이해하기로 하자), 그것이 결코 법loi이 아니며, 법/권리droit로 환원될 수 없는 곳에서 정의의 이름으로. 더 이상 존재하지 않는 타자들, 또는 아직 **거기**에 존재하지 않는, 현재 살아 있는 **것들**로 존재하지 않는 타자들 —— 이들이 죽은 이들이든 아직 태어나지 않은 이들이든 간에 —— 을 원칙적으로 존중하지 않는 어떠한 윤리도 어떠한 정치도 (혁명적인 정치든 아니든 간에) 가능하지 않고 사고 불가능해 보이는, 그리고 **정의롭지** 않은 것으로 보이는 순간부터, 환영에 대해, 심지어 환영에게 그리고 환영과 **함께** 말해야 한다. 모든 **현재 살아 있는 것**을 넘어서 있는, 현재 살아 있는 것을 이접離接시키는disjointe[7] 것 안에 있는, 아직 태

---

7) "이접"이나 "어긋남", "탈구", "탈궤" 등은 1장에서 햄릿의 "시간이 이음매에서 어긋나 있다The time is out of joint"를 다양하게 변주하면서 계속 등장하는 용어들이다. 그리고 이러한 이접, 어긋남과 정의 사이의 관계라는 주제는 이 책의 가장 중요한 주제 중 하나다.

어나지 않았거나 이미 죽은(그들이 전쟁의 피해자든 아니든 간에, 정치적 폭력이나 다른 폭력, 국민주의적·인종주의적·식민주의적·성차별적 절멸이나 다른 절멸의 피해자든 아니든 간에, 또 자본주의적인 제국주의나 모든 형태의 전체주의적 억압의 희생자든 아니든 간에) 사람들의 유령들 앞에 있는 어떤 **책임의 원리** 없이는 어떠한 정의도——어떠한 법도라고는 말하지 말자. 다시 한 번 말하지만 우리는 여기서 법/권리에 대해 말하고 있는 것이 아니다[1]——가능하거나 사고 가능하지 않은 것 같다. **현재 살아 있는 것/ 생생한 현재**[8]의 자기 자신에 대한 이러한 **비동시대성** 없이는, 현재 살아 있는 것/생생한 현재를 은밀하게 어그러지게 하는 것 없이는, 거기에 있지 않은 이들, 더 이상 현존하지도 살아 있지도 않거나 아직 현존하지도 살아 있지도 않은 사람들과 관련된 정의에 대한 존중 및 이러한 책임 없이는, "어디에?", "내일은 어디에?", "어디로whither?" 같은 질문을 던지는 것이 무슨 의미가 있겠는가?

이러한 질문은 **도착하며**, 만약 그것이 도착한다면, 장래에 도래하게 될 것이라는 주제에 대해 질문을 던진다. 장래로 향하면서, 장래를 향해 나아가면서, 이 질문은 또한 장래로부터 도래하며, **미래로부터** 유래한다. 따라서 이 질문은 자기 현존으로서의 어떠한 현존[9]도 초월해야 한다. 적어도

---

8) 이 구절의 원문은 "le présent vivant"이다. "présent"을 형용사, 곧 "현재"로 이해하면 이는 "현재 살아 있는 것"이 되며, 이미 죽은 이들과 아직 태어나지 않은 이들과 대비되는 뜻으로 쓰인다. 이 구절은 지금까지는 이런 의미로 쓰인 것으로 볼 수 있다. 하지만 "présent"을 명사, 곧 "현재"로 이해하면, 이는 "살아 있는 현재" 또는 "생생한 현재"를 뜻한다. 이 경우에 이는 아직 도래하지 않은 장래나 이미 지나간 과거와 대비되는 "생생한 현재"로 이해될 수 있다. 이는 현존의 형이상학에 대한 해체의 주요 대상이며, 1장의 주요 주제가 된다.

9) "현존"은 "présence"를 옮긴 말이다. "현존" 또는 "현존의 형이상학"에 대해서는 책 뒤의 '용어 해설'을 참조.

그것은 이러한 현존을, 단지 어떤 분리나 이접 또는 비대칭의 운동에 의거하여, 곧 자기와의 불일치 속에서 가능하게 해야 한다. 그런데 만약 이러한 질문이 우리에게 도래하는 그 순간부터, 이 질문은 분명히 장래로부터만 (어디로whither? 우리는 내일 어디로 갈 것인가? 예컨대 마르크스주의는 어디로 갈 것인가? 그것과 함께 우리는 어디로 갈 것인가?) 도래할 수 있다면, 이 질문 앞에 서 있는 것[장래—옮긴이]은 또한 이 질문의 기원인 것처럼 질문에 선행해야(질문 이전에 있어야) 한다. 비록 장래가 이 질문의 유래라 하더라도, 이 질문은 모든 유래와 마찬가지로, 절대적이고 비가역적으로 과거의 것이어야만 한다. 도래할 것으로서 과거의 "경험". 이 문구에서 도래할 것이나 과거는 모두 절대적으로 절대적이며, 현재의 모든 변형을 넘어선다. 만약 이 질문이 가능하고 우리가 그것을 진지하게 받아들여야 한다면, 질문의 가능성은 아마도 더 이상 한 가지 질문은 아닐 것이며, 우리가 여기서 정의라고 부르는 것은 내 삶이나 **우리의 삶** 같은 **현존하는** 삶을 넘어서 나아가야 한다. **일반적인 삶**을 넘어서. 왜냐하면 일반적인 삶은 "내 삶"이나 내일 "우리의 삶"에 대해, 타자들의 삶에 대해—어제 다른 타자들에 대해 그랬듯이—똑같을 것이기 때문이다. 그러므로 **현재 살아 있는 것/생생한 현재 일반**을 넘어서 나아가야 한다.

정의롭다는 것은 현재 살아 있는 것/생생한 현재 일반을 넘어선다는 것이며, 그것의 단순한 부정적인 전도[곧 과거나 미래—옮긴이]를 넘어선다는 것이다. 우리가 시간을 양태화된 현재들(지나간/과거의 현재, 현행적인 현재, 곧 "지금", 미래 현재)의 연결로 이해한다면, 유령적인 순간은 더 이상 시간에 속하는 것이 아니다. 우리는 이러한 순간 위에서 질문을 던지고 있으며, 더 이상 시간에, 적어도 우리가 시간이라고 부르는 것에 순응하지 않는 이러한 순간에 대해 묻고 있다. 은밀하고 때맞지 않는 유령의 출현은 이러한 시간에 속하지 않으며, 시간을 부여하지도 않는다. 그러한 시간을. "유령 등장, 유령 퇴장, 유령 재등장Enter the Ghost, exit the Ghost, re-enter the Ghost."(『햄릿』)

이것은 어떤 공리, 좀더 정확히 말하면 **공리계** 그 자체의 주제와 관련된 공리, 곧 가격과 가치, 질axia을 갖고 있는 어떤 것에 관해 논증 불가능하다고 가정된 명증성과 관련된 공리와 닮았다. 심지어 그리고 특히 존엄성(예컨대 유한하고 이성적인 존재의 사례로서 인간의 존엄성), 칸트가 정확히/정당하게 어떠한 경제보다, 어떤 비교된 가치나 비교 가능한 가치, 어떠한 시장가격Marktpreis보다 높은 곳에 올려놓은 무조건적인 존엄성Würdigkeit과 관련된 공리와 닮았다. 이러한 공리는 어떤 사람들에게는 충격적일 것이다. 그리고 반론을 오래 기다릴 필요가 없다. 사람들은 이렇게 말할 것이다. 정의의 의무가 법률과 규범을 넘어선다 해도, 결국 생명체의 생명에 대해서가 아니라면, 누구에게, 어떤 것에게 항상 헌신적으로 실천되겠는가? 자연적 생명으로 이해하든 정신적 생명으로 이해하든 간에, 궁극적으로 생명체의 생명에 대해서가 아니라면, 자기가 스스로 (살아 있는 자기가 스스로) 대답해야 하는 정의, 정의의 헌신적인 실행 또는 책임 일반이 존재하겠는가? 확실히 그런 것 같다. 이러한 반론은 논박될 수 없는 것처럼 보인다. 그러나 그러한 논박 불가능한 것 자체는 이러한 정의가, 현존하는 생명 너머로 또는 이 생명의 현실적인 거기에 있음[10] 너머로, 그것의 경험적이거나 존재론적인 현실성 너머로 생명을 이끌어 간다는 것을 전제한다. 죽음을 향해서가 아니라, **경계 위에서의 삶**sur-vie[11]을 향해, 곧 삶이나 죽음이 그것의 흔적들이며 흔적의 흔적들일 어떤 흔적을 향해, 그것의 가능성이 미리, 현재 살아 있는 것/생생한 현재 및 모든 현실성의 자기 동일성을 어긋나게 하거나 어그러지게 한 어떤 경계 위에서의 삶survie을 향해. 이렇게 되면 어떤 **정신/혼령**이 존재한다. 정신들/혼령들이 존재한다. 그리고 그것들을 고려해야/셈해야 한다.[12] 우리는 하나 이상인 그것들을 고려하지/셈하지 않을 수 없으며, 고려할/셈할 수 있어야 한다. **하나 이상인 그것을/더 이상 하나가 아닌 그것을.**[13]

---

10) "거기에 있음"의 원어는 "être-là"인데, 이는 독일어의 "Dasein"(하이데거가 『존재와 시간』에서 사용한 "현존재"와는 다른 의미다)에 상응하는 프랑스어 표현이다. 따라서 "거기에 있음"은 특정한 어떤 장소에 있다는 사실을 가리키는 것이 아니라 "현존하고 있음", "실제로 존재하고 있음"을 나타내는 표현이다. 이 책이나 다른 책에서 데리다는 이 표현을 자주 사용하는데, 주로 이런 의미를 담고 있다.

11) "경계 위에서의 삶"에 대해서는 책 뒤에 있는 '용어 해설' 참조.

12) 이 문장의 원문은 "il faut compter avec eux"다. "compter avec"은 관용적으로는 "고려하다"를 의미하지만, 단어 그대로 하면 "셈하다"가 된다. 유령들이 하나 이상/더 이상 하나가 아니기 때문에, 또 유령들을 선별해야 하기 때문에, 유령들을 세는 것/유령들을 고려하는 것은 마르크스의 정신을 상속받는 것을 목표로 삼는 이 책의 중요한 주제가 된다. 이 점에 관해서는 특히 4, 5장을 참조.

13) "하나 이상인 그것을/더 이상 하나가 아닌 그것을"의 원문은 "le plus d'un"이다. 프랑스어에서 "plus"는 "~ 이상"을 의미하는 부사이지만 (특히 "ne"와 함께 사용될 경우에는) "~ 아님"이라는 의미도 갖는다. 본문에서 좀더 자세히 논의되겠지만, "하나 이상"은 마르크스의 유령들(또는 유령 일반)이 하나 이상, 곧 여럿이라는 것을 의미하며, "(더 이상) 하나 아님"은 이러한 유령들의 다수성을 일체화할 수 있는 동일성, 이것들을 조직하고 위계화하는 통일성이 존재하지 않음을 의미한다. 따라서 데리다가 말하는 "un"은 수적인 의미에서 "하나"를 의미할 뿐만 아니라 동시에 통일성의 원리로서 "일자一者"를 뜻하기도 한다. 본문에 나오는 "plus d'un"이나 "moins d'un"의 용법에서는 늘 이 점을 유념해야 한다.

1장_마르크스의 명령들

"시간이 이음매에서 어긋나 있다The time is out of joint."[14]

_햄릿

햄릿 …… 맹세해.

유령 (땅 밑에서) 맹세하라.

[그들이 맹세한다]

햄릿 쉬어라 쉬어, 불안한 혼령spirit아! 그럼,

내 모든 사랑으로 자네들에게 날 맡기네.

그리고 햄릿처럼 가난한 사람이

사랑과 우정을 표할 길은, 신이 원하면,

부족하지 않을 걸세. 같이 들어가지,

또한 항상 손가락을 입술에, 부탁이야.

뒤틀린 세월[시간이 이음매에서 어긋나 있다]. 아, 저주스런 낭패로다,

그걸 바로잡으려고 내가 태어나다니.

아니, 자, 우리 같이 가세.

[모두 퇴장]

(1막 5장)

Hamlet ······ Swear.

Ghost [Beneath] Swear.

[They swear]

Hamlet Rest, rest, perturbed spirit! So, gentlemen,

With all my love I do commend me to you;

And what so poor a man as Hamlet is,

May do t' express his love and friending to you,

God willing, shall not lack. Let us go in together;

And still your fingers on your lips, I pray,

The time is out of joint. O cursed spite,

That ever I was born to set it right.

Nay, come, let's go together.

[Exeunt]

---

14) 이 문장은 원래 『햄릿』 1막 5장 마지막에 나오는 햄릿의 대사에 나오며, 국역본에서는 "뒤틀린
세월"(『햄릿』, 최종철 옮김, 민음사, 2006, 52쪽)로 옮기고 있다. 이 문장은 첫머리에 제사로 인용
된 데서 알 수 있듯이 이 책 전체에서 매우 중요한 역할을 수행하며, 뒤에서도 여러 차례 반복해
서 사용되고 있다. 특히 데리다는 이 문장을 시간성과 정의의 연관성에 관한 철학적 사고의 화
두로 삼고 있다. 이 때문에 우리는 이 책에서 『햄릿』 국역본들과는 달리, 단어 하나하나의 의미
를 그대로 살려서 우리말로 옮기는 길을 택했다. 그리고 이 책에 나오는 『햄릿』의 인용문은 주
로 최종철 교수의 번역문을 참조했지만, 데리다 자신의 논의와 용법을 고려하여 번역문을 얼마
간 수정했다.

지금 마르크스의 유령들을 유지하기maintenant les spectres de Marx.[15] (하지만 이는 연접 없이 지금을 유지하기다. 이접되고 어그러져 있는, "이음매가 어긋난out of joint" 지금, 확실하게 연결된 어떤 맥락, 여전히 규정 가능한 경계들을 지닌 어떤 맥락 속에서 더 이상 함께 유지될 수 없을지도 모르는, 이음매가 떨어져 나간 지금.)

마르크스의 유령들. 왜 복수인가? 하나 이상의 유령이 있는 것인가? 하나 이상/하나 아님plus d'un. 이것은 대중까지는 아닐지 몰라도 군중이나 무리 또는 모임을 의미할 수 있으며, 심지어 사람들peuple이 있거나 없는 유령 주민, 우두머리가 있거나 없는 공동체를 의미할 수도 있다. 하지만 이 것은 또한 순수하고 단순한 분산을 가리키는 하나 이하le moins d'un를 의미할 수도 있다. 아무런 결집의 가능성도 없는. 그 다음 만약 유령이 항상 어떤 정신으로부터 활력을 받는 것이라면, 누가 감히 마르크스의 정신에 대해, 또는 좀더 심각한 것이지만, 마르크스주의의 정신에 대해 말할 수 있 는 것인지 묻게 된다. 오늘날 마르크스 및 마르크스주의의 장래를 예언하 기 위해서만이 아니라, 심지어 그것들의 다수성에, 또는 좀더 심각한 것이 지만, 그것들의 이질성에 호소하기 위해.

지금부터 1년이 더 된 시점에, 나는 이 개막 강연의 제목에서부터 그 것들의 이름을 "유령들"로 선택해 부르기 시작했다. 따라서 내가 얼마 전 에 『공산당 선언』을 다시 읽게 되었을 때, "마르크스의 유령들"이라는, 보

---

15) 프랑스어에서 "maintenant"은 명사로는 "지금"을 뜻하지만, 이는 "유지하다"라는 뜻을 가진 "maintenir" 동사의 현재분사형이기도 하다. 따라서 이 단어는 "지금"을 뜻할 수도 있고 "유지 하다"를 뜻할 수도 있다.

통명사와 고유명사로 이루어진 제목은 이미 포스터에 인쇄되어 있었다. 부끄럽지만 이 점을 고백해 둬야겠다. 나는 지난 수십 년간 『공산당 선언』을 다시 읽지 못했는데, 이 사실은 분명히 무언가를 드러내 줄 것이다. 나는 물론 처음부터, 막이 오를 때부터 환영 하나가 기다리고 있다는 것을 잘 알고 있었다. 그런데 나는 이제 막 『공산당 선언』의 **첫번째 명사**, 거기서는 단수로 쓰인 명사가 "유령"이라는 것을 발견했다. 아니 사실은 분명 내 기억에 유령처럼 따라다녔을 것을 이제 막 기억해 냈다. "한 유령이 유럽을 배회하고 있다. 공산주의라는 유령이."

머리말 또는 서막incipit. 따라서 이 첫번째 명사가 1막 1장을 시작한다. "한 유령이 유럽을 배회하고 있다 —— 공산주의라는 유령이Ein Gespenst geht um in Europa—das Gespenst des Kommunismus." 부패한 나라의 왕자의 이야기인 『햄릿』에서처럼 모든 것은 한 유령의 출현과 함께 시작한다. 좀더 정확히 말하면 이러한 출현에 대한 **기다림**과 함께 시작한다. 예상은 초조하고 불안하면서 동시에 매혹되어 있다. 이것, 이 사물this thing은 끝내 도착할 것이다. 망령/되돌아오는 것은 올 것이다. 늦지 않게 올 것이다. 아무리 늦더라도 올 것이다. 좀더 정확히 말하면 모든 것은 **재-출현**의 임박함 속에서, 하지만 **처음으로 무대**에 출현하는 것으로서 유령의 재출현이 임박한 상황에서 시작한다. 아버지의 혼령[16]은 되돌아올 것이고 그에게 "나는 네 아비의 혼령이니라I am thy Fathers Spirit"(1막 5장) 하고 말할 것이다. 하지만 여기, 곧 그가 되돌아오는 무대의 첫머리에서, 그는 말하자면

---

16) "esprit"는 대개 "정신"을 뜻하지만, 또한 "혼령"이나 "유령"을 의미할 수도 있다. 프랑스어의 "esprit"나 독일어의 "Geist"가 지닌 이러한 다의성은 특히 4장에서 주로 논의되고 있다. 자크 데리다, 『정신에 대해서』(박찬국 옮김, 동문선, 2004)도 참조.

처음으로 되돌아온다. 이는 무대 위로의 첫번째 출현, 최초의 출현이다.

〔첫번째 제안. 신들림hantise은 분명히 역사적이지만, 이는 제도화된 달력의 순서에 따라 하루 또 하루로 이어지는 현재의 연쇄 속에서 **날짜화되지**date 않는다. 고분고분하게 날짜화되지 않는다. 때맞지 않는/비시간적인[17] 그것은 어느 날 유럽에 도착하지, 갑자기 나타나지 않는다. 마치 유럽이 자기 역사의 어떤 순간부터, 어떤 악에 의해 고통받기 시작했다는 듯이, 자기 내부에 어떤 낯선 손님hôte이 **거주하도록**, 곧 그 손님에게 **신들리도록** 내버려 둘 수밖에 없었다는 듯이. 신들림이 어느 날 도착하지도, 갑자기 나타나지도 않는 이유는, 그 손님이 늘 유럽 내부에서 머물고 있어서 유럽에 그리 낯설지 않았기 때문이 아니다. 그것은 오히려 신들림 이전에는 아무런 내부도, 내부의 어떤 것도 존재하지 않았기 때문이다. 환영적인 것은 이러한 역사의 운동처럼 자신을 전위轉位시켰을 것이다. 신들림은 유럽의 실존 그 자체를 표시했을 것이다. 신들림은 적어도 중세 이래로 이렇게 일컬어진 것, 곧 유럽의 공간과 그것이 자기 자신과 맺는 관계를 열어 놓았을 것이다. 유령의 경험 바로 이것이야말로 마르크스가 엥겔스와 더불어, 근대 유럽의 어떤 연극 연출, 특히 그것의 위대한 통합 계획들의 연출을 또한 사고하고 기술하고 진단했던 게 될 방식이다.[18] 심지어 그가 이를 무대

---

17) "때맞지 않는/비시간적인"은 "intempestive"를 옮긴 것이다. "intempestive"는, 니체가 말하는 "반시대적 고찰"에서 "반시대적인unzeitgemäss"에 해당하는 프랑스어 단어다.
18) 이 문장은 프랑스어의 전미래 시제로 씌어 있다. 책 뒤의 '용어 해설'에서 밝혔듯이, 데리다가 사용하는 전미래 시제는 통상적인 용례와는 상당히 다른, 독특한 용법을 지니고 있다. 이 책에는 다수의 전미래 시제 문장이 나오는데, 데리다 고유의 용법으로 사용되었다고 판단한 경우에는 그 의미를 좀더 정확히 전달하기 위해 모두 "~던 게 될 것이다"로 옮겼다.

에 올리거나 연출했다고 말해야 할지도 모르겠다. 혈통의 기억의 그림자 속에서 셰익스피어는 자주 마르크스의 이러한 연극화에 영감을 불어넣었던 게 될 것이다. 좀더 나중에, 우리에게는 좀더 가깝게, 하지만 동일한 계보를 따라, 그 계보의 연관이 낳는 밤의 소음 속에서, 다른 환영들과 연결되어 있는 환영들의 웅얼거림 속에서 발레리(Paul Valéry, 1871~1945)라는 또 다른 자손이 나타날 것이다. 셰익스피어는 마르크스를 낳았고 마르크스는 발레리(와 다른 이들)를 낳았고Shakespeare qui genuit Marx qui genuit Valéry (et quelques autres).[19]

하지만 이러한 세대들 사이에서는 무엇이 산출되는가? 한 가지 누락, 기묘한 실수. 마르크스가 거기 있다가 그 다음 사라진다exit.[20] 발레리의 『정신의 위기La crise de l'esprit』(1919)에서("우리 서로 다른 문명들은 이제 우리가 유한하다는 것을 알고 있다 운운") 마르크스의 이름은 단 한 차례 등장할 뿐이다. 그의 이름은 자신을 기입記入하며, 이제 여기 햄릿의 수중으로 도래하게 될 한 두개골의 이름이 있다.

---

19) 이 문장은 뒤에 나오는 폴 발레리의 라틴어 문장의 변용이다.

20) "거기 있다가 그 다음 사라진다"의 원문은 "Da, puis fort, exit"다. 여기서 "Da"와 "fort"는 주지하다시피 프로이트가 『쾌락 원칙을 넘어서』에서 자신의 어린 손녀가 실패를 던졌다가("갔다Fort") 다시 당겨오는("있다Da") 놀이를 표현하기 위해 사용한 용어들이다. 어린 손녀는 이러한 실패 던지기 놀이를 통해 자신의 엄마가 외출하고 다시 돌아오는 상황을 표현하고 있는데, 프로이트는 여기서 아이들이 부모의 부재 상황을 상징적으로 극복하게 되는 방식이 드러나 있다고 평가한 바 있다. 다른 한편으로 "Da"는 독일어 "Dasein"(곧 "현존"이나 "현존재")의 접두어를 가리키기도 하며, 하이데거는 "Da", 곧 "현"이라는 말이 지니는 존재론적 함의를 매우 중시한 바 있다. 데리다는 프로이트와 하이데거의 통찰을 결합하여 자신의 저작 여러 곳에서 "Da"와 "fort"라는 용어 쌍을 자주 사용하고 있다(가끔 "Fort-Dasein"이라는 표현을 사용하기도 한다).

발Bâle[21])에서 콜로뉴Cologne[22])까지 걸쳐 있고, 뉴포르Nieuport[23])의 모래사장, 솜Somme[24])의 늪지대, 샹파뉴의 백토白土, 알자스의 화강암과 접해 있는 엘시노어의 거대한 테라스 위로 이제 유럽인 햄릿이 수천의 유령들을 바라본다. 하지만 그는 지식인 햄릿이다. 그는 진리들의 삶과 죽음에 대해 성찰한다. 그는 우리가 논쟁하는 모든 대상을 환영으로 지니고 있다. 그는 우리의 모든 영광스런 칭호들에 대해 후회하고 있다. (……) 그가 두개골 하나를 움켜잡는다면, 이 두개골은 저명한 두개골이다. **누구의 두개골인가? 그것은 레오나르도의 두개골이었다.** (……) 그리고 이 또 다른 두개골은 보편적인 평화를 꿈꾸었던 **라이프니츠**의 두개골이다. 그리고 이 두개골은 칸트로서 그는 헤겔을 낳았고, 헤겔은 마르크스를 낳았고, 마르크스는 ……를 낳았고 …… 햄릿은 이 모든 두개골을 가지고 무엇을 할지 알지 못한다. 하지만 만약 그가 이것들을 버린다면! …… 그가 자기 자신이기를 그치게 될까?[2]

나중에 『정신의 정치La politique de l'esprit』(p.1031)에서 발레리는 인간과 정치에 대해 정의를 내린다. 인간은 "내가 감히 정신의 정신이라고 이름 붙이고 싶은 것을 창조하려는 시도"다(p.1025). 정치의 경우, 그것은 항상 "인간에 대한 어떤 관념을 함축한다"(p.1029). 이 시점에서 발레리는 자기 자신을 인용한다. 그는 우리가 방금 인용한 "유럽인 햄릿"에 대

---

21) 원래 독일식 지명은 바젤Basel. 스위스 북부의 도시.
22) 독일식 지명은 쾰른Köln. 독일 라인 강변의 공업 도시.
23) 원래 지명은 니우포르트Nieuwpoort. 벨기에 서부 서西플랑드르 지방의 이제르 강변에 있는 자치체.
24) 프랑스 북부에 있는 지역.

한 페이지를 다시 가져온다. 재미있는 것은 몽유병자와도 같은 그릇된, 하지만 절대 틀림없다는 자신만의 확신을 가지고 그가 한 문장, 단 하나의 문장을 빠뜨리고 있으며, 더욱이 말줄임표 등을 통해 이러한 누락을 따로 표시하지도 않고 있다는 점이다. 그가 빠뜨린 문장은 칸트의 두개골의 계보에서 마르크스를 언급하고 있는 문장이다("그리고 이 두개골은 칸트로서 그는 헤겔을 낳았고, 헤겔은 마르크스를 낳았고, 마르크스는 ……를 낳았고 ……"). 왜 이 단 한 문장이 누락되었을까? 마르크스의 이름은 사라졌다. 그는 어디로 갔을까? "유령과 마르크스는 퇴장Exeunt Ghost and Marx"이라고 셰익스피어가 지문을 달았을 법하다. 사라진 자의 이름은 분명히 다른 곳에 기입되어 있을 것이다.

두개골 및 정신들의 세대에 대하여 그가 말한 것, 그리고 말하기를 잊어버린 것에서 발레리는 우리에게 적어도 세 가지 것trois choses을 환기하고 있다. 이 세 가지 것은 바로 정신이라 일컫는 사물chose과 관련된다. 우리가 정신과 유령을 구별하지 않게 되자마자, 정신은 유령 안에 정신/혼령으로서 몸을 갖고 구현되기 시작한다. 또는 오히려 나중에 다시 살펴보게 되겠지만, 마르크스 자신이 엄밀하게 지적하듯이 유령은 역설적인 합체incorporation, 신체화devenir-corps이며, 정신의 어떤 현상적이고 육체적인 형태다. 유령은 이름 붙이기 어려운——영혼도 신체도 아니고, 영혼이자 신체이기 때문에——어떤 "사물"이 된다. 왜냐하면 육체chair와 현상성은 정신에게 그 유령적인 출현을 선사膳賜하는 것이지만, 또한 이러한 출현과 더불어, 망령의 도래 자체 또는 유령의 귀환과 더불어 곧바로 사라지는 것이기 때문이다. 사라진 이/죽은 이disparu의 재출현으로서 출현[25] 속에는 사라진 이/죽은 이가 존재한다. 정신과 유령은 같은 것이 아니며, 우리는 이러한 차이를 좀더 정밀하게 식별해 볼 것이다. 하지만 우리는 정신과 유령이 공통으로 지니고 있는 것의 경우에는, 그것이 어떤 것으로 **존재하는지/어떤 것인지**ce que c'est, 그것이 현재 어떤 것으로 존재하는지/어떤 것인지 알지 못한다. **그것**은 바로 우리가 알지 못하는 어떤 것이며, 우리는 그것이 존재하는지/어떤 것인지est, 그것이 실존하는지, 그것이 어떤 이름에 부응하고 어떤 본질에 상응하는 것인지 알지 못한다.[26] 우리는 이것을 알지 못하는데, 이는 무지 때문이 아니라, 이러한 비非대상, 이 현존하지 않는 현존하는 것, 이 부재하는 이 내지 사라진 이가 거기에 있음être-là은 지식에 속하지 않기 때문이다. 적어도 이는 사람들이 지식이라는 이름으로 알고 있다고 믿는 것에 속하지 않는다. 우리는 이것이 산 것인지 아니면 죽은 것인지 알지 못한다. 바로 여기에 또는 바로 거기, 저기에 이름 붙일 수 없는 또는 거의 이름 붙일 수 없는 한 사물이 있다. 어떤 사물과 어떤 이 사이에 위치한 아무개 내지 아무것인 어떤 사물이지만, 또한 바로 그 사물, "그것this thing"이지 다른 어떤 것은 아닌, 우리를 응시하는 그 사물은, 존재론만큼 의미론에도, 철학만큼 정신분석학에도 저항한다("마셀러스: 어, 그것이 오늘밤에도 다시 나타났어What, ha's this thing? 바나도: 아무것도 보지 못했어I haue seene nothing"). 사람들이 그것에 관해 말할 때, 그것이 다

---

25) 앞에서 지적했던 것처럼 "출현"의 원어인 "apparition"에는 "유령", "환영"의 뜻이 들어 있는데, 데리다는 여기서 이 점을 활용하고 있다.

26) 영어의 "to be"나 독일어의 "sein"과 마찬가지로 프랑스어의 "être"는 "존재하다"는 의미(없는 것이 아니라 실제로 있다)와 함께 "~이다"는 의미(동일성 또는 정체성의 의미)를 모두 지닌다. 지금 이 두 문장에서 "être" 동사의 3인칭 단수형인 "est"가 강조되고 있는 것은, 유령은 "être"가 지닌 이러한 두 가지 의미로 포착이 불가능하다는 것, 따라서 뒤에 나오지만, 유령을 다루기 위해서는 "존재론ontologie"이 아닌 "유령론hantologie"이 요구된다는 점을 부각시키기 위한 의도로 보인다.

시 나타났는지 서로 질문하는 순간에, 사물Chose은 여전히 비가시적이며, 전혀 가시적이지 않다("아무것도 보지 못했어I haue seene nothing"). 사람들이 그것에 관해 말할 때 사물은 여전히 보이는 어떤 것이 아니다. 마셀러스가 그것에 관해 말할 때, 그것은 더 이상 보이는 것이 아니지만, 그것은 두 차례 보인 적이 있다. 바로 이 때문에, 말을 시각에 맞추기 위해, 회의주의자 호레이쇼가 불려 나왔다. 그는 제3자tiers, 증인terstis의 역할을 하게 될 것이다. "(……) 그 귀신이 다시 오면 우리가 본 것을 확인하고 말을 걸어 볼 수 있도록if again this Apparition come, He may approue our eyes and speake to it."

더 이상 하나의 사물이 아닌 이 사물Chose, 자신의 출현 중에도 비가시적인 이 사물Chose이 재출현할 때 우리는 이것을 살과 뼈를 가진 것으로 보지 못한다. 하지만 이 사물은 우리를 응시하는데, 우리는 우리를 보는 이 사물이 거기에 있긴 해도 그것을 보지 못한다. 여기서 유령적인 비대칭성이 모든 반영 작용을 정지시킨다. 이러한 비대칭성은 동시성을 무너뜨리고, 우리에게 몰시간성[27]을 환기한다. 우리를 응시하는 이를 우리가 보지 못하는 것, 우리는 이를 **면갑**面甲 **효과**라고 부를 것이다. 호레이쇼가 말하길, "자네가 자네인 것처럼As thou art to thy selfe" 왕은 그의 환영 속에서 그 자신과 닮았지만, 그렇다 해도 그는 보이지 않은 채 응시한다. 왕의 허깨비는 왕의 갑옷 아래 왕이 더욱 비가시적인 것으로 나타나도

---

27) "몰시간성"의 원어는 "anachronie"다. 이는 보통 "시대착오"로 옮겨지지만, 데리다는 이를 연대기적인 시간의 질서에 따르지 않는, 또는 그것에 탈을 내고 어긋나게 만드는 유령적인 시간성을 가리키기 위해 사용하고 있다. 이런 점을 고려해서 이 책에서는 모두 "몰시간성"이라고 옮겼다.

록 만든다("바로 그런 갑옷을 선왕께서 입으셨지Such was the very Armour he had on"). 우리는 이 **면갑** 효과에 대해 더 이상, 적어도 직접적으로, 그리고 그 이름 그대로는 다시 말하지 않을 생각이지만, 이는 이제부터 마르크스와 다른 이들에게서 볼 수 있는 유령 일반에 관한 모든 논의에 전제될 것이다. 나중에 『독일 이데올로기』와 마르크스가 슈티르너와 벌이는 논쟁을 다루면서 좀더 정확히 해명하겠지만, 유령이나 망령을 **정신**──이때의 정신은 환영 일반의 의미에서 정신이기는 하지만──과 구별해 주는 것은 분명히 초자연적이고 역설적인 현상성, 비가시적인 것의 은밀하고 포착 불가능한 가시성 내지 가시적인 X의 비가시성이다. 나중에 어떤 교환가치라는 주제와 관련하여 다시 다루겠지만, 『자본』은 바로 이러한 **비감각적인 감각성**에 관해 언급하고 있다. 분명히 이는 또한 육체 없는 고유한 신체가 지닌, 항상 어떤 **타자**quelqu'un d'autre로서 어떤 **이/하나**quelqu'un의 신체가 지닌 접촉할 수 있는 비접촉성이기도 하다. 그리고 이 어떤 타자는 우리가 **조급하게** 자아, 주체, 인격, 의식, 정신 따위로 규정할 수 없는 어떤 **타자**다. 이는 이미 유령을 도상icône이나 이미지idole만이 아니라 이미지의 이미지, 플라톤의 판타스마[28] 및 어떤 사물 일반의 단순한 허상[29]과 구별하기에 충분한 것이다. 그럼에도 유령은 허상과 아주 가까우며 여러 측면

---

28) 플라톤의 저작에서 "phantasma"는 "표상"이나 "환상", (유령이라는 의미의) "환영" 등을 뜻한다(5장에서 인용한 박종현 교수의 플라톤 국역본에서는 "환영"이라고 옮기고 있다. 5장 각주 189, 190 참조). 데리다가 이 단어를 계속 원어 그대로 쓰고 있으므로, 이 책에서도 특정한 단어로 옮기지 않은 채 계속 "판타스마" 또는 (복수형일 경우에는) "판타스마타"로 옮겼다.

29) "simulacre"는 현대어에서 주로 "모상", "허상"이나 "시늉" 같은 의미로 많이 쓰이지만, 라틴어("simulacrum")에서는 "모형", "상", "영상", "우상", "허상", "환영", "망령" 등과 같이 좀더 다양한 뜻이 있다. 이 책에서는 주로 "허상"이라고 옮겼지만(단 4장에서는 주로 과거 혁명의 모방, 흉내 내기의 의미로 쓰이고 있기 때문에, "모상"이라고 옮겼다), 데리다는 이 단어가 함축하는 "환영"이나 "유령"의 의미를 함께 고려하고 있음을 염두에 두기 바란다.

에서 볼 때 한 가지 이상의 특징을 공유하고 있다. 그러나 이것이 전부는 아니며, 가장 환원 불가능한 것도 아니다. 다른 제안을 해 보자. 이 유령적인 어떤 타자는 우리를 응시하고 있고 우리와 관련되어 있으며nous regard, 우리는 모든 동시성을 넘어, 우리 쪽의 모든 시선 이전에, 그 시선을 넘어, 어떤 절대적 선행성先行性(이는 세대의 질서, 하나 이상의 세대의 질서일 수 있다) 및 비대칭성을 따라, 절대적으로 제어할 수 없는 어떤 불균형을 따라 우리가 그 유령적인 타자에 의해 응시되고 있음을 느낀다. 여기서는 몰시간성이 법칙을 이룬다. 우리가 어떤 응시, 서로 시선을 마주치는 것이 항상 불가능한 어떤 응시를 받고 있다는 느낌, 바로 이것이 **면갑 효과**이며, 우리는 이러한 면갑 효과를 따라 법을 상속받는다. 우리를 보는, 법을 만들고 명령을 내리는, 더욱이 모순적인 명령을 내리는 이를 우리는 보지 못하기 때문에, 누가 "맹세swear"를 지시하는지 우리는 보지 못하기 때문에, 우리는 그를 확실하게 식별할 수 없으며, 그의 목소리에 내맡겨져 있다. "나는 네 아비의 유령이니라I am thy Fathers spirit"라고 말하는 이를, 우리는 그의 말만 듣고 믿을 수밖에 없다. 그의 비밀에 대한, 그의 기원의 비밀에 대한, 본질적으로 맹목적인 추종인 셈이며, 이것이 바로 명령에 대한 첫번째 복종이다. 이러한 첫번째 복종은 다른 모든 복종을 조건 짓게 될 것이다. 항상 여전히 어떤 **타자**가 문제가 될 수 있다. 타자는 항상 거짓말 할 수 있고, 자신을 환영으로 가장할 수 있으며, 또한 다른 환영은 자신을 이 환영으로 나타낼 수도 있다. 이는 항상 가능하다. 우리는 뒤에서 유령들의 **모임**이나 **교류**에 대해서 말해 볼 생각인데, 왜냐하면 항상 **하나 이상**의 유령들이 존재하기 때문이다. 어떠한 무대 연출도 생략할 수 없는 갑옷, 이 "의상"이 햄릿의 눈에는, 아버지라고 가정된 신체의 머리부터 발끝까지 덮여 있는 것으로 보인다는 것을 우리는 보게 된다. 우리는 그것이 유령의 출현의 일부를 이루는지 아닌지 알 수 없다. 이러한 보호는 엄밀히 말하면 **문제**가 있는 problématique(프로블레마problema는 또한 방패를 뜻하기도 한다)[30] 것인데, 왜냐하면 이는 갑옷 표면으로 아주 빈틈없이 가려져 있는 것의 신원을 지각이 결정하는 것을 금지하기 때문이다. 갑옷은 실제적인 **인공물**로 된 물체나 일종의 기술적 보철물에 불과할지도 모르고, 그것이 덮고 감추고 보호하고, 그리하여 그것의 신원까지 감추고 있는 유령의 신체에 대해 이질적인 물체에 불과할지도 모른다. 유령의 신체에 대하여 갑옷은 머리의 높이 말고는 아무것도 보여 주지 않으며, 이른바 아버지라는 이로 하여금 **면갑 속에서** [우리를—옮긴이] 보고 말할 수 있게 해 줄 뿐이다. 갑옷 사이로는 틈이 나 있어서 그가 보이지 않은 채로 볼 수 있고, 들리게 말할 수 있도록 해 준다. **투구**는 면갑과 마찬가지로 단지 보호만 해 준 것은 아니다. 그것은 방패꼴의 문양을 달고 있었으며, 그가 지닌 귀족의 문장紋章과 마찬가지로 우두머리의 권위를 나타내고 있었다.

투구 효과를 위해서는 면갑이 **가능한** 것만으로도, 그것으로 연기를 하는joue 것만으로도 충분하다. 심지어 면갑이 올려진다 하더라도, 그것이 어떤 이가 갑옷 속에서 안전하게 보이지 않은 채로 또는 신원이 드러나지 않은 채로 볼 수 있음을 의미할 수 있는 가능성은 **사실상** 여전히 계속된다. 심지어 올려진다 하더라도 면갑은, 갑옷처럼, 머리에서 발끝까지 신체를 덮고 있고 면갑이 일부를 이루고 그것에 속해 있는 갑옷처럼, 견고하고

---

30) "problema"는 "problème"의 그리스어 어원이며, 여기에는 "문제"라는 의미 말고도 "방패"라는 뜻이 담겨 있다. 이는 5장에서 좀더 정확히 다시 한 번 지적된다.

안정되고 활용할 수 있는 자원이자 구조로 계속 남아 있다. 바로 이 점에서 면갑은 가면과 구별되지만, 그럼에도 면갑은 보이지 않은 채 볼 수 있다는 힘/권력, 아마도 권력의 지고한 징표를 이룰지도 모르는, 이러한 비교 불가능한 권력을 가면과 공유하고 있다. 투구 효과는 면갑이 올려진다 하더라도 중지되지 않는다. 그렇다면 그것의 잠재력puissance, 곧 그것의 가능성은 좀더 강렬하게 극적인 방식으로만 환기될 수 있다. 호레이쇼가 햄릿에게 그의 아버지와 닮은 형체가 "머리에서 발끝까지 정확하게 무장을 하고Arm'd at all points exactly, Cap a Pe" 나타났음을 알리자, 아들은 근심스러워하면서 묻는다. 그는 우선 갑옷에 대해, "머리에서 발끝까지" 무장을 했는지 묻는다("햄릿: 무장했더란 말이지Arm'd, say you? 모두: 예, 무장했습니다Arm'd, my lord. 햄릿: 위에서 아래까지From top to toe? 모두: 예, 머리에서 발끝까지요My lord, from head to foot."). 그 다음 햄릿은 머리로, 얼굴로, 특히 면갑 속의 시선으로 질문을 옮겨 간다. 머리부터 발끝까지 감추고 보호하는 갑옷 속에서 환영이 자신의 얼굴, 자신의 시선, 따라서 자신의 정체를 드러내지 않았더라면 하고, 마치 그가 바랐던 것처럼("햄릿: 그렇다면 얼굴을 보지는 못했던가Then saw you not his face? 호레이쇼: 봤습니다. 왕자님, 면갑이 열려 있었죠O, yes, my lord! He wore his beaver up." 1막 2장).

따라서 세 가지 **사물**이 분석적으로 분해할 것이다. 이 유일한 **사물**, 정신 내지 유령, 또는 왕을. 왜냐하면 왕[31]은 이 자리, 여기서는 아버지의 자

---

31) 이 왕은 햄릿의 삼촌, 곧 햄릿의 아버지를 죽이고 왕이 된 뒤 햄릿의 어머니와 결혼한 왕을 가리킨다.

리를 (그가 이 자리를 유지하고 있든, 아니면 차지하거나 찬탈하든 간에, 그리고 각운 맞추기를 넘어서) 취하고 있기 때문이다(예컨대 "연극이 왕의 양심을 사로잡을 바로 그런 수단이다The Play's the thing,/Wherein Ile catch the Conscience of the King"[32]). 왕은 하나의 사물Chose이며, 사물이 왕이다. 그가 자신의 신체와 분리되는 바로 그 순간에(하지만 그럼에도 신체는 그에게서 떨어지지 않는다). 하나 이상의/더 이상 하나가 아닌 신체를 갖기 위해, 곧 통치하기 위해, 무엇보다 왕의 존엄성을 상속받기 위해 (이러한 상속이 범죄에 의해 이루어지든 선출에 의해 이루어지든 간에) 필수적인 협약, 분리의 계약. 신체 ——또는 시신 ——는 왕과 함께, 왕의 곁에 있지만, 왕은 더 이상 신체와 함께하지 않는다. 왕은 하나의 사물이다. "시체는 왕과 함께 있으나, 왕은 시체와 함께 있지 않다. 왕이란 것은.The body is with the King, but the King is not with the body. The King, is a thing."[33]

따라서 이러한 사물의 세 가지 사물은 무엇인가?

1. 우선 애도. 우리는 애도에 대해서만 말하게 될 것이다. 애도는 남은 것들restes을 존재론화하고, 남은 것들을 현존화하려고 시도하는 것, 일차로 유품들의 신원을 확인하고 죽은 이들을 어떤 장소에 배치하려고 시도하는 것이다(모든 존재론화, 모든 의미론화 ——철학적이거나 해석학적 또는 정신분석학적인 ——는 이러한 애도 작업 속에 사로잡혀 있지만, 존재론화나 의미론화 그 자체는 아직 애도 작업을 사고하고 있지 않다. 이처럼 아직 사고하고 있지 않음 속에서 우리는 여기서 유령의 질문을, 유령에게 ——이것이 햄릿의

---

32) 『햄릿』 2막 2장 맨 마지막 부분, 국역본 88쪽.
33) 『햄릿』 4막 2장, 국역본 143쪽. 마지막 문장은 단어 그대로 하면 "왕은 하나의 사물이다"로 옮길 수 있으며, 데리다는 이 점을 활용하여 논의를 전개하고 있다.

유령이든 마르크스의 유령이든 간에 ── 제기한다). 알아야 한다. **그것을 알아야 한다/지식이 있어야 한다.**[34] 그런데 안다는 것은 **누구**와 **어디서**를 아는 것이며, 그것이 누구의 신체인지, 그것이 어떤 장소를 차지하고 있는지 아는 것이다. 왜냐하면 그것은 자신의 장소에 머물러야 하기 때문이다. 확실한 자리에. 햄릿은 단지 그 두개골이 누구에게 속했는지 묻는 것만은 아니다 ("그게 누구의 것이었나Whose was it?"[35] 발레리는 이 질문을 인용한다). 그는 이 무덤이 누구의 것인지 알기 위해 묻는다("여봐라, 이게 누구의 무덤이냐Whose grave's this, sir?"[36]). 애도 작업에서 혼동이나 의심보다 더 나쁜 것은 없을 것이다. 누가 어디에 묻히는 것인지 **알아야** 하며, **그가 거기에, 그에게 남은 것 안에 남아 있는 것이 필요하다.**[37] 그가 거기에 머물러 더 이상 움직이지 않게 하라!

2. 그 다음 우리는 언어 및 목소리라는 조건 하에서만, 어쨌든 이름을 **표시**하거나 이름을 대신하는 것이라는 조건 하에서만 두개골 또는 정신의 **세대들**(칸트는 헤겔을 낳고 헤겔은 마르크스를 낳고)에 대하여 말할 수 있다("햄릿: 저 해골도 한때는 혀가 있었고 노래할 수 있었겠지That scull had a tongue in it, and could sing once"[38]).

3. 마지막으로 (마르크스는 발레리를 낳고……) 사물은 **노동한다.** 다른

---

34) 이 문장의 원문은 "Il faut le savoir"다. "le"를 목적어 "그것"으로 이해하면 이 문장은 "그것을 알아야 한다"를 의미하며, "le"를 남성 정관사로 이해하면, "지식이 있어야 한다"나 "지식이 필요하다"를 뜻한다.

35) 『햄릿』 5막 1장, 국역본 183쪽.

36) 『햄릿』 5막 1장, 국역본 180쪽.

37) "그에게 남은 것 안에, 그가 거기에 남아 있는 것이 필요하다"의 원문은 "il faut (savoir—s'assurer) que, dans ce qui reste de lui, il y reste"인데, 이는 또한 "그에게 남은 것 안에, 그가 거기에 남아 있다는 것(을 아는 것 ─ 확실하게 하는 것)이 필요하다"로 옮길 수도 있다.

38) 『햄릿』 5막 1장, 국역본 179쪽.

무언가를 전환하든 자신을 전환하든 간에, 다른 무언가를 정립하든pose 자신을 분해하든se décompose 간에. 정신, **"정신의 정신"**은 **노동**이다. 하지만 노동이란 무엇인가? 그것이 정신의 정신을 전제한다면, 그것의 개념은 어떤 것인가? 발레리는 이를 강조한다. "나는 여기서 "정신"을 어떤 **전환의 역량**으로 이해한다. (……) 정신은 (……) **노동한다.**"³

따라서 "마르크스주의는 어디로Whither marxism?" 바로 이것이 이 컬로퀴엄이 우리에게 제기하는 질문이다. 어떤 점에서 이 질문이 햄릿과 덴마크, 영국을 가리키는가? 왜 이 질문은 우리에게 어떤 환영을 **뒤쫓**으라고 속삭이는가? 어디로Whither? 환영을 뒤쫓는다는 것은 무엇인가? 그리고 이것이 환영에 의해 항상 추적당하는 것으로 귀착된다면, 우리가 그것을 쫓는 사냥 그 자체에 의해, 아마도 우리가 뒤쫓기는 것으로 귀착된다면? 여기서 다시 한 번, 우리 앞에, 장래에 있는 것처럼 보이는 것이 미리 되돌아온다revient.³⁹⁾ 과거로부터, 등 뒤로부터. 햄릿이, 정확히 환영을 따라가려고 나서는 순간("널 따르겠다I'll follow thee", 1막 4장), 마셀러스는 "이 나라 덴마크엔 무언가가 썩어 있어Something is rotten in the state of Denmark"라고 선언한다. 햄릿 역시, 곧바로 묻게 될 것이다. "어디로 가느냐Whither?" "나를 어디로 데려가느냐Where wilt thou lead me? 말하라speak, 더 안 가겠다I'll go no further. 유령 : 잘 듣거라Mark me (……) 나는 네 아비의 혼령이니라I am thy fathers Spirit.")

---

39) "revient"은 revenir 동사의 3인칭 단수 현재형이며, 따라서 이것 역시 "되돌아오는 것"으로서 망령, 유령이라는 함의를 지니고 있다.

반복과 최초의 순간. 이것은 아마도 환영의 문제로서 사건의 문제일 것이다. 환영이란 무엇인가?[40] 유령, 곧 허상과 마찬가지로 비현실적이고 잠재적이며 비실체적인 것에 불과한 것으로 보이는 것의 **현실성** 내지 **현존**이란 어떤 것인가? 거기에, 사물 그 자체와 그것의 허상 사이에는 어떤 대립이 존재하는가? 반복과 최초의 순간이기도 하지만 또한 반복과 최후의 순간이기도 한데, 왜냐하면 모든 **최초의 순간**의 독특성은 또한 최초의 순간을 **최후의 순간**으로 만들기 때문이다. 매 순간마다 그것은 사건 그 자체이며, 어떤 최초의 순간은 최후의 순간이다. 전적으로 다른 것/모든 다른 것tout autre. 역사의 한 종언의 무대를 마련하기. 이것을 **유령론**hantologie이라고 부르자. 이러한 신들림의 논리는 어떤 존재론이나 어떤 존재 사유("있음/~임to be"에 대한 사유. 만약 "to be or not to be"에 존재가 들어 있다고 가정한다면. 하지만 이는 전혀 불확실하다)보다 단순히 더 광범위하거나 더 강력한 것만은 아니다. 신들림의 논리는 자신 안에 종말론이나 목적론을 수용하고 있지만, 한정된 장소들 내지는 특수한 효과들로 수용하고 있다. 유령론은 그것들을 **포괄하지만**comprendrait, 그러나 포괄 불가능한/이해 불가능한 방식으로incompréhensiblement 포괄한다.[41] 사실 어떻게 종말의 담론 또는 종말에 대한 담론을 포괄할/이해할 수 있겠는가? 극한적인 것의 극한이 포괄될/이해될 수 있는가? 그리고 "있음to be"과 "있지 않

---

40) 이 문장의 원문은 다음과 같다. "*qu'est-ce* qu'un fantôme?" 이탤릭체로 표현된 단어들 중 "*est*"는 "être", 곧 "존재" 또는 "존재하다"라는 동사의 3인칭 단수형이다. 이 단어를 강조 표시함으로써 데리다가 드러내려고 하는 것은, "존재하지 않는" 유령 또는 환영을 "존재"라는 단어로 표현해야 하는 역설이다. 따라서 이러한 역설은 유령이 서양의 존재론, 현존의 형이상학의 한계에 놓여 있다는 점, 그리고 유령을 나타내기 위해서는 "존재론"과는 다른 무엇, 이를테면 "유령론"이 필요하다는 점을 보여 준다.

41) "comprendre"는 "이해하다"는 뜻만이 아니라 "포함하다", "포괄하다"는 뜻도 지니고 있다.

음not to be"의 대립이? 『햄릿』은 죽은 왕의 예견된 복귀와 함께 이미 시작되었다. 역사의 종말 이후에 정신은 **망령의 되돌아옴**에 의해 도래하며, 정신은 되돌아오는 죽은 사람을 형상화하면서 **동시에** 그것의 예견된 복귀가 계속 반복되는 어떤 환영을 형상화한다.

아, 셰익스피어에 대한 마르크스의 사랑이여! 이는 잘 알려진 사실이다. 크리스 하니도 같은 열정을 공유하고 있었다. 나는 이제 막 이를 배웠으며, 이러한 관념을 사랑한다. 비록 마르크스가 『아테네의 타이먼』을 더 자주 인용하기는 하지만, 『공산당 선언』은 서두부터, 당시의 낡은 유럽 바로 그것과 같은, 엘시노어의 이 성벽으로 말 없는 환영의 첫번째 도래, 답변하지 않는 혼령의 출현을 환기한다. 또는 불러낸다. 왜냐하면 이 첫번째 연극적 출현이 이미 하나의 반복을 표시한다면, 이러한 출현은 이러한 되풀이의 중첩 속에 정치권력을 끌어들이기 때문이다(바나도는 정체를 확인하려는 억제할 수 없는 욕망을 느끼면서 그가 "그것Chose"의 정체를 식별했다고 믿는 순간 "이전처럼 죽은 왕과 꼭 같은 모습으로In the same figure, like the King that's dead"[42]라고 말한다). 다른 시간 또는 다른 장면이라고 부를 수 있는 때부터, 연극의 전야에서부터, 역사/이야기의 증인들은 어떤 복귀를 두려워하고 희망하며, 그 다음에도 계속해서again and again, [유령의—옮긴이] 오고감을 두려워하고 희망한다(호레이쇼, "어, 그게 오늘밤에도 다시 나타났어What! ha's this thing appear'd againe tonight?" 그 다음, "유령 등장Enter the Ghost. 유령 퇴장Exit the Ghost. 유령 재등장Re-enter the Ghost"). 반복의 물음. 하나의 유령은 항상 하나의 망령/되돌아오는 것이다. 유령

---

42) 『햄릿』 1막 1장, 12쪽.

은 **되돌아옴으로써 시작하기** 때문에 사람들은 유령의 오고감을 통제할 수 없다. 맥베스를 생각해 봐도, 카이사르의 유령을 상기해 봐도 알 수 있다. 숨을 거둔 다음, 그는 되돌아온다. 브루투스 역시 "다시"라고 말한다. "그렇다면, 내가 너를 또다시 보게 될 것이란 말이냐Well; then I shall see thee again? 유령: 그래, 필리파이에서 보게 될 거야Ay, at Philippi."(4막 3장)[43]

그런데 사람들은 숨을 쉬고 싶어 한다. 또는 한숨을 쉬고 싶어 한다. 숨을 거둔 다음에도. 왜냐하면 문제는 정신이기 때문이다. 그런데 거의 불가능하게 보이는 것은 항상, 유령에 대해 말하는 것, 유령에게 말하는 것, 유령과 함께 말하는 것, 특히 어떤 정신이 **말하게 하는 것 또는 말하도록 내버려 두는 것**이다. 그리고 이는 독자, 지식인, 전문가, 교수, 해석자, 요컨대 마셀러스가 학자scholar라고 부르는 사람에게는 더욱더 어렵게 보인다. 아마도 관객spectateur 일반에게는. 어떤 유령이 나타날 수 있는, 말을 걸거나 주목할 수 있는 마지막 사람은, 근본적으로 관객 그 자신일 것이다. 극장 또는 학교에서. 여기에는 본질적인 이유들이 있다. 이론가 내지 증인, 관객, 목격자/감시자observeur, 과학자, 지식인으로서 학자들scholars은 바라보는 것으로 충분하다고 믿는다. 따라서 그들은 그들이 마땅히 해야 하는 것, 유령에게 말을 거는 일을 하는 데서 항상 가장 능력이 있는 위치에 있는 것은 아니다. 아마도 여기에, 마르크스주의가 전해 주는 다른 많은 교훈들 중에서도 특히 빠뜨릴 수 없는 한 가지 교훈이 존재할 것이다. 누군가에게, 특히 유령들에게 자신을 전달하면서 모든 것을 말할 수 있는 학자scholar는 존재하지 않으며, 존재하지 않았다. 그 자체로, 진실로 유령

---

43) 『줄리어스 시이저』(신정옥 옮김, 전예원, 1989), 119쪽.

을 다루는 학자scholar란 결코 존재하지 않았다. 전통적인 학자는 환영을 믿지 않으며, 유령성의 가상 공간이라고 불릴 수 있는 것 역시 믿지 않는다. 실재적인 것과 비실재적인 것, 현실적인 것과 비현실적인 것, 살아 있는 것과 살아 있지 않은 것, 존재와 비존재l'être et le non-être(to be or not to be에 대한 관례적인 독해를 따르자면) 사이의 확고한 구분, 현존하는 것과 현존하지 않는 것 사이의 대립(예컨대 객관성의 형식 아래 존재하는)을 그 자체로 믿지 않는 학자scholar란 결코 존재하지 않았다. 학자scholar에게는 이러한 대립 너머에는 어떤 학파의 가설, 연극적인 허구, 문학, 사변만이 존재할 뿐이다. 만약 우리가 학자scholar에 대한 이러한 전통적인 모습에만 준거한다면, 가상illusion 내지 신비화 또는 **마셀러스 콤플렉스**로 정의될 수 있는 것은 불신받아야 마땅하다. 아마도 마셀러스는 고전적인 학자scholar는 환영에게 말할 수 없다는 점을 이해할 만한 처지에 있지 못한 것 같다. 그는 어떤 입장의 독특성 ── 전에 사람들이 말하던 것 같은 계급 입장의 독특성이 아니라, 어떤 말을 한 장소, 경험한 장소 및 혈연의 연계의 독특성. 이 장소들 및 연계들은 사람들이 환영에게 말을 걸 수 있는 유일한 곳들이다 ── 이 무엇인지 알지 못한다. "호레이쇼, 자네는 학자야. 그것에게 말을 걸어 보게Thou art a Scholler; speake to it, Horatio." 그는 마치 자신이 컬로퀴엄에 참가하고 있는 것처럼, 순진하게 말한다. 그는 학자에게, 과학자 또는 유식한 지식인에게, 교양 있는 사람에게 호소한다. 필요한 거리를 유지할 줄 아는, 또는 유령을 목격하는/감시하는 데, 좀더 정확히 말하면 유령에게 말을 거는 데, 그것도 왕 또는 죽은 이들의 언어를 말하는 데서 적절한 단어들을 발견할 줄 아는 관객으로서 학자에게. 왜냐하면 바나도는 방금 죽은 왕의 모습을 간파했고, 그는 [죽은 왕의 모습과의 ── 옮긴이] 유사성으로 그것의 정체를 밝혔다고 믿고 있기 때문이다.("바나도: 이전처럼 죽은 왕과 꼭 같은 모습으로. 마셀러스: 호레이쇼, 자네는 학자야. 그것에게 말을 걸어 보게Barnardo: In the same figure, like the King that's dead. Marcellus: Thou art a Scholler; speak to it, Horatio.") 그는 호레이쇼에게 환영에게 말을 걸어 볼 것을 요구할 뿐만 아니라 그것을 부르라고, 호명하라고, 물어보라고, 좀더 정확히 말하면 여전히 그것 자신인 그 사물la Chose에게 질문해 보라고 요구한다. "물어봐, 호레이쇼Question it Horatio." 그리고 호레이쇼는 그 사물에게 말하라고 지령한다. 두 차례에 걸쳐, 위압적이면서 또 나무라는 듯한 태도로 그것에게 말하라고 명령한다. 그는 지시하고, 촉구하면서 또 간청한다.[44] ("하늘에 맹세코, 너에게 명령한다 말하라By heaven I Charge thee speake! (……) 말하라, 말하라speake, speake! 너에게 명령한다, 말하라I Charge thee, speake!") "I charge thee"는 곧잘 "너에게 청하니je t'en conjure"라고 번역되는데, 이는 우리에게, 나중에 명령과 간청conjuration이 서로 교차하게 될 한 가지 길을 지시해 준다. 그것에게 말하기를 간청하면서 호레이쇼는 조사하려고, 안정시키려고, 유령을 그것의 말 속에서 정지시키려고 한다. "(그 때문에 죽은 후에 혼령들이 자주 배회한다던데) 그걸 말하라. 멈춰, 말해. 멈추게 해, 마셀러스(For which, they say, you spirits oft walke in death) Speake of it. Stay, and speake. Stop it, Marcellus."

역으로 마셀러스는 아마도, 어느 날, 어느 밤, 몇 세기 뒤에 ── 여기

---

44) "간청하다"는 "conjurer"를 옮긴 말이다. "conjurer" 또는 명사형인 "conjuration"은 이 책에서 가장 중요하게 쓰이는 단어 중 하나로, 뒤에서는 주로 "모의", "모의하다"라는 의미와 "초혼招魂하다", "초혼"이라는 의미, 그리고 "푸닥거리" 및 "푸닥거리하다"라는 뜻으로 쓰인다. 이 단어에 대한 분석은 1장 마지막에 나온다.

서 시간은 더 이상 동일한 방식으로 계산되고 있지 않다――또 다른 학자 scholar의 도래를 예견했을지도 모른다. 이 학자는 마침내 현존과 비현존, 현실성과 비현실성, 생명과 비생명의 대립을 넘어, 유령의 가능성을, 가능성으로서의 유령을 말할 수 있게 될 것이다. 좀더 낫게 (또는 좀더 나쁘게) 말하면, 그는 혼령들/정신들에게 말을 걸 줄 알게 될 것이다. 그는 이러한 유령에게 말 걸기가 이미 가능할 뿐만 아니라, 모든 시간에 걸쳐 그 자체로 말 걸기 일반을 조건 지었던 게 될 것[45]이라는 점을 알게 될 것이다. 어쨌든 바로 여기에, 이러한 말 걸기의 가능성의 **빗장을 풀어 놓기**를 바랄 만큼 미쳐 있는 어떤 사람이 있다.

따라서 『공산당 선언』에서 가장 명백한 것을 내 기억 속에서 멀어지게 만든 것은 나 자신의 잘못이다. 『공산당 선언』에서 첫번째로 명백한 것은 유령이며, 아버지의 모습을 띤 강력하면서 비실재적인 이 첫번째 등장인물은, 살아 있는 현존이라고 태평하게 불리는 것보다 잠재적으로 virtuellement 더 현실적인efficace 환각 또는 허상이다. 『공산당 선언』을 비롯한 마르크스의 몇몇 위대한 작품들을 다시 읽으면서 나는, 마르크스와 엥겔스가 스스로 자신들의 저작들의 가능한 "낡음"과 그 저작들이 지니고 있는 내생적으로 환원 불가능한 역사성에 대해 말한 것(예컨대 1888년 『공산당 선언』 재판에 부친 엥겔스의 「신판 서문」)을 고려한다면, 철학 전통에서 **오늘날** 이 저작들보다 더 긴요한 것으로 간주될 수 있는 텍스트들은 거의 없을 것이라고, 아마도 전혀 없을 것이라고 생각했다. 다른 어떤 사상가가 이 주제에 관해 그들만큼 명시적으로 주의를 촉구한 적이 있는가? 누가

---

45) 이 문장 역시 데리다 식의 전미래 시제 문장으로 이해할 수 있다.

자신의 테제들이 **전환되어야** 한다고 요청한 적이 있었는가?[46) 체계의 질서는 아무것도 변화시키지 않는 가운데 새로운 지식을 좀더 풍부하게 보충하기 위해서만이 아니라, 단절과 재구조화의 효과들을 계산하기[47)——이는 또 다른 계산이다——위해 그렇게 한 사람들이 있던가? 또한 모든 가능한 프로그래밍을 넘어, 새로운 지식과 새로운 기술들 및 새로운 정치적 소여所與들의 예견 불가능성을 자신의 사상 속에 받아들이기 위해 그렇게 한 사람들이 있던가? 전통의 어떤 텍스트도 정치의 세계화에 관하여, 가장 사고다운 사고 과정에서 기술적인 것과 매체의 환원 불가능성——오늘날 기술과 매체는 『공산당 선언』이 그 권력에 관해 비교 불가능할 만큼 탁월하

---

46) 여기서 데리다는 1872년 『공산당 선언』 「재판 서문」(또는 1888년 「신판 서문」에서 엥겔스의 언급)에서 마르크스(및 엥겔스)가 자신은 파리 코뮌의 경험을 통해 국가에 대한 이전의 관점을 바꾸게 되었다고 말한 것을 가리키고 있다. 국가에 대한 관점의 변화의 요점은, 사회주의 혁명에서는 부르주아 국가를 활용하려고 해서는 안 되며 파괴해야 한다는 점에 있다. 이는 사회주의 혁명 및 공산주의에 대한 새로운 관점을 낳게 된다. 이 점에 관한 좀더 자세한 논의는 데리다가 의지하고 있는 에티엔 발리바르, 「공산당 선언'의 정정」, 『역사유물론 연구』(이해민 옮김, 푸른산, 1990)를 참조.

47) "계산하기"의 원어는 "prendre en compte"로, 이 말은 보통 "고려하다", "감안하다" 등을 뜻하는 숙어다. 그런데 여기서 "compte"는 "계산", "은행 계좌" 등을 의미하기 때문에, 이 말을 좀더 문자 그대로 해석하면 "계산하기"가 된다. 우리가 축자逐字적인 번역을 택한 이유는, 현재의 맥락에서 데리다가 "계산"과 "기술", "미디어", "사유", "장래", "예견 불가능성"을 고려하는 방식을 좀더 뚜렷하게 부각시키고 싶었기 때문이다. 데리다는 한편으로 하이데거의 사상을 이어받아 근대 철학(또는 어떤 의미에서는 서양 철학 전반) 및 근대 문명의 핵심에는 기술이 놓여 있다고 본다. 따라서 근대 합리성이 강조하는 이성적 사고의 본질 역시 "계산"이나 "계산 가능성"과 다르지 않다. 하지만 다른 한편으로 데리다는, 기술을 넘어선 또 다른 종류의 사고의 가능성을 추구하는 하이데거와 달리 기술과 무관하거나 기술에서 벗어나 있는 사고는 존재하지 않는다고 본다. 모든 사고에는 항상 이미 기술이 개입되어 있으며, 기술은 사고와 이성, 로고스가 성립하기 위한 유사 초월론적 조건을 이룬다. 따라서 데리다에 따르면 (레비스트로스처럼) 기술 이전의 자연으로 회귀한다거나 (하이데거처럼) 기술을 초월한 사고의 지평을 꿈꾼다는 것은 가능하지도 않고 바람직하지도 않다. "원-기록archi-écriture"이나 "되풀이 (불)가능성" 같은 개념들은 데리다의 이런 관점을 잘 보여 주는 개념들이다. 데리다의 기술론에 관한 좀더 자세한 논의는 자크 데리다 · 베르나르 스티글러, 『에코그라피』(김재희 · 진태원 옮김, 민음사, 2002) 참조.

게 분석한, 철도와 신문의 범위를 훨씬 넘어서 있다──에 관하여 『공산당 선언』만큼 명시적이지 못한 것으로 보인다. 그리고 법과 국제법, 국민주의에 대하여 더 많은 빛을 던져 주는 텍스트도 거의 존재하지 않았다.

　　마르크스──및 또한 몇몇 다른 이들──를 읽고 다시 읽고 토론하지 않는 것, 그리고 학문적인 "독해"나 "토론"을 넘어서 나아가지 않는 것은 항상 잘못일 것이다. 그것은 이론적·철학적·정치적 책임이라는 점에서는 더욱더 큰 잘못일 것이다. 교조적 장치와 "마르크스주의적인" 이데올로기 장치들(국가, 당, 세포, 조합 및 다른 교리 생산의 장소들)이 소멸 과정에 있는 마당에, 우리는 더 이상 이러한 책임을 회피할 수 있는 아무런 변명거리를 갖고 있지 않으며, 있다면 그것은 다만 알리바이에 불과하다. 이러한 책임 없이는 어떠한 장래도 없을 것이다. 마르크스 없이는 없다, 마르크스 없이는 어떤 장래도 없다. 마르크스의 기억, 마르크스의 유산 없이는, 어쨌든 어떤 마르크스, 그의 천재/정령,[48] 적어도 그의 정신들 중 하나에 대한 기억과 상속 없이는 어떠한 장래도 없다. 왜냐하면 우리의 가설 또는 오히려 우리가 택한 입장은 다음과 같은 것이기 때문이다. 곧 하나 이상의/더 이상 하나가 아닌 정신이 존재하며, 하나 이상의/더 이상 하나가 아닌 정신이 존재해야 한다.

　　하지만 내가 오늘 저항해야 하는 모든 유혹들 중에는 기억의 유혹도 있을 것이다. 마르크스주의의 경험, 마르크스가 지닌 거의 아버지 같은 모습, 우리 안에서 마르크스주의가 다른 혈통과 벌이던 논쟁, 마르크스주의

---

48) "천재/정령"의 원어는 "génie"다. 이 단어는 보통 "천재"라는 의미로 쓰이지만, 이 책의 중심 주제가 마르크스의 "정신", 마르크스의 "유령"이고, "génie"에는 "정령"이라는 의미도 함축되어 있다는 점을 고려해서 "천재/정령"이라고 옮겼다.

의 유산이 절대적이었고 완전히 결정적이었던 ── 이는 여전히 그러하며, 따라서 앞으로도 계속 그렇게 남을 것이다 ── 어떤 세계에 대한 해석과 텍스트들에 대한 독서가 나 자신에게, 그리고 나와 전 생애 동안 이를 함께 공유해 온 내 세대의 사람들에게 어떤 것이었는지 이야기하는 것의 유혹. 이러한 명백한 사실을 인정하기 위해 굳이 마르크스주의자나 공산주의자가 될 필요는 없다. 우리 모두는, 직접적으로 가시적이든 그렇지 않든 간에, 계산할 수 없는 깊은 곳에까지 이러한 유산의 흔적을 지니고 있는 어떤 세계 ── 어떤 이들은 어떤 문화라고도 말할 것이다 ── 에서 살고 있다.

내 세대에 고유한 어떤 경험, 곧 적어도 40여 년 동안 지속했던 게될 ── 그리고 종결되지 않은 ── 경험을 규정하는 특징들 중에서, 나는 우선 한 가지 곤혹스러운 역설을 이끌어 내고 싶다. 우선 문제가 되는 것은 "이미 보았다는 느낌déjà vu"이 주는, 심지어 모종의 "항상 이미 보았다는 느낌"이 주는 곤혹감이다. 내가 지각과 환각, 시간에서 느끼는 이러한 불편함을 환기하는 이유는 오늘 밤 우리를 모이게 한 이 회의의 주제, 곧 "마르크스주의는 어디로?"라는 주제 때문이다. 우리들 중 많은 사람들에게 이 질문은 우리 자신의 나이만큼이나 오래된 질문이다. 특히, 현실의 "마르크스주의"나 "공산주의"(소련, 공산당 인터내셔널 및 그로부터 비롯한 모든 것, 곧 그토록 많은 여러 가지 것들⋯⋯)에 대립했던 사람들, 하지만 적어도 보수적이거나 반동적인 동기에서, 심지어 중도 우파나 공화주의적 입장에서 그것들에 대립하려고 하지는 않았던 사람들에게는 그러했다. 어쨌든 내 경우는 그랬다. 우리들 중 많은 사람들에게 마르크스주의적 공산주의의 어떤(나는 분명히 "어떤"이라고 말했다) 종언은 최근에 있었던 소련 및 그에 의존하는 지구상 많은 국가들의 몰락을 기다릴 필요가 없었다. 이 모든 것은 1950년대 초에 이미 시작되었으며, 이 모든 것은 의심할 여지 없이 이미 **보았다는 느낌**을 주는 것들이다. 따라서 오늘 밤 우리를 모이게 한 질문(마르크스주의는 어디로?)은 이미 낡은 것의 반복에 불과한 소리처럼 들린다. 이 질문은 그 당시 우리 같은 많은 젊은이들에게 제기되었던, 하지만 전혀 다른 방식으로 제기되었던 질문이었다. 똑같은 질문이 이미 **울려 퍼진** 적이 있다. 분명 똑같은, 하지만 전혀 다른. 이러한 질문이 들리는 방식의 차이야말로 오늘 밤 반향을 일으키고 있다. 여전히 밤이며, 여전히 "성벽" 위로, 전쟁 중에 있는 낡은 유럽의 흉벽胸壁 위로 드리운 밤이다. 타자와 함께, 자기 자신과 함께.

왜 그런가? 이는 이미, **최종적**finale 질문으로서 똑같은 질문이었다. 오늘날의 많은 젊은이들("후쿠야마의 소비자 독자" 또는 "후쿠야마" 그 자신과 같은 유형의)은 분명 이를 충분히 알지 못하고 있다. "역사의 종말", "마르크스주의의 종말", "철학의 종말", "인간의 종말들/목적들",[49] "최후의 인간" 등과 같은 종말론적 주제들은 이미 40여 년 전인 1950년대에 우리의 일용 양식이었다. 우리가 자연히 입에 달고 다니던 이 종말론적 양식은, 사후事後인 1980년에 내가 이름 붙였듯이, 자연히 이미 또한 "철학에서 종말론적인 어조"[50]를 지니고 있었다.

---

49) "인간의 종말들/목적들les fins de l'homme"은 데리다가 1968년에 발표한 논문의 제목이기도 하다. *Marges de la philosophie*, Minuit, 1972 참조.

50) 이는 1980년에, 세리지에서 데리다의 작업을 주제로 열린 회의에서 데리다가 발표한 강연의 제목이며(이 회의록은 나중에 단행본으로 출간되었다. Philippe Lacoue-Labarthe & Jean-Luc Nancy eds., *Les fins de l'homme: A partir du travail de Jacques Derrida*, Galilée, 1981), 나중에 단행본 소책자로 출간되었다(*D'un ton apocalyptique adopté naguère en philosophie*, Galilée, 1983).

그것은 얼마나 견실한 것이었는가/푸짐한 양식이었는가?[51] 맛은 어떠했는가? 이는 한편으로 우리가 종말의 고전가들이라고 부를 수 있는 사람들에 대한 독해 내지 분석이었다. 그들은 근내의 종말론의 경전을 이루고 있다(대문자 역사의 종말, 대문자 인간의 종말, 대문자 철학의 종말, 헤겔, 마르크스, 니체, 하이데거 및 코제브에 의한 그들의 [종말에 대한] 유언 변경, 그리고 또한 코제브 자신의 유언에 대한 변경). 이는 다른 한편으로, 그리고 전자와 분리할 수 없는 것으로서, 동유럽의 모든 나라에서 있었던 전체주의적 테러, 소비에트 관료제가 낳은 모든 사회경제적 재난, 과거의 스탈린주의 및 당시 진행되고 있던 신스탈린주의(간단히 최소의 지표만 지적한다면, 모스크바 재판에서 헝가리의 억압에 이르기까지 볼 수 있었던)에 관해 우리가 알고 있었던 것, 또는 우리들 중 어떤 이들이 오랫동안 인정할 수 없었던 것이다. 이는 분명 해체라 불리는 것이 전개되어 나온 요소이며, 이러한 복합적인 역사적 상황을 고려하지 않는다면, 이 시기에 특히 프랑스에서 전개된 해체에 관해 아무것도 이해하지 못할 것이다. 그리하여 나와 이 독특한 시기, 이 이중적이면서 유일한 경험(철학적이면서 정치적인 경험)을 공유하고 있는 사람들에게, 감히 말하자면 우리들에게, 현재 언론 매체를 통해 전시되고 있는 역사의 종말 및 최후의 인간에 관한 담론들은 대부분 지루하기 짝이 없는 시대착오적인 것들로 보인다. 적어도 어떤 점까지는 그런데, 우리는 뒤에서 이 점에 관해 좀더 자세히 논의해 보아야 할 것이다.[52]

---

51) 이 문장의 원문은 "Quelle en était la consistance?"인데, "consistance"는 "견고함", "견실함"을 뜻하지만, 또한 음식과 관련해서는 "푸짐함", "질김"이라는 뜻도 지니고 있다. 앞 단락에서 데리다는 종말론을 "양식", 곧 먹을 것에 비유하고 있는데, 이와 관련하여 여기서는 "consistance"가 지닌 이 두 가지 의미를 함께 활용하고 있다.

게다가 이러한 지루함의 어떤 것은 오늘날 볼 수 있는 가장 **현상적인** 문화의 몸체에서 스며 나온다. 사람들이 듣고 읽고 보는 것, 오늘날 서양의 수도들에서 가장 자주 **매체화되는** 것이 바로 그것이다. 청년기의 열정으로 환희에 차서 그러한 담론에 빠져드는 사람들은 지진아들처럼 보인다. 마치 막차가 떠난 뒤에도 여전히 막차를 타는 것이 가능하다는 듯이, 역사의 종말에 늦는 것이 가능하다는 듯이.

어떻게 역사의 종말에 늦을 수 있는가? 이는 시사적인 질문이다. 이는 진지한 질문인데, 왜냐하면 이는 다시 한 번, 헤겔 이래 우리가 그렇게 하듯이, 역사 이후에 **사건**이라는 이름을 지닐 만한 어떤 것이 발생하는지 숙고해 보도록, 역사의 종말은 단지 역사의 어떤 개념의 종말이 아닌지 질문해 보도록 강제하기 때문이다. 아마도 바로 여기에 종말론 및 종말의 마지막 기차에 늦게 도착하는 것으로 그치지 않고, 이렇게 말할 수 있다면, 숨가쁘게 헐떡거리지도 않고, 오히려 자본주의와 자유주의 및 의회민주주의 ——우리가 말하는 의회민주주의란, 의회주의 및 정치적 대표 **일반**이 아니라, **현존하는**, 곧 사실은 과거의 선거제도 및 의회제도의 형태들을 가리킨다——의 미덕에 대해 떳떳하게 생각하면서 우쭐거리는 사람들에게 제기되어야 하는 질문들 중 하나가 존재할 것이다.

조금 뒤에 이 도식을 좀더 복잡하게 만들어 보아야 할 것이다. 매체의 시대착오와 [후쿠야마 같은 이들의 ——옮긴이] 떳떳하게 여기는 태도에 관해 다른 독해를 제시해 보아야 할 것이다. 하지만 역사의 종말에 관한 모

---

52) 후쿠야마를 중심으로 한 현재의 종말론적 담론에 대한 좀더 상세한 분석으로는 이 책의 2장 「마르크스주의를 푸닥거리기」 참조.

든 문헌 및 그와 유사한 다른 진단들을 모조리 무시해 버릴지도 모를 위험을 지닌, 이미 보았다는 느낌이 주는, 의욕을 저하시키는 인상을 좀더 공정하게 평가하기 위해서, (가능한 여러 다른 사례들 중에서) 1959년에 쓰인 한 편의 글, 이미 1957년에 **또한**『최후의 인간』이라는 제목의 소설을 출간한 적이 있는 작가가 쓴 글 한 편을 인용해 보자. 당시 35세였던 모리스 블랑쇼Maurice Blanchot는, 1950년대에 출간된 여섯 권 가량의 책들──이는 모두, 프랑스 출신의 전前 마르크스주의자들이나 전 공산주의자들의 증언을 담고 있다──에 관해「철학의 종말」[4]이라는 논문을 쓴다. 블랑쇼는 그보다 뒤에는「공산주의에 대한 한 가지 접근법에 대하여」와「마르크스의 세 가지 말」이라는 글을 쓰게 될 것이다.[5]

〔나는 여기서,「마르크스의 세 가지 말」이라는 제목을 달고 있는 경탄할 만한 세 쪽짜리 글을, 전적인 동감의 표시로 전부 인용해 보고 싶었다. 비교 불가능한 밀도에서 뿜어 나오는 명철한 번득임과 더불어 신중하면서도 매혹적인 언표들은 어떤 질문에 대한 충분한 답변이 아니라, 오늘날 우리가, 그 자체로 **이접되어 있는** 어떤 명령의 상속인이자 **하나 이상의/더 이상 하나가 아닌** 말의 상속인들인 우리가 답변해야 하는 어떤 것에 대한 척도로 주어진다.

우선 하나의 유산이 지닌 근원적이고 필연적인 **이질성**에 대해, 이러한 유산에 표시될 수밖에 없는 대립 없는 차이에 대해, "함께 어울릴 수 없는 것"[53)]에 대해, 변증법 없는 유사 병치(우리가 뒤에서 마르크스의 정신들이라고 이름 붙이게 될 것이 지닌 다수성 자체)에 대해 살펴보기로 하자. 하나의 유산은 결코 한데 모이지 않으며, 결코 자기 자신과 하나를 이루지 않는다. 그것의 추정된 통일성 — 만약 그런 것이 존재한다면 — 은 선택하면서 재긍정하라는 명령 안에만 존재할 뿐이다. 해야 한다il faut는 것은 검별하고 가리고 비판해야 한다는 것이며, 동일한 명령 안에 들어 있는 — 그리고 어떤 비밀 주위에서 모순적인 방식으로 들어 있는 — 다수의 가능태 사이에서 추려 내야 한다는 것이다. 만약 어떤 유산의 가독성이 자연적이고 투명하고 일의적으로 주어져 있다면, 만약 이러한 가독성이 해석을 요청하면서 동시에 그것에 저항하지 않는다면, 우리는 결코 그 유산으로부터 상속받을 것을 갖지 못할 것이다. 우리는 그것으로부터 하나의 원인, 자연적이거나 유전적인 원인으로부터 영향을 받듯이 영향받게 될 것이다. 우리는 항상 하나의 비밀로부터, "할 수 있다면 나를 읽어 보라"고 말하는 하나의 비밀로부터 상속받는다. 상속에 대한 모든 재긍정에 요청되는 비판적 선택 역시, 기억 그 자체처럼 유한성의 조건이다. 무한자는 상속받지 않는다. 그는 자신을 상속받지 않는다/그는 계승되지 않는다ne s'hérite pas. 명령 그 자체는(이것은 항상, "네가 상속받는 것 중에서 선택하고 결정하라"고 말한다) 자신을 분할하면서, 가르면서, 자기 자신과 차이를 내면서, 동시에 여러 번의 목소리를 내면서, 그리고 여러 목소리로 말하면서, 오직 그렇게 하면서 하나로 존재할 뿐이다. 예를 들어,

우리는 마르크스에서, 그리고 항상 마르크스로부터 나오는 세 가지 종

---

53) "함께 어울릴 수 없는 것"의 원어는 "le disparate"인데, 이는 라틴어 "disparatus"에서 유래한 것이며, 또 "disparatus" 자체는 "dis-parare", 곧 "같게 하다", "동등하게 하다"를 뜻하는 "parare" 동사의 반대에서 파생된 것이다. 이런 점을 고려하여 이를 풀어서 "함께 어울릴 수 없는 것"이라고 옮겨서 쓰겠다.

류의 말이 세력을 얻고 형태를 취하는 것을 보게 된다. 이것들 세 가지는 모두 필연적이지만 분리되어 있으며, 대립 이상인 것으로, 병치된 것으로 존재한다. 세 가지 목소리들을 함께 유지하면서 한데 어울릴 수 없는 것은 다수의 요구들을 가리키는데, 이러한 요구들은 **마르크스 이래/마르크스로부터**depuis Marx[54] 말하고 쓰는 각각의 사람들이, **모든 것에서 실패한다고 스스로 느끼지 않는 한, 그것들에 매여 있다고 느낄 수밖에 없는 것들**이다.(p. 115. 강조는 데리다)

"모든 것에서 실패한다고 스스로 느끼지 않는 한." 이것은 무엇을 의미하는가? 그리고 "마르크스 이래/마르크스로부터"는?

사실 모든 것에서 실패하는 것은 항상 가능한 일로 남아 있다. 어떤 것도 우리에게 이러한 위험에 대한, 더욱이 이러한 감정에 대한 보장책을 제공해 줄 수 없다. 그리고 "마르크스 이래/마르크스로부터"는 그것 이래/그것으로부터 우리가 **관여하고 있는**engagés [상속의—옮긴이] 할당의 장소를 지속적으로 가리킨다. 하지만 관여나 할당, 명령이나 약속이 존재한다면, 우리 이전에 울려 퍼지는 어떤 말 이래/어떤 말로부터 이러한 호소가 존재해 왔다면, "이래/로부터"는 분명 우리에 앞서 있는, [시간적 의미에서—옮긴이] **우리 이전에 있는** 것 못지않게 [공간적 의미에서—옮긴이] **우리 앞에 있는** 것이기도 한 어떤 장소와 시간을 표시한다. 따라서 "이래/로

---

54) "depuis"는 보통 시간적 의미에서 "~이래로"라는 뜻으로 많이 쓰이며, 공간적인 의미에서 "~로부터"라는 뜻으로도 사용된다. 여기서는 이 두 가지 의미를 모두 활용하고 있으며, 더 나아가 "depuis"를 "~에 근거를 두고", "~을 따라"의 의미로 쓰고 있다. 곧 depuis Marx는 단지 연대기적인 의미에서 "마르크스 이후"를 가리키는 것이 아니라, "마르크스에 근거를 두고"나 "마르크스를 따라서"라는 뜻도 담고 있다.

부터"는 장래 이래/장래로부터, 절대적 장래로서 과거 이래/과거로부터
이며, 존재to be해야 할 것으로 남아 있는, 곧 실행해야 할 것, 결정해야 할
것으로(분명히 이는 무엇보다 햄릿이, 그리고 말하자면 어떤 유령 앞에서 맹
세하게 되는 모든 상속자가 되뇌이는 "있음이냐 있지 않음이냐to be or not to
be"가 의미하는 것이다) 남아 있는 어떤 것에 대해, 어떤 사건에 대해 알지
못한 이래/알지 못함으로부터이고, 어떤 것, 어떤 사건이 도래하지 않은
이래/도래하지 않음으로부터다. 만약 "마르크스 이래/마르크스로부터"가
어떤 과거, 어떤 고유명사의 과거 못지않게 어떤 장-래를 명명한다면, 이
는 어떤 고유명사의 고유성은 항상 도래할 것으로 남아 있기 때문이다. 그
리고 비밀로. 그것이 도래할 것으로 남아 있다면, 이는 "함께 어울릴 수 없
는 것"을 "함께 유지하는" 것의 현재 미래로서/유지되는 미래[55]로서 그런
것이 아니다(그리고 블랑쇼는 그 자체로 "함께 유지되는" 함께 어울릴 수 없
는 것이라는 불가능태에 대해 말한다. 어떻게 함께 어울릴 수 없는 어떤 것이
그 자체로 함께 유지될 수 있는 것인지, 그리고 우리가 도대체, **함께 어울릴 수
없는 것 자체**, 그것의 그 자체에 대해, 속성 없는 어떤 자체성mêmeté에 대해 말
할 수 있는 것인지는 생각해 보아야 할 것으로 남아 있다). "마르크스 이래/
마르크스로부터"라고 언표되는 것은 단지, 차이화[지연]하는 말——이 말

---

55) "현재 미래로서/유지되는 미래로서"의 원어는 "comme le maintenant futur"다. "maintenant"
은 서두의 역주에서 지적한 것처럼 보통 "지금"이나 "현재"를 의미하지만, 이 단어는 원래 "유
지하다", "보존하다"를 의미하는 "maintenir"라는 동사에서 파생된 것이며, "maintenir"의 현
재분사형을 띠고 있다. 따라서 "maintenant"을 "현재"로 이해하면, "maintenant futur"는 "현
재 미래"가 되며, 이는 하이데거식의 의미에서 미래의 어떤 시점에 현존하게 될 현재로서의 미래를
뜻하게 된다. 반면 "maintenant"을, "maintenir"의 현재분사형으로서 "유지하는"의 뜻으로 이
해한다면, "maintenant futur"는 미래를 계속 미래로 남겨 두는 것을 의미하게 된다. 이는 현재로
서의 미래와는 다르지만, 사건의 도래라는 차원을 배제한다는 점에서 또한 블랑쇼/데리다가
말하는 le disparate와 다른 것이다.

은 자신이 긍정하는 것을 차이화하는[지연하는] 것이 아니라 정확히 말하면 긍정하기 위해, **정확히/정의롭게 긍정하기 위해**, 사건의 도래, 사건의 도-래 자체를 긍정할 수pouvoir 있기 위해(권력 없는 권력/권력 없는 할 수 있음pouvoir sans pouvoir) 차이화한다[지연한다] — 속에서 함께 유지하는 것을 약속할 수 있거나 상기시킬 수 있을 뿐이다.

블랑쇼는 여기서 셰익스피어를 거명하지 않지만, 나는 "마르크스 이래/마르크스로부터"를, 마르크스 이래/마르크스로부터, 마르크스처럼, "셰익스피어 이래/셰익스피어로부터" 없이는 이해할/들을[56] 수 없다. 함께 유지되지 않는 것을 함께 유지하는 것은, 그리고 함께 어울릴 수 없는 것 자체le disparate même, 동일한 함께 어울릴 수 없는 것le même disparate 은 — 우리는 유령의 유령성으로 되돌아오듯이 계속 여기로 되돌아올 텐데 — 탈궤된disloqué 현재 속에서만, 상호 접합의 보증 없이 근원적으로 어긋난 시간의 이음매에서만 사고될 수 있다. 이 시간은 부정적 대립과 변증법적 이접의 **장애**[57]를 따라 부정되고 파손되고 잘못 취급되고 잘못 기능하고 어그러진 시간이 아니라, 확실한 이음매나 규정 가능한 상호 접합이 없는 시간이다. 여기서 시간에 대해 말한 것은, 결과적으로 또는 그와 동시에, 역사에 대해서도 타당한데, 역사라는 것이 상호 접합의 효과들——이

---

56) 프랑스어에서 "entendre"에는 "듣다"와 "이해하다"는 의미가 모두 들어 있다. 이 문장은 마르크스가 셰익스피어 작품의 대단한 애호가였으며, 정치경제학 비판을 위해서도 매우 유용한 작가로 보았다는 사실을 시사하는 문장이다.

57) 여기서 "장애"로 옮긴 "dys-"는 접두어로서 "장애나 결핍" 따위를 의미한다. 가령 문장 뒷부분에 나오는 "dysfonctionnante"는 "잘못 기능하는", "제대로 기능하지 못하는"을 뜻한다. 따라서 "부정적 대립과 변증법적 이접disjonction의 장애"란 정상적인 경우에는 제대로 기능하고 접합될 수 있지만, 어떤 고장이나 장애 때문에 제대로 작동하거나 기능하지 않는 비정상적인 경우를 가리킨다. 이는 데리다가 지금부터 말하고자 하는 "시간이 이음매에서 어긋나 있다"의 원초적인 어긋남, 장애와는 구별된다.

것이 바로 세계다——속에서 시간의 탈궤를 바로잡으려는 것일 수 있다고 해도 그렇다. "시간이 이음매에서 어긋나 있다The time is out of joint," 시간이 탈구되고désarticulés [이음매가——옮긴이] 빠지고 벗어나고 탈궤되어 있고, 시간이 탈이 나고détraqué, 쫓기다가 탈이 나고traqué et détraqué 뒤틀리고, 고장이 난 동시에 미쳐 있다. 시간이 이음매들에서 빠져 있고 궤도에서 이탈하여, 자기 자신에서 벗어나 어그러져 있다. 햄릿이 이렇게 말한다. 이렇게 해서 그는 시간의 틈새들 중 하나를 뚫어 놓았다. 여러 번 시적이면서 사유하는 구멍들/총안銃眼들meurtrières이었던 틈새들, 셰익스피어가 그것들 이래/그것들로부터 영어를 감시했던 게 되고 동시에 유례없는 어떤 화살을 통해 영어의 몸체에 자신의 이름을 새겨 넣었던 게 될 틈새들 중 하나를. 그런데 햄릿이 이처럼 시간의 이음매가, 하지만 또한 역사와 세계의 이음매가 어긋남을 명명하는 것은, 현재 흐르고 있는 시간의 어긋남, 우리의 시간의 어그러짐, 매번 우리의 것인 시간의 어긋남을 명명하는 것은 언제인가? 그리고 "The time is out of joint"를 어떻게 번역할 것인가? 어떤 걸작, 천재/정령의 저작, 정확히 말하면 스스로 생겨나 움직이는[58] 것처럼 보이는 정신의 사물/정신적인 것chose de l'esprit에 대해 여러 세기에 걸쳐 놀랄 만큼 다양한 번역들이 퍼져 있다. 사악한 것이든 그렇지 않든 간에 어떤 정령/천재가 작품을 만들어 내며opère,[59] 이 정령/천재

---

58) "스스로 생겨나 움직이는"의 원어는 "s'ingénier"다. 이 동사는 관용적으로는 "~하느라 애쓰다"는 뜻으로만 쓰이지만, 여기서는 이 단어에 담겨 있는 "génie"라는 말, 곧 "정령"이나 "혼령"의 의미에 의거하여 사용되고 있는 것으로 보인다.

59) "opérer"는 보통 "작동하다", "수행하다" 등을 의미하는데, 여기서 데리다는 "작품œuvre"의 라틴어 어원인 "opus"가 operari(이는 opérer의 어원이기도 하다)에서 파생된 말이라는 점을 염두에 두고 이 단어를 사용하고 있는 것으로 보인다. 따라서 œuvre와 opérer의 연관성을 좀 더 분명하게 하는 뜻에서 "작품을 만들어 내는"이라고 옮긴다.

는 항상 유령적인 것에 따라 저항하고 도전한다. 정신을 부여받은 저작은 이 사물, 고유한 의미에서 거주하지 않으면서도 스스로 거주를 만들어 내는s'ingénier, 곧 귀신처럼 달라붙어 있는 사물Chose이 되고, 포착 불가능한 유령이 되며, 기억과 번역이 된다. 하나의 걸작은 정의상, 환영과 같은 방식으로 항상 스스로 움직인다. 사물은 유령처럼 달라붙는다. 예컨대 사물은 이 구절, "시간이 이음매에서 어긋나 있다The time is out of joint"라는 구절에 대한 다수의 번역을 불러일으키고cause, 그 번역들에 머물지 않고서, 결코 그 번역들에 한정되지 않은 채, 그 번역들에 거주한다. 여러 가지의 번역의 말들이 조직되며 이 말들은 아무렇게나 흩어지지 않는다. 하지만 또한 이 말들은 유령의 효과 자체에 의해, 원본이라 불리는 원인Cause 때문에, 모든 환영처럼, 모순보다 더한 요구들, 동일하게 함께 어울릴 수 없는 요구들을 제시하는 원인 때문에à cause de la Cause 그 조직이 와해된다. 이 말들은 여기서 몇 가지 주요 가능성들 주위로 분배되는 것처럼 보인다. 이는 유형들이다. "시간이 이음매에서 어긋나 있다The time is out of joint"에서 시간Time은 때로는 시간 자체, 시간의 시간성이고, 때로는 시간성이 가능하게 하는 것(역사로서의 시간, 현재 흐르는 시간, 우리가 살아가는 시간, 오늘의 시간, 시대)이며, 따라서 때로는 진행하는 세계, 오늘날 우리의 세계, 우리의 오늘, 현재성 자체다. 그것이 제대로 나아가고 있는whither 거기, 그리고 그것이 나아가고 있지 않은, 그것이 부패하고 있는whither 거기, 그것이 잘 이루어지거나 잘 이루어지지 않는 거기, 현재 흐르고 있는 시간에 의해 진행되어야 함에도 잘 진행되지 않고 있는 거기. 타임Time은 시간이지만, 또한 역사이며 세계이기도 하다.

"시간이 이음매에서 어긋나 있다The time is out of joint"에 대한 번역들 자체가 "이음매에서 어긋나 있다out of joint". 이 번역들이 아무리 정확하고 정당할지라도, 사람들이 그것들에게 어떤 **권리/올바름**을 인정한다 할지라도, 그것들을 [원본으로부터—옮긴이] 변형시키는 간극 속에 있는 부정확한/부당한injustes 것으로서 이 번역들은 모두 어그러져 있다. 우선 이 간극은 분명히 이 번역들 내부에 있는데, 왜냐하면 이 번역들의 의미는 필연적으로 애매한 것으로 남아 있기 때문이다. 그 다음 간극은 번역들 사이의 관계 속에, 따라서 번역의 다양성 속에 있으며, 마지막으로 또는 무엇보다도 다른 언어[영어—옮긴이]에 대한, 법칙을 만드는 사건의 천재/정령의 솜씨에 대한, 원본이 지닌 모든 잠재력에 대한 이 번역들의 어쩔 수 없는 불일치 속에 있다. 탁월한 번역도 이 점에 대해서는 어쩔 수가 없다. 더 나쁜 것은, 그리고 이것이야말로 진정 비극적인 것인데, 탁월한 번역은 다른 언어에 대한 접근 불가능성을 강화하거나 봉인해 버린다는 점이다. 가장 훌륭한, 비난의 여지가 가장 적은, 가장 흥미로운 프랑스어 번역들 몇 가지를 살펴보자.

1. "시간이 경첩에서 빠져 있다Le temps est hors de ses gonds."[6] 이브 본푸아Yves Bonnefoy의 번역은 가장 확실해 보인다. 이 번역은, 이 시간 자체의 에포케epokhè 안에 있는 것처럼, 영어 원문의 가장 큰 경제적 잠재력을 열어 놓으며 중지시키고 있다. 유기적이거나 윤리적 또는 정치적이기보다는 기술적인(이는 하나의 간극으로 남아 있다) 경첩이라는 비유는 이 단어가 번역하는 영어 단어의 지배적인 용법 및 용법의 다양성에 가장 근접한 것으로 보인다.

2. "시간이 불순하다Le temps est détraqué."[7] 상당히 위험한 번역이다.

이 표현의 특정한 용법은 시간을 날씨weather의 측면에서 생각하게 할 수 있다.

3. "세계가 뒤죽박죽이다Le monde est à l'envers."[8] "뒤죽박죽à l'envers"이라는 말은 "비틀려de travers"라는 말과 매우 가깝지만, 오히려 이 후자가 원문에 더 가까운 것으로 보인다.

4. "이 시대는 수치스러운 시대다Cette époque est déshonorée."[9] 처음에는 매우 놀랍게 보이지만, 지드André Gide의 독해는 모어Thomas More에서 테니슨Alfred Tennyson에 이르기까지 "out of joint"라는 표현에 명백히 더 윤리적이거나 정치적인 의미를 부여하는 영어 관용어법의 전통과 일치한다. 곧 "out of joint"라는 표현은 도덕적 타락이나 도시의 퇴락, 습속의 문란이나 도착을 나타낸다. 어그러짐désajusté에서 부당함injuste으로 넘어가는 것은 쉬운 일이다. 우리의 문제가 바로 이것이다. 어떻게 어그러짐(어떤 현존을 변형시키는 좀더 기술적이고 존재론적 가치)에서 더 이상 존재론적이지 않은 어떤 불의로 이행할 수 있는가? 그리고 반대로 어그러짐이 정의의 조건이라면? 그리고 이러한 이중적 기입이야말로 "The time is out of joint"라는 햄릿의 말의 수수께끼를 정확히/정당하게 응축하는 것이고, 그 말에 전례 없는 힘을 부여하는 것 안에서 그것의 엄청난 위력을 강화하는 것이라면? 『옥스포드 영어사전』이 햄릿의 이 문장을 윤리·정치적 굴절의 사례로 제시하고 있다는 사실에 놀랄 만한 것은 없다. 이 주목할 만한 사례에서 오스틴John Langshaw Austin의 말, 곧 단어 사전이란 결코 단어에 대한 정의를 제시하지 않으며 그에 대한 사례들을 제시할 뿐이라는 말의 필연성을 깨닫게 된다. 우리는 어긋나 있는out of joint, 제대로 작동하지 않거나 뒤틀

려 있는(따라서 뒤죽박죽이라기보다는 **뒤틀려 있는**) 것의 도착倒錯을, 똑바른 것에, 올바르게 바른 방향으로 나아가는 것에, 법을 방향 짓거나 정초하는 것의 정신 및 우회 없이 올바른 주소로 곧바로 나아가는 것의 정신 등[10]에 대립하는 에둘러 가는 것, 꼬인 것, 왜곡된 것 또는 뒤틀린 것으로 쉽게 간주하게 된다. 더욱이 햄릿은 시간이 "이음매에서 어긋나" 있음을 시간의 **올바름**être-droit, 잘 진행하는 것의 올바른 길 또는 곧은길과 명료하게 대립시킨다. 그는 심지어 뒤틀리게 나아가는 시간을 바로잡도록 태어나게 만든 운명을 저주하기까지 한다. 그는 바로 그 자신, 햄릿으로 하여금 정의를 실행하도록, 사태를 다시 질서 정연하게 만들도록, 역사·세계·시대·시간이 자신의 정확한/정당한 기능의 규칙에 맞게 곧바로tout droit, 그리고 법droit을 따라 나아갈 수 있게 그것들을 다시 **바로 세우도록**, 바른 길로 인도하도록 정확히/정당하게 운명 지은 운명을 저주한다. 탄식할 만한 이 저주는 그 자체로 그것이 고발하는 뒤틀림 또는 왜곡/잘못tort에 감염되어 있는 것처럼 보인다. 자기 스스로 정립되고 자기 자신을 스스로 옮기는 어떤 역설에 따라 햄릿은 시대의 타락을 저주하지 않는다. 그 대신 그는 우선 이러한 작동 이상의 부당한 효과로서 운명, 곧 바로 그 자신, 햄릿으로 하여금 어긋난 시간의 이음매를 다시 끼워 맞추도록, 그것을 다시 바로잡도록, 다시 법에 맞추도록 운명 지은 운명을 저주한다. 그는 사명에서 벗어난dé-mission 시간에 대해 정의를 실행해야 하는/시간을 정확히 바로잡아야 하는 자신의 사명mission을 저주한다. 그는 자신으로 하여금 **주소**를 정정함으로써, 곧 정확함rectitude과 올바름droit을 **수정**과 회복/수리réparation, 복원, 복수, 보복, 징벌의 운동으로 만듦으로써to set it right, 어떤 잘못, 시간의, 시대의 잘못을 바로잡도록/잘못에 대해 정의를 실행하도록faire justice 이끄는 운명에 맞서 맹세한다. 그는 이러한 불행에 맞서 맹세한다. 이 불행은 바닥을 모르는 것인데, 왜냐하면 그는 다름 아닌 그 자신, 햄릿이기 때문이다. 햄릿은 "이음매가 어긋나" 있는데, 왜냐하면 그는 자신의 사명, 곧 징벌하고 복수하고, 응보라는 형태로 정의와 법을 실행해야 하는 사명을 저주하기 때문이다. 그리고 그가 자신의 사명에서 저주하는 것은 이러한 속죄 자체에 대한 속죄다. 이는 무엇보다도 그것이 그에게 **본유적本有的**이기 때문에, 그의 탄생 자체에 의해 주어진 것이면서 또한 탄생의 **순간**에 주어진 것이기 때문이다. 따라서 이는 그 이전에 도래한 이(것)에 의해 지정된 것이다. 마치 욥처럼(『욥기』3장 1절)[60] 그는 자기가 태어난 날을 저주한다. "뒤틀린 세월/시간이 이음매에서 어긋나 있다. 아, 저주스런 낭패로다, 그걸 바로잡으려고 내가 태어나다니The time is out of joint. O cursed spite. That ever I was born to set it right."[61] "그걸 바로잡으려고To set it right"는 "결합하려고rejointer"(본푸아), "질서를 회복하려고rentrer dans l'ordre"(지드), "다시 바로잡으려고remettre droit"(드로퀴니Jules Derocquigny), "다시 제자리에 놓으려고remettre en place"(말라플라트Jean Malaplate)로 번역된다. 그가 탄생할 **때** 만들어진 운명적인 상처, **비극적인 왜곡/잘못**──그의 운명의 질서 자체 안에 참을 수 없는 도착倒錯이 놓여 있다는 가설──은 바로 그, 햄릿이 법/바른 것을 위해, **법/바른 것을 목표로 삼아 존재하고 태어나도록** 만들었으며, 따라서 시간을 바른 길 위에 다시 올려놓도록, 역사를, 역사의 **왜곡/잘못**을 바로잡도록/법을 실행하도

---

60) "마침내 욥이 먼저 입을 열어 자기의 생일을 저주하며……."
61) 『햄릿』1막 5장, 52쪽.

록, 이러한 왜곡/잘못에 대해 정의를 구현하고 바로 세우도록 그를 불러낸다. 이러한 범죄의 원초성이라는 조건 아래에서만, 좀더 정확히 말하면 이처럼 범죄가 기원에 앞서 있다는 조건 아래에서만, 범죄의 고유한 유령성이라는 조건 아래에서만, 비극이, 비극적인 것의 본질이 존재한다. 이러한 타인의 범죄, 타인의 중죄는 결코 그 사건과 실재성, 진리가 생생하게 **현재화될** 수 없고, 단지 추정되고 재구성되고 환상 속에서 드러날 뿐이다. 그렇긴 하지만 그는 탄생에서부터 책임을 질 수밖에 없는데, 이러한 책임이, 누구도 시인할 수 없는 순간에, **타인**[이 범죄자라는 것—옮긴이]을 **고백함으로써 스스로** [자신의 책임을—옮긴이] 고백하는 것 —— 마치 이러한 두 가지 고백이 똑같은 것으로 귀착된다는 듯이 —— 말고는 달리 누구도 이러한 책임을 시인할 수 없는 순간에, 어떤 악을 바로잡아야 하는 책임일 뿐이라 하더라도 그렇다. 햄릿은 정확히/정당하게 그 자신을 법/올바름의 인간으로 운명 지은 운명을 저주한다. 마치 그가 자기 자신을 왜곡/잘못을 바로잡을 사람으로, 법과 마찬가지로 범죄 이후에만, 아니 아주 단순히 말해 그냥 **이후에만** 도래할 수 있는, 곧 필연적으로 두번째인 세대, 원초적으로 뒤에 오는, 따라서 **상속받을** 운명을 짊어진 세대에서만 도래할 수 있는 사람으로 만든 법 그 자체를 저주하는 듯이. 우리는 유령을 감수╫愛하지 않고서는, 따라서 **하나 이상의/더 이상 하나 아닌** 유령을 감수하지 않고서는 결코 상속을 받을 수 없다. 왜곡/잘못을, 하지만 또한 **하나 이상의/더 이상 하나 아닌** 명령을 감수하지 않고서는. 이것이 바로 그가 고통받고 있는 원초적인 왜곡/잘못, 태생적인 상처다. 법의 역사 또는 법으로서의 역사를 특징짓는, 바닥을 모르는 상처, 회복할 수 없는 비극이다. 시간이 이음매에서 어긋나 있다는 것은, 어떤 사람이 상속자가 됨으로써만, 왜곡/잘못을 바로잡는 사람이 됨으로써만, 곧 징벌하고 처벌하고 살해함으로써만 법의 사람/올바른 사람이 되도록 운명 지은 탄생 자체에 의해 입증된다. 저주는 법 자체 안에 기입되어 있다. 그 살해의 기원 안에.

햄릿이 ──니체 이전에, 하이데거 이전에, 벤야민 이전에 ── 불평하는 것처럼 보이듯이, 만약 법이 복수에서 유래한다면, 언젠가는, 더 이상 역사에 속하지 않는, 유사 메시아적인 어느 날엔가는, 마침내 복수의 숙명에서 벗어날 정의를 염원해 볼 수 있지 않을까? 단지 벗어날 뿐만 아니라 자신의 기원과 무한하게 낯선, 이질적인 어떤 정의를 염원해 볼 수 있지 않을까? 그리고 이날은 우리 앞에서, 도래하고 있는 것일까 아니면 기억보다 더 오래된 것일까? **오늘** 이러한 두 가지 가설 사이에서 결정하는 것이 어렵다면, 사실 불가능하다면, 이는 정확히 "시간이 이음매에서 어긋나 있기" 때문이다. 이것이 바로 오늘이라는 날의 원초적인 타락일 것이다. 또는 이는 정의의 수호자의 저주, 내가 빛을 본 날의 저주이기도 할 것이다. 겉보기에 무질서한(그 자체로 "이음매에서 어긋나 있는") 이러한 해석들의 다의성을 하나의 **집** 안으로 모으는 것은 불가능한가? 이 집은 항상 원본의 의미가 거주하고 있다기보다는 오히려 유령으로서 깃들어 있던 게 될 곳이라는 점을 감안할 때, 이 집 안에서 [다의적인 해석들이 ─옮긴이] 동거할 수 있는 규칙을 발견하는 것은 가능한가? 각각의 번역들을 허락해 주고, 그것들이 서로에게로 환원되지 않은 채 가능하도록, 인식될 수 있도록 해 주는 것, 이것이 바로 천재/정령의 솜씨이며, 그 특징적인 정신의 표시이자, "셰익스피어"라는 사물Chose의 서명이다. 이것들의 결합ajointement 은 ──명예, 존엄성, 좋은 외관, 좋은 평판, 지위나 명칭, 매력적인 합법성, 존경할 만한 것 일반, **정당한**juste 것 자체(법은 아닐지 몰라도) 속에서——항상 결합, 자기 자신의 분절된 결집, 일관성, 책임을 전제하는 것으로 귀착될 것이다.[11] 하지만 결합 일반이, "이음매"의 이음이 우선 시간의 결합, 시간의 정확성 내지 정당성, 시간이 자기와 함께 존재함이나 시간의 자신과의 조화를 전제한다면, 만약 시간 자신이 "이음매에서 어긋"나게 될 때, 어긋나고 어그러지고 부조화되고 고장 나고 서로 맞지 않거나 부정확할 때 어떤 일이 일어나겠는가? 시간이 **몰시간적**이라면?

이러한 몰시간성에서는 무슨 일인들 일어나지 못하겠는가! 아마도 "시간", 시간 그 자체, 정확히, 항상 "우리 시대"인 시간, 우리들 사이에 공유된 시대, 세계, 매일 우리의 시간인, 오늘날의 날인, 우리의 현재로서의 현재인 시간이 일어나지 못할 것이다. 특히 우리들 사이에서 정확하게, "그것이 제대로 되지 않을" 때, "그것이 잘 이루어지지 않을" 때, 그것이 제대로 진행되지 않을 때, 그것이 잘 일어나지 않을 때 그럴 것이다.[62] 하지만 타자와 함께인 경우, "그것이 잘 이루어지지 않음"에 담겨 있는 이러한 어긋남, 이러한 어그러짐은, 선善 또는 적어도 정당한 것이 기별되기 위해 필요하지 않겠는가? 어긋남은 타자의 가능성 자체가 아닌가? 이러한 두 개의 어그러짐, 한편으로 부당한 것의 어긋남과 다른 한편으로 타자와의 관계의 무한한 비대칭성을 열어 놓는 어긋남, 곧 정의를 위한 장소로서의 어긋남을 어떻게 구별할 것인가? 하지만 이는 계산 가능한 분배적인 정의를 위한 것이 아니다. 이는 법, 분배의 계산, 복수 또는 징벌의 경제[63]를 위한 것이 아니다(왜냐하면 만약 『햄릿』이 [정신분석적인—옮긴이] 억압 속

---

62) "그것이 제대로 되지 않을ça ne va pas", "그것이 잘 이루어지지 않을ça va mal" 등은 일상 대화에서 많이 쓰이는 말이다. 이 경우 이 말들은 요즘 형편이 좋지 않다거나 어떤 일이 제대로 되지 않음 또는 어떤 기계나 도구가 제대로 기능하지 않음 등을 가리킨다.

으로 한 걸음 더 들어서게 해 주는, 오이디푸스의 삼각형이나 원 속에 존재하는 복수와 징벌의 비극이라면 — 프로이트, 어니스트 존스Ernest Jones 등이 그렇게 생각한 것처럼 —, 억압을 넘어서는 한 걸음의 가능성도 여전히 생각해 봐야 하기 때문이다. 사실 억압적인 경제의 너머가 존재하는데, 억압적인 경제의 법칙은 이 경제로 하여금 어떤 역사 — 이 역사는 『오이디푸스 왕』과 『햄릿』 사이에 존재하는 연극의 역사 내지 정치의 역사이기는 하지만 — 의 경로를 따라 자기 자신을 초과하도록 추동한다). 이는 계산 가능한 평등, 따라서 주체들이나 대상들을 동시에 대칭화하는 회계comptabilité나 귀책歸

---

63) 데리다는 "경제"라는 용어를 보통 쓰이는 의미보다 좀더 폭넓게 쓰고 있다. "복수 또는 징벌의 경제"라든지 아래에 나오는 "억압적인 경제" 같은 용법은 이를 잘 보여 준다. 이때의 경제라는 용어는 일차적으로 프로이트의 용법에서 유래한 것인데, 프로이트는 (개략적으로 말하면) 심리적인 에너지의 유통과 보존 과정을 표현하기 위해 "경제"라는 용어를 비유적인 의미에서 도입했다. 그리고 이러한 심리적 에너지의 유통과 보존은 쾌락의 증대와 고통의 감소라는 원리, 곧 쾌락 원리에 따라 이루어지기 때문에, 프로이트에서 경제라는 용어는 쾌락 원리에 따라 조절되는 심리적 에너지의 유통과 보존의 과정 전체를 가리킨다고 할 수 있다. 데리다가 사용하는 경제 개념의 두번째 원천은 프랑스의 문학비평가이자 인류학자, 철학자였던 조르주 바타이유Georges Bataille에 있다(J. Derrida, "De l'économie restreinte à l'économie générale" in L'écriture et la différence, Seuil, 1967 참조). 바타이유는 "제한경제"와 "일반경제"라는 두 가지 경제 개념을 구별하면서, 전자의 경우는 생산을 중심으로 한 전통적인 경제를 가리키는 것으로, 후자는 생산이 아니라 소비와 낭비를 기초로 삼는 경제를 지칭하는 것으로 각각 규정한다(특히 『저주의 몫』, 조한경 옮김, 문학동네, 2000 참조). 하지만 이때의 생산이나 소비의 개념은 단순히 경제적인 재화에만 국한되는 것이 아니라 사고나 의미 같은 영역을 포함하는 것이다. 곧 생산을 중심으로 하는 제한경제는 무의미(소비)를 배제하고 의미의 합리적인 보존과 생산을 추구하는 목적론 철학과 같은 구조를 띠고 있는 반면, 소비에 근거를 두는 일반경제에서는 생산적인 소비를 통한 이윤의 획득이나 무의미의 지양을 통한 의미의 회복이 아니라 순수한 소비와 낭비, 무의미의 작용이 이루어진다. 하지만 바타이유나 데리다에게 이 두 가지 경제는 서로 대립하고 동떨어져 있는 두 개의 경제를 의미하는 것은 아니다. 일반경제는 항상 제한경제와 함께, 제한경제 내부에 존재하고 또 제한경제의 유사초월론적인 근거를 이루지만, 그 자체로 독립적으로 현존하는 것이 아니라, 제한경제가 실패하는 곳, 제한경제가 제대로 작동하지 못하여 소비의 과잉을 낳거나 의미 있는 담론이 어떤 무의미한 한계에 부딪히는 곳에서 드러난다. 이런 측면에서 일반경제 개념은 여기서 말하는 "이음매가 어긋난" 시간이라는 개념과 긴밀하게 연결되어 있다고 볼 수 있다.

責imputabilité을 위한 것이 아니라, 또 단지 제재하고 복원하고 **법을 실행하는** 것에 자신을 한정하는 어떤 **정의 구현**을 위한 것이 아니라, 선물의 계산 불가능성으로서 정의, 타자에 대한 비-경제적인 탈-정립ex-position의 독특성으로서 정의를 위한 것이다. 레비나스Emmanuel Lévinas는 "타인과의 관계, 곧 정의"라고 쓴다.[12] 이를 알고 있든 모르고 있든 간에 햄릿은 그가 "시간이 이음매에서 어긋나 있다"고 선언할 때 이 질문이 열어 놓은 공간 속에서 ——선물에 대한, 독특성에 대한, 사건의 도래에 대한, 타자와 맺는 과도한 또는 초과하는 관계에 대한 부름 속에서 ——말하고 있다. 그리고 이 질문은 더 이상 햄릿이 그 자체로 파악하고 있는 질문들, 곧 유령-사물 및 왕Thing, King이라는 질문, 사건, 현재-존재라는 질문, 존재해야 하는 것이냐 존재하지 않아야 하는 것이냐il y a à être ou pas(to be or not to be)라는 질문, **해야 하는 것**(이는 또한 **사고해야** 하는 것을 의미한다), 하게 하거나 하게 내버려 두어야 하는 것, 비록 도래하는 것이 죽음이라 할지라도, 도래하게 하거나 도래하게 내버려 두어야 하는 것, 선사해야 하는 것이라는 질문 같은 이 모든 질문들과 분리되지 않는다. 어떻게 **존재해야 하는** 것에 대한 관심이 복수나 법의 논리와 교차하는가? 비록 이러한 논리를 넘어서기 위한 것이라 할지라도 말이다.

이러한 궤적은 필연적으로 방향 없고 보장이 없는 것이다. 이러한 궤적은, 여기서 우리에게 **정의**justice —— 이는 분명히 그리스어 디케Dikē의 번역어로서는 문제가 많다 —— 라는 이름 아래 또는 정의라는 이름으로 전달되는 질문이 그것을 따름과 동시에 또한 그것을 벗어나서 흔들거리며 진동하면서 날아가는 **낙하의** 궤적이다. 오늘날 이 독특한 위상학을 위한, 분명 유일한 장소는 아니지만 가장 민감한 장소들 중 하나는 아마도 하이데거의 「아낙시만드로스의 금언Der Spruch des Anaximander」일 것이다. 하이데거는 이 글에서 디케를 연결, 이음매, 들어맞음, 일치하는 접합 내지 조화로운 접합으로 해석한다(이음매는 정당한 것이다Die Fuge ist der Fug). 우리가 디케를 현존으로서의 존재에서부터 사고하는 한에서als Anwesen gedacht 디케는, 말하자면 이음과 일치를 조화롭게 접합시킨다. 반대로 아디키아Adikia는 어긋나고 빠져나가고 뒤틀리고 제자리에서 벗어난 것이면서 동시에 부당한 잘못이고 심지어 어리석은 것이다.[13]

말이 나온 김에 지적하자면, "미트 푸그 운트 레히트mit Fug und Recht"는 보통 "그릇되게"와 대비되는 "올바르게" 내지 "정당하게", "참되게" 등을 의미한다는 점에 주목하자. "탈구되고 [이음매가―옮긴이] 빠지고 벗어나고 빗나가 있고 뒤틀리고, 자신의 이음매에서 빠져 있고 어긋나고 어그러져 있"다는 의미에서 "out of joint"에 해당하는 독일어는 "아우스 덴 푸겐aus den Fugen", "아우스 덴 푸겐 게헨aus den Fugen gehen"이다. 그런데 하이데거가 정의에 대한 법적·도덕적 규정들을 넘어, 그것들 이전에 또는 그것들과 거리를 두고 디케를 사고해야 하는 필연성에 대해 강조할 때, 그는 "아우스 덴 푸겐"을 통해 **자신의** 언어 속에서, "The time is out of joint" 속에 유예된 채 결집되어 있는 다양한 잠재성들을 재발견한다. 현재 속의 어떤 것이, **마땅히 그래야 하는 것처럼** 제대로 이루어지지 않는다.

아디키아a-dikia라는 단어는 우선 디케가 거기에 없음wegbleibt을 뜻한다. 디케는 보통 "법Recht"으로 번역된다. [아낙시만드로스의] 금언des Spruches에 대한 번역본들에서는 "징벌"로 번역되기까지 한다. 만약 우리가 우리의 법적-도덕적 표상들juristich-moralischen

Vorstellungen과 거리를 둔다면, 만약 우리가 언어에 도래하는 것에 한 정한다면, 아디키아는, 아디키아가 군림하는 곳에서는 어떤 것이 마땅 히 그래야 하는 것처럼 제대로 이루어지지 않음dass es, wo sie waltet, nicht mit rechten Dingen zugeht을 뜻한다. 이는 다음을 의미한다. 무언 가가 제대로 되지 않고 있다etwas ist aus den Fugen. 그러나 질문의 대 상이 되는 것은 무엇인가? 잠시 머무르면서 현존하는 것이다Vom je-weilig Anwesenden.[14]

"예-바일리히je-weilig"("잠시 머무르면서")에 대한 출간된 번역 과 관련하여, 하이데거의 명상적인 글쓰기는 분명, 현존하는 것présent (Anwesend)을 예-바일리히(일시적인, 순간적인, 매번 등)로 규정하는 것 을 거쳐, 그 다음에는 바일레Weile(순간, 지나치는 순간, 시간의 추이) 내지 바일렌weilen(남다, 체류하다, 머무르다)과 같은 필수불가결한 귀속을 거 쳐 지나가고 있음을 환기해 두는 게 중요하다. 하지만 여기서 훨씬 더 중 요한 것은 바일렌Weilen에 대한 해석인 것처럼 보인다. 이는 분명 지나감 이고, 따라서 정의상 지나가는 순간이지만, 이러한 이행은 말하자면 장래 로부터 온다. 이러한 이행은 그 본질상, 아직 유래하지provenu 않은 것, 아 직 덜 도래한 것, 따라서 도래할 것으로 남아 있는 것으로부터 유래한다. 이러한 현존하는 것의 시간의 지나감은 장래로부터 도래해서 과거를 향 해, 가 버린 것의 감l'aller de l'en allé을 향해 나아간다(Das Weilen ist der Übergang aus Kunft zu Gang. Das Anwesende ist das Je-weilig[64], p. 323). 하이데거는 계속한다. "하지만 그렇다면 현존하는 존재자 속의 어디 에 이음매들이 존재하는가? 어디에 단 하나의 이음매nur eine Fuge라도 존재하는가? 어떻게 현존하는 것은 이음매 없이adikon, 곧 이음매가 빠진 채로aus der Fuge 있을 수 있는가?" 곧 "이음매가 어긋난 채로out of joint"? 왜냐하면 우리는 아낙시만드로스의 독자인 하이데거를 햄릿의 언어로 번역할 수 있기 때문이다. 어떻게 있는 것, 곧 현존하는 것, 따라서 시간이, 이음매가 어긋나는out of joint 게 가능한가? 하이데거의 해석의 뒷부분은 여기서 더 이상 재구성할 수 없다. 그것은 더 길고 꼼꼼하게 다루어 볼 만하다. 단지 한 가지 독해 가설과 질문의 원리만 지적해 보기로 하자. 아낙시만드로스의 금언Spruch은, 현존자의 현존, 에온타eonta의 에온eon에는 아디키아(보통은 니체가 했던 것처럼 불의Ungerechtigkeit로 번역되지만), 곧 이음매의 어긋남이 속한다는 것을 의미하는 것인가? 이로부터 존재에 대한 그리스의 경험에는 모종의 "비관주의"나 "허무주의"가 존재한다는 결론을 내릴 수 있는가? 하이데거는 이 점을 의심한다. 낙관주의와 마찬가지로 허무주의적 비관주의에 대해 그는, "미학적"이거나 "심리학적"[15]인 방식으로──하이데거에게 이는 또한 정신분석학적인 방식을 의미한다──설명될 수 없는 "비극적인 것"의, 비극적인 것의 본질의(우리는 오이디푸스와 햄릿으로부터 결코 멀리 떨어져 있지 않다) "흔적"을 대립시킨다. 비극적인 것의 이러한 흔적은 우리에게, 정신분석학적-미학적인 해석을 넘어 존재자의 존재에 대한 해석에서 출발하여 디도나이 디켄 테스 아디키아스didonai diken (……) tes adikias[65](p. 330)를 사고할 것을 호소한다. 이러한 디케의 선사don de la Dike[66]란 무엇인가? 법을 넘어서는 이러한 정의

---

64) 데리다의 문장은 괄호 안에 있는 하이데거의 독일어 문장을 풀어서 설명한 것인데, 문장을 원문에 가깝게 직역해 본다면 다음과 같이 옮길 수 있을 것이다. "잠시 머무르는 것/순간은 옴에서 감으로 지나감이다. 현존하는 것은 매번이다/잠시-머무르는 것이다."

는 무엇인가? 이는 단지 잘못을 보상하고, 빚진 것을 갚고, 권리를 인정해 주거나faire droit 공평하게 하기faire justice 위해 오는 것인가? 이는 단지 공정하게 하기 위해서 오는 것인가 아니면 의무와 빚, 범죄나 과오를 넘어서 선사하기 위해 오는 것인가?[67] 이는 단지 불의adikia를 바로잡기 위해서 오는 것인가, 아니면 좀더 정확히 말해, **마땅히 그래야 하는 것처럼** 현재 시간의 어긋남을 재접합하기 위해(햄릿이 말하듯이 "바로잡으러to set it right") 오는 것인가?

하이데거에 따르면 아낙시만드로스의 금언은, 현존자의 현존 자체 안에 존재하는 어긋남, 현재 시간의 그 자신과의 이러한 비동시대성(이러한 근원적인 때맞지 않음 또는 몰시간성은 **환영을 사고하려는** 우리 시도의 출발

---

65) 이 구절은 「아낙시만드로스의 금언」에 나오는 것으로서, 보통 해석되는 바에 따르면 "불의에 대하여 징벌을 내리다" 또는 "불의에 대하여 속죄를 받게 하다" 정도로 이해될 수 있는데, 하이데거는 자신의 글에서 이 구절에 대한 새로운 해석을 시도하고 있다. 또 데리다는 아래에서 하이데거의 논의를 따라가면서 이를 변용하고 있다.

66) 여기서 "선사"로 옮긴 "don"(영어로는 "gift"이다)은 그리스어 "didonai"를 문자 그대로 옮긴 것이다.

67) 이 문장은 프랑스의 인류학자였던 마르셀 모스Marcel Mauss의 『증여론Essais sur le don』(이상률 옮김, 한길사, 2002)에 대한 데리다의 재해석을 밑바탕에 깔고 있다. 마르셀 모스는 이 책에서 아메리카 북서부 해안에서 나타나는 포틀래치의 관례에 대한 보아스Franz Boas의 인류학적 조사와 멜라네시아의 쿨라, 뉴질랜드의 하우 등에 대한 말리노프스키Bronislaw Malinowski의 탐구에 기초를 두고서 선물을 주고받는 관례(증여)가 사실은 사회생활의 핵심 기초를 이루고 있음을 밝히고 있다. 데리다는 계산과 이윤 추구를 목적으로 하는 경제의 원리(제한경제)를 넘어서야 할 필요성을 긍정하고 있으며, 이런 측면에서 선사/증여에 관한 모스의 논의의 중요성을 강조한다. 하지만 동시에 그는 모스의 논의에서 근본적인 아포리아를 발견함으로써 이를 해체하고 있다. ① 한편으로 선사가 선사이기 위해서는, 곧 통상적인 교환의 법칙에 따르는 전유와 이윤, 재전유의 관계를 넘어서는 순수한 선사이기 위해서는 빚과 상환의 관계를 넘어서야 한다. ② 하지만 다른 한편으로 선사는 항상 선물을 주는 사람과 선물을 받는 사람 사이의 상호 관계를 전제하고 있으며, 따라서 상징적인 질서의 성립을 전제하고 있는 한에서, 이미 하나의 교환 관계일 수밖에 없다. 마르셀 모스에 관한 좀더 집약적인 고찰은 *Donner le temps*, Galilée, 1992를 참조. 『에코그라피』1부에도 이에 관한 논의가 나와 있다.

점이다)을 "말하면서 말하지 않고 있다".[16]

A. 이 금언은 분명히 "명료하게eindeutig" 현존자로서의 현존자das Anwesende는 아디키아의 상태에 있다는 것, 곧 하이데거의 번역을 따르면(p. 327) 뒤틀리거나 자신의 이음매에서 빠져 있다(aus der Fuge, "out of joint"라고 말할 수도 있을 것이다)고 말한다. 현존자는 지나가는 것이며, 현존자는 지나가고 있고, 이러한 일시적인 지나감Weile 속에, 가고 옴 속에, 가는 것과 오는 것 사이에, 떠나는 것과 도착하는 것의 중간에, 떠나가는 것과 나타나는 것 사이의 접합 지점에 머무르고 있다. 이러한 둘 사이에서entre-deux는, 이러한 두 개의 운동이 결합되는gefügt 이중 접합die Fuge을 함께 접합한다. 현존Anwesen은, 더 이상 있지 않은 것과 아직 있지 않은 것의 접합 지점에서, 부재의 두 가지 방향[곧 더 이상 있지 않음과 아직 있지 않음―옮긴이]]을 따라 지령되고verfügt 질서를 이루고 배열되어 있다. 잇기joindre와 지령하기enjoindre. 이음매에 대한 이러한 사고는 또한 명령의 사고이기도 하다.

B. 하지만 금언은 이를 "명료하게" 언명하면서도 또한 다른 것을 말한다. 또는 이를 어떤 조건 아래서 말한다. 금언은 디도나이 디켄didonai diken이 있어야 한다/필요하다il faut고 말하기 위해서, 현존자의 어긋남adikia 또는 "불의"에 대해 말하고 있을 뿐이다(비록 니체가 디도나이 디켄을 속죄해야/배상해야 한다Sie müssen Buße zahlen고 번역하고 있기는 하지만, 있어야 한다/필요하다가 의무 또는 결핍/부채를 함축하므로, 이는 아마도 디도나이 디켄에 대한 과도한 해석일 것이다). 어쨌든 문제는 선사하는 것, 디케를 선사하는 것이다. 대개 번역되는 것처럼(니체와 딜스[68]) 징벌이나 배상 또는 속죄를 통해 보상하는 것rendre justice 또는 되갚는 것이

문제가 아니다. 우선 문제가 되는 것은 변상 없는, 계산 없는, 계산 가능성/책임comptabilité 없는 선사다. 이처럼 하이데거는 선사를 유죄와 채무, 법 및 심지어 —— 아마도 —— 의무의 지평 일체로부터 빼낸다. 특히 그는 선사를 응보의 경험으로부터 떼어 내고 싶어 하는데, 응보라는 관념은 "오직 복수가 된 것das Gerächte만이 정의로운 것das Gerechte이라고 여기는 사람들에게 소중한 것이다."(지나치는 김에 말하자면 이는, 이 경우나 다른 경우에도, 예컨대『햄릿』에서 볼 수 있고 또 도처에서 아주 강력하게 남아 있는 응보의 논리에 대한 —— 정신분석학적이든 아니든 간에 —— 어떤 독해의 권리를 결코 박탈하지는 않을 것이다. 그렇지만 이러한 또 다른 독해[곧 데리다 자신의 독해 —옮긴이]는 그러한 독해가 지닌 관여성을 박탈하지 않고서도, 정확히 그러한 독해의 경제적 경계clôture, 심지어 순환적인 숙명성을, 더 나아가 그러한 해석의 관여성 내지 정확성을 가능하게 해 주는 한계 자체를 드러나게 해 준다. 사실 이러한 한계는 그러한 해석이 해명하려고 하는 것, 곧 비극, 좀더 정확하게/정당하게 말하면 복수에 대한 주저나 숙고, 계산이 지니는 비자연성 내지 비자동성, 다시 말해 신경증에 대한 이해를 금지한다.) 항상 법을 넘어서는 정의의 물음은 그 필연성에서, 또 그 아포리아들에서, 선사의 물음과 더 이상 분리되지 않는다. 하이데거는 내가 다른 곳에서 언급했던 운동[17] 속에서 채무 없고 유죄 없는 이러한 선사의 역설에 대해 질문한다. 실제로 하이데거는 그가 여기서 이름을 언급하지 않는 또는 거의 언급

---

68) 딜스(Hermann Alexander Diels, 1848~1922)는 독일의 문헌학자로서 1903년 3권으로 된『소크라테스 이전 철학자들의 단편집Die Fragmente der Vorsokratiker』을 펴내 전 소크라테스 철학자들에 대한 연구의 중요한 기틀을 마련했다. 이 책은 나중에 발터 크란츠Walter Kranz에 의해 수정·보충되어 대개 "딜스·크란츠 단편집"으로 불린다. 국역본으로는『소크라테스 이전 철학자들의 단편 선집』(강철웅 외 옮김, 아카넷, 2005) 참조.

하지 않는 플로티누스의 흔적을 좇아 다음과 같이 질문한다. 자신이 갖고 있지 않은 것을 주는 것이 가능한가? "여기서 준다는 것/선사한다는 것은 무엇을 의미하는가? 일시적으로 체류하는 것, 어긋남 속에서 현존하게 되는 것이 이음매를 주는 것이 어떻게 가능한가Wie soll das Je-Weilige, das in der Un-Fuge west, Fuge geben können? 그것은 자신이 갖고 있지 않은 것을 줄 수 있는가kann es geben, was es nicht hat? 그리고 만약 그것이 무언가를 준다면, 그것은 정확히 이음매를 넘겨주는abandonner 것 아닌가?"[18] 하이데거의 답변은 다음과 같다. 여기서 주기/선사하기는 현존 속에서만 성립하며, 그것은 단지 넘겨주기weggeben만을 의미하는 것이 아니라, 좀더 근원적으로는 허여許與하기accord, 곧 추게벤Zugeben도 뜻한다. 추게벤은 대개 덤, 심지어 초과를 나타내며, 어쨌든 시장을 넘어, 교역 바깥에서, 교환 없이 보충적으로 주어지는 것을 가리킨다. 이는 음악 작품이나 시 작품에 대해 종종 사용된다. 이러한 증여offrande는 보충적이며, 가질 수 있는 것으로부터 분리시키는 넘겨주기나 박탈하기와 관련해 볼 때 필연적으로 초과적이기는 하지만 경매에서처럼 값을 올리는 것과는 무관하다. 증여는 허락하는 것에, 타자에게 고유하게 속하는 것을 타자에게 허락하는 것에 있다(Solches Geben lässt einem anderen das gehören, was als Gehöriges ihm eignet., 같은 곳). 그 다음 하이데거는 좀더 정확히 자신의 말을 해명하는데, 그에 따르면 어떤 현존자에게 ——그것이 타자의 현존자, 타자로서의 현존자라고 할지라도—— 고유하게eignet 속하는 것은 그의 체류, 그의 시간, 그의 순간의 이음매die Fuge seiner Weile다. 어떤 이/하나un가 갖지 않은 것, 따라서 하나가 넘겨줄 필요가 없는 것, 하지만 보충적으로, 시장을 넘어, 흥정, 감사 표시, 교역, 상품을 넘어 하나가 타자에게 주는 것은, 타자에게, 그에게 **고유한**ihm eignet 자신과의 이러한 일치accord 를 허락해 주는 것이며, 그에게 현존을 주는 것이다. 만약 우리가 디케를 여전히 이 단어, "정의"라는 단어로 번역한다면, 만약 하이데거가 하듯이 우리가 디케를 현존으로서의 존재로부터 사고한다면, "정의"는 무엇보다, 궁극적으로는, 특히 고유하게는 일치의 이음매다. 타자에게 고유한 이음 매는 그것을 갖지 못한 이에 의해 타자에게 주어진 것이다. 불의는 어긋남 내지 부조화다(한 번 더 하이데거를 인용해 보자. "현존으로서의 존재에서 부터 사고되는 한에서, 디케는 연결해 주고 어울리게 해 주는 이음매다. 아디 키아는 어긋남, 불화다Dikè, aus dem Sein als Anwesen gedacht, ist der fugend-fügende Fug. Adikia, die Un-Fuge, ist der Un-Fug.").

여기서 우리의 질문이 나온다. 하이데거는 항상 그렇듯이, 그가 **호 의/은혜**faveur, 베풀어진 호의/은혜의 가능성 자체로 해석하는 것에, 곧 조화롭게 한데 모으거나 받아들이는 허여하는 일치(Versammlung, Fug) ── 비록 이러한 허여하는 일치가 차이나는 것들différents 또는 불 화하는 것들différends의 같음mêmeté 안에서 작용한다 할지라도, 또 어떤 체-계의 종-합 이전에 작용한다 할지라도 ── 에 호의적으로 기울어 있 는 것 아닌가? 선물로부터, 곧 법과 계산, 교역을 넘어서 정의를 사고해야 할 필연성, 따라서 타자에게 주어진 선물을 [주는 이가─옮긴이] 갖고 있 지 않은 것의 선물로, 따라서 역설적이게도 타자에게 **되돌아갈** 수밖에 없 는 것으로 사고해야 할 필연성(하지만 **강제 없이**, 정확하게/정당하게 말하 면, 아마도 필연성 없이, 그리고 법droit 없이)과 위력이 일단 인정되고 난 다 음에는, 이러한 정의의 운동 전체를 현존의 기호 아래 기입할 위험이 있 지 않은가? 비록 이러한 현존이 안베젠Anwesen이라는 의미, 곧 현존으로 도래하는 사건이라는 의미, 자기 자신과 결합된 현존으로서 존재라는 의미, 현존으로서 타자의 고유함이라는 의미로 이해된 현존이라 할지라도 말이다. 받아들여진 현존자의 현존이지만, 분명히 그렇지만, 또한 같음으로 전유될 수 있는, 따라서 한데 모이는 현존자의 현존으로서 타자의 고유함. 그와는 반대로, 법을 넘어서는, 법률주의는 물론 더욱더 넘어서는, 도덕을 넘어서는, 도덕주의는 물론 더욱더 넘어서는 타자와의 관계로서 정의는, 존재 안에서 그리고 시간 안에서 어긋남 또는 몰시간성의 환원 불가능한 초과를, 어떤 운푸게Un-Fuge, "이음매가 어긋난" 어떤 탈구를 가정하고 있지 않은가? 이러한 어긋남이야말로 항상 악, 비전유非專有,[69] 불의adikia의 위험——이것들을 확실하게 제어할 수 있는 계산 가능성은 존재하지 않는다——을 무릅쓰면서, 유일하게 타자로서의 타자에게 **정의를 실행할 수 있는** 또는 **정의를 돌려줄 수 있는** 것이 아니겠는가? 능동적인 활동action으로 소진되지 않는 **실행**faire과 같음restituer으로 귀착되지 않는 **돌려줌**rendre을 가능하게 하는 것은 바로 그것이 아닌가? 아주 간단하게나마 쟁점을 극단에 이르기까지 형식화해 보자. 운푸그Un-Fug에 대한 이러한 해석에서는(이 해석이 현존으로서의 존재와 고유한 것의 고유성에서 출발하든 아니든 간에) 해체와 정의의 가능성 사이의 관계, 해체가 (해체가 운푸그의 환원 불가능한 가능성으로부터, 몰시간적인 어긋남으로부터 유래하는 한에서, 해체가 운푸그에서 자신의 재긍정된 긍정의 자원 자체 및 명령을 길어 내는 한에서) 타자의 독특성에, 타자의 절대적인 **선행성** 내지 절대

---

69) "전유appropriation", "비전유expropriation", "탈전유exapropriation" 개념의 의미에 대해서는 책 뒤의 '용어 해설' 참조.

적인 선도래성/타자에 대한 절대적인 배려[70]에, 선先pré의 이질성——이는 분명히 나 이전에, 모든 현존자 이전에, 따라서 모든 과거 현재 이전에 도래하는 것을 의미하지만 또한 바로 이를 통해 장래로부터 또는 장래로서, 사건의 도래함 자체로서 도래하는 것을 의미하기도 한다——에 스스로 따라야 하는(채무 없이도 의무 없이도) 것과 맺고 있는 관계가 작용하고 있다. 정의의 탈-총체화의 조건인 필연적인 어긋남은 현재의 조건이며, 동시에 현존자 및 현존자의 현존의 조건 자체다. 바로 여기서 선사에 대한, 해체 불가능한 정의에 대한 사상으로서 해체가 항상 모습을 드러낼 것이다. 이러한 해체 불가능한 정의는 해체의 해체 불가능한 조건이지만, 또한 그것은 그 자체로 항상 **해체 중**에 있고, 운푸그의 어긋남 안에 머물러 있으며, 또한 머물러 있어야 하는——이는 명령이다——조건이다. 그렇지 않으면 해체는 완수된 의무에 대한 떳떳한 양심에 의지하게 될 것이며, 우리가 여기서 아무런 지식 없이 메시아주의적인 것이라고 이름 붙인 것(곧 타자의 도래함, **정의로서의** 도착하는 이arrivant의 절대적이고 예견 불가능한 독특성)에 대한 기다림에서 또는 그에 대한 호소에서, 장래의 기회, 약속 내지 호소appel의 기회 및 또한 욕망(곧 욕망의 "고유한" 가능성)의 기회를 잃게 될 것이고, (식별할 수 있는 내용이나 메시아를 지니고 있지 않은) 사막의 메시아주의의 기회 및 우리가 나중에 이야기하게 될 **바닥 없는**abyssal 사막, "사막 속의 사막", 한 사막이 다른 사막을 향해 손짓하는, 바닥 없는

---

70) "절대적인 선도래성/타자에 대한 절대적인 배려"의 원어는 "prévenance"다. 이 단어의 원래 의미는 "배려, 친철"인데, "pré"를 강조하고 있는 데서 알 수 있듯이, 데리다는 여기서 이 단어를 분철해서 사용하고 있다. 이 경우 "pré"는 "앞선"이란 의미에서 "선"을 의미하며, "venance"는 "venir"의 중간태 형태로서 "도래함", "도래성"을 뜻한다. 곧 타자는 모든 현존자에 앞서 도래한다는 것을 가리킨다.

혼돈의 ── 만약 혼돈chaos이 무엇보다도 열린 구멍의 틈새의 광대함, 과도함, 불균형을 기술하는 것이라면 ── 막의 기회를 잃게 될 것이다. 우리는 이러한 메시아적인 것이 마르크스의 유산의 **지울 수 없는**── 지울 수 없고 지워서도 안 되는 ── 표시로 남아 있으며, 또한 의심할 여지없이 **상속하기** 및 상속의 경험 일반의 지울 수 없는 표시로 남아 있다고 믿는다. 그렇지 않다면 우리는 사건의 사건성, 타자의 독특성 및 타자성을 제거하게 될 것이다.

그렇지 않다면 정의는, 불가피한 총체화의 지평(적합한 보상이나 속죄 또는 재전유의 운동) 속에서 다시 한 번 법적·도덕적 규칙들이나 규범들 또는 표상들로 환원될 위험에 처하게 될 것이다. 항상 그렇듯이 하이데거는, 필수적인 신중함을 많이 보여 줌에도 불구하고, 그가 타자에 대한 나의 전달에 함축되어 있는 이접보다, 존중을 불러일으키는 중단 ── 역으로 중단을 불러일으키는 존중 ── 보다, 재와 뒤섞여 있는 헤아릴 수 없이 많은 절대자의 탄각炭殼 속에 흩어져 있기 때문에 일자Un 속에서는 그 유일성이 보장될 수 없는 어떤 차이보다, 한데 모음rassemblement과 같음même(집기集起Versammlung, 이음매Fuge, 한데 모으기legein 등)을 우선시할 때, 이러한 위험을 겪게 된다. 게다가 틀림없이 도착하는 것은 또한, **다르게 도착할 수도 있는** 것의 흔적 속에서만 도착하며, 따라서 유령처럼, 도착하지 않는 것 속에서 도착한다. 햄릿은 ── 어쨌든 연극에서, 역사에서는 ── "좋은 결말"로 위안을 받을 수 없을 것이다. 이음매가 어긋나out of joint 있음은, 그것이 현존하는 존재든 현재 시간이든 간에, 피해를 끼치고 고통을 줄 수 있으며, 분명히 악의 가능성 자체를 이룬다. 하지만 이러한 가능성의 개방 없이는, 아마도 선과 악을 넘어서, 최악의 필연성만이 남게 될 것이다. 이러한 필연성은 (심지어) 숙명도 아닐 것이다.

명령 및 맹세된 믿음, 우리가 여기서 사고해 보려는 것이 바로 이것들이다. 우리는 이 두 개의 기호를, 말하자면 하나로, 하나의 이중적 기호로 연결하고 함께 이해하려고 시도해 보아야 할 것이다. 햄릿은 정확히 서약의 순간, 맹세하라jurer는, **함께 맹세하라**conjurer는 **명령**의 순간에, 유령 ── 유령은 항상 함께 맹세하는/모의하는 것[71]이다 ── 이 다시 한 번 더 밑에서, 땅 속 밑에서 또는 무대 밑에서beneath "맹세하라"고 막 지령을 내린 순간에, 그리고 모의자들이 함께 맹세하는 순간에("그들은 맹세한다They swear"), "시간The time"이 "이음매에서 어긋나 있다out of joint"고 선언한다.

우리는 아직 「마르크스의 세 가지 말」을, 특정한 방식으로 읽고 있는 중이다. 이 점을 잊지 말기로 하자. 블랑쇼는 이러한 말들이 우리에게 요구하는 것은 무엇보다도, **함께 어울릴 수 없는 것** 자체를 "함께 유지하는" 것을 사고하기라는 점을 환기한다. 함께 어울릴 수 없는 것을 **함께 지탱하기** 위해서가 아니라, 함께 어울릴 수 없는 것이, 이-접, 분산 내지 차이를 손상하지 않고서, 타자의 이질성을 삭제하지 않고서 그 자체를 함께 유지하는 곳에 우리 스스로 도달하기 위해서. 우리에게 요구되는 것(아마도 지령되는 것)은 우리 스스로 장래에 도달하는 것이며, 함께 어울릴 수 없는 것이, 개념 없이, 규정의 확실성 없이, 지식 없이, 연접이나 이접의 종합적인 접

---

71) "함께 맹세하는/모의하는"의 원어는 "conjuré"다. "conjurer"는 "모의하다"를 의미하지만, 단어를 분철하면 "con+jurer", 곧 "함께 + 맹세하다"를 뜻할 수도 있다. 여기서 "conjuré"는 이러한 이중적인 의미로 쓰이고 있다.

합이 없이 또는 그 이전에 이러한 독특한 **연결하기**에 도달하는 그곳에 위치한 이러한 **우리**에 우리 스스로 도달하는 것이다. 연접 없이, 조직 없이, 당 없이, 국민 없이, 국가 없이, 소유/고유성 없이 **다시 만나기**의 동맹(우리가 뒤에서 새로운 인터내셔널이라고 이름 붙이게 될 "공산주의"가 바로 이것이다).

한 가지 질문이 **아직** 제기되지 **않았다.** 아직 그 자체로 제기되지 않았다. 이 질문은 오히려 마르크스 자신의 **철학적 답변**에 의해, 좀더 정확히 말하면, **존재론적 답변**에 의해 은폐되어 있을 것이다. 이 질문은 우리가 여기서 정신 또는 유령이라고 부르는 것 —— 블랑쇼는 그렇게 하지 않았지만 —— 에 호응한다. 물론 잠시 동안, 어느 정도만큼 은폐된 질문이라고 해두자. 하지만 이 단어들 모두는 왜곡하고 있다. 아마도 문제는 더 이상 한 가지 질문이 아닐 것이며, 오히려 우리는 특정한 시간의 척도가 아니라, 어떤 사고나 글쓰기의 행위를 통해 "현시/현존화présentation"의 다른 구조를 겨냥하고 있다. 블랑쇼가 "질문의 부재"에 대해, 공백 없이 유지되는se passer 충만함에 대해, 공백을 피하기 위해 만들어진 과잉 충족에 대해 말하는 곳에서, 무언가가 일어나며se passer, 또 일어나야 한다.

소외, 욕구의 우선성, 물질적 실천 과정으로서 역사, 총체적 인간 같은 답변이 제시되지만, 이러한 답변은 그것이 답하는 질문들을 규정되지 않은 것으로 또는 결정되지 않은 것으로 남겨 둔다. 오늘날의 독자들이나 과거의 독자들이, 이러한 질문의 부재의 자리를 차지해야 하는 —— 그리하여 항상 비워져야 마땅한 어떤 공백을 메우면서 —— 것이 무엇인지를 어떻게 다르게 정식화하느냐에 따라, 마르크스가 한 말의 이러한 형태는 때로는 인간주의나 심지어 역사주의로, 때로는 무신론이나 반인간주의, 심지어는 허무주의로 해석된다(pp. 115~116).

여기서 우리가 위험을 무릅쓰고 제기한 가설을 블랑쇼의 언어로 옮겨 보자. 마르크스의 서명을 통해 하나의 질문으로, 하지만 또한 하나의 약속 내지 호소로 개방된 유령성, 우리가 여기서 그 "논리"를 분석하게 될 유령성은 마르크스의 **존재론적** 답변에 의해 다시 닫혀졌던 게 될 것이다. 환영은 아무것도 아닌 것, 무 그 자체(비존재자, 비현실성, 비생명) 또는 상상적인 무이어야 한다고 보는, 비록——우리가 나중에 살펴보겠지만——이러한 무가 신체, 어떤 특정한 신체를 취한다 하더라도, 무 그 이상이 아니어야 한다고 보는 마르크스의 답변에 의해 [다시 닫혀졌던 게 될 것이다—옮긴이]. 하지만 이러한 답변은 또한 그의 "마르크스주의" 계승자들이 이로부터 실천적으로, 구체적으로, 끔찍하게 현실적이고 대대적이고 직접적인 방식으로 정치적인 결론을 이끌어 내는 모든 곳에서 또한 그들의 답변이기도 하다(우리 안에서 계속 항의하게 될 수백만의 환영들을 대가로 해서. 마르크스는 자신의 환영들을 갖고 있었고, 우리는 우리 자신의 환영들을 갖고 있지만, 기억은 더 이상 이러한 경계를 알지 못한다. 정의상 환영들, 망령들은 벽을 넘나들고 밤낮 할 것 없이 의식을 기만하고 세대들을 건너뛴다).

따라서 여기서 다음과 같은 점을 좀더 정확히 지적하는 것은 불필요하며, 너무 엄숙하게 강조하는 것은 더욱더 그러하다. **총체화**하려고 하고, 질문의 공간을 메우거나 그러한 공간의 가능성을 부인하려고 하고, 질문이 간파하게 해 줄 것 자체를 회피하려고 하는 철학적 답변들을 항상 좀더 "비워야" 하고 해체해야 하는 이러한 필요성에 대해 권리를 부여하는 사람들이, 공백에 대한 또는 파괴에 대한 어떤 취향을 갖고 있는 것은 아니다. 반대로 여기서 문제가 되는 것은 윤리적·정치적 명령이며, 사고에 대한 호소만큼이나 무조건적인 어떤 호소다(이는 사고에 대한 호소와 분리되지 않는다). 문제는 명령 자체다. 만약 그런 게 존재한다면.

「마르크스의 세 가지 말」에서 또한 공명을 일으키는 것은 호소 내지 정치적 명령, 참여의 서약이나 약속이다(말하자면 맹세. "맹세하라 swear!"). 이러한 원초적인 수행성은 언어행위 이론가들이 분석한 모든 수행문처럼 미리 존재하는 규약에 따르지 않으며, 오히려 그것이 지닌 **단절**의 힘이 제도나 헌법constitution, 법 자체를 생산한다. 곧 역으로 수행문을 보증하는 것처럼 보이는, 그것을 보증해야 하는, 그것을 보증해야 하는 것처럼 보이는 의미 역시 생산한다. 법 이전의, 의미 이전의 법의 **폭력**, 시간을 중지시키고, 탈구시키고, 이음매에서 **빠지게** 만들고, 자연적인 거처에서 벗어나게 만드는 폭력, 곧 "이음매가 어긋나out of joint" 있음. 만약 차이差移différance가 환원 불가능한 것으로 남아 있고, 또 모든 약속의 공간 내기espacement에 의해, 공간 내기를 열어 놓기 위해 도래하는 장래에 의해 환원 불가능하게 요구되는 것이라면, 차이는 사람들이 너무 자주, 너무 순진하게, 실제와는 다르게 그렇게 믿곤 했던 것처럼, 단지 지체나 지연, 연기만을 의미하는 것이 아니다. 억제할 수 없는 차이 안에서 지금-여기가 펼쳐진다. 지체 없고, 지연 없지만 또한 현존도 없는 이것은 절대적 독특성의 촉구/서두름이다. 이것은 정확히 말하면 차이를 내기 때문에 독특하며, 항상 다르고, **임박함과 긴급함** 속에서 순간의 형식과 필연적으로 자신을 결부시킨다. 비록 도래할 것으로 남아 있는 것에 대한 것이기는 하지만, 서약 gage이 존재한다(약속, 참여의 서약, 명령, 명령에 대한 응답 등). 서약은 지금 여기에 주어지며, 아마도 어떤 결정이 이를 확증하기 이전에 주어진다. 그리하여 이는 기다리지 않고 정의의 요구에 응답한다. 정의의 요구는 정의상 참을성 없고 비타협적이며 무조건적이다.

타자성 없이는 차이도 없고, 독특성 없이는 타자성도 없으며, 지금-여기 없이는 독특성도 없다.

(왜 임박함에 대하여, 긴급함과 명령에 대하여, 이것들 속에서 기다리지 않는 모든 것에 대하여 강조하는가? 이는 오늘 우리가 말해 보려는 것을, 오늘날 마르크스의 저작에, 곧 또한 마르크스의 명령에 일어날 위험이 있는 것 ─ 우리는 이것에 대한 한 가지 이상의 징표를 가지고 있다 ─ 으로부터 벗어나게 하기 위해서다. 오늘날 일어날 위험이 있는 것은, 마르크스를 마르크스주의와 대립시킴으로써 정치적 명령을, 분류된 저작에 대한 차분한 주석으로 중립화하려는 시도, 어쨌든 약화하려는 시도다. 이런 각도에서 볼 때 우리는 문화 속에서, 좀더 정확히 말하면 대학에서 어떤 유행 내지 멋 부리기가 도래하고 있음을 느낀다. 여기서 우려할 만한 것은 무엇인가? 충격 흡수 작용이 될 수도 있는 것에서 무엇이 두려워할 만한 것인가? 이러한 최근의 상투적 경향은 우리가 원하든 원하지 않든 간에 **마르크스주의에 대한 준거/마르크스주의 문헌에 대한 참고**référence marxiste를 근본적으로 탈정치화하는 것으로, 기껏해야 관용의 탈을 쓰고서 우선 [마르크스주의의 ─ 옮긴이] 저작/신체corpus를 무력화하고, 여기에 깃든 반역성을 침묵하게 만듦으로써 잠재적인 힘을 무력화하는 것으로 귀착될 것이다(사람들은, 무엇보다 반란, 분개, 봉기, 혁명적 도약을 고취할지도 모를 반역성이 복귀하지 않는 것을 전제로 한 가운데서야 비로소 귀환을 받아들인다). 사람들은 마르크스의 귀환 또는 마르크스로

의 회귀를 받아들일 준비가 되어 있을 테지만, 단 이는 단지 해독할 뿐만 아니라 행위하도록, 또는 (해석에 대한) 해독을 "세계를 변화시키는" 변혁으로 실행하도록 요구하는 지령을 침묵으로 지나치는 것을 조건으로 한다. 지금 진행 중인 이러한 중립화는 독서에 대한 오래된 개념의 이름으로 위험을 몰아내려고 시도할 것이다. 몇몇 사람들은 다음과 같이 말하는 것으로 보인다. 이제 마르크스가 죽었고, 특히 마르크스주의가 완전히 해체된 것처럼 보이니, 마르크스주의자들 때문에, 그리고 ── 왜 안 되겠는가? ── 마르크스 자신 때문에, 곧 계속해서 말을 하는 환영 때문에 신경을 거슬릴 필요 없이 마르크스에 관심을 기울여도 될 것 같다. 사람들은 차분하게, 객관적으로, 편향되지 않게, 학계의 규칙에 따라 대학에서, 도서관에서, 컬로퀴엄에서 그를 다루게 될 것이다! 사람들은 해석학적·문헌학적·철학적 주석의 규범들을 존중하면서 체계적으로 그를 다루게 될 것이다. 귀를 기울이면 이미 중얼거리는 소리를 들을 수 있다. 보시오, 마르크스는 어쨌든 다른 이들처럼 한 사람의 철학자였고, 그 많던 마르크스주의자들이 이제 침묵하고 있으니 하는 말이지만, 그는 너무 오랫동안 교수자격시험 목록에서 배제되어 왔는데 이제 그만한 자격을 갖춘 **위대한 철학자**로 이름을 올릴 때가 된 것 같소. 그는 공산주의자들, 마르크스주의자들, 당들에 속하지 않고, 우리 서양 정치철학의 위대한 고전 속에서 모습을 드러내야 하오. 마르크스로 돌아갑시다. 이제 마침내 그를 위대한 철학자로 읽어 봅시다. 우리는 이미 이런 이야기를 들어 왔고 또 앞으로도 듣게 될 것이다.

내가 마르크스로 향하는 또는 돌아가는 이 순간 여기서 시도해 보려는 것은 전혀 다른 것이다. 무엇보다 내가 오늘날 새로운 이론주의가 중립화하는 마취술에서 벗어나기 위해, 마르크스에 대한 철학적·문헌학적 회귀가 **군**

림하는 것을 막기 위해, 지체하지 말고 할 수 있는 모든 것을 다하라는 명령을 강조하게 될 만큼, 이는 "다른 어떤 것"이다. 좀더 정확하게 강조해 두자. 군림하는 것을 막기 위해 모든 것을 다하라는 것이지 회귀 자체가 일어나는 것을 막기 위해 하라는 것은 아닌데, 왜냐하면 그러한 회귀의 발생 역시 필요한 일이기 때문이다. 이런 사정 때문에 나는 당분간, 여기 컬로퀴엄의 서두에서 내가 보여 주고 있는 정치적 태도에 우선권을 부여하고, 철학적 주석 작업 및 오늘날 이러한 "입장을 취하기"가 여전히 요구하는 모든 "학문적인 태도 scholarship"는 도식적인 언급을 곁들인 채 장래의 계획으로 남겨 둘 것이다.)

하지만 지금-여기는, 직접성으로도, 재전유 가능한 현재의 동일성으로도 후퇴하지 않으며, 자기 현존의 동일성으로는 더욱더 후퇴하지 않는다. 비록 다음 인용문에서 "호소", "폭력", "단절", "임박함", "긴급함"이 블랑쇼가 사용하는 말이기는 하지만, 그가 말하는 "항상 현존하는" 요구는 암묵적으로 동일한 단절 내지 동일한 탈구, 동일한 "단락短絡"[72]에 의해 변용되어야 하는 것처럼 보인다. 이 요구는 항상 현존할 수 없고, 단지——만약 그러한 요구가 존재한다면——그럴 수 있을peut être 뿐이며, 가능할 수 있을 뿐이다. 이 요구가 요구로 남아 있기 위해서는 아마도peut-être 안에 남아 있어야만 한다.[73] 그렇지 않다면 요구는 다시 현존이, 곧 실체·실존·본질·영속체가 될 것이며, 블랑쇼가 아주 정당하게 말하고 있는 과도한 요구 내지 긴급함이 전혀 아니게 될 것이다. "영속 혁명"은 영속성을 실체적인

---

72) "단락court-circuit"은 현대 프랑스 철학자들이 자주 사용하는 용어로, 쉽게 말하면 전기선의 "합선"을 의미한다. 곧 양극의 전선과 음극의 전선이 바로 이어지는 경우를 가리킨다.

현존과, 좀더 일반적으로는 모든 존재론과 연결시키는 것과의 단절을 전제한다.

[마르크스의] 두번째 말은 정치적인 말이다. 이 말은 간결하고 직접적이며, 간결한 것 이상, 직접적인 것 이상인데, 왜냐하면 이것은 모든 말을 단락短絡하기 때문이다. 이 말은 더 이상 의미를 지니고 있지 않으며, 호소·폭력·단절의 결정을 지니고 있다. 이 말은 정확히 말하면 아무것도 말하지 않으며, 자신이 예고하는 것의 긴급성이고, 조급하고 — 과잉이 그것의 유일한 척도이기 때문에 — 항상 과도한 어떤 요구와 결부되어 있다. 그리하여 그것은 투쟁을 호소하고 심지어는 (우리가 잊어버리려고 애쓰는 것이지만) "혁명적 테러"를 상정하고 "영속혁명"을 권장하며, 항상 혁명을 최종적인 필연성이 아니라 **임박함**으로 지시하는데, 이는 — 만약 혁명이 시간을 열고 시간을 가로지른다면 — 자기 자신을 항상 현재적인 요구로 영위되도록 제시함으로써 어떠한 지체도 허용하지 않는 것이야말로 혁명의 특징이기 때문이다.*

*[이는 "1968년 5월" 중에 놀라운 방식으로 나타났다. — 블랑쇼의 각주]

(p. 116)

---

73) 프랑스어에서 "pouvoir", 또는 그 3인칭 단수 형태로서 "peut"는 영어의 "can"과 같은 조동사로 쓰인다. 따라서 이 문장의 처음에 나오는 "peut être"는 영어의 "can be"와 같이 "~일 수 있다"를 뜻한다. 반면 뒤에 나오는 "peut-être"는 영어의 "maybe"나 "perhaps"와 비슷하게 "아마도"를 뜻한다. 데리다는 "peut être"와 "peut-être"의 차이를 활용하여 블랑쇼가 말하는 "요구"는 항상 현존적인 것이 아니라 가능성, "아마도"에 속하는 것이라는 점을 주장하고 있다. 이는 현존의 형이상학에 대한 해체를 윤리·정치적 정의 개념과 연결시키려는 앞의 하이데거에 대한 논의와 바로 연결되는 논점이다. 그리고 데리다는 이 책에서 또는 좀더 본격적으로는 『우정의 정치Politiques de l'amitié』(Galilée, 1994)에서부터 "아마도"라는 개념에 대해 상당히 중요한 의미를 부여하고 있다. 이 개념의 의미에 대해서는 『법의 힘』에 수록된 '용어 해설' 참조.

블랑쇼는 마침내 마르크스의 언어들의 필연적인 이접, 그것들의 자기 자신과의 비동시대성을 명명한다. 그의 언어들이 "서로 어긋난다"는 것, 그것도 우선 마르크스 그 자신 안에서 "서로 어긋난다"는 것은 부정하거나 제거해야 할, 심지어 한탄해야 할 어떤 것이 아니다. 우리가 여기만이 아니라 다른 곳에서도, 이 텍스트만이 아니라 다른 모든 텍스트들에 관해서도(그리고 우리는 여기서 이 텍스트의 가치에 대해 무제한적인 효력을 부여할 것이다) 계속해서 되돌아가야 하는 것은 환원 불가능한 이질성, 내적인 번역 불가능성이다. 이것은 반드시 이론적인 취약함이나 비일관성을 의미하는 것은 아니다. 여기서 어떤 체계의 결여는 결함이 아니다. 반대로 이질성은 개방시키며, 독특하게 타자로부터 밀려오고 도래하는 것, 도래할 것으로 남아 있는 것의 틈입 자체에 의해 자신이 개방되도록 내맡긴다. 이러한 이접이 없이는 명령도 약속도 존재하지 않을 것이다. 이 당시(곧 1968년과 1971년 사이) 블랑쇼는 지식에 대해 경고하기 위해서가 아니라, 과학의 이름으로, 또는 과학으로서 이론의 이름으로 자주 마르크스의 "좋은" 텍스트를 통합하거나 정화하려고 시도했던 과학주의적 이데올로기에 대해 경고하기 위해 이 점을 주장했다. 만약 블랑쇼가 여기서 알튀세르Louis Althusser의 몇몇 동기들과 일치하는 것처럼 보인다면, 그는 이미 ── 그에 따르자면 ── 그것들에 내재해 있던 위험에 대해서도 경고하고 있다.

세번째 말은 간접적인 (따라서 가장 긴) 말, 과학적 담론의 말이다. 이런 이유로 마르크스는 지식의 다른 영역 대표자들에게 존경받고 인정받아 왔다. 따라서 그는, 과학자의 윤리에 호응하고, 모든 비판적인 정정[T]

正에 순응할 것을 받아들이는 과학적 인간인 셈이다. (……) 하지만 『자본』은 본질적으로 전복적인 저작이다. 이는 그것이 과학적 객관성의 경로를 따라 혁명이라는 필연적인 귀결로 인도하기 때문이 아니라, 오히려 그것이, 그다지 많이 정식화하지는 않고 있지만, 과학이라는 관념 자체를 뒤집어엎는 이론적 사고의 어떤 양식을 내포하고 있기 때문이다. 사실 마르크스의 저작에서는 과학뿐 아니라 사고 역시 아무런 변용도 거치지 않은 채 생성될 수 없다. 그의 저작에서 과학이 자기 자신의 근본적인 전환으로, 항상 실천 속에서 작동하고 있는 변동에 대한 이론으로—이러한 실천 속에서는 변동이 항상 이론적인 것과 마찬가지로—지시되고 있는 한에서, 이 점은 가장 강한 의미로 이해되어야 한다(같은 곳).

이러한 또 다른 **지식에 대한 사고**는—이렇게 말할 수 있다면—과학을 배제하지 않는다. 그러나 이러한 사고는 과학에 대한 기성관념을 초과하고 뒤엎는다. 블랑쇼는 여기서 "마르크스의 사례"를 인지한다. 왜 사례인가? 왜 "마르크스의 사례"인지 묻기 이전에 벌써, 우리는 이처럼 물을 것이다. 블랑쇼를 다시 인용하기 전에 이 점을 강조해 두기로 하자. 한 사례는 항상 자신을 넘어선 곳으로 이끌어 가며, 이로써 사례는 어떤 유언의 차원을 열어 놓는다. 사례는 무엇보다 타자들을 위한 것이며, 자기를 넘어선 것이다. 때로는, 아마도 항상 그럴 테지만, 사례를 제시하는 사람은, 그가 미리 그것을 따르기 위해, 우리가 말했던 것처럼 "사는 법을 배우기 위해" 모든 것을 다한다 할지라도, 그가 제시하는 사례와 동등하지 않으며, 그가 제시하는 사례—그가 갖고 있지 못한 것이며 심지어는 그 자신도 아닌 것을 제시함으로써 그가 제시하고 있는──의 불완전한 사례일 뿐이다. 이러한 이유로, 이렇게 이접된 사례는 자기 자신으로부터 또는 사례를 제시하는 이로부터 충분히 분리되어 더 이상 또는 아직은 자기 자신을 위한 사례가 아니게 된다. 상속에 관한 한 마르크스는 그가 실제로 죽기 훨씬 이전에 죽어 있기 때문에, 우리가 마르크스의 유산을 상속받기 위해, 그로부터가 아니라면 적어도 그에 의해, 그를 통해 우리에게 도래하는 이것이나 저것, 저것보다는 이것을 상속받기 위해, 마르크스의 동의를 간청할 필요는 없다. 그리고 우리는 마르크스가 자기 자신과 일치했다고 전제할 필요도 없다. (그가 엥겔스에게 "확실한 것은 내가 마르크스주의자가 아니라는 것이다"라고 털어놓았다고 하지 않는가? 그런데 이를 말하는 데서도 역시 마르크스 자신의 권위를 빌려 올 필요가 있을까?) 왜냐하면 블랑쇼는, 마르크스가 자신 안에 존재하는 명령들의 이러한 이접을 영위하는 데서, 이러한 명령들은 서로 **번역 불가능하다는 것을 영위하는 데서** 어려움을 겪었다는 점을 주저하지 않고 시사하고 있기 때문이다. 어떤 말이 자기 자신으로부터 그 자신에게로 **번역되지 않을** 때, 우리는 어떻게 그것을 수용하고 이해하며 상속받을 수 있는가? 이는 불가능하게 보일 수 있다. 그리고 그것은 아마도 불가능할 것이라는 점을 우리는 인정해야 한다. 하지만 마르크스의 유령들을 주제로 한 이 강연의 이상한 화두만이 아니라 그것의 공리의 시인된 뒤틀림 역시 아마도 이것으로 요약되기 때문에, 내가 반론을 우회하는 것을 허락해 주기 바란다. **절대적으로** 보증된 번역 가능성, **절대적으로** 주어진 동질성, **절대적인** 체계적 일관성, 바로 이것들이야말로, 명령·상속·장래를, 한마디로 하면 타자를, 확실히 (개연적으로가 아니라 분명히, 선험적으로) **불가능하게** 만드는 것들이다. 적어도 어떤 "~해야 한다

il faut"——이것이 어떤 것이든 간에, 이것이 의무를 넘어서는 것이라 할지라도——에게 기회가 선사되어야 하기 위해서는, 이접과 중지, 이질적인 것이 있어야 한다.[19]

다시 한 번, 여기든 다른 곳이든, 해체가 문제가 되는 곳 어디에서든 중요한 것은, 어떤 **긍정**affirmation(특히 정치적 긍정)——**만약 그런 것이 존재한다면**——을 불가능성의 경험, 아마도의 근원적인 경험 그 이상이 아닐 불가능성의 경험과 연결시키는 것일 듯하다.

따라서 계속 블랑쇼를 읽어 보자. 이 강력한 생략 어법, 거의 묵언默言에 가까운 이 선언에서 블랑쇼가 의미심장하게도 "다양한"과 "동시에"라는 단어들만 강조하고 있는 곳에서, 곧 모든 명령을 관통하고 또 작동시키는 모순 없는 모순 및 비변증법적인 (또는 "거의" 비변증법적인) 차이의 기호들만 강조하고 있는 곳에서, 나는 자유롭게 몇 가지 단어들을 더 강조해 보겠다.

여기서는 더 이상 이 몇 가지 언급을 발전시키지 않기로 하자. 마르크스의 사례는, 우리가 끊임없는 **항의**의 목소리인 글쓰기의 목소리는 다**양한** 형태로 계속 자기 자신을 발전시켜야 하며, **자기 자신과 단절해야 한**다는 것을 이해할 수 있게 해 준다. 공산주의적 목소리는 항상 **동시에** 침묵적이면서 폭력적이며, 정치적이면서 학문적이고, 직접적이면서 간접적이며, 총체적이면서 단편적이고, 장황하면서도 거의 즉각적이기도 하다. 마르크스는 자기 내부에서 항상 서로 충돌하고 **이접되는** 이러한 언어들의 **복수성**을 편안하게 영위하지 않는다. 이러한 언어들이 동일한 목적을 향해 수렴하는 것처럼 보일지라도, **그것들은 서로에게 재번역될 수 없으**

며, 그것들 사이의 이질성, 간극 내지 거리는 그것들을 탈중심화하고, 그것들을 **비동시대적인** 것으로 만든다. 그리하여 이 언어들은 환원할 수 없는 왜곡의 효과를 산출하면서, 이 언어들을 계속 읽어야 (그리고 실천해야) 하는 이들이 지속적인 자기 정정을 하지 않을 수 없게 만든다.

"과학"이라는 단어가 다시 핵심 단어가 된다. 이 점을 인정하기로 하자. 그러나 과학들이 존재한다고 해도, 아직 과학은 존재하지 않는다는 점을 기억해 두자. 왜냐하면 과학의 과학성은 항상 이데올로기에, 곧 오늘날 어떠한 특수한 과학도, 그것이 인문학이든 아니든, 그것을 환원시킬 수 없는 어떤 이데올로기에 의존하기 때문이다. 그리고 다른 한편으로 어떠한 작가도, 마르크스주의 작가라 할지라도 어떤 지식을 온전히 신임하듯 글쓰기를 전적으로 신임할 수 없다는 점도 기억해 두자. (……)

따라서 블랑쇼는 30여 년 전에 이미 "철학의 종말"을 쓴 셈이다. 1959년 당시 이미 장례식의 분위기, 황혼 무렵의 유령적인 분위기, 따라서 부활résurrectionnelle의 분위기가 번지고 있었다. 재-봉기ré-insurrectionnelle의 분위기가. 이것은 철학적인 "정신"의 문제다. 그것의 과정 자체는 자신의 "소멸", 자신의 "매장"의 바로 그 순간에 눈에 띄게 선두에서 걷고, 자신의 장례 절차를 진행하면서 이러한 행렬 중에 **자신을 일으켜** 세우며, 적어도 다시 한 번 바로 서기 위해 자신의 몸을 일으킬 수 있기를 희망하는 것으로 이루어져 있다("부활", "고양"). 철학의 초상에서 이러한 깨어 있음wake, 이러한 즐거운 밤샘은 "고양"과 "철학의 죽음", 죽음 속에서 고양의 이중 운동이다. 여기서 철학은 자기 자신의 망령이 된다(이것이 절대적으로 새로운 일인가?). 철학은 자신의 고유한 자리에 머물러 있기보다는 유령처럼 달라붙어 있다. 그리고 철학은 물론, 늘 철학 이상이다.

우리 세계의 전능한 힘이자 우리 운명의 경로가 된 철학의 이러한 고양은, 자신의 **소멸**과, 적어도 자신의 **매장**이 시작되었음을 알리는 것과 일치할 수 있을 뿐이다. 따라서 이러한 **철학의 죽음**은 우리의 철학적 시기에 속할 것이다. 이러한 죽음은 1917년에, 심지어는 마르크스가 거리의 곡예사 같은 기예로 체계를 전복시켰을 때인 1857년에 시작된 것도 아니다. 한 세기 반 이래 마르크스의 이름과 마찬가지로 헤겔, 니체, 하이데거의 이름 아래 자신의 종말/목적fin을 긍정하거나 실현한 것은 바로 철학 그 자신이다. 철학이 이러한 종말/목적을 절대지絶對知의 성취로 이해하든[헤겔—옮긴이], 아니면 철학의 실천적인 실현과 연계된 이론의 폐지로 이해하든[마르크스—옮긴이], 또는 가치들이 심연 속으로 몰락하는 허무주의의 운동으로 이해하든[니체—옮긴이], 아니면 마지막으로 아직은 이름을 얻지 못한 다른 가능성의 전조로서 형이상학의 완성으로 이해하든[하이데거—옮긴이] 간에 관계없이. 바로 여기에 이제부터 각각의 사상가를 따라다닐 황혼이 존재하는데, 이는 철학적 **정신**이 찬미하는 기묘한 **장례**의 순간으로, 자주 즐겁기까지 한 **열광적인 분위기** 속에서 느리게 진행되는 **장례식** 도중에 철학적 정신은 이러저러한 방식으로 자신의 **부활**을 도모한다. 그리고 물론 부정성의 이러한 **기대**와 위기, 축제, 곧 저항하는 것을 알아내기 위해 극단까지 치달은 경험은 단지 철학에만 관련된 것은 아니다. (……) (pp. 292~293—강조는 데리다)

부활의 임박함 및 부활의 욕망. 재-탄생인가 망령의 되돌아옴인가? 밤이 오면서, 우리는 기대했던 이가 이미 돌아온 것인지 아닌지 알지 못한다. 그는 이미 스스로 예고하지 않았던가? 더욱이 자신을 예고하는 것은 어떤 식으로든 이미 거기에 존재하지 않는가? 우리는 기대가 장래의 도래를 예비하는 것인지 아니면 동일한 것, 환영으로서의 사물 자체("어, 그게 오늘밤에도 다시 나타났어What! ha's this thing appear'd againe tonight?")의 반복을 상기시키는 것인지 **알지 못한다**. 이러한 알지 못함은 결함이 아니다. 어떠한 지식의 진보도 지식과는 관계없는, 따라서 무지와도 아무런 관계가 없는 어떤 열림을 메울 수 없을 것이다. 이러한 열림은 긍정된 또는 오히려 재긍정된 장래의 유일한 기회로서 이러한 이질성을 보존해야 한다. 그것은 장래 자체이며, 장래로부터 도래한다. 장래는 그러한 열림의 기억이다. 종말에 대한 경험에서, 집요하고 일시적인, 항상 임박하게 종말론적인 그것의 도래에서, 오늘날의 극단의 극단성에서, 도래하는 것의 장래가 예고될 것이다. 이전 그 어느 때보다 더 그런데, 왜냐하면 장래는 **지나간/과거의**passé 종말에서부터만 그 자체로, 순수하게 예고될 수 있기 때문이다. **만약 가능하다면**, 마지막 극단을 넘어서. 만약 장래가 가능하다면, 만약 장래라는 것이 **존재할 수 있다면**. 하지만 미리 결론 내지 않고서, 미리 장래와 그것의 기회를 환원하지 않고서, 미리 총체화하지 않고서, 어떻게 이러한 질문을 중지시킬 수 있을까? 또는 이러한 유보 사항을 배제할 수 있을까? 우리는 여기서 종말론과 목적론을 구별해야 하며, 양자 사이의 차이라는 쟁점이 가장 취약한 또는 가장 경솔한 비일관성 때문에 계속 제거될 위험에 처해 있다 하더라도, 또 이러한 위험에 맞선 보장책이 특정한 방식으로 항상, 필연적으로 박탈될 것이라 하더라도, 이를 구별해야 한다. 어떤 메시아적

극단성이 존재하지 않는가? 곧 그 궁극적 사건(직접적 단절, 미증유의 폭발, 때맞지 않게 일어나는 무한한 놀라움, 완수 없는 이질성)이 노동과 생산 및 모든 역사의 목적telos과 같은 어떤 피지스physis의 최종적인 종점을 매 순간 초과할 수 있는 어떤 에스카톤eskhaton[74]이 존재하지 않는가?

질문은 "어디로?"라는 것이다. 이는 단지 유령ghost이 어디에서 오는가라는 질문일 뿐만 아니라 무엇보다도 그것이 다시 돌아올 것인가라는 질문이다. 유령은 이미 도착하고 있지 않은가? 그리고 그것은 어디로 가는가? 장래는 어떻게 될 것인가? 장래는 환영들에게만 존재할 수 있다. 그리고 과거도.

"마르크스의 유령들"이라는 이 제목을 제안하면서 나는 처음에는, 내게는 오늘날의 담론을 지배하는 것 자체를 조직하는 것처럼 보이는 신들림의 모든 형태를 염두에 두고 있었다. 새로운 세계의 무질서가 자신의 신자본주의 및 신자유주의를 정착시키려고 시도하는 순간에 어떠한 부인否認도 마르크스의 모든 환영들을 물리치는 데까지 이르지는 못했다. 헤게모니는 항상 억압을 조직하고 따라서 신들림을 확증한다. 신들림은 모든 헤게모니의 구조에 속해 있다.[20] 하지만 나는 처음에는 『공산당 선언』의 서두는 염두에 두지 못했다. 마르크스·엥겔스는, 겉보기에는 상이한 의미로, 이미 1847~1848년에 거기에서 유령 및 좀더 정확히 말하면 "공산주의의 유령das Gespenst des Kommunismus"에 대해 말하고 있었다. 낡은 유럽의

---

74) "eskhaton"은 "끝", "마지막" 등을 의미하는 그리스어이며, "종말론eschatology"의 어원이 되는 말이다.

모든 열강들alle Mächte des alten Europa을 두려움에 떨게 만드는 유령이자, 그 당시에 **도래할 것으로** 남아 있었던 어떤 공산주의의 유령에 대해. 분명히 이미 이름을 붙일 수 있었던(의인 동맹이나 공산주의자 동맹보다 더 이전에) 공산주의지만, 그 이름을 넘어서 아직 도래할 것으로 남아 있던 어떤 공산주의에 대해. 이미 약속된, 하지만 단지 약속되기만 했던. 어떤 이들은 그만큼 더 두려운 유령이라고 말할지도 모르겠다. 분명히 그렇지만, 단 이는 장래와, 어떤 유령의 되돌아옴을 더 이상 구별할 수 없다는 것을 전제로 할 때 그렇다. 1848년 무렵에는 최초의 인터내셔널이 비밀스럽게 남아 있어야 했다는 점을 잊지 말기로 하자. 유령은 거기에 있었다(그런데 유령의 **거기에 있음**이란 무엇인가? 유령의 현존 양식은 무엇인가? 바로 이것이 우리가 여기서 제기해 보려고 하는 유일한 질문이다). 하지만 그것이 바로 그 유령이었던 공산주의(공산주의의 유령)는, 정의상 아직 거기에 있지 않았다. 그것은 도래할 공산주의로서 두려운 것이었다. 그것은 이 이름으로, 이미 아주 오래전부터 예고되었지만, 아직 거기에 존재하지는 않았다. 그 당시 낡은 유럽의 이 동맹자들은 자신들 스스로 안심하기 위해 "이는 유령일 뿐이야"라고 말하는 것처럼 보였다. 장래에 실제 현실이, 실제로 현존하는, 은밀하지 않고 공공연하게 현존하는 현실이 되지 않을 테니까 안심해도 돼. 낡은 유럽에 제기되었던 질문은, 이미 장래의 질문, "어디로?"라는 질문, "마르크스주의는 어디로?"가 아니라면 "공산주의는 어디로?"라는 질문이었다. 그렇다면 공산주의의 장래가 문제든, 아니면 장래의 공산주의가 문제든 간에, 이러한 불안스러운 질문은 단지 장래에 공산주의가 유럽의 역사를 어떻게 변용시킬 것인가 하는 질문이었을 뿐만 아니라, 또한 좀더 은밀하게는, 이미, 유럽에 대해 장래 및 역사가 아직도 존재하는가 하는 질문이기도 했다. 절대지 속에서 역사가 종언을 고한다는 헤겔의 담론은 1848년에 이미 유럽에서 반향을 불러일으키고 있었으며, 다른 조종弔鐘들과 함께 공명을 일으키고 있었다. 그리고 공산주의는 그것이 지닌 **국제주의적** 성격 때문에 본질적으로 다른 노동자 운동들과 구별되었다. 인류 역사에서 어떤 조직된 정치 운동도 아직 자신을 **지정학적인** 운동으로 제시하지 못했으며, 이 때문에 지금 우리의 공간을 이루고 있고, 오늘날 자신의 한계에, 지리적인 한계이자 정치적인 한계에 다다른 공간을 열어 놓지 못했다.

이러한 세력 또는 이 모든 권력alle Mächte의 대표자들, 곧 국가들은 **스스로 안심하기를** 원했다. 그들은 확신을 얻고 싶었다. 따라서 그들은 확신을 얻었는데, 왜냐하면 "확신을 얻다"와 "확신을 얻고 싶다" 사이에는 아무런 차이도 존재하지 않기 때문이다. 그들은 유령과 실제로 현존하는 현실 사이에, 정신과 현실성Wirklichkeit 사이에 경계선은 확고히 존재한다는 점을 확실하고 분명한 것으로 믿었다. 이 경계선은 확고해야만 했다. 이 경계선은 확고해야 마땅하다. 아니, 확고해야 마땅했을 것이다. 게다가 그들은 이러한 확실성에 대한 확신을 **마르크스 자신**과 공유하고 있었다. (이것이 오늘의 이야기 전체이며, 우리는 곧 이를 다루게 될 것이다. 마르크스는 분명히 그 자신의 입장에서, [구유럽의 열강들과―옮긴이] 다른 입장에서 환영과 현실성 사이의 경계는, 유토피아와 마찬가지로 **실현**에 의해, 곧 혁명에 의해 극복되어야 한다고 생각했다. 하지만 그는, **그 역시도**, 현실적인 경계이자 개념적인 구별로서 이러한 경계의 실존을 계속 믿었을 것이며, 또 믿으려고 시도했을 것이다. 그 역시도? 아니, 그 속의 어떤 누군가가. 누구? 오랫동안 "마르크스주의"라는 이름 아래 지배했던 게 될 것을 산출할 "마르크스주의자." 그리고 자신이 배제하려 했던 것에 그 자신도 사로잡혀 있던 이.)

오늘날 한 세기 반 가까이 지난 다음, 세계 도처의 수많은 사람들은 공산주의의 유령에 불안해하면서도 또한 이 유령은 육신 없는, 현존하는 실재 없는, 현실성 없는, 현재성 없는, 이제는 과거의 것이 되어 버렸다고 가정된 유령일 뿐이라고 믿어 의심치 않는 것으로 보인다. 오늘날 도처에서 이는 한낱 유령에, 가상과 환상 또는 환영에 불과했다는 소리가 들린다("호레이쇼는 그게 단지 우리들의 환상일 뿐이라며 믿으려 들지 않았어 Horatio saies, "tis but our Fantasie", And will not let beleefe take hold of him").[75] 여전히 불안감이 묻어 있는 안도의 한숨소리가 들린다. 장래에는 그것이 결코 다시 돌아오지 못하게 하자! 유령은 근본적으로 장래이며, 항상 도래할 것으로 남아 있고, 도래하거나 다시 도래할 수 있는 것으로서만 자신을 제시할 뿐이다. 지난 세기 낡은 유럽의 열강들이 말하길, 장래에는 그것이 구현되지 않게 해야 한다. 공개적으로나 은밀하게나. 오늘날에도 여전히, 장래에는 그것이 다시 구현되지 않도록 해야 한다, 그것은 과거의 것이기 때문에 그것이 다시 돌아오지 않도록 해야 한다는 말이 들린다.

한 세기와 다른 세기의 차이점은 정확히 어떤 것인가? 그것은 유령이 도래할 위협을 나타냈던 과거의 세계와 현재의 세계, 곧 어떤 사람들이 믿고 싶어 하는 바에 따르면 유령이 과거의 위협을 나타내며, 여전히 계속 장래에도 유령이 귀환하는 것을 몰아내야 하는 오늘날의 세계 사이의 차이인가?

왜 유령은 이 두 경우에서 위협으로 느껴지는가? 유령의 시간, 유령의

---

75) 『햄릿』 1막 1장, 11쪽.

역사는 어떤 것인가? 유령의 현재는 존재하는가? 유령은 자신의 오고 감을 과거의 현재와 현재의 현재, 미래의 현재 사이에, "실시간"과 "지연된 시간"[76] 사이에 존재하는, 이전과 이후의 선형적인 연속성에 따라 질서 짓는가?

유령성과 같은 어떤 것이 존재한다면, 현재들 사이의 이러한 확고한 질서에 대해, 특히 현재나, 현재의 현행적이거나 현존적인 실재성과, 사람들이 이것에 대립시키는 모든 것, 곧 부재·비현존·비현실성·비현재성·가상성이나 심지어 허상 등과 같은 것 사이의 경계에 대해 의심해 볼 만한 이유들이 존재한다. 우선 현재의 자기 동시대성에 대해 의심해 보아야 한다. 우리가 과거의 유령과 미래의 유령, 과거의 현재와 미래의 현재를 구별할 수 있는지 여부를 묻기 이전에, **유령성의 효과**는 실제적인 현존과 그 타자 사이의 이러한 대립, 더 나아가 이러한 변증법을 의심하는 데 있는 것이 아닌지 아마도 물어보아야 할 것이다. 이러한 대립은, 비록 그것이 변증법적인 대립일지라도, 항상 마르크스주의와 그 적수들의 무리 내지 동맹 사이에 존재하는 적대의 싸움터이자 공통의 공리계가 아니었는지 아마도 물어보아야 할 것이다.

이러한 추상적인 정식화로 시작하게 된 것을 용서해 주기 바란다.

지난 세기 동안 이 유령에 맞선 동맹, 악을 몰아내기 위한 동맹이 결성되었다. 마르크스는 이러한 연합을 신성 동맹이라고 부르지는 않았다(그는 다른 곳에서 이 용어로 언어유희를 하고 있다). 『공산당 선언』에서 불

---

76) "실시간temps réel"과 "지연된 시간temps différé"는 기술 매체, 특히 방송 용어이기도 하다. 이 점에 대해서는 『에코그라피』 2부 참조.

안에 찬 모의자들의 동맹은, 이 지배자들을 밤새 시달리게 했던 게 될 어떤 것에 맞선 믿기 어려운 원정을 위해 다소간 은밀하게, 귀족들과 성직자들을 유럽의 낡은 성으로 불러 모은다. 이는 해질 녘, 악몽의 밤 이전이나 이후에, 역사의 가정된 종말 무렵에 결성된, "유령을 뒤쫓기 위한 성스러운 사냥"이다. "낡은 유럽의 모든 열강은 이 유령을 뒤쫓기 위한 성스러운 사냥의 동맹을 결성했다zu einer heiligen Hetzjagd gegen dies Gespenst verbündet."

따라서 유령에 맞선 비밀 동맹을 결성하는 것이 가능했을 것이다. 만약 마르크스가 『공산당 선언』을 우리의 언어로 썼다면, 그리고 프랑스 사람들이 늘 꿈꾸는 바이지만, 그가 프랑스어에서 무언가 도움을 얻었다면, 나는 그가 "콩쥐라시옹conjuration"[77]이라는 단어를 가지고 유희했을 것이라고 확신한다. 그런 다음에 그는 오늘날에도 동일한 콩쥐라시옹을 진단했을 텐데, 이번에는 단지 낡은 유럽이 아니라 새로운 유럽, 새로운 세계——그는 한 세기 반 전에 이미 이 새로운 세계에 대해 많은 관심을 가지고 있었다——에서 전개되는, 그리고 세계 도처에서, 미국이라는 새로운 세계의 헤게모니가 여전히 다소간 비판받는, 다소간 이전 그 어느 때보다 더 확고하게 행사되고 있는 새로운 세계 질서에서 전개되는 콩쥐라시옹이 문제가 될 것이다.

콩쥐라시옹이라는 단어는 의미를 작동시킬 수 있는 기회, 가능한 재전유 없이 항상 방랑하는 어떤 잉여가치를 생산할 수 있는 기회를 지니고 있

---

77) 이 단어가 지닌 다양한 의미에 대한 분석은 아래에서 상세하게 전개된다. 간단히 말하면 이 단어는 세 가지 의미, 곧 "모의"라는 의미와 유령, 영혼 등을 불러내는 "초혼"이라는 의미, 그리고 악귀나 유령 등을 몰아내는 "축귀" 또는 "푸닥거리"라는 의미를 지니고 있다.

다. 이 단어는 무엇보다 두 개의 의미론적 가치의 질서를 자본화한다/활용한다capitaliser. "콩쥐라시옹"이란 무엇인가?

"콩쥐라시옹"이라는 프랑스어 단어는 두 개의 영어 단어 및 두 개의 독일어 단어가 지닌 의미를 결합하고 분절한다.

1. "콩쥐라시옹"은 한편으로 (영어의 동음이의어인) "컨쥬레이션conjuration"을 의미하는데, 이는 다시 두 가지 사실을 동시에 가리킨다.

a. **한편으로는** 엄숙하게, 때로는 은밀하게, 함께 맹세함으로써, 선서를 통해, 상위의 권력에 맞선 투쟁에 참여하는 사람들의 모의謀議(영어로는 conspiracy, 독일어로는 Verschwörung). 햄릿이, 그들이 방금 본 "허깨비Vision"와 "진실한 유령honest Ghost"을 떠올리며, 호레이쇼와 마셀러스에게 맹세하도록 요구할 때("맹세해swear't", "맹세하겠다고 말해Consent to swear"), 그의 검에 대고("내 검에 대고upon my sword") 맹세하도록, 하지만 또한 **유령의 출현 그 자체라는 주제에 대해 맹세하도록** 또는 함께 맹세하도록/모의하도록se conjurer, 함께 맹세한/모의한 사람들에게 동일한 것을 요구하기 위해 무대 아래에서 햄릿과 모의한("유령이 무대 아래에서 외친다. "맹세하라"Ghost cries under the Stage:Swear") 진실한 환영의 출현이라는 주제에 대해 비밀을 약속하도록 요구할 때, 호소하고 있는 것이 바로 이러한 모의다. 허깨비의 출현에 대해 **침묵할 것을** 함께 맹세하도록/모의하도록 명령하는 이, 이러한 모의를 요구한 주체에 대해 비밀을 지킬 것을 약속하도록 지령하는 이는 바로 허깨비다. 우리는 어디서 지령과 모의, 약속된 비밀이 나오는지 몰라야 한다. 아버지의 "진실한 유령," 진실하다고 가정된 환영, 아버지의 혼령/정신과 아들은 이러한 사건이 일어나게 하기 위해 함

께 맹세한다/모의한다.

b. "콩쥐라시옹"은 다른 한편으로 정령이나 혼령을 불러내기 위해, 목소리를 써서 나오게 하기 위해, 소집하기 위해 사용되는 마법적인 주문을 의미한다. 요컨대 콩쥐라시옹은 목소리를 통해 도래하게 만드는 부름, 따라서 정의상 부름의 현재 순간에는 거기에 있지 않은 것을 도래하게 만드는 부름을 말한다. 이러한 목소리는 기술記述하지 않는다. 이 목소리가 말하는 것은 아무것도 확인하지 않으며, 이 목소리가 내는 말은 도착하게 만든다. 『아테네의 타이먼』[78]의 서두에서 시인의 입을 통해 우리가 듣게 되는 것이 바로 이러한 용법이다. 화가에게 "세상은 어떻게 돌아가고 있습니까?How goes the world?"라고 묻고 화가가 그에게 "성장하는 만큼 낡아가고 있습니다, 선생님It weas, sir, as it grows"이라고 답변하자, 시인은 크게 말한다.

그야 뻔히 아는 일입니다만.
뭔가 유별난 일은 없는가요? 듣도 보도 못한
기묘한 풍문 말이오. 저길 보십쇼. (다른 문으로 보석상과 상인, 다른 납품업자들이 등장한다. — 데리다의 추가) 오, 자비로운 마력이오! 그대의 힘이 온갖 정신들/유령들esprits을 불러오지 않았소! 나는 저 상인을 알고 있소.
Ay that's well known;

---

78) 국역본 『아테네의 타이먼』(신정옥 옮김, 전예원, 1996)을 참조했다. 하지만 데리다의 논의를 고려하여 약간씩 수정해서 옮겼다.

But what particular rarity? what strange,

Which manifold record not matches? See,

Magic of bounty! all these spirits thy power

Hath conjur'd to attend, I know the merchant.

마르크스는 특히 『독일 이데올로기』에서 『베니스의 상인』과 마찬가지로 『아테네의 타이먼』을 한 차례 이상 환기한다. 나중에 좀더 상세히 살펴보겠지만, 「라이프치히 공의회—성 막스」라는 장에서도 정신에 대한 소론小論 내지 끝이 없는 환영들의 연극화가 제시되고 있다. 어떤 "공산주의적 결론"이 『아테네의 타이먼』에 호소하고 있다. 똑같은 인용문이 『정치경제학 비판을 위하여』의 첫번째 판본에 다시 등장하게 될 것이다. 문제는 유령화하는 탈구현désincarnation, 화폐의 신체 없는 신체의 출현이다. 그러나 이때 신체 없는 신체는 생명 없는 신체나 시체를 의미하는 게 아니라, 개인적인 생명이 없고 개별적인 속성/고유성이 없는 신체를 말한다. 또한 이는 동일성이 없음을 의미하는 것도 아니다(환영은 하나의 "누구"이지 허상 일반이 아니다. 환영은 일종의 신체, 하지만 속성/고유성 없고, "현실적인" 또는 "개인적인" 소유의 권리도 없는 신체를 갖고 있다). 속성/고유성의 고유함에 대해 분석해 보아야 하며, 어떻게 화폐의 일반적인 속성Eigentum이 모든 개인적 속성/고유성Eigentümlichkeit을 중립화하고 탈구현하며, 이 후자의 속성/고유성과 자신의 차이를 박탈하는지 분석해 보아야 한다. 셰익스피어의 천재/정령은 이러한 고유함의 환영화를 몇 세기 전에 이해하고 그 누구보다 더 잘 말했던 게 될 것이다. 그의 아버지 같은 천재성/정령의 인게니움[79]은, 정확히 신용의 유령, 가치, 돈 내지는 돈에 새겨진 화폐 표시, 금의 유령에 대한 논쟁에서, 곧 진행 중인 전쟁에서, 준 거나 보증 또는 확증으로 사용된다.

셰익스피어는 이론에 몰두하는 우리의 소부르주아들unser theore-tisierender Kleinbürger보다 모든 것의 가장 일반적인 소유형태die allgemeinste Form des Eigentums인 화폐가 어떻게 개인의 특수성mit der persönlichen Eigentümlichkeit과는 거의 아무런 관계가 없는지 더 잘 알고 있었다. (……)[80]

또한 이 인용문은, 항상 이데올로기를 그것의 주요 모습으로서 종교 (우상이나 물신), 숭배와 기도, 주문이 바쳐지는 일종의 "보이는 신"(너 보이는 신이여Thou visible god)과 환원 불가능하게 연결시키는, 신학화하는 물신화 작용을 드러나게 해 준다(이는 보충적인, 하지만 사실은 매우 필수적인 이점이다). 뒤에서 다시 살펴보겠지만, 마르크스에게 종교는 결코 여느 이데올로기 중 하나가 아니었다. 위대한 시인의 천재/정령 —— 및 위대한 아버지의 정신/영혼 —— 이 예언적인 번득임으로 우리의 소부르주아 동료들이 경제학 이론에서 하는 것보다 더 빠르게 더 멀리 단숨에 나

---

79) 라틴어 "인게니움ingenium"은 보통 다른 개인들과 구별되는 어떤 사람의 특성이나 기질 따위를 의미하는데, 여기서는 "천재/정령génie"의 라틴어 어원이라는 뜻도 함축하고 있다.

80) 독일어판, *Karl Marx · Friedrich Engels Werke(MEW)*, Bd. 3, Dietz Verlag, 1969, p. 212; 영어판, *Marx · Engels Collected Works(MECW)*, International Publishers, 1975~2005, p. 230. 국내에 『독일 이데올로기』 번역본들이 존재하지만, 포이어바흐를 다루는 1권 1부 및 성 브루노에 관한 짧은 일부분만 번역되어 있으며, 이 책에서 데리다가 주로 다루고 있는 슈티르너와의 논쟁 부분(사실 이 부분이 『독일 이데올로기』에서 가장 긴 부분이다)은 빠져 있다. 해당 부분을 참조하려는 독자를 위해 독일어 원문과 영어 번역본의 해당 쪽을 표시해 두겠다.

아가면서 언표했던 게 될 것은 황금이 환영이자 우상으로서 신이 된다는 것, 감각적인 신이 된다는 것이라고 마르크스는 말하는 것처럼 보인다. 화폐의 속성과 개인적 속성 사이의 이질성을 언급한 이후 마르크스는, 이것들은 단지 다를 뿐 아니라 대립한다entgegensetzt고 덧붙이는데, 이는 내가 보기에는 무시할 수 없는 해명인 것 같다. 그 다음에 마르크스는, 우리가 상세하게 분석해 보아야 할 선택에 따라 『아테네의 타이먼』의 텍스트의 몸체를 절단하여, 심오하고 긴 장면을 떼어 낸다(4막 3장). 마르크스는 이 저주의 말들을 좋아한다. 의인義人의 저주를 결코 침묵하면서 지나쳐서는 안 된다. 마르크스의 가장 분석적인 텍스트에 나오는 이 저주의 말들을 침묵 속에 묻어 두어서는 안 된다. 저주는 이론화하지 않고, 존재하는 것을 말하는 데 만족하지 않으며, 진리를 외치고 약속하고 촉구한다. 이는 그 이름이 가리키듯이 기도와 다르지 않다. 이 기도는 규탄하고 저주를 내뱉는다. 마르크스는 오해의 여지가 없는 기쁨의 기색을 내비치며 이 저주의 말들을 전유한다. 타이먼은 유대 선지자의 분노와 함께 때로는 에스겔의 말을 그대로 사용하면서 인류에 대한 자신의 증오를 선언하고("난 인간 혐오자요, 인간을 증오한다I am Misanthropos, and hate mankind"), 타락하기를 빌며, 저주를 퍼붓고, 매춘에 맞서, 황금 앞에서의 매춘, 황금 자체의 매춘에 맞서 맹세한다. 하지만 그는 시간을 들여, 모든 것을 변모시키는 연금술을 분석하고 가치들의 전도와 위조, 거짓 서약——황금은 특히 이것의 법칙이다——을 비난한다. 우리는 (엥겔스라기보다는) 마르크스가 자신의 펜으로 길게 분노에 찬 예언적인 저주를 독일어로 옮겨 적으면서 가졌을 법한 조바심치는 인내심을 상상해 볼 수 있다.

이만큼 황금이 있으면 만들 수가 있지.

흑을 백으로, 못난 것을 아름답게, 부정을 바르게

비천을 귀하게, 늙음을 젊게, 비겁을 용기로 ……

이 노란 노예는 ……

늙은 문둥이를 숭배케 하리니 ……

이것이 바로 늙어 빠진 과부를 재혼케 하고

병원의 환자나 종기가 짓물러 생목이 오르는 자도 한 번 보면 구역질나

는 여자도

이놈을 뿌리면 향유를 바른 듯

4월의 꽃으로 변하는구나 ……

                     …… 너, 보이는 신이여Thou visible god

모순된 것들을 긴밀히 결합시키고

서로 입 맞추게 만드는.[21]

             sichtbare Gottheit,

Die du Unmöglichkeiten eng verbrüderst

Zum Kusz sie zwingst![22]

이 거대한 저주의 저주가 지닌 모든 특징 가운데 마르크스는 긴 인용
의 경제 속에서, 여기서 우리에게 가장 중요한 것들, 예컨대 매수의 역사
자체에서 볼 수 있는, 맹세와 모의 행위를 무산시키는 아포리아들 및 이
중 구속double bind을 삭제해야 했던 것 같다. 황금을 묻는 순간 선지자이
자 땅을 파는 인부[타이먼―옮긴이], 결코 인도주의자가 아닌 이 사람은
손에 삽을 들고서, 서약의 파기 및 종파들의 탄생과 소멸을 환기하는 것에

만족하지 않는다("이 노란 노예는/종교들을 이합집산케 하며, 저주받은 자를 축복하며This yellow slave/Will knit and break religions; bless the accurs'd").[23] 타이먼은 또한 다른 이에게 계속해서 약속을 청하고conjure 요구하지만, 하나의 동일한 이중적인 행위에 따라 거짓 서약하고 자신의 거짓 서약을 고백하면서 이처럼 청한다. 실제로 그는 **진리를 꾸며 내면서**, 적어도 다른 이가 약속을 하는 것처럼 행동하도록 **꾸며 내면서** 청한다. 하지만 타이먼이 다른 이가 약속을 하는 것처럼 행동하도록 꾸민다면, 이는 사실은 다른 이가 자신의 약속을 지키지 **않을** 것을 약속하도록, 곧 마치 약속을 하는 것 같은 겉모습을 띠면서도 약속하지 않을 것을 약속하도록, 맹세의 바로 그 순간 거짓 서약하거나 서약을 저버릴 것을 약속하도록 하기 위해서다. 그런 다음 동일한 논리의 귀결에 따라 그는 약속을 그만둘 것을 청한다. 요컨대 그는 마치 다음과 같이 말한 것처럼 보인다. 너희들에게 말하니, 맹세하지 마라, 너희들의 맹세 권리를 저버려라, 너희들의 맹세의 능력을 포기하라, 누구도 너희들에게 서약을 요구하지 않으니, 너희들에게 요구하는 것은, 바로 너희들 자신, 서약할 수 없는 자들이 되라는 것("너희들 서약할 수도 없는 것들you are not oathable"), 너희 창녀들, 매춘 그 자체인 것들, 황금에 몸을 파는 것들, 일반적인 무차별성에 몸을 맡기는 것들, 고유한 것과 불순한 것, 신용과 불신, 믿음과 기만, "참과 거짓", 서약과 거짓 서약 및 서약 저버리기 등을 같은 것으로 혼동하는 것들. 너희 황금의 창녀들은 돈을 위해 너희들의 장사나 생업(거짓 서약하는 창녀들)마저 저버리고(부인하라 forswear) 말 것이다. 포주들은 돈을 위해 창녀들마저 내버리게 될 것이다.

　문제가 되는 것은 인류의 본질 자체다. 구속bind이나 결속bond 자체라는 주제에 관한 절대적 이중 구속double bind. 수행문의 무한한 불운과 계산 불가능한 기회(수행문이라는 단어는 이 텍스트에서 문자 그대로 언급되고 있다. 타이먼이 **약속을 지키지 않을 것을 약속**하라고, 따라서 거짓 서약하거나 서약을 저버리라고 청할 때 사용하는 단어들이 "수행하다perform"와 "수행하지 않다perform none"라는 단어들이다). 인간에 대한 비인간적 담론의 힘, 취약함으로서의 힘. 타이먼은 앨시바이어데스에게 다음과 같이 말한다(4막 3장).

> 나에게 우정을 약속하되 실행하진 말라. 만약 약속을 하지 않으면 신들은 너에게 벌을 내릴 것이다, 너는 인간이니까! 만약 약속을 실행한다면 파멸할 것이다, 너는 인간이니까!
> Promise me friendship, but perform non : if thou wilt not promise, the gods plague thee, for thou art a man! if thou dost perform, confound thee, for thou art a man!

그런 다음 금화를 달라고 하면서 타이먼에게 아직 금화를 더 갖고 있는지 묻는 프라이니어와 티맨드러에게는 다음과 같이 말한다.

> 창녀가 장사를 그만두고forswear 포주가 창녀 만들기를 하지 않을 만큼의 돈은 있다[좀더 문자 그대로 이해한다면 다음과 같이 번역해 볼 수 있을 것이다. 장사, 거래, 생업profession(생업이 자기 고백profession de soi을 함축하는 한에서)을 그만두게 할 만큼 돈은 충분히 있다―데리다]. 이 화냥년들, 앞치마를 추켜올려라. 서약을 하고 싶겠지만 해 봤자 지키지도 못할 것[you are not oathable. 너희들은 서약하지 않아, 서약

할 수 없어―데리다], 소용없는 일이지. 그걸 듣는 불멸의 신들은 학질이라도 걸린 듯 하늘이 무너지는 것같이 덜덜 떨게 되는 무서운 맹세일 것이다. 그러니 맹세를 그만두어라spare your oaths. 나는 너희들의 본성을 신뢰하노니I'll trust. 그대로 창녀로 있거라.

Enough to make a whore forswear her trade, And to make whores a bawd. Hold up, you sluts, Your aprons mountant : you are not oathable, Although, I know, you'll swear, terribly swear Into strong shudders and to heavenly agues The immortal gods that hear you, spare your oath, I'll trust to your conditions : be whores still.

매춘 내지 돈의 숭배에 대해, 물신숭배나 우상숭배 자체에 대해 말하면서 타이먼은 신뢰한다. 그는 믿음을 보내고 믿고 기꺼이 **신뢰하려고**(나는 신뢰하노니I'll trust) 하지만, 이는 단지 역설적인 과장법을 사용한 저주 속에서 이루어질 뿐이다. 그는, 서약을 저버리는 가운데서도, 서약할 수 없는 또는 서약할 자격이 없는 가운데서도("너희들 서약할 수도 없는 것들you are not oathable"), 마치 규약이나 사회 또는 법적 서약에 앞선 본능의 서약이, 본능적인 본성의 자기 충실성이, 살아 있는 자연의 서약이 존재하는 듯 이 자연적 본능에 충실하게 남아 있는 이들에게 믿음을 보내는 것처럼 가장한다. 그리고 이는 불충실함에 대한 충실함이며, 거짓 서약 속의 항구성이다. 이 생명은 화폐라는 무차별적인 역량, 치명적인 무차별성의 권력에 규칙적으로 자신을 노예로 바치며, 어김없이 굴복한다. 이 점에서는 그것을 신뢰trust할 수 있다. 악마적이며 근원적으로 사악한 자연은 매춘이며,

충실하게 자신을 노예로 바친다. 그것이 자신을 노예로 바치는 것은 배신 그 자체, 거짓 맹세, 맹세를 저버리기, 거짓과 허상이다. 여기서는 그것을 신임할 수 있다.

무엇이 유령에서 그리 멀리 떨어져 있지 않은가? 이는 잘 알려져 있다. 화폐, 좀더 정확히 말하면 화폐 표시가 그것인데, 마르크스는 이를 항상 겉모양이나 허상, 좀더 정확히 말하면 환영의 모습으로 기술했다. 그는 이것들을 기술했을 뿐만 아니라 정의하기도 했지만, 개념을 상형으로 제시하는 것은 어떤 유령적인 "사물", 곧 "어떤 이quelqu'un"를 기술하는 것으로 보인다. 이러한 상형적figurale 제시의 필연성은 무엇인가? 이것이 개념과 맺고 있는 관계는 무엇인가? 이는 우연적인 것인가? 바로 이것이 우리의 질문이 띠고 있는 고전적인 형식이다. 우리가 여기서 어떠한 우연성도 믿지 않기 때문에, 우리는 이러한 질문의 고전적인 형식(근본적으로는 칸트적인)에 대해 우려하게 되는데, 이 형식은 상형적 도식을 진지하게 간주할 경우에도 그것을 부차화하거나 그것과 거리를 두는 것처럼 보인다. 『정치경제학 비판을 위하여』는 우리에게 어떻게 화폐의 실존Dasein, 금이나 은 같은 금속 형태로의 실존Dasein이 어떤 **잔여**를 산출하는지 설명해 준다.[24] 이러한 잔여는 정확히 말하면 위대한 이름의 그림자로서만 실존할 뿐이다. "남는 것은 위대한 이름의 그림자뿐이다Was übrigbleibt ist magni nominis umbra."[25] "주화의 신체는 그림자에 불과하다nur noch ein Schatten."[26] 그렇다면 마르크스가 기술하는 모든 관념화의 운동은, 그것이 화폐에 대한 것이든 이데올로기소들[81]에 대한 것이든 간에, 환영들, 가상들, 허상들, 겉모양 내지 허깨비의 생산이다(가상 소버린Schein-sovereign[82]과 가상 금Schein-gold의 가상적 실존Schein-dasein). 뒤에서 그는 화폐가 지닌 이러한 유령적인 힘을, 축재蓄財의 욕심으로 사후에 저승에서nach dem Tode in der andern Welt 화폐의 용도에 대해 공상을 하는 사람과 결부한다.[27] 겔트Geld, 가이스트Geist, 가이츠Geiz. 마치 돈Geld이 정신Geist 과 탐욕Geiz 모두의 기원인 것처럼. 마르크스가 그 다음에 바로 인용하는 플리니우스의 말에 따르면 "화폐에 욕심의 근원이 있다Im Geld liegt der Ursprung des Geizes". 다른 곳에서는 가스Gaz와 가이스트Geist 사이의 등식이 곧바로 연쇄에 추가된다.[28] 상품들의 변신Die Metamorphose der Waren은 이미, 우리가 정당하게 유령시학/유령생산학[83]이라고 부를 수 있는, 미화美化transfigurante하는 이념화의 과정이었다. 강제 통용력이 있는 지폐를 발행할 때 국가의 개입은 종이를 금으로 변모시키는 "마법Magie"과 비교된다. 이렇게 해서 국가가 나타나는데, 왜냐하면 그것은 하나의 겉모양, 심지어 허깨비이기 때문이다. 국가는 "이제 그의 도장의 요술[금을 표시하거나 화폐를 인쇄하는 마술—데리다]에 의해 종이를 금으로 변신시키는 것처럼 보인다schient jetzt durch die Magie seines Stempels Papier in

---

81) "이데올로기소들"은 "idéologèmes"의 번역이다. 이는 곧 이데올로기를 구성하는 기본 요소를 가리키는 말이다. 레비스트로스가 신화를 구성하는 기본 요소를 "신화소mythème"라고 부른 이래, 프랑스 철학자들은 종종 이런 식의 용어법을 사용하곤 한다. 참고로 "이데올로기소"라는 개념을 명시적으로 정의해서 사용한 최초의 인물은 프레드릭 제임슨인데, 그는 이를 다음과 같이 정의한다. "이데올로기소, 곧 본질적으로 적대적인 사회 계급의 집합적 담론을 이루는 최소의 가지적인 단위."(Fredric Jameson, *The Political Unconscious: Narrative as a Socially Symbolic Act*, Cornell University Press, 1981, p. 76)

82) "소버린"은 영국의 금화의 일종이다.

83) "유령시학/유령생산학"의 원어는 "spectropoétique"다. "poétique"는 보통 "시학"을 의미하지만, 데리다는 이 말이 그리스어 "poïôsis", 곧 "생산" 내지 "창조"라는 말에서 유래했다는 점을 감안해서 이 신조어를 사용하고 있는 것으로 보인다. 곧 관념화/이념화의 과정은 한편으로 현실적인 실체를 갖지 못한 어떤 것을 생산하는 과정이라는 의미에서 "spectropoétique"는 "유령생산학"을 의미하며, 다른 한편으로 이는 그 자체로는 보잘것없는 것을 미화하고 거룩하게 만드는 작업이라는 점에서 "유령시학"이라고 부를 수 있다.

Gold zu verwandeln".[29] 이러한 마법은 항상 환영들과 바쁘게 일하며, 환영들과 거래하고, 자기 자신을 조작하거나 바쁘게 만든다. 이러한 마법은 비즈니스, 신들림의 요소 자체 속에서 이루어지는 비즈니스가 된다. 이 비즈니스는, 시체를 훔치기 위해, 사망한 이를 사라지게 하기 위해──이는 사라진 이들이 "허깨비로 출현하기" 위한 조건으로 남아 있다──시체를 다루는 장의사들의 관심을 끈다. 무덤 파는 인부들의 거래와 연극. 사회적 위기의 시기에 사회적 "사물의 신경nervus rerum"[곧 화폐──옮긴이]이 "그것을 신경으로 하는 신체의 곁에 매장될bestatett"[84] 때, 투기를 목적으로 한 재물의 축장蓄藏은 그 화폐의 영혼Geldseele을 박탈당한 "쓸모없는 금속"을 묻는 것에 불과하다. 이러한 매장의 장면이 묘지와 무덤 파는 인부가 등장하는『햄릿』의 위대한 장면, 무덤 파는 인부들 중 하나가 "무덤 파는 인부grave-maker가 만든 것은 다른 모든 것보다 더 오래, 최후의 심판일까지 지속된다"고 말하는 장면만 상기시키는 것은 아니다. 황금을 매장하는 이 장면은 다시 한 번 더, 더욱더 정확하게,『아테네의 타이먼』을 떠올리게 만든다. 마르크스의 장례의 수사법에서 재물의 "무익한 금속"은 유통의 화학적 잔재caput mortuum[85]와 같은, 유통의 다 타 버린 재ausgebrannte Asche가 된다. 돈을 축장하려는 노고 속에서, 한밤중의 섬망 속에서 구두쇠·수전노·투기꾼은 교환가치의 순교자가 된다. 그는 더 이상 교환하지 않는데, 왜냐하면 그는 순수한 교환을 꿈꾸고 있기 때문이다(우리는 나중에 어떻게『자본』에서 교환가치의 출현이 바로 허깨

---

84) 『정치경제학 비판을 위하여』(김호균 옮김, 중원문화사, 1998), 125쪽.
85) "caput mortuum"은 말 그대로 하면 "죽음의 머리"를 뜻하지만, 관용적인 의미로는 연금술에서 화학적인 반응이 끝나고 남은 쓸모없는 잔여물을 가리킨다.

비인지 ── 또는 사람들은 이렇게 말할지도 모르겠는데 ── 환시, 환각, 고유하게 유령적인(이러한 모습에 대해 고유한 것이라고 고유하게 말하는 것이 금지되지 않는다면) 출현인지 살펴볼 것이다). 이렇게 되면 축장자는 연금술사alchimistisch로 처신하며, 환영들 및 "생명의 선약", "현인賢人의 돌"에 대한 사변에 빠진다. 사변은 항상 유령에 매혹되고 사로잡혀 있다. 이러한 연금술이 유령의 출현이나 신들림, 망령들의 복귀로 귀착될 수밖에 없다는 것은 프랑스어 번역에서 자주 무시되는 텍스트의 자구字句들에서 드러난다. 같은 구절에서 마르크스가 [연금술적 의미의 ─ 옮긴이] 변모를 기술할 때 문제가 되는 것은 신들림이다. 연금술 같은 방식으로 작동하는 것은 망령들의 교환이나 뒤섞음, **미친 유령 같은** 배합이나 변환이다. 신들림과 망령들이라는 어휘인 슈푸크Spuk, 슈푸켄spuken이 무대의 전경을 차지하고 있다. 프랑스어 번역본은 이를 "미친 연금술의 환몽"으로 옮기고 있다("부의 유동적인 형태 및 그것의 화석화, 생명의 선약 및 현인의 돌이 연금술사가 하듯이, 미친 유령 같은 방식으로 뒤죽박죽spuken alchimistisch toll durcheinander 뒤섞인다."[30]).

요컨대, 그리고 우리는 이점으로 계속 되돌아오겠지만, 마르크스는 그의 적수들만큼이나 환영들을 좋아하지 않는다. 그는 이것들을 믿고 싶어 하지 않는다. 하지만 그는 또한 그것들만을 생각한다. 그는 환영들과 실제 현실, 살아 있는 현실성을 구별 짓는다고 가정된 것을 철석같이 믿고 있다. 그는 생명과 죽음을 대립시키듯이, 허상의 헛된 겉모양을 실재적인 현존과 대립시키듯이, 이 양자를 대립시킬 수 있다고 믿는다. 그는 유령들을 고발하고 사냥하거나 쫓아내기 위해, 하지만 모종의 대항 마법이 아니라 비판적 분석으로 쫓아내기 위해 이러한 대립의 경계를 철석같이 믿고 있다. 그러나 마법을 비난하는 분석과, 이러한 분석이 여전히 동일화될 위험에 처해 있는 대항 마법을 어떻게 구별할 것인가? 우리는 예컨대 『독일 이데올로기』에 관하여 계속 이러한 질문을 제기해 볼 것이다. 나중에 이 책으로 다시 돌아오기 전까지 한 번 더 환기해 두자면, 이 책에서 「라이프치히 공의회 — 성 막스」(성 막스는 슈티르너를 가리킨다) 장은 환영Gespenst과 망령Spuk에 대한 **저항할 수 없지만, 또한 종결될 수 없는** 사냥을 조직하고 있다. 효과적인 비판처럼, 하지만 또한 강박처럼 **저항할 수 없는** 것이고, 어떤 분석에 대해 말하듯이[86] **종결될 수 없는** 것인데, 이러한 [마르크스와 프로이트의 — 옮긴이] 연결이 분명 우연은 아닐 것이다.

환영들에 대한 이러한 적대감, 때로는 웃음을 터뜨림으로써 공포감에 대해 자신을 방어하곤 하는, 이러한 공포에 질린 적대감은 아마도 마르크스가 그의 적수들과 항상 공유했던 게 될 것이다. 그는 또한 환영들 및 살아 있지도 죽어 있지도 않은 모든 것, 곧 결코 나타나는 것도 사라지는 것도 아니고, 현상도 그 반대도 아닌 어떤 허깨비/출현의 재출현을 **푸닥거리하려고** 했던 게 될 것이다. 그는 『공산당 선언』이 전쟁을 선언하는 낡은 유럽의 모의자들**로서의** 환영을 푸닥거리하려고 했던 게 될 것이다/그는 『공산당 선언』이 전쟁을 선언하는 낡은 유럽의 모의자들과 **같이** 환영을 불러오려고 했던 게 될 것이다.[87] 이러한 전쟁이 얼마나 불가피한 것으로 남아 있든 간에, 이러한 혁명이 얼마나 필연적인 것으로 남아 있든 간에, 그는 유령의 유령성을 축귀逐鬼분석exorçanalyser[88]하기 위해 그들[구 유럽의 동

---

86) 이는 정신분석 기법에 관한 프로이트의 논문인 「종결될 수 있는 분석과 종결될 수 없는 분석Die endliche und die unendliche Analyse」(1937)을 가리킨다.

맹자들—옮긴이]과 모의한다. 그리고 이는 오늘, 아마 내일도, 우리의 문제가 될 것이다.

2. 왜냐하면 "콩쥐라시옹"은 다른 한편으로 "영어로는 컨주어먼트 conjurement"(독일어로는 베슈뵈룽Beschwörung), 곧 앞의 경우와는 반대로 불려 오거나 호출된 악한 영혼을 쫓아내는 마법적인 축귀를 의미하기 때문이다(『옥스퍼드 영어사전』에는 "주문을 써서 혼령들을 쫓아내기", "마법적인 또는 주술적인 영향력의 행사").

그렇다면 콩쥐라시옹은 무엇보다도 어떤 동맹, 때로는 정치 동맹, 묵언黙言의 동맹은 아닐지 몰라도 다소간 은밀한 동맹을 의미하며, 공모나 모의를 가리킨다. 이것은 어떤 헤게모니를 중립화하거나 어떤 권력을 전복하는 문제다(중세에도 콘주라치오conjuratio라는 단어는, 부르주아들이 때로는 군주에 맞서 자유 도시들을 확립하기 위해 서로 결합하는 맹약盟約을 가리켰다). 모의자들의 비밀 모임에서, 개인적이거나 집합적인 어떤 주체들은 각각의 세력을 대표하며, 공동의 이익이라는 이름 아래 가공할 만한 정

---

87) 이 문장의 원문은 "Il aura voulu conjurer le fantôme comme les conjurés de la vieille Europe auxquels le Manifeste déclare la guerre"다. 여기서 강조 표시된 것은 "comme"이라는 단어 하나인데, 이 단어를 어떻게 이해하느냐에 따라, 그리고 "conjurer"라는 단어를 어떻게 읽느냐에 따라 이 문장은 두 가지 전혀 다른 뜻으로 해석될 수 있다. 우선 "comme"을 "로서"로 읽고 "conjurer"를 "몰아내다", "푸닥거리하다"는 뜻으로 이해하면(이는 바로 아래에 나오는 2번 항목에서 다루어진다), 이 문장은 "그는 『공산당 선언』이 전쟁을 선언하는 낡은 유럽의 모의자들로서의 환영을 푸닥거리하려고 했던 게 될 것이다"로 이해될 수 있다. 반면 "comme"를 "~처럼"으로 이해하고, 또 "conjurer"를 앞에 나왔던 1번 항목의 b처럼 "불러오다", "초혼招魂"의 의미로 이해한다면, 이 문장은 "그는 『공산당 선언』이 전쟁을 선언하는 낡은 유럽의 모의자들과 같이 환영을 불러오려고 했던 게 될 것이다"로 이해할 수 있다.
88) "exorçanalyser"는 "exocrer"(몰아내다, 귀신을 쫓다)와 "analyser"(분석하다)의 합성어다.

치적 적수와 싸우기 위해, 곧 또한 그 적수를 몰아내기 위해 동맹을 맺는다. 왜냐하면 콩쥐레conjurer라는 동사는 **또한** 푸닥거리하다를 의미하기 때문이다. 사악하고 악마화되고 악령화된 힘, 대부분은 해악스러운 영혼, 유령, 사후에도post mortem 되돌아오는 또는 되돌아올 위험이 있는 일종의 환영인 이 힘을 파괴함과 동시에 부인하려고 시도하기. 축귀는 악령과 마찬가지로 비합리적인 방식을 통해, 마법적이고 신비적인, 심지어는 신비화하는 실천들을 통해 악을 쫓아낸다. 그렇다고 해서 축귀가 분석적인 절차와 논증적인 추론을 배제하는 것은 아닌데, 어쨌든 축귀는 죽은 것이 실제로 죽었다는 것을 주술적으로 되풀이하는 데서 성립한다. 축귀는 **주문들**[89]을 사용하여 진행되며, 때로는 이론적인 정식들도 이러한 역할을 수행하는데, 이러한 정식들이, 자신들의 마법적인 본성, 자신들의 권위적인 교조주의, 그리고 자신들이 맞서 싸운다고 주장하는 적수들과 공유하는 주술적인 힘을 오도하기 때문에 이는 더욱더 효과적으로 수행된다.

하지만 효과적인 축귀는 죽게 만들기 위해서만 죽음을 확인하는 constater 척한다. 법의학자가 그렇게 하듯이, 축귀는 죽음을 선고하지만, 이는 살해하기/죽음을 선사하기donner la mort 위해서다. 이는 잘 알려진 전술이다. 확인의 형태는 안도감을 주는 경향이 있다. 확인은 효과적이다. 확인은 **실제로**en effet[90] 효과적이려고 하고 또 그래야 한다. 이는 **실제로는**effectivement 하나의 수행문이다. 하지만 여기서 실제성/현실성은 자기 자신을 환영화한다. 이것은 실제로는 재확신시키고자 하는, 곧 우선 자신을 확신시킴으로써 자기 자신을 재확신시키고자 하는 어떤 수행문의 문

---

89) "주문"을 뜻하는 "formules"에는 또한 (과학적) "공식"이나 "정식"이라는 뜻도 담겨 있다.

제인데, 왜냐하면 죽었으면 하고 바라는 어떤 것이 정말로 죽었는지 여부보다 덜 확실한 것은 없기 때문이다. 그것은 생명의 이름으로 말하며, 그것이 무엇인지 알고 있다고 주장한다. 그것은, '누가 살아 있는 사람보다 더 잘 알겠는가' 하고 웃지 않는 얼굴로 말하는 것처럼 보인다. 그것은 스스로 (자신을) 두려워하는[91] 그곳에서 (자기 스스로) 확신을 얻으려고 한다. 그것은 (자신에게) 다음과 같이 말한다. 이제 생명을 지니고 있던 것이 더 이상 살아 있지 않고, 이것은 죽음 자체 속에서는 효력이 없는 것으로 남으니까 안심해도 돼. (여기서 문제가 되는 것은, 모든 살아 있는 것이 배우지 않고서, 또 지식 없이도 알고 있는 것, 곧 죽은 이가 때로는 살아 있는 이보다 더 강력하다는 것을 알려고 하지 않는 어떤 방식이다. 바로 이 때문에 어떤 철학을 생명의 철학으로 또는 생명의 존재론으로 해석하는 것은 결코 단순하지 않다. 다시 말하면, 이러한 해석은 자명한 모든 것과 마찬가지로, 항상 너무 단순하고 이론의 여지가 없는 것이지만, 근본적으로는 거의 설득력이 없

---

90) "en effet"는 한마디로 번역하기 매우 어려운 말이다. 이는 "실제로effectivement"라는 뜻(실제로 ~ 했다, ~였다는 의미에서)과 함께, "정말로assurément"라는 뜻도 지니고 있다(어떤 사실에 대한 확인, 인정이라는 의미에서). 더 나아가 이는 앞에 나온 문장의 이유를 제시하는 "왜냐하면"의 의미로 쓰이는 경우도 많다. 또 단어 그대로 이해한다면 "효과 속에"를 뜻하는데, 이렇게 옮겨도 이 문장은 충분히 이해될 수 있다. 여기서는 "실제로는"의 뜻만 살려서 옮겨졌지만, 이 문장은 "en effet"가 지닌 다양한 의미에 따라 다양하게 번역될 수 있다는 점을 염두에 두기 바란다. 마지막으로 한 가지 지적해 두자면, 데리다가 장-뤽 낭시Jean-Luc Nancy, 필립 라쿠-라바르트Philippe Lacoue-Labarthe, 사라 코프만Sarah Kofman 등과 함께 감수한 (처음에는 플라마리옹Flammarion 출판사에서 시작했다가 나중에는 갈릴레Galilée 출판사로 옮긴) 총서의 이름이 바로 "la philosophie en effet"다.

91) "스스로 (자신을) 두려워하는"의 원어는 "(se) fait peur"이다. 프랑스어에서 "faire peur"는 "두려움을 주다", "무섭게 하다"를 의미하는데, 여기서는 재귀 대명사 "se"를 같이 사용하고 있기 때문에, "스스로 (자신을) 두려워하는"으로 이해될 수 있다. "se fait peur", 곧 "스스로 자기 자신을 두려워하기"는 4장에서 『공산당 선언』을 분석하면서, 그리고 5장에서 『독일 이데올로기』의 마르크스/슈티르너의 논쟁을 분석하는 과정에서 각각 다시 등장한다.

으며, 이런 점에서는 모든 것을 생명으로 다시 귀착시키되, 단 생명 속에 죽음 및 생명의 타자의 타자성 ─ 이것이 없다면 생명은 생명 자신일 수 없을 것이다 ─ 을 포함시키는 것을 조건으로 삼고 있는 마르크스나 다른 사람들의 동일성론tautologie, 좀더 정확히 말하면 매우 타자론적인hétérologique 동일성-존재론과 마찬가지라는 점이다.) 요컨대 이것은, 사망 확인서가 여전히 어떤 전쟁 행위의 수행문 내지 사형 집행의 무기력한 몸짓, 들뜬 몽상인 곳에서, 종종 죽음을 확인하는 척하는 문제인 것이다.

2장_마르크스주의를 푸닥거리하기

"시간이 이음매에서 어긋나 있다." 이 정식은 시간에 대해 말하고 있으며,

또한 시간 **그 자체**le temps에 대해 말하고 있다. 하지만 이 정식은 독특하

게도 이 시간, 이 시간들, "바로 이 시간", 바로 이 시간의 시간, 햄릿에게

는 "우리 시대"의 시간이었던 이 세계의 시간, 다른 어떤 시대가 아니라 단

지 "바로 이 세계", 이 시대에 대해 말하고 있다. ["이음매에서 어긋나 있다"

는—옮긴이] 이 술어는 시간의 어떤 것에 대해 **말하고, 존재하다**라는 동사

의 현재형에 대해 말하지만(시간이 이음매에서 어긋나 있다), 만약 그것이

그 당시에[92] 이를 말한다면, 이 다른 시간에서, 과거에 한 번 존재했던 단순

과거에서 이를 말한다면, 어떻게 이것이 모든 시간에 대해 타당할 수 있는

가? 달리 말하자면 어떻게 이 술어는 다시 돌아와서 새롭게 자신을 현재화

하고, 새롭게/다시 한 번nouveau 새로운 것으로 자신을 현재화할 수 있는

가? 어떻게 이 술어는, 그것의 시간이 더 이상 거기에 존재하지 않는 때에,

새롭게, 거기에 존재할 수 있는가? 어떻게 그것은 누군가가 "우리 시대"에

대해 말해 보려 하는 모든 경우에 대해 타당할 수 있는가? 시간에 준거하

는, 좀더 정확히 말하면 시간의 현재형에 준거하는 술어 명제에서 "존재하

다"라는 동사의 문법적 현재형, 삼인칭 직설법 현재형은 모든 정신들의 회

귀에 대해 예정된 환대를 제공하는 것처럼 보인다(여기에는 유령들에 대한

---

92) 곧 햄릿이 "시간이 이음매에서 어긋나 있다"고 말하던 당시.

환영歡迎도 포함되어 있음을 시사해 두기 위해서는 정신들이라고 복수형으로 써 두는 것으로 족하다).[93] **존재하다**라는 동사, 특히 그 부정사형이 "**현재로 존재하다/현존하다être présent**"는 뜻으로 이해된 이 동사는 재치 있는 말mot d'esprit이 아니라 정신의 단어mot de l'esprit이며, 정신의 첫번째 언어적 신체이다.[94]

세계의 어떤 시간, 오늘날, 이 시대에 어떤 새로운 "세계 질서"는 유례 없는 헤게모니의 형태를 설립함으로써 새로운, 필연적으로 새로운 어떤 혼란을 정착시키려고 한다. 항상 그렇듯이 문제가 되는 것은 새로운 형태의 전쟁이다. 적어도 이는 마르크스주의에 맞선 거대한 "푸닥거리", 마르크스주의에 대한 "컨주어먼트conjurement"와 닮았다. 다시 한 번, 마르크스주의에 맞선 투쟁의 시도, 마르크스주의가 대표하고, 또 앞으로도 계속 대표하게 될 것 및 대표하게 될 사람들(새로운 인터내셔널의 이념)에 맞선 투쟁, 인터내셔널을 몰아냄으로써 인터내셔널과 싸우려는 투쟁을 위한 항

---

93) "esprit"는 보통 "정신"을 뜻하지만, 특히 복수로 쓰일 경우에는 "유령", "귀신"이라는 뜻을 지니고 있다.

94) "esprit"는 "정신"이라는 뜻 말고도 "재치"라는 뜻을 가지고 있으며, "mot d'esprit"는 관용어로서 "재치 있는 말"을 뜻한다. 반면 "mot de l'esprit"는 데리다가 여기서 만들어 낸 말로서 뒤에 나오는 "유령론hantologie"이라는 신조어를 시사하는 말이다. 데리다의 논점은 다음과 같이 이해될 수 있다. 1장에서 본 것처럼 하이데거에 따르면 "être"라는 동사, 곧 "존재하다"라는 동사의 기본 형태인 "현재로 존재하다", "현존하다"는 서양 존재론에서 존재 이해의 핵심적인 원리로 기능해 왔으며, 이런 의미에서 서양 형이상학은 "현존의 형이상학"이라고 할 수 있다. 반면 데리다는 하이데거의 통찰을 이어받으면서 동시에 "현존하다"라는 단어는 "정신의 단어", 곧 다른 말로 하면 "유령의 단어"라고 주장하고 있다. 왜냐하면 서두의 논의에서 시사하듯이 "현재", "지금 이 시간" 안에는 항상 지금은 더 이상 존재하지 않는 과거가 포함되어 있으며, "현재" 안에는 항상 그러한 과거가 "되돌아오기revenir" 때문이다(프랑스어에서 유령을 뜻하는 "revenant"은 "되돌아오다"라는 이 동사에서 유래한다). 따라서 "현재로 존재하다/현존하다"로 이해된 "존재하다"는 정신의 단어, 유령의 단어이며, 또한 "현존하다"는 동사를 기초로 삼는 "존재론" 안에는 "유령론"이 깃들어 있다는 것이 데리다의 논점이다.

상 새로운 동원이 문제다.

매우 새롭지만 또한 지극히 오래된 푸닥거리는 강력하면서도 동시에, 항상 그렇듯이, 불안하고 취약하고 근심스럽게 보인다. 푸닥거리에 모의한 사람들에게서 푸닥거리해야 할 적은 분명히 마르크스주의라 불린다. 하지만 사람들은 이제부터 마르크스주의를 인지하지 못하게 될까 봐 두려워하고 있다. 그들은, 마르크스가 그토록 자주 말했던 변신들("변신"은 그가 전 생애에 걸쳐 가장 좋아했던 단어 중 하나다) 중 하나 덕분에, 새로운 "마르크스주의"가 사람들이 익숙하게 마르크스주의라고 알아 왔고 또 물리치곤 했던 모습을 더 이상 띠지 않게 되리라는 가설에 몸을 떨고 있다. 아마도 그들은 더 이상 마르크스주의자들을 두려워하지 않을 것이다. 하지만 그들은, 불안에 사로잡힌 반마르크스주의 전문가들조차도 해독하는 훈련을 받지 못한 표현법들 내지 인용부호들 아래 마르크스의 유산을 계승할 준비가 되어 있는 가짜 마르크스주의자들, 마르크스의 유산을 포기하지 않은 어떤 비마르크스주의자들, 사이비 또는 유사 "마르크스주의자들"은 여전히 두려워한다.

우리가 방금 제시한 이유들 이외에도, 또 다른 이유들 때문에 이러한 푸닥거리의 모습을 특권화해야 할 것 같다. 이 후자의 이유들은 이미 예고된 바 있다. 콩쥐라시옹conjuration의 두 가지 개념들(모의와 푸닥거리 conjuration, conjurement, Verschwörung, Beschwörung) 속에서 우리는 또 다른 본질적인 의미를 고려해야 한다. 그것은 맹세, 서약의 행위, 따라서 약속하고 결정하고 **책임**을 지는 행위, 요컨대 수행적인 방식으로 참여하는 행위다. 이는 또한 다소간 비밀스런, 따라서 다소간 공개적인 방식으로 참여하는 행위이며, 여기서는 공적인 것과 사적인 것 사이의 이러한 경계가 끊임없이 전위되고, 정치적인 것을 식별할 수 있게 해 주는 경계로서 이것은 그 어느 때보다 더 불확실하게 남아 있다. 그리고 만약 이 주요한 경계가 전위된다면, 이는 이러한 경계가 설립되는 매체, 곧 미디어 자체의 매체(정보, 언론, 원격 통신, 원격 기술 담론성, 원격 기술 도상성圖像性과 같이 공적 공간의 **공간 내기** 및 공적인 것res publica의 가능성 자체와 정치적인 것의 현상성을 보장하고 규정하는 것 일반)가 산 것도 아니고 죽은 것도 아니며 현존하는 것도 아니고 부재하는 것도 아니기 때문이다. 곧 이 요소 자체가 유령화된다. 이는 존재론, 존재자의 존재에 대한 담론이나 생명 또는 죽음의 본질에 대한 담론에 속하지 않는다. 따라서 이는, 우리가 단어를 하나 만들기보다는 경제적인 편의를 위해 **유령론**hantologie이라고 부르고자 하는 것을 요구한다. 우리는 이 범주가 그것이 가능하게 하는 모든 것, 곧 존재론, 신학, 부정적이거나 긍정적인 존재신학으로 환원 불가능하다고 생각한다.

수행적 해석, 곧 그것이 해석하는 것 자체를 전환시키는 해석의 이러한 차원은 내가 오늘 밤 말해 보려는 것에서 필수불가결한 역할을 수행할 것이다. 자신이 해석하는 것을 전환시키는 해석이야말로 수행문에 대한 정의이며, 이는 언어행위 이론만이 아니라 「포이어바흐에 관한 테제」 중 열한번째 테제("철학자들은 세계를 상이한 방식으로 **해석**해 왔을 뿐이지만, 중요한 것은 세계를 **변혁**하는 것이다Die Philosophen haben die Welt nur verschieden interpretiert; es kommt aber darauf an, sie zu verändern.")와 관련시켜 보더라도 정통한 것으로 보기 어려운 정의다.

내가 인상적이고 야심적이며 필수적인 또는 모험적인 ─ 다른 사람들은 역사적인이라고 말할지도 모르겠다 ─ 이 콜로퀴엄의 기조 강연을 하는 것은, 내가 오랫동안의 망설임 끝에, 내가 지닌 능력의 명백한 한계에도 불구하고, 영광스럽게도 베른트 매그너스가 제안한 초대를 수락한 것은, 철학적이며 학문적인 담론을 제시하기 위해서가 아니다. 이는 무엇보다도 책임을 회피하지 않기 위해서다. 좀더 정확히 말하자면, 이러한 책임의 본성에 관한 몇 가지 가설을 여러분의 토론에 부치기 위해서다. 우리의 책임은 무엇인가? 어떤 점에서 이러한 책임이 역사적인가? 그리고 왜 이는 그토록 많은 유령들과 관계를 맺고 있는가?

내가 보기에는 누구도, 특정한 교조주의가 역설적이고 의심스러운 조건들 하에서 자신의 세계적인 헤게모니를 정착시키려고 하고 있다는 점에 대해 이의를 제기할 수 없을 것 같다. 오늘날 세계에는 마르크스의 저작과 사상이라는 주제에 대한, 마르크스주의라는 주제에 대한(이는 아마도 전자와는 다른 것이리라), 사회주의 인터내셔널과 보편적 혁명이 띠었던 모든 과거의 모습들이라는 주제에 대한, 마르크스주의에 영향을 받은 혁명 모델의 다소간의 파괴라는 주제에 대한, 우리가 당분간 『공산당 선언』을 인용해서 "낡은 유럽"이라고 부르려고 하는 것 안에서 마르크스주의를 실행에 옮기려고 시도했던 사회들의 최근의 급속하고 성급한 붕괴라는 주제 등등에 대한 지배적인 어떤 담론, 또는 오히려 지배적인 것이 되고 있는 어떤 담론이 존재한다. 지배적인 것이 되고 있는 이 담론은 자주, 프로이트가 애도 작업 중에서 이른바 의기양양한 고양의 국면에 할당했던 주술적이고 환희에 찬 조증의 형태[95]를 띠곤 한다. 주술은 반복되고 의례화되며, 모든 정령 신앙적 마법이 그렇듯이 주문에 집착하고 매달린다. 주술은 반복적으로 되풀이되는 후렴구들로 귀착된다. 행진의 리듬에 따라 주술은 외친다. 마르크스는 죽었다. 공산주의는 죽었다. 분명히 죽었다. 그

희망도, 그 담론도, 그 이론과 실천도 함께 죽었다. 자본주의 만세, 시장 만세, 경제적·정치적 자유주의여 생존하라!

만약 이 헤게모니가 의심스럽고 역설적인 조건들 하에서 자신의 교조적인 조직화를 정착시키려고 한다면, 이는 무엇보다도 이러한 의기양양한 푸닥거리가 다음과 같은 사실, 곧 살아남았다고 찬양되고 있는 것(곧 자유주의적인 자본주의의 모든 낡은 모델)의 지평만큼 음울하고 위협적이며 또 위협받고 있는 것은 역사를 통틀어 결코 존재하지 않았다는 사실을 부인하고 있으며, 이를 위해 이 사실을 은폐하려고 애쓰고 있기 때문이다. 그리고 이 사실보다 더 "역사적"인 것 역시 존재하지 않는데, 여기서 "역사적"이라는 것은 이러한 지평이 어떤 과정의 절대적으로 새로운, 하지만 여전히 되풀이 (불)가능성의 법칙에 종속되어 있는 한 계기에 기입되어 있음을 의미한다.

이 서두의 단어들에서부터, 경향적으로 **지배적인** 어떤 담론과 그것의 주제와 관련하여 **이의를 제기할 수 없는** 명증성에 대해 말함으로써 우리는 무엇을 하고 있는 것인가?

적어도 **두 가지**를 하고 있다. 우리는 분명히 두 개의 기존 개념들에 의지하고 있다. 첫번째는 헤게모니라는 개념이고("지배적인 담론"), 두번째는 증언이라는 개념이다("이의를 제기할 수 없는 명증성"). 이 두 개념을 해명하고 정당화해 봐야 할 것 같다.

---

95) 프로이트는 「애도와 우울증Trauer und Melancholia」(1917)에서 실패한 애도의 두 가지 형태를 구별하고 있다. 한 가지는 "우울증"으로서, 여기서 자아는 상실된 대상에 대한 리비도 에너지의 투여를 중단하지 못한 채 계속 그 대상에 고착되어, 좌절과 우울한 상태에 빠져 있게 된다. 이와는 대조적으로 "조증" 국면에서는 자아에게 과도한 에너지가 투여되어 자아는 (기만적으로) 자신이 이 대상과 결별하게 되었다고 간주하게 되며, 과도한 활동성과 환희 상태에 있게 된다.

1. 우리는 암묵적으로 — 특히 (나는 그렇게 생각하는데) 누구도 이의를 제기하려고 생각해 보지 않은 것에 대해 말하기 위해 — 도처에서 공적인 표현, 공적 공간 속에서 하는 증언을 조직하고 명령하는 것에 준거했다. 문제가 되는 것은 적어도, 서로 분리될 수 없는 우리 문화의 세 가지 장소 또는 장치에 의해 구성되는 어떤 집합이다.

a) 우선 다소간 고유하게 정치적인 것이라 불리는 문화가 존재한다 (서양의 모델이 군림하는 거의 모든 곳에서 볼 수 있는, 권력을 쥔 정당들이나 정치인들의 공식적인 담론, 프랑스에서 "정치 계급"이라 불리는 이들의 말이나 수사법).

b) 또한 혼란스럽게도 대중매체라고 규정되는 문화가 존재한다. 절대적으로 새로운 리듬에 따라 힘이 증대하고 있는 방송 채널들에서 "통신", "정보"에 대한 해석 및 선별적이고 위계화된 생산이 이루어지고 있는데, 이러한 절대적으로 새로운 리듬은 — 분명히 우연이 아닌데 — 마르크스주의 모델에 기초를 둔 체제들의 붕괴 리듬과 정확히 합치한다. 이 체제들의 붕괴에는 대중매체 문화가 강력하게 기여했지만, 이는 — 이 점도 못지않게 중요한데 — 자유주의적이라고 불리는 민주주의 사회의 공적 공간이라는 개념 자체 역시 본질적인 방식으로 변형시키는 전유 형태 및 양식에 따라, 속도에 따라 이루어진 것이다. 그리고 이 컬로퀴엄의 중심에서도 틀림없이 원격 기술의 문제, 미디어 경제 및 권력의 문제가 그것들이 지닌 환원 불가능한 유령적 차원의 문제와 더불어 우리의 토론 전체를 관통하게 될 것이다. 오늘날 이 문제들을 — 이론적·실천적으로 — 다루

고, 이로써 그것들을 변화시키기 위해 우리는 마르크스주의의 도식들과 더불어 무엇을 할 수 있을까? 내가 옹호하려는 **입장**을 핵심적으로 요약해 줄 만한 한 단어로 말하자면(그리고 여기서 내가 제시하는 것은——노파심에서 이렇게 한 번 더 말하는 것을 용서해 주기 바란다——**입장을 취하기**에 가깝지, 이러한 입장이 요구하고 전제하는, 또는 예고하는 작업에 해당하는 것은 아니다), 이 도식들은 현재의 형태대로라면 필수불가결한 동시에 불충분하다. 마르크스는 기술과 언어, 따라서 원격 기술(왜냐하면 모든 언어는 하나의 원격 기술이기 때문이다)의 근원적인 분리 불가능성을, 적어도 원칙적으로는, 진지하게 생각한 과거의 드문 사상가들 중 한 사람이다. 하지만 원격 기술과 관련하여, 곧 기술과 관련하여 그는 오늘날 우리가 경험하고 예견하는 것에 근접하지 못했다. 이를 지적하는 것이 결코 그를 깎아내리는 것은 아니며, 이는 심지어 우리가 다시 한 번 감히 **마르크스의 정신**이라고 부르는 것에 따라 말하는 것이다. 이는 그 자신의 예견을 거의 문자 그대로 인용하는 것이며, **확증하고 추인하는** 것이다.

c) 마지막으로 학문적인 또는 학술적인 문화, 특히 역사가, 사회학자, 정치학자, 문학이론가, 인류학자, 철학자, 특히 정치철학자의 문화가 존재한다. 이들의 담론은 그 자체로 학술적이거나 상업적인 출판사에 의해 중계되기도 하지만, 매체 일반에 의해 중계되기도 한다. 왜냐하면 우리가 방금 열거한 문화의 세 가지 장소, 형태, 권력("정치 계급"의 명시적으로 정치적인 담론, 미디어 담론, 지식인들이나 학자들의 담론 내지 학술적인 담론)은 그 어느 때보다도 더, 동일한 장치들에 의해 또는 서로 분리 불가능한 장치들에 의해 함께 융합된다는 점은 누구든 쉽게 눈치 챌 수 있기 때문

이다. 이 장치들은 분명히 복합적이고 분화되어 있고 갈등적이며 과잉 규정되어 있다. 하지만 이 장치들 사이의 갈등이나 불평등 또는 과잉 규정이 어떻든 간에, 이것들은 문제의 헤게모니나 제국주의를 보장하기 위한 최대의 힘을 발휘하기 위해 매 순간 서로 소통하고 협력하고 있다. 이것들이 이렇게 할 수 있는 것은 용어의 가장 넓은 의미에서, 가장 유동적인 의미에서, 그리고 기술 발전의 가속도를 고려할 때 가장 압도적인 의미에서 매체들이라 불리는 것의 매개 덕분이다. 정치·경제적 헤게모니는 지적이거나 담론적인 지배와 마찬가지로, 이전에는 결코 경험하지 못했던 정도와 형태에 따라 기술 매체적인 권력, 곧 ── 상이하고 모순적인 방식으로 ── 모든 민주주의를 **조건 지으면서 동시에 위험에 빠뜨리는** 권력을 경유한다. 그런데 이 권력은, 오늘날 미증유의 위력을 발휘하는 그토록 많은 유령 효과들, 허상의 새로운 **출현**(이 단어를 유령의 출현이라고 할 때의 그 뜻으로 이해하자) 속도, 합성적이거나 인공적인 이미지, 가상적인 사건, 사이버스페이스와 몰아세움,[96] 전유나 투기 등을 고려하지 않고서는 분석할 수 없으며, 경우에 따라서는 맞서 투쟁하거나 여기서는 지지하고 저기서는 공격하거나 할 수 없다. 마르크스와 그의 상속자들이 우리가 이 현상을 사고하고 다루는 데 도움을 주었는가라는 질문에 대해 우리가 **예**이면서 동시에 **아니오**라고, 이런 측면에서는 **예**이지만 다른 측면에서는 **아니오**라고 답변한다면, 그리고 질문들을 걸러 내고 선별하고 분화하고 재구조화해야

---

96) "몰아세움arraisonnement"은 하이데거 기술철학의 핵심 개념 중 하나인 "Gestell"의 프랑스어 번역어이다(요즘은 원어를 그대로 쓰는 경우도 많다). "Gestell"은 우리말로 (사실은 독일어 이외의 다른 언어들도 마찬가지다) 옮기기 매우 까다로운 말이며, 하이데거 전공자들도 "설치", "부속품화", "닦달", "몰아세움" 등과 같이 여러 가지로 번역해서 사용하고 있다. 여기서는 비교적 널리 쓰이는 번역어인 "몰아세움"으로 옮겨서 쓰겠다.

한다고 답변한다면, 이는 우리 결론의 어조와 일반적인 형식을 지극히 예비적인 방식으로나마 예고하기 위해서일 뿐이다. 곧 마르크스주의를 상속하되, 마르크스주의에서 가장 "생생하게 살아 있는" 것, 다시 말해, 역설적이게도 생명이라는 질문, 정신 또는 유령이라는 질문, 생명과 죽음의 대립을 넘어서는 생명-죽음이라는 질문을 지속적으로 다시 문제 삼는 것을 떠맡으면서 **마르크스주의를 상속해야 한다.** 이러한 유산의 상속을 필요한 만큼 근본적으로 전환시키면서 그것을 재긍정해야 한다. 이러한 재긍정은 마르크스의 부름 속에서 ── 다시 한 번 그의 명령의 정신 속에서라고 말해 두자 ── 울려 퍼지는 어떤 것에 충실함과 동시에 상속 일반의 개념에 일치해야 한다. 상속은 결코 **주어진** 어떤 것이 아니며, 항상 하나의 과제다. 우리가 그것을 원하거나 거부하기 이전에 우리는 이론의 여지 없이 상속자들, 특히 마르크스주의의 상속자들이며, 다른 모든 상속자들처럼 마르크스주의를 애도하고 있는 상속자들인 것과 마찬가지로, 상속은 이론의 여지 없이 우리 앞에 [하나의 과제로─옮긴이] 남아 있다. 우리가 앞서 그 안에서 정신의 단어를 발견했던 **존재하다**라는 단어는, 같은 이유에서 **상속하다**를 의미한다. 존재라는 주제 또는 존재해야 하는 것(또는 존재하지 않아야 하는 것or not to be)이라는 주제에 관한 모든 질문은 상속의 질문이다. 이 점을 환기시키는 것이 복고주의적 열정이나 전통주의적 취향을 뜻하는 것은 아니다. 반작용, 반동적인 것, 반작용적인 것은 상속의 구조에 대한 해석들일 뿐, 상속 그 자체인 것은 아니다. 우리가 상속자들이라는 것은 우리가 이것 또는 저것을 갖고 있거나 받는다는 것을 의미하는 것도, 이러저러한 상속이 언젠가는 우리를 이러저러하게 풍부하게 해 주리라는 것을 의미하는 것도 아니며, 우리가 원하든 원치 않든 간에, 그리고 우리가 알든 모르든 간에, 무엇보다도 우리 자신의 **존재가 상속이라는** 것을 의미한다. 그리고 횔덜린이 아주 잘 말한 것처럼, 우리는 바로 이 사실을 **증언할** 수 있을 뿐이다. 증언한다는 것은 우리가 **상속받는** 것인 한에서의 우리 자신을 증언하는 것이다. 바로 여기에 순환이 존재하며, 기회 또는 유한성이 존재하는데, 우리는 우리 자신으로 하여금 증언할 수 있게 해 주는 바로 그것을 상속받기 때문이다. 횔덜린은 이를 언어, 곧 "자기 자신은 상속받은 것이라는 사실을 인간이 증언하기 위해damit er zeuge, was er sei/geerbt zu haben" 인간에게 주어진 "가장 위험한 재산"[31]인 언어라 부른다.

2. 우리가 적어도 가설이라는 명목으로, 마르크스주의 및 마르크스주의적 사회들의 종언이라는 주제에 관한 독단론이 오늘날 경향적으로 "지배적인 담론"이 되고 있다고 말할 때, 우리는 물론 여전히 마르크스주의의 코드로 말하고 있는 것이다. 우리는 이러한 태도가 지닌 문제가 있는 성격을 부인하거나 은폐하려 해서는 안 된다. 어떤 이들이 이런 태도의 순환성이나 부당 전제를 비난한다 해도 완전히 잘못은 아니다. 사실 우리는 적어도 잠정적으로는 우리가 마르크스주의에서 상속한 이러한 비판적 분석의 형태를 신뢰하고 있다. 주어진 상황에서 ——이 상황이 사회 정치적 적대의 상황으로 규정 가능하며 규정된다고 가정할 때—— 헤게모니를 쥔 세력은 (세력들 사이의 갈등이 어떠하든, 이러한 적대의 도식을 복잡하게 만들 수 있는 주요 모순이나 부차 모순, 과잉규정이나 중계가 어떠하든 간에) 항상 지배적인 수사법 및 이데올로기에 의해 표상되는 것으로 보이며, 따라서 이는 우리로 하여금 지배자와 피지배자 사이의 단순한 대립을 의심하도록, 더 나아가 갈등하고 있는 세력들의 확정적인 규정을, 또는 좀더 나아가 더 근

본적으로는 강함은 항상 약함보다 강하다는 사실을 의심하도록 요구한다 (니체와 벤야민은 그들 각자의 방식대로 이 사실을 의심하도록 도와주는데, 특히 벤야민이 "역사 유물론"을 정확히 "약한 메시아적 힘"의 유산과 결부할 때가 그러하다[32]). 따라서 이는 비판적 상속인데, 이로써 우리는 마르크스가, 특히 『독일 이데올로기』에서 그랬듯이, 서로 헤게모니를 다투는 세력들을 규정하기 위해 자주 사용하곤 했던 사회 계급이라는 개념, 심지어 국가라는 개념을 반드시 인정하지 않고서도, 예컨대 **지배적인 담론** 또는 **지배적인 표상들 및 관념들**에 대해 말할 수 있으며, 위계화된 갈등의 장에 준거할 수 있다. 예컨대 관념들의 역사를 환기하면서 『공산당 선언』이 한 시대의 "지배적인 관념들die herrschenden Ideen"은 "지배 계급der herrschenden Klasse"의 관념들에 불과했다고 선언할 때, 이러한 언표에서 이런 점보다는 다른 점을 받아들이기 위해 이 언표의 유산을 선별적으로 걸러 내는 비판이 금지되는 것은 아니다. 사회 계급의 동일성 및 자기 동일성이라는 궁극적 지주에 준거하지 않고서도, 또한 심지어 마르크스가 관념이라고 부르는 것을 신뢰하지 않고서도, 상부구조를 관념으로, 관념적이거나 이데올로기적인 표상으로 규정하는 것, 심지어 이러한 표상의 담론적 형태를 받아들이지 않고서도 어떤 세력장 내에 존재하는 지배에 대해 계속 말할 수 있다. 관념이라는 개념이 우리가 이 자리에서 재검토해 보려고 계획하고 있는 유령적인 것의 환원 불가능한 발생을 함축하는 한에서 더욱더 그렇다.

하지만 잠정적으로, 우리의 서론에서 매우 예비적인 이 순간만큼은, 지배적인 담론이라는 도식을 유지하기로 하자. 만약 이러한 담론이 오늘날 새로운 지정학적 무대에서 우위를 보이는 경향이 있다면(정치가의 수사법에서, 지적이거나 학술적인 공간에서 가장 가시적이고 가장 가청적可聽

的인 부분에 대한 미디어의 합의에서), 이 담론은 요지부동의 확신과 함께 모든 종류의 목소리로 단지 마르크스주의의 모델 위에 구축된 사회들의 종언만이 아니라 마르크스주의 전통 전체 및 심지어 마르크스의 저작에 대한 준거 자체의 종언(역사 그 자체의 종언은 제쳐 둔다 하더라도)을 진단하고 있다. 이 모든 것은 결국 자유민주주의와 시장경제에 대한 행복한 도취감으로 종결되기 마련이다. 이 의기양양한 담론은 상대적으로 동질적인 것으로 보이며, 대부분 교조적이고 때로는 정치적으로 애매하고, 모든 교조주의처럼, 모든 모의처럼, 은밀하게 조바심치며 표가 나게 불안해하는 것으로 보인다. 우리 회의의 안내문에는 프랜시스 후쿠야마의 책 『역사의 종말과 최후의 인간』[33]의 사례가 언급되어 있다. 이 책에서 문제가 되는 것은 역사의 종말로서 마르크스주의의 죽음이라는 주제에 대한 가장 소란스럽고 가장 미디어적인, 가장 "성공적인" 새로운 복음이 아닌가? 이 저서는 자주 코제브Alexandre Kojève , [후쿠야마 자신보다—옮긴이] 좀더 높이 평가받을 만한 자격이 있는 코제브가 쓴 "각주footnote"의 때늦은, 그리고 당혹스러운 부산물과 유사하다. 하지만 이 책은, 마침내 자신의 (현실은 아닐지 몰라도) 충만한 이상에 도달한 자유민주주의에서 승리를 거둔 자본주의에 대한 가장 멋진 이데올로기적 쇼윈도로 이 책을 내세우면서 열광적으로 활용하는 사람들이 믿게 만드는 것처럼 그렇게 보잘것없고 조야한 책은 아니다. 실제로 이 책은 본질상 앨런 블룸Alan Bloom이 이어받은 레오 스트라우스Leo Strauss의 전통을 따라, 코제브(및 다른 사람들)에 대한 젊고 성실하지만 굼뜬 독자가 쓴 교과서 식의 습작에 머물러 있긴 하지만, 이런저런 대목에서는 단순한 신중함을 넘어 때로는 결정을 내리지 못할 만큼 판단을 유보한다는 점을 인정해야 한다. 그는 나름대로 제기한 질문들에 대해, 우파 일변도로 치우치는 실수를 범하지 않기 위해, 자신이 "좌파의 답변"과 "우파의 답변"이라고 부르는 것을 진술하게 덧붙인다.[34] 따라서 이 책은 아주 꼼꼼하게 분석해 볼 만하다. 오늘밤 우리는 반마르크스주의적 푸닥거리의 논리 구조 자체에서, 그 정식을 정식화하는 데서 필수불가결한 한 가지 테제의 **일반 구조**와 관련된 논의에 한정할 것이다.

물론 우리는 의도적으로 조금 전에 이를 "복음"이라고 부른 바 있다.

왜 복음인가? 왜 이 복음의 정식은 신약적인 성격을 띠고 있는가? 이 책은 어떤 질문, 아직 그것의 형성과 정식화가 그 자체로 의문시되지 않은 어떤 질문에 대한 "긍정적인 답변"을 제시하려 한다고 내세운다. 이 질문은 "일관되게 어떤 방향을 따르는 인류의 역사"가, 지은이가 "자유민주주의"를 향한 "인류의 거대한 발걸음"이라고 조용히, 수수께끼처럼, 또 조심스러우면서 동시에 뻔뻔스럽게 부르는 것으로 "인도함으로써 종결"[35] 되는 것은 아닌가 하는 질문이다. 물론 같은 페이지에서 후쿠야마는, 이처럼 정식화된 질문에 대해 "예"라고 답변한다고 해서 자신이 이러한 답변을 의문스럽게 만드는 모든 것, 곧 두 차례의 세계대전이나 전체주의의 공포 — 나치스, 파시즘, 스탈린주의 —, 폴 포트의 학살 등과 같은 것을 무시하는 것은 아니라고 시인한다. 그가 이러한 재난들의 목록을 좀더 길게 서술할 수도 있지 않았을까 생각해 볼 수도 있다. 하지만 그가 그렇게 하지 않았기 때문에, 왜 그랬을까, 그리고 이러한 목록의 한정이 단지 우연한 일이거나 별 의미가 없는 것일까 질문해 보게 된다. 하지만 이 기묘한 변호론의 논변을 처음부터 끝까지 조직하고 있는 한 도식에 따르면, 이 모든 격변, 이 "사건들" 내지 "사실들"은 경험성에, "20세 후반의 경험적인 사건들의 흐름"에 속하는 것이며, "경험적 증거들"에 의해 인정되는 "경험적"

현상들에 머물러 있다. 이러한 사실들이 축적된다고 해서 자유민주주의에 대한 인류 대다수의 **이념적인** 지향이 무효화되지는 않을 것이다. 어떤 진보의 목적telos으로서 이러한 지향은 그 **자체로**, 이념적인 목적성의 형태를 띨 것이다. 이를 반박하는 것처럼 보이는 모든 것은 아무리 거대하고 아무리 파국적이고 아무리 범세계적인 규모로 다양하게 재발한다고 할지라도 역사적 경험성에 속할 것이다. 비록 경험적 현실과 이상적 목적성 사이의 이러한 범박한 구별이 지닌 단순성을 인정한다고 하더라도, 어떻게 이러한 절대적 지향이, 이러한 역사의 비역사적인 목적이 바로 **우리의 시기에**, 이 시간, **우리 시대에**, 후쿠야마가 "좋은 소식"이라고 말하고 "20세기의 마지막 사반세기의 가장 주목할 만한 진화"(13쪽)라고 아주 명시적으로 날짜를 지정하고 있는 사건을 낳게 되는지에 대해서는 좀더 알아보아야 할 것이다. 분명히 그는 자신이 우파나 좌파 독재의 세계적 붕괴라고 기술하는 것이 항상 "안정된 자유민주주의로의 길을 열어 놓은" 것은 아니라는 점을 인정한다. 하지만 그는 이 시기에 "자유민주주의 "그 자체la"는 지구 전체에 존재하는 상이한 지역과 문화를 연결하는 유일하게 일관된 정치적 지향점"이라는 것을 주장할 수 있다고 믿고 있으며, 그에게 이는 "좋은 소식", 날짜가 적힌[97] 소식이다. 후쿠야마에 따르면 이처럼 "세계 전역에서 나타나는 정치적 자유를 향한 진화"는 "경제 사상에서 자유주의적 혁명"을 "항상 동반"했다(이는 영어 원문 "sometimes followed sometimes preceded"[98]를 프랑스어로 옮긴 것이다). 자유민주주의와 "자유 시장"의

---

97) "날짜가 적힌"의 원어는 "datée"인데, 이는 "구식의", "시대에 뒤떨어진"이라는 의미도 지니고 있다.

98) 국역본에는 "앞서거니 뒤서거니 하면서"(10~11쪽)라고 되어 있다.

동맹, 바로 이것이 이 세기의 마지막 사반세기에 들려오는 "좋은 소식"(이 것 역시 후쿠야마의 말인데, 이는 단지 좋은 말에 그치지 않는다)이다. 이러 한 복음주의적인 모습은 주목할 만하게도 책 전체에 걸쳐 집요하게 나타 난다. 이러한 모습이 지정학적인 차원에서 압도적이기 때문에 또는 압도 적이라고 주장하고 있기 때문에, 이는 적어도 강조해 둘 필요가 있다.

(따라서 우리는 이러한 복음주의적 모습 및 두 가지 이유 때문에 이러한 모습과 가까우면서도 동시에 멀리 떨어져 있는 약속된 땅의 모습을 강조해 볼 생각이지만, 여기서는 괄호를 쳐 둔 상태에서 언급할 수밖에 없을 것 같다. **한편으로** 이러한 성서적인 모습들은, 겉모습과는 달리 단순히 수사법적인 상 투 어구를 초과하는 것처럼 보이는 역할을 수행한다. **다른 한편으로** 이 모습들 은 오늘 우리가 다루는 "마르크스주의는 어디로Whither marxism?"라는 질문 이 기입되어 있는 현재 세계의 정세에서 환원 불가능하게 남아 있는 것에 대 한 가장 농축된 증상 내지 환유가 자신의 장소, 자신의 모습 또는 자신의 장소 의 모습을 중동 지역에 두고 있는 한에서——이는 전혀 우연이 아니다——더 욱더 주목을 끈다. 이 지역에서는 세 가지의 상이한 메시아적 종말론이 직접 적이거나 간접적으로 세계의 모든 세력, 모든 "세계 질서"를 동원하면서 무 자비한 전쟁을 벌이고 있다. 동시에 이 종말론들은 국가와 국민국가, 국제법, 원격-기술-매체-경제적-군사적인 힘과 같은 낡은 개념들, 곧 가장 오래되고 가장 현대적인 유령적인 힘들을 작동시키거나 시험해 보기 위해 동원하고 있 다. 이러한 종말론들이 함축하는 역사적 쟁점들이 무한하게 광범하다는 점을 유념하면서 제2차 세계대전 이래, 특히 이스라엘 국가 건립 이래 발생한 폭력 을 분석해 보아야 할 것이다. 이러한 폭력은 이스라엘 국가 건립 이전부터 시

작돼서 그것을 구성하고 수반했으며, 또 계속 뒤따랐다. 더욱이 이러한 폭력은 국제법을 따르면서 **동시에** 그것을 무시하면서 일어났는데, 바로 이 때문에 오늘날 국제법은 이전 그 어느 때보다 더 모순적이고 불완전하며, 따라서 더 불충분함과 **동시에** 더 개선 가능하고 필수적인 것처럼 보인다. 이러한 분석은, 우리가 "예루살렘의 전유"라는 축약적인 표현으로 요약해 보고 싶은 쟁점에서 메시아적 종말론들 사이의 전쟁에 대해 결정적인 역할을 부여하지 않을 수 없을 것이다. 오늘날 "예루살렘의 전유" 전쟁은 범세계적인 전쟁이다. 이러한 전쟁은 도처에서 일어나고 있으며, 그것이 바로 세계이고, 세계의 "이음매가 어긋나out of joint" 있음이 지닌 독특한 모습이다. 그런데, 여전히 축약적인 방식으로 말하자면, 중동의 폭력을 메시아적인 종말론들의 분출로서, 신성 동맹들(이러한 동맹에서 성서를 중심으로 삼는 세 종교의 삼각형이 각각 돌아가면서 맡는 역할을 해명하기 위해서는 신성 동맹이라는 단어를 복수로 써야 한다) 사이의 무한한 조합으로서 그 근원적인 전제들로부터 규정하는 데서 마르크스주의는 필수불가결하면서 동시에 구조적으로 불충분한 것에 머물러 있다. 마르크스주의는 여전히 필수적이지만, 이는 우리가 마르크스주의를 새로운 조건들 및 이데올로기에 대한 다른 사고에 맞춘다는 것을 조건으로 하며, 기술 경제적 인과성과 종교적 환영들 사이의 새로운 접합과, 사회경제적 권력 내지 국가 — 그 자체 역시 결코 자본으로부터 완전히 독립적이지는 않은(하지만 결코 자본 **그 자체**le capital, 자본주의 **그 자체**le capitalisme란 더 이상 존재하지 않고, 존재했던 적도 없으며, 단지 국가적이거나 사적인, 현실적이거나 상징적인, 하지만 항상 유령적인 힘들과 연결되어 있는 자본주의들만이 존재할 뿐이다. 또는 오히려 환원 불가능한 적대들로 얼룩진 **자본화들**만이 존재할 뿐이다) —를 위해 법적인 것이 종속되는 양상을 분석할 수 있도록 마르크스주의를 적용시키는 것을 조건으로 한다.

마르크스주의의 이러한 전환, 이러한 개방은 우리가 조금 전에 **마르크스주의의 정신**이라고 불렀던 것과 합치한다. 따라서 만약 마르크스주의 유형의 분석이 불가결한 것으로 남아 있다면, 마르크스주의적 과학의 기획 또는 마르크스주의 비판의 기획을 정초하는 마르크스주의 존재론이, 그토록 많은 근대적인 또는 탈근대적인 부인에도 불구하고, **또한 그 자체로** 하나의 메시아적 종말론을 포함하고 있는, **포함해야 하는, 포함할 수밖에 없는** 바로 그 지점에서 마르크스주의 유형의 분석은 근원적으로 불충분한 것으로 보인다. 적어도 바로 이런 이유 때문에, 역설적이게도 마르크스주의 유형의 분석은, 비록 그것이, 그 자신이 비판하거나 탈신비화하려고 하는 이데올로기적 요소나 신학적 요소에 관여하고 있기는 하지만, **단순히** 이러한 요소들로 분류될 수는 없다. 이렇게 말한다고 해서 우리가, 마르크스주의가 비판하는 종교들과 마르크스주의 비판에 공통적인 이러한 메시아적 종말론이 단순히 해체되어야 한다고 주장하려는 것은 아니다. 만약 이러한 종말론이, 내용상의 차이에도 불구하고(하지만 물론 마르크스주의나 종교들 중 어느 것에게도 이러한 내용의 판단 중지epokhè는 받아들일 수 없는 것이다. 반면 여기서 우리는 이러한 내용의 판단 중지가 타자에 대한, 도래할 사건에 대한 사상으로서 메시아주의적인 것 일반에 본질적이라고 간주한다) 이것들에 공통적이라면, 메시아적인 종말론이 지닌 약속의 형식적 구조는 이것들을 넘어서거나 이것들에 앞선다. 일체의 해체로 환원될 수 없는 것, 해체 불가능한 것이면서 또한 해체의 가능성 자체로 남아 있는 것은 아마도 해방의 약속의 어떤 경험일 것이다. 이는 아마도 어떤 구조적인 메시아주의의 형식성, 종교 없는 어떤 메시아주의, 심지어 메시아주의 없는 어떤 메시아적인 것이며, 어떤 정의의 이념(우리가 법/권리droit

및 심지어 인권과 구별하는)이자 어떤 민주주의의 이념 —— 우리는 이를 현재 통용되는 민주주의 개념 및 그것의 규정된 술어들과 구별한다 —— 일 것이다 (여기서 『법의 힘』과 『다른 곳』에 준거하는 것을 허락해 주기 바란다). 하지만 이것은, 마르크스주의가 어디로 가는지, 곧 또한 어디로 **인도하는지**/마르크스 주의를 어디로 **인도해야 하는지**[99] 묻기 위해, 존재하는 그대로의 또는 존재하 는 그대로였던 게 될 마르크스주의가 우리를 어디로 인도할 수 있는가가 아 니라 마르크스주의를 해석함으로써 —— 이는 전환이 없이는 이루어지지 않 는다 —— 그것을 어디로 인도해야 하는지 묻기 위해, 지금 사고하고 다시 사 고해야 할 바로 그것일 것이다.

후쿠야마의 신복음주의적인 수사법으로 되돌아가 보자.

실제로 우리는, 공정하고 자유로우며 민주적인 정치가 미래에 건전하고 안정적으로 실천될 수 없을 것이라고 예상하는 데 익숙해진 나머지 실제 로 **좋은 소식**이 있더라도 이를 알아보지 못하고 마는 것이다. 그러나 실제 로 **좋은 소식**이 들려오고 있다.[36]

신복음주의적인 주장은 한 가지 이상의 이유 때문에 의미심장하다. 조 금 뒤에서 이러한 기독교적 모습은 약속된 땅에 대한 유대교적인 전조前兆와

---

99) "어디로 인도하는지/마르크스주의를 어디로 인도해야 하는지"의 원문은 "conduire le marxisme"이다. "le marxisme"를 주어로 본다면 앞에 나온 "마르크스주의는 어디로 가는지" 와 쌍을 이뤄 "어디로 인도하는지"로 해석될 수 있으며, 목적어로 본다면, 뒤에 나오는 "마르크 스주의를 해석함으로써 그것을 어디로 인도해야 하는지"와 마찬가지로 "마르크스주의를 어 디로 인도해야 하는지"로 이해될 수 있다. 데리다가 "conduire"라는 단어를 3인칭 현재형인 "conduit"로 쓰지 않고 "conduire"라는 동사 원형 그대로 (또는 분사형으로) 쓰고 있는 것은 이 런 중의적인 용법을 나타내기 위해서인 것으로 보인다.

교차한다. 하지만 이는 그로부터 곧바로 벗어나기 위해서다. 만약 현대 자연과학이 좋은 소식의 도래에서 전혀 무가치한 것이 아니라면, 특히 —— 후쿠야마가 말하듯이 —— 그것이 "부의 무한한 축적"과 "모든 인간 사회의 점증하는 동질화"를 가능하게 해 주는 어떤 기술과 결부되어 있는 한에서 전혀 무가치한 것이 아니라면, 이는 "일차적으로" 이러한 "기술이 그것을 보유한 나라들에게 결정적인 군사적 이점을 부여하기"[37] 때문이다. 그런데 이러한 기술이 [구세주의 —— 옮긴이] 강림avènement에 또는 후쿠야마가 선포하는 "좋은 소식"에 본질적이고 필수불가결하다 할지라도, 이러한 과학·기술·군사적인 소여所與는 우리를 "약속된 땅"의 입구까지만 인도해 줄 뿐이다.

그러나 근대 자연과학이 우리를 자유민주주의라는 약속의 땅의 입구 근처까지는 안내해 주지만, 우리에게 자유민주주의 그 자체를 선사해 주는 것은 아니다. 그것은 산업화의 진전은 반드시 정치적 자유를 낳는다는 식의 경제상의 필연적인 이유가 존재하지는 않기 때문이다.(15쪽)

과잉해석하지는 말되, 이러한 집요한 수사법을 진지하게 생각해 보기로 하자. 이것은 우리에게 무엇을 말하는 것처럼 보이는가? 약속된 땅의 언어, 따라서 또한 (모세에게) 거부된 약속된 땅의 언어는, **적어도 그것 자체만 놓고 볼 때는** 물리학의 유물론과 경제주의에 좀더 잘 부합한다는 점이다. 후쿠야마가 약속된 땅에 관한 어떤 유대적인 담론과 경제주의적 유물론 또는 자연과학의 합리론의 무기력함을 결부한다는 점을 고려할 때, 그가 다른 곳에서, 그 자신이 태연하게 "이슬람 세계"라고 부르는 것이 —— 그에 따르면 —— "자유민주주의"에 관해 도출되고 있는 것처럼 보이는 "일반적인 합의"에 도달하지 않고 있다는 사실을 무시할 수 있는 예외로 취급하고 있다는 점을 고려할 때,[38] 우리는 후쿠야마가 종말론의 삼각형에서 특권적으로 선택하는 각도가 어떤 것인가에 관해 적어도 한 가지 가설을 세워 볼 수 있다. 그가 명시적으로 옹호하고 있는 자유주의 국가의 모델은 단지 헤겔, 인정 투쟁의 이론가 헤겔의 모델일 뿐만 아니라, "기독교적 관점"을 특권화하는 헤겔의 모델이다. 후쿠야마가 환기시키는 『법철학』에서 말하듯이 만약 "국가의 존재가 세계 안으로 신의 도래"라면, 이러한 도래는 기독교적 사건이라는 의미를 지니고 있다. 프랑스 혁명은 "자유롭고 평등한 사회에 대한 기독교의 관점을 받아들여 그것을 지상에 실현한 사건"[39]이었을 것이다. 이러한 역사Histoire의 종말은 본질적으로 기독교적 종말론이다. 이는 유럽공동체에 대한 교황의 현재의 담론, 곧 유럽공동체는 기독교적 국가 또는 초국가가 될 운명을 지니고 있으며, 따라서 이 공동체는 여전히 모종의 신성 동맹에 속할 것이라는 담론과 공명한다. 따라서 이는 『공산당 선언』이 아주 분명히 말했던, 또 이 점과 관련하여 교황을 언급하기도 했던, 동맹과 무관하지 않다. 앵글로색슨 식의 자유주의 국가 모델(홉스, 로크)과, 무엇보다도 "합리적 인정"을 추구하는 헤겔 식의 "자유주의"를 구별한 다음 후쿠야마는 코제브의 두 가지 태도를 구별하고 있다. 그가 보편적이고 동질적인 국가의 완전성에 대해 기술할 때, 그는 헤겔이 비판했던 앵글로색슨 식 모델 및 로크로부터 너무 많은 영향을 받고 있다. 반대로 그가 제2차 세계대전 이후의 미국이나 유럽공동체는 "보편적이고 동질적인 국가, 보편적인 인정의 국가의 완벽한 실현"을 이루었다고 주장할 때, 그는 옳다.[40]

곧, 따라서 아주 논리적이게도 이는 하나의 기독교 국가이며, 하나의 신성 동맹이다.

우리는 이러한 예언적이고 예언 가능한 주장들에 대해 통속적인 "경험적" 증거들을 맞세우지는 않을 것이다. 우리는 조금 뒤에서 경험성의 문제를 다시 다루게 될 것이다. 우리가 오늘날 유럽에서 이러한 선언들, 코제브의 선언과 후쿠야마의 선언의 날짜를 고려한다면, 1992년에 출간되고 여러 나라 언어로 번역된 어떤 책[100]에 대해 정상참작을 해 주기가 더 어려워진다. 『역사의 종말과 최후의 인간』(기독교적 인간)의 저자가 마르크스를 비판하면서 그의 유물론적 경제주의를 교정하고 "보충"할 것을 제안하는 것은, 다름 아닌 인정투쟁에 대한, 따라서 보편 국가에 대한, 따라서 표본적인 유럽공동체에 대한 기독교적 해석의 이름으로 이루어지고 있다는 점을 좀더 정확히 지적해 두기로 하자. 마르크스의 유물론적 경제주의에는 인정이라는 헤겔·기독교적인 기둥 또는 "기개氣槪thymos"라는 영혼의 구성 요소가 결여되어 있다. 보편적이고 동질적인 국가, 역사의 종말의 국가는 "경제와 인정이라는 두 기둥"[41] 위에 세워져야 한다. 『공산당 선언』의 시대와 마찬가지로 유럽의 동맹은 그것이 배제하고 투쟁하고 또는 억압하는 것에게 신들려 있다. 이제 괄호를 닫기로 하자. 이 신복음주의의 —— 과거나 미래 —— 영향력은 뒤에서 좀더 정확히 해명될 것이다.)

그렇다면 이러한 논리에서 경제주의적 유물론 또는 근대 자연과학의 유물론은 "좋은 소식"이라는 유심론적 언어에 자리를 양보해야 한다. 따라서 후쿠야마는 자신이 "그[헤겔]가 "인정투쟁"이라고 부른 것에 기초를 두고 있는, 역사에 대한 그의 비유물론적 설명"이라고 부르는 것에

---

100) 주지하다시피 이는 후쿠야마의 책을 말한다.

의지하는 것이 필수적이라고 판단한다. 사실 이 책 전체는『정신현상학』
에 나오는 주인과 노예의 변증법에 대한 단순화된——그리고 강하게 기
독교화된——이 도식을 아무런 논의 없이 공리계로 받아들이고 있다. 그
렇지만 욕망과 의식의 변증법은——후쿠야마 자신의 태평한 신뢰감 속에
서——서로 간에 매우 많은 차이점과 논쟁을 수반함에도 불구하고 마키
아벨리, 홉스, 로크 같은 정치철학자들의 전통을 거쳐 헤겔에 의해 중계되
고 그 이후까지 지속되는, 플라톤의 기개 이론의 연속으로 제시된다. 근
대 자유주의에 대한 앵글로색슨 식 관점 역시 이런 각도에서 예시된다. 후
쿠야마에 따르면 그 관점은, 비록 "인정에 대한 욕망이 대등 욕망isothymia
의 잔여 형태로 주위에 편재하고 있음"에도 불구하고, 이 모든 우월 욕망
megalothymia(스탈린, 히틀러, 사담 후세인 등에 고유한)[42]을 애써 배제하려
고 했다.[101] 어떤 국가가 후쿠야마가 두 개의 "기둥"[43]이라고 부르는 것, 곧
경제적 합리성의 기둥과 기개 내지 인정 욕망의 기둥을 결합할 수 있을 때,
모든 모순은 제거될 것이다. 이는 실제로 그러할 것이며, 코제브에 따를 경
우, 적어도 후쿠야마가 해석하(고 승인하)는 대로의 코제브에 따를 경우,
이는 이미 일어난 일일 것이다. 그는 코제브가 "2차대전 후 미국이나 유럽공
동체 국가들은 보편적이고 동질적인 국가, 보편적인 인정의 국가의 완벽
한 실현을 이룬다고 주장함으로써" "정당한 관찰"("중요한 진리important
truth"라는 영어 원문의 프랑스어 표현)을 했다고 신뢰를 보내고 있다.[44]

---

101) "우월 욕망"과 "대등 욕망"은 후쿠야마가 플라톤의 영혼 삼분설에 나오는 "티모스thymos"(우
리말로는 보통 "기개"로 옮길 수 있다)라는 개념을 활용하여 고안해 낸 용어들이다. 후쿠야마의
정의에 따르면 우월 욕망은 타인에게 "자신의 우월성을 인정받으려는 욕망"을 가리키며, 대등
욕망은 "타인과 대등하게 인정받고 싶다는 욕망"을 가리킨다(같은 책, 277쪽 이하 참조).

"정당한 관찰", "중요한 진리important truth"라는 이 단어들을 강조해 보자. 이 단어들은 이 책의 운동 및 어조를 제공해 주는 세련된 조야함 내지 거친 궤변을 썩 잘 표현해 준다. 또한 이 단어들은 이 책으로부터 일체의 신뢰성을 박탈한다. 왜냐하면 후쿠야마는 경험적이고 관찰 가능하다고 가정되는 사건으로서 "좋은 소식"("보편 국가의 완벽한 실현"이라는 "정당한 관찰", "중요한 진리"가 바로 이것이다)과/또는 어떤 역사적 사건, 특히 어떤 이른바 "경험적" 실패에 의해서도 측정될 수 없는, 여전히 접근 불가능한 규제적 이념의 단순한 예고로서 "좋은 소식"으로부터 모든 것을 위해 사용될 수 있는 논거를 끌어내려고 하기 때문이다.

한편으로 정치·경제적 자유주의의 복음은 실제로 일어난 것이라고 간주되는 것(이 세기의 마지막 사반세기에 일어난 것, 특히 마르크스주의의 가정된 죽음 및 자유민주주의 국가의 가정된 실현)에 기초를 둔 좋은 소식의 사건을 요구한다. 이러한 복음은 사건에 의지하지 않을 수 없다. 하지만 다른 한편으로 실제 역사 및 외관상 경험적인 다른 많은 사실들이 완전한 자유민주주의의 이러한 도래와 모순되기 때문에, 그와 동시에 이러한 완전성을 단순히 규제적이고 초역사적인 이념으로 정립해야 한다. 후쿠야마는 그것이 얼마나 자신에게 이익이 될지, 그리고 자신의 테제에 도움이 될지 여부에 따라 자유민주주의를 때로는 실제 현실로, 때로는 단순한 이념으로 정의한다. 사건은 때로는 실현이기도 하고 때로는 실현의 예고이기도 하다. 하지만 예고 또는 약속은 환원 불가능한 사건을 구성한다는 점을 아주 진지하게 받아들인다면, 우리는 이러한 두 가지 유형의 사건을 혼동해서는 안 된다. 이러한 종류의 담론에 가장 많이 결여되어 있는 것은 바로 사건에 대한 사고다.

우리가 서두에서부터 환영의 논리를 그토록 강조한 것은 이러한 논리야말로 **현실성**(현존적이고 현행적이고 경험적이고 생생한가 그렇지 않은가)과 **이념성**(규제적이거나 절대적인 비현존)을 구별하거나 대립시키는 이원논리 내지 변증법 논리를 필연적으로 초과하는 어떤 사건에 대한 사상을 가리키는 것이기 때문이다. 이러한 현실성의 논리는 제한된 적합성을 지닌 것으로 보인다. 분명 이러한 한계는 새로운 것이 아니며, 반反마르크스주의적인 관념론만이 아니라 "변증법적 유물론" 속에서도 계속 그 표시를 찾을 수 있었던 것이다. 하지만 오늘날 이러한 한계는 과학적 질서 안에서, 따라서 기술 매체적 질서 안에서도, 또한 공적이거나 정치적인 질서 안에서도 발생하는 환상적인 것, 환영적인 것, "합성적인 것", "보철적인 것" 덕분에 그 어느 때보다 더 잘 증명될 수 있는 것으로 보인다. 이는 또한 사건의 공간에, 사건의 사건성 속에 현실태와 잠재태의 대립으로 환원될 수 없는 가상성virtualité의 속도를 기입하는 것에 의해서도 더욱 분명해졌다.

후쿠야마는 사건에 대한 사고를 다시 가다듬지 못했기 때문에 두 개의 양립 불가능한 담론 사이에서 혼란스럽게 동요한다. 자유민주주의의 현실적인 실현을 믿고 있기는 하지만(이는 "중요한 진리다"), 후쿠야마는 자유민주주의의 이러한 **이념의 이념성**을, 미국도 유럽공동체도 보편 국가 내지 자유민주주의의 완전성에 도달하지 못했으며, 말하자면 아주 조금도 거기에 근접하지 못했다는 것을 대대적으로 입증해 주는 모든 증거들에 대립시키느라고 노심초사하지 않는다. (더욱이 오늘날 이 두 개의 블록 사이에서, 그리고 유럽공동체 내부에서 치열하게 벌어지고 있는 경제 전쟁을 어떻게 무시할 수 있겠는가? 일본과의 경제 전쟁 및 부자 나라들과 세계의 나머지 국가들 사이의 교역에서 생겨나는 모든 모순들, 궁핍화 현상, "대외 부채"의 가혹함,『공산당 선언』이 "과잉생산의 전염병" 및 이것이 이른바 문명화된 사회에서 유발할 수 있는 "일시적인 야만의 상태"라고 부른 것이 낳는 효과 등은 차치하더라도, 보호주의의 복잡한 전략들이 매일같이 환기하고 있는 가트GATT(관세 및 무역에 관한 일반 협정)를 둘러싼 갈등 및 여기서 집약적으로 표현되는 모든 것을 어떻게 최소화할 수 있겠는가? 이러한 전쟁과 이러한 적대의 논리를 분석하는 데서 마르크스 전통의 문제 설정은 오랫동안 필수불가결한 것으로 남게 될 것이다. 오랫동안, 하지만 영원히라고 해서 안 될 것이 있겠는가? 우리는 분명히 마르크스 전통의 문제 설정이라고, 개방과 지속적인 전환을 자신의 특징으로 지녀 왔고 또 앞으로도 계속 자신의 특징으로 지니게 될 마르크스 전통의 문제 설정이라고 말했지, 경직된 정통성의 장치들에 묶여 있는 마르크스주의 교리라고 말하지는 않았다.)

조롱거리가 되지 않는 다음에야 모든 폭력과 불의 및 그가 "우월 욕망"(주인처럼 인정받으려는 욕망의 과도함 내지 불균형)이라고 부르는 전제 정치나 독재 정치의 발현을 부정할 수 없기 때문에, 이것들이 매우 불완전한 자유민주주의의 자본주의 세계에서 분출한다는 것에 동의할 수밖에 없기 때문에, 이러한 "사실들"이 그가 "정당한" 것으로 평가한(이는 그것의 "중요한 진리"다) "관찰"과 모순되기 때문에, 후쿠야마는 주저하지 않고 한 담론 아래 다른 담론을 슬쩍 끼워 넣는다. **사실적인** "좋은 소식"의 예고에 대해, 현실적이고 현상적이며 역사적이고 경험적으로 관찰 가능한 좋은 소식의 사건에 대해, 그는 모든 경험성에 불일치하는 **이념적인** 좋은 소식, 목적론적·종말론적인 좋은 소식의 예고를 대체한다. 이처럼 좋은 소식을 탈역사화해야 하게 되자, 그는 좋은 소식에서 "자연/본성Nature"(이는 그의 말이며, 이는 이 책의 주요 개념 중 하나다)의 언어를 인지하며,

그 자신이 "초역사적"이라고 특징짓는 "척도들"에 따라 이 소식을 식별한다. 그처럼 많은 재난들에 직면하여, 자유민주주의의 설립에서 볼 수 있는 일체의 **사실적인** 실패들에 직면하여, 후쿠야마는 자신은 단지 "원리의 차원에서" 말할 뿐이라는 점을 환기시킨다. 그는 자유민주주의의 **이념**을 정의하는 데만 국한할 것이라고 말한다. 1989년의 최초의 논문, 「역사의 종말?」을 상기시키면서 그는 다음과 같이 쓴다. "오늘날 세계 여러 나라 중 일부는 안정된 자유민주주의를 확립하는 데 실패할 수 있으며, 개중에는 신권정치나 군사독재와 같은 좀더 원시적인 통치 형태로 뒷걸음질 칠 수도 있지만, 자유민주주의의 **이념**은 원리의 차원에서는 더 개선될 여지가 없다."[45] 자유민주주의의 확립에서 겪는 실패로 측정해 본다면 사실과 이념적 본질 사이의 간격이 단지 신권정치나 군사독재 같은 이른바 원시적인 통치 형태에서만 나타나는 것은 아니라는 사실(많이 양보해서 모든 신권정치가 자유민주주의의 이념적인 국가에 낯설고 그 개념 자체에 이질적이라는 것을 가정한다고 해도)을 증명하는 것은 너무나 쉬운 일이다. 이러한 실패, 이러한 간격은 또한, 선험적으로 그리고 정의상, 이른바 서양의 민주주의 국가들 중에서 가장 오래되고 가장 안정된 민주주의 국가를 포함하는 **모든** 민주주의를 특징짓는 것이다. 여기서 문제가 되는 것은 이러한 틈새(간격, 실패, 불일치, 이접, 들어맞지 않음, "이음매가 어긋나out of joint" 있음)에서만 출현할 수 있는 약속의 개념으로서 민주주의 개념 자체다. 이 때문에 우리는 미래의 현재라는 의미에서 **미래의 민주주의**가 아니라, 심지어 칸트 식 의미에서 규제적 이념이나 유토피아가 아니라——적어도 이것들의 접근 불가능성이 여전히 **미래의 현재**라는, **생생한 현재**의 미래 양상이라는 시간 형식을 보존하고 있는 한에서 —— 항상, **도래할** 민주주의에 대해 말하자고 제안하는 것이다.

〔고전적인 형태의 규제적 이념까지도 넘어서는 도래할 민주주의의 이념은(이것이 여전히 하나의 이념이라면), 결코 충만한 현재의 형태로 자신을 현존화하지 않을 바로 그것을 도래하게 만들라고 명령하는 서약된 명령의 사건으로서 도래할 민주주의의 "이념"은 무한한 약속(항상 지켜질 수 없는 약속. 왜냐하면 적어도 이 약속은 익명적인 독특성들 사이에 존재하는, 셈할 수 있고 계산할 수 있는 주체적인 평등만이 아니라 타자의 독특성과 무한한 타자성에 대한 무한한 존중을 요구하기 때문이다)과 이러한 약속에 따라 자신을 측정해야 하는 것이 지니는 규정된 형태, 필연적이지만 필연적으로 부적합한 그 형태 사이의 간격의 열림이다. 이런 한에서 공산주의적 약속의 현실성과 마찬가지로 민주주의적 약속의 현실성은 항상 자신 안에 절대적으로 비규정적인 이러한 메시아적 희망을, 사건과 독특성, 예견 불가능한 타자성의 도래와 맺고 있는 이러한 종말론적 관계를 유지하고 있으며, 또 유지해야만 한다. 기대의 지평 없는 기대, 아직 기다리지 않는 또는 더 이상 기다리지 않는 것에 대한 기다림, 유보 없는 환대, **도착하는** 이가 불러일으키는 절대적인 놀라움에 대해 미리 제시된 환영의 인사. 우리는 이러한 도착하는 이에 대해 어떤 반대급부도 요구하지 않고, 영접의 권력과 어떤 길들임의 계약(가족, 국가, 국민, 영토, 지연이나 혈연, 언어, 문화 일반, 인류 자체)을 맺도록 요구하지도 않으며, 모든 소유권, 모든 권리 일반을 포기하는 **정당한** 개방, 도래하는 것에 대한, 곧 기다릴 수도 없는 것 **그 자체**이며 따라서 미리 인지할 수도 없는 사건에 대한, 타자 자체로서 사건에 대한, 항상 희망에 대한 기억 속에서 빈자리를 남겨 두어야 하는

그녀 또는 그에 대한 메시아적인 개방만을 제시해야 한다. 이러한 메시아적 개방이야말로 유령성의 장소 그 자체다. 그러나 사건의 조건이자 따라서 역사의 조건인 이러한 유보 없는 환대(어떤 것도, 어떤 이도 이와 다르게 도착하지는 않겠지만, 물론 이러한 가설을 완전히 배제할 수는 없을 것이다)는, 여기서 눈먼 자들과 같은 우리를 인도하는 내용 없는 메시아주의, 메시아주의 없는 메시아적인 것이라는 이 낯선 개념과 마찬가지로 불가능성 자체라는 것, 이러한 사건의 **가능성의 조건**은 또한 **불가능성의 조건**이기도 하다는 것을 보여 주는 것은 쉬운 일, 너무도 쉬운 일일 것이다. 하지만 이러한 불가능성의 경험이 없이는 정의와 사건은 포기하는 게 나으리라는 것을 보여 주는 것 역시 아주 쉬울 것이다. 그것이 훨씬 더 정당하고 더 정직할 것이다. 또한 사람들이 떳떳한 양심에 따라 지켜 내겠다고 주장하는 모든 것 역시 포기하는 게 더 나을 것이다. 경제적 계산을 고백하고, **도착하는** 이를 막기 위해 윤리, 환대, 또는 다양한 메시아주의들이 여전히 사건의 국경들에 설치해 놓은 검문소들을 공표하는 것이 나을 것이다.]

후쿠야마로 되돌아가 보자. 그의 논리에서 이론의 여지가 없다기보다는 독창적이라고 할 수 있는 것은 그가 이러한 이념을 무한한 규제적 이념으로, 끝없는 과제나 근사치의 축으로 정립하지 않고 있다는 점이다. 비록 그가 — 이는 또 하나의 일관성 없는 태도인데 — 자주 "후퇴에도" 불구하고 "자유주의를 향한 현재의 이러한 경향은 궁극적으로 승리하게 되어 있다("promises to")"[46]고 선언하고 있긴 하지만. 그 역시 이러한 이념을 한 가지 사건으로 간주한다. 이러한 사건은 **이미 도착했기** 때문에, 이념은 자신의 이념의 형식 아래 이미 **현존하고** 있기 때문에, 이러한 사건은 이

제부터 유한한 역사의 종말을 표시하게 될 것이다. 이러한 이념은 **무한함**
과 동시에 유한하다. 무한한 이유는 그것이 모든 규정된 경험적 현실과 구별
되기 때문이거나 "궁극적인" 한 가지 경향으로 남아 있기 때문이며, 그럼
에도 또한 유한한 이유는 그것이 이미 이념으로서 도착했기 때문에, 그리
하여 역사가 완수되었기 때문이다. 이 때문에 이 책은 헤겔적이면서 마르
크스주의적인 책으로, 헤겔과 마르크스라는, 역사의 종말에 관한 두 스승
의 훈육 아래 씌어진 일종의 습작으로 정의된다. 두 스승을 출두시키고 자
기 나름대로 그들의 말을 (얼마간 조급하게) 들은/이해한——이는 얼마간
조급한 청취/이해라는 점을 말해 두어야 한다——다음 제자는 스스로 선
택을 했다. 그는 다음과 같이 쓴다.

> 헤겔도 마르크스도 인간 사회의 진화는 한없이 계속되는 것은 아니며,
> 인류가 가장 심오하고도 근본적인 욕구들을 충족시켜 주는 형태의 사
> 회를 실현했을 때 완결될 것이라고 믿었다. 두 사상가는 "역사의 종말"
> 이라는 관념을 수립했다. 단 헤겔에게 이는 자유주의 국가인 반면, 마
> 르크스에게는 공산주의 사회였다.[47]

따라서 제자는 두 스승 사이에서 선택을 한 셈이다. 그가 선택한 쪽은
자유주의 국가의 사상가다. 우리가 이미 본 것처럼[48] 기독교 전통에 따라,
하지만 또한 자연주의적 전통에 따라(이것이 전자의 본질적인 기독교적 관
점과 일관된 것으로 보이든 보이지 않든 간에).

여기서 이런저런 부분들을 상세히 분석해야겠지만, 적어도 몇 구절은
인용하면서 그냥 내용을 지적하는 데 만족해야 할 것 같다. 예컨대 다음과

같은 구절을 보자.

결국 영속적인 초역사적 기준에 준거하지 않고서, 곧 자연에 준거하지 않고서 "역사Histoire"에 대해 말하는 것은 불가능하며, 하물며 "보편적인 역사Histoire universelle"에 대해 말하는 것은 한층 더 불가능한 것으로 보일 수 있다. 왜냐하면 "역사"란 주어진 사실도, 단순히 과거에 일어난 모든 일들의 목록도 아니며, 중요한 것과 중요하지 않을 것을 분리하는 의식적인 추상의 노력이기 때문이다.[49]

자연주의와 목적론은 서로를 정초시켜 준다는 논리의 견고하고 지속적인 전통. 후쿠야마는 자신이 침착하게 "현대의 세계가 우리에게 제시하는 "경험적" 증거들"[50]로 간주하는 것을 거부한다. "반대로 모든 체제 또는 사회 체계의 선과 악을 평가할 수 있게 해 주는 초역사적 기준들의 본성을 직접적이고 명시적으로 검토해야 한다."[51] 모든 것의 척도, 결국 후쿠야마가 그것에 비추어 모든 것을 측정하자고 제안하는 **초역사적이고 자연적인** 기준은 "인간으로서의 인간"[102]이라 불리는 유일한 한 가지 이름을 가지고 있을 뿐이다. 이는 얼마간은 마치 그가 이러한 인간Homme에 관해 제기되는 불편한 질문들을 결코 접하지 못했으며, 이러한 인간의 개념이 함축하는 고유하게 환영적인 추상에 관하여 『독일 이데올로기』가 추적하고 있는 슈티르너나 마르크스 자신의 저작을 한 번도 읽어 보지 않은 것처럼 보인다. 따라서 니체는 말할 필요도 없고(니체는 계속해서 몇 가지 가련한 상

---

102) 편의상 "인간"으로 옮겼지만, "homme"는 또한 "남자"로 이해될 수도 있다.

투적인 모습으로, 예컨대 "상대주의자"(!)로 희화화되면서 환원되고 있을 뿐, 그 자신이 그토록 자주 그렇게 불리고 있는 "최후의 인간"에 관한 사상가로는 간주되지 않고 있다), 프로이트도 말할 필요 없으며(이 책에서 프로이트는 단 한 차례, 인간을 "감추어진 깊은 성적 충동"으로 환원시킴으로써 "인간의 존엄성"을 위험에 빠뜨린 사람으로 거론되고 있다[52]), 후설(침묵 속에서 넘어간다)이나 하이데거(그는 상대주의자 니체의 "후계자"에 불과하다)[53]도 말할 필요 없고, 우리에게 좀더 가까운 몇몇 사상가들도 말할 필요가 없고, 무엇보다도 특히 어떤 헤겔에 대해서도 말할 필요가 없는데, 그에 대해 최소한 말할 수 있는 것은 그가 자연적이고 초역사적인 인간에 관한 철학자가 아니라는 점이다. 헤겔에 대한 준거가 이 책을 지배하고 있음에도, 후쿠야마는 이러한 사실에 조금도 구애받지 않는다. 자연적이고 비역사적이며 추상적인 것으로 가정된 이 실재를 정의하기 위해 후쿠야마는 그가 "최초의 인간", 곧 "자연적 인간"이라고 부르는 것으로 되돌아가자고 주장한다. 그렇지만 그는 자연의 개념에 대해, 이 개념의 계보에 대해 침묵하고 있는 듯 보인다(이 점에서 그는 거의 마르크스와 마찬가지라는 점을 지적해 두어야 한다. 비록 자연Nature 및 인간으로서 인간Homme이라는 추상 개념들에 대한 마르크스의 비판적 고찰이 풍부하고 비옥하긴 하지만 말이다). 그리고 이 "자연적 인간"에 대해 말하기 위해 후쿠야마가 "헤겔-코제브라고 불리는 새로운 종합의/합성의[103] 철학자"에서 발원한 "전적으로 비유물론적인 변증법"에 의거한다고 주장할 때, 그가 우리에게 제안하는 것은 너

---

103) "종합의/합성의"의 원어는 "de synthèse"인데, 이는 후쿠야마의 의도대로라면 "종합의"라는 뜻으로 읽을 수 있지만, 이를 "인공물artefact"이라고 지칭하는 데서 알 수 있듯이 데리다는 "synthèse"에 또다른 뜻인 "인공적인 합성"의 의미를 부여하고 있다.

무나 **일관성이 없는**inconsistant(프랑스어만이 아니라 영어에서도 이 단어가 지닌 의미에서) **인공물**이기 때문에, 오늘밤 우리는 그에게 너무 많은 시간을 할당하지 않을 생각이다. 그 철학적 조야함을 넘어서 이것은 정확히 어떤 요구에, 심지어 어떤 주문에 부응하기 위해 만들어진 **인공물**, 증상적인 조립물로 간주해야 한다. 이 책이 거둔 성공은 분명 이러한 위안감을 주는 혼합에 기인하며, 이러한 혼합이 때맞춰 밀수로 들여온 "좋은 소식"의 기회주의적 논리에 기인한다.

이 모든 것에도 불구하고 후쿠야마의 책이 겪은 운명 때문에 그를 고발하는 것은 정당하지도 않고 흥미롭지도 않은 것으로 보인다. 차라리 왜 이 책이, 그것이 전한다고 주장하는 "좋은 소식"과 더불어 그처럼 커다란 미디어적인 선전 도구가 되고 있는지, 왜 이 책이 불안에 떨고 있는 서양의 모든 이데올로기적 슈퍼마켓에서 선풍적인 인기를 끌고 있는지 질문해 보는 게 좋을 것이다. 전쟁에 관한 소문이 처음 들려올 때 앞다퉈 남아 있는 설탕과 기름을 사재기하듯이 사람들은 이 책을 구입하고 있다. 왜 이처럼 광범위한 미디어적 반향이 일어나고 있는가? 그리고 자본주의의 승리는 이전 그 어느 때보다 더 많이 비판받고 취약하고 위협받고 있고, 심지어 몇몇 측면에서 볼 때 파국적이며, 근본적으로 애도 중에/슬픔 속에endeuillé 있다는 사실을 감추기 위해, 무엇보다 자기 자신에게 감추기 위해서, 오직 이러한 이유 때문에 자유주의적 자본주의의 승리와 이러한 자본주의와 민주주의의 예정된 동맹을 찬송하는 사람들이 어떻게 이러한 유형의 담론을 추구하는 것일까? 그들이 애도 중에/슬픔 속에 있는 것은 마르크스의 유령이 오늘날까지도 여전히 표상하는/상연하는 것, 그리고 환희에 찬 조증의 방식으로(프로이트에 따르면 성공하지 못한 애도 작업에서 필연적인 국면) 푸닥거리해야 하는 것 때문이지만, 또한 이는 잠재적으로는 자기 자신 때문이기도 하다. 이 모든 실패와 이 모든 위협을 은폐함으로써se dissimulant 사람들은 마르크스주의적 비판의 원리라고 불리는 것이 지닌, 그리고 심지어 —— 항상 아이러니의 모습을 띠는 —— 마르크스주의적 비판의 **정신**이 지닌 잠재력 —— 힘과 잠재성virtualité —— 을 인정하지 않으려고se dissimuler 한다. 오늘날 그 어느 때보다 더 필수적인 것으로 보이는 이러한 마르크스주의적 비판의 **정신**을, 우리는 존재론, 철학 또는 형이상학 체계로서, "변증법적 유물론"[54]으로서의 마르크스주의 및 역사유물론으로서 또는 방법으로서의 마르크스주의와, 또 당의 장치들과 국가 장치들로 또는 노동자 인터내셔널로 합체된 마르크스주의와 구별해 보고 싶다. 하지만 우리는 또한 이를, 간단히 말해 해체라고 부를 수 있는 것과도 구별해 볼 생각인데, 해체가 어쨌든 더 이상 단지 한 가지 **비판**이 아닌 지점에서, 해체가 모든 비판 및 심지어 모든 질문에 대해 제기하는 질문들이 결코 마르크스주의나 마르크스주의 존재론 또는 마르크스주의적 비판과 같은 어떤 것과 동일화되지 않고 특히 대칭적으로 대립하지 않는 지점에서 마르크스주의적 비판의 정신과 어떻게 다른지 구별해 보고 싶다.

　　만약 후쿠야마 식의 담론이 혼신混信의 역할 및 사람들이 그러한 담론에 대해 기대하는 이중적으로 애도 중인 부인否認의 역할[104]을 효과적으로 수행하고 있다면, 이는 이러한 담론이 어떤 사람들에게는 능란하게 또 어

---

104) 이중적으로 애도 중이라는 것은 앞에서 나왔듯이 한편으로 마르크스주의에 대한 애도와 다른 한편으로는 자기 자신에 대한 애도를 가리킨다.

떤 사람들에게는 서투르게, 마술을 실행하고 있기 때문이다. 곧 한편으로 (한쪽 손으로) 이러한 담론은 이른바 마르크스주의적인 국가들 및 경제적·정치적 자유주의가 약속된 땅에 진입하는 것을 가로막는 모든 것의 궁극적인 패배를 확인할 때 필요한 경험적 사건의 논리를 신뢰하지만, 다른 한편으로는(다른 쪽 손으로는) 초역사적이고 자연적인 이념의 이름 아래 똑같은 이른바 경험적 사건의 논리를 불신하며, 이러한 이념 및 그 개념을 잔혹하게 반박하는 것 —— 한마디로 말하면, 자본주의 국가에서, 자유주의 안에서, 초역사적이고 자연적이라고(차라리 "자연화되었다고"라고 말하기로 하자) 가정된 이러한 이념과 결속된 헤게모니 하의 (국가적이거나 비국가적인) 세력들이 지배하는 세계 안에서 **제대로 작동하지 않는** 모든 것, 그 속에 존재하는 모든 악 —— 이 발생하는 이유를 이념과 그 개념의 탓으로 돌리지 않기 위해 경험적 사건의 논리를 정지시켜야만 한다. 오늘날의 세계에서 그처럼 형편없이 작동하고 있는 것을 나타내는 주요 모습들은 다음 장에서 곧 언급해 볼 생각이다. 역사와 자연 사이의, 역사적 경험성과 목적론적 초월성 사이의, 사건의 가정된 경험적 현실성과 자유주의적 목적의 절대적 이념성 사이의 마술/속임수와 관련해서 본다면, 우리는 사건에 대한 새로운 사고 또는 새로운 경험에서, 사건이 환영적인 것과 맺고 있는 다른 논리에서 출발함으로써만 이러한 마술에서 벗어날 수 있다. 우리는 뒤에서 이에 관해 다루어 볼 생각이다. 이러한 새로움의 논리는 반드시 가장 오래된 것의 오래됨과 대립하는 것은 아니다.

하지만 한 번 더 말하지만, 이 책을 부당하게 대우해서는 안 된다. 만약 이런 책들이 매혹적인 것으로 남아 있다면, 이 책들의 비일관성 자체, 그리고 때로는 씁쓸함을 안겨 주는 조야함은 할 수 있는 한 꼼꼼하게 따져 봐야 할 증상적인 징표의 역할을 수행한다. 이런 책들은 최근의 이데올로기적 쟁점들의 지정학에 대한 우리의 관심을 일깨우고, 범세계적인 문화 시장의 범위에 맞춰 이러한 쟁점들을 전개함으로써 우리로 하여금 내가 앞서 시사했던 몰시간적인 복잡화를 환기시켜 준다는 장점을 지니고 있다. 좀더 정확히 말해 보자. 만약 1960년대부터 모든 종말의 주제들(역사의 종말, 인간의 종말, 어떤 포스트 마르크스주의 속으로 진입한 "최후의 인간"의 모습 등)이 내 세대의 철학자들의 문화적 기본 요소의 일부를 이루고 있었다면, 우리가 오늘날 목도하고 있는 것은 이런 주제들의 단순하고 변함없는 반복은 아니다. 왜냐하면 이러한 근저의 사건으로부터 [최근에 일어난—옮긴이] 이러한 다른 사건, 그 시절로부터 30여 년 뒤에 세상의 그 어느 누구도, 심지어 몇 달 전까지만 해도 미리 계산할 수 없었던 리듬으로 돌발한 이 다른 계열의 사건들, 지금도 진행 중이고 아직 분석되지 않은 이 사건들을 연역하는 것이 가능하지 않았으며, 더욱이 날짜까지 예측하는 것은 더욱더 불가능했다는 것은 사실이기 때문이다(1981년 내가 당시의 체코 권력자들에 의해 프라하에 수감되었을 때, 나는 얼마간 순진한 감정으로 거의 확신을 가지고 독백한 적이 있었다. "이 야만적인 권력이 몇 세기는 지속될 거야……"). 바로 이러한 사건성이야말로 우리가 사고해 봐야 할 것이지만, 또한 이것이야말로 개념——사고는 아닐지 몰라도——이라고 불리는 것에 가장 잘 저항하는 것이다. 그리고 우리가 실재적인 현재의 실재적인 현존과 그 환영적인 허상 사이의 단순한 대립, 현실적인wirklich 것과 비현실적인 것 사이의 (이념적이거나 기계적 또는 변증법적인) 대립을 신뢰하는 한, 다시 말해 또한 우리가 자기 자신과 동일하고 자기 자신과 동시간적인 현재들의 연속적인 연쇄로 이루어진 일반적인 시간성 내지 역사적 시간성을 신뢰하는 한, 우리는 이를 사고하지 못할 것이다.

환희에 차 있으면서 동시에 불안하고, 조증적이면서 슬픔에 빠져 있는, 그리고 때로는 그 도취감에서 외설적인 느낌마저 받게 되는 이러한 신자유주의적 수사법은, 따라서 우리가, 어떤 종말의 불가피함이 예고되는 순간과 마르크스주의라는 모습을 띤 전체주의적 국가들 내지 사회들의 실제적인 붕괴 사이의 간격 안에 기입되어 있는 어떤 사건성에 관해 질문하도록 강제한다. 어느 누구도 표상할 수 없었으며, 미리 계산하는 것은 더욱더 불가능했던 이러한 잠복의 시간은 단지 시간적인 매개체에 불과한 것이 아니다. 어떠한 객관적이고 동질적인 연대기도 이를 측정할 수 없을 것이다. 모든 질서의 전환들의 집합(특히 과학기술적·경제적·미디어적 변동들)은 마르크스주의 담론의 전통적인 소여만이 아니라 그것에 대립하는 자유주의적 담론의 소여마저 초과한다. 우선 이러한 변동은, 비록 우리가 분석을 위해 몇몇 본질적인 요소들을 상속받긴 했지만, 존재신학 체계나 기술철학을 그 자체로 동요시킨다는 점을 인정해야 한다. 이는 또한 정치철학 및 현재 통용되는 민주주의에 대한 개념들을 혼란에 빠뜨리며, 국가와 국민, 인간과 시민, 사적인 것과 공적인 것 사이에 존재하는 관계들을 재고찰하도록 강제한다.

바로 이 지점에서 역사성에 대한 또 다른 사고가 역사와 역사의 종말에 대한 형이상학적 개념 —— 헤겔에서 유래한 것이든 마르크스에서 유래한 것이든 간에 —— 을 넘어서도록 우리를 호출한다. 바로 이 지점에서 우리는 탈역사post-histoire에 대한, 탈역사적 동물에 대한 코제브의 후기後記가 씌어진 두 번의 계기를 좀더 엄격하게 작동시킬 수 있다. 물론 때로는 훌륭하지만, 조야한 탓에 자주 실소하게 만드는 코제브의 괴이한 논조 baroquisme를 잘 감안해야 한다. 후쿠야마는 코제브의 몇몇 도발적인 주장들의 아이러니는 용케 놓치지 않긴 하지만, 이런 점을 제대로 감안하지 못하고 있다. 또한 이 길고 유명한 **각주**footnote를 관통하는 다수의 연대기年代記 상의 분절 및 논리적 분절을 아주 엄밀하게 분석해야 했지만, 후쿠야마는 그러지 못했다. 이 각주의 후기에서 밝히고 있는 바에 따르면 코제브는 1959년 일본에 갔다(프랑스에는 사람들이 심지어 그 나라 말도 못하고 그 나라에 관해 아무것도 모르는 어떤 먼 외국에 짧은 여행을 다녀온 뒤 확고한 진단을 내리는 일종의 전통, 일종의 "프랑스 식 특별함"이 깃든 전통이 존재한다. 샤를 페기Charles Péguy는 이미 예전에 귀스타브 랑송Gustave Lanson이 몇 주간 미국을 다녀온 뒤 미국 전문가나 되는 양 굴었을 때 이런 나쁜 버릇을 야유한 적이 있다). 유럽공동체의 고위 관료로서 이 여행을 다녀온 뒤 코제브는 일본의 "탈역사적" 문명은 "미국의 길"과는 정반대의 길로 접어들었다고 결론을 내리는데, 그 이유는 그가 —— 그의 천재적인 능력의 일부를 이루는 것이기는 하지만 또한 그 스스로 그것에 대한 책임을 져야 마땅한, 뭔가 알듯 말듯 오묘하고 제정신이 아닌, 그러면서도 익살스러운 경박함으로 —— 당시 이름 붙인 바에 따르면 일본 사회의 문화적 형식주의가 지닌 "순수한 상태의 속물근성" 때문이다. 하지만 그는 그가 보기에 가장 중요한 것, 곧 그가 이전에 고유하게 미국적인 탈역사에 대해 내린 진단은 그대로 유지한다. 간단히 말하자면 그는 믿을 수 없을 만큼 괴상한 그림, 곧 "마르크스주의적 '공산주의'의 최종 단계로서 미국"이라는 그림에서 무언가를 수정해야 하게끔 된 셈이다. 코제브가 문제 삼은 유일한 점은 이러한 미국 식의 종말이, 말하자면 궁극적인 것의 궁극적 모습, 곧 미래로서가 아니라 현재로서의 "역사Histoire에 대한 헤겔-마르크스주의적 종말"의 궁극적 모습을 표상한다는 관념이다. 코제브는 자신의 최초의 가설을 재고하고 거기에 이의를 제기하면서 역사에서 더 궁극적인 종말, 미국 식의(그가 어딘가에서 말하듯, 심지어 캘리포니아 식의) 해피엔드보다 더 종말론적인 종말이 존재하며, 그것은 바로 훨씬 더 극단적인 일본 식의 극단성이라는 생각을 하게 되었다(전쟁으로까지 치닫는 두 자본주의의 경쟁이 핵무기에 의한 파괴의 시대를 열어 놓았던 게 될 것이라는 점을 잊지 말기로 하자!). 코제브에 따르면 전후 미국의 공산주의의 최종 단계는, 마땅히 그럴 수밖에 없지만, 인간을 동물성으로 환원시킨다. 하지만 역사의 종말 안에는 좀더 기막히고 좀더 "속물적인", 더욱더 극단적인 것이 존재하는데, 이것이 바로 일본 식의 탈역사성이다. 이러한 일본 식 탈역사성은 그 문화의 "속물근성" 덕분에 탈역사적 인간이 동물적 자연성으로 회귀하는 것을 막아 준다. 그렇지만 코제브는 1959년 여행 이후 일본이, 말하자면 역사의 종말 이후의 진행 과정에서 **훨씬** 더 나아갔다고 생각하게끔 만든 후회에도 불구하고, 전후 미국에서 인간이 동물성으로 회귀했다는 자신의 소묘를 다시 문제 삼지는 않는다. 이러한 소묘가 과장된 이유는 인간을 동물과 비교하기 때문이 아니라, 첫째 그것이 태연자약하고 오만한 무지를 의심스러운 결과를 위해 활용하고 있기 때문이다. 그리고 바로 이 지점에서 코제브의 뻔뻔스러움과 후쿠야마처럼 "인간 통치의 최종 지점으로서 서양의 자유민주주의의 보편화"와 "계급 문제"를 "성공적으로 해결"한 자본주의의 승리 등을 노래하는 사람들(코제브 자신은 이런 노래를 부르지는 않았다)을 비교하는 것이 적절할 것이다. 왜 그리고 어떻게 코제브는 미국이 이미 "마르크스주의적 "공산주의"의 최종 단계"에 도달했다고 생각할 수 있었을까? 그는 여기서 무엇을 인지한다고 믿었고, 또 무엇을 인지하려고 했을까? 욕구나 욕망에 부응할 수 있는 모든 것에 대한 풍요로운 전유가 바로 그것이다. 욕망과 욕구 사이의 간격의 소멸은 특히 노동에 존재하는 모든 잉여, 모든 괴리를 정지시킨다는 것이다. ("이음매가 어긋나out of joint" 있음의) 이러한 괴리의 종말이 "영원한 현재"를 "예시豫示한다"는 점에 놀랄 만한 것은 아무것도 없다. 하지만 이러한 예시와, 영원한 현재의 현존 이전에 이 예시가 표상하는 것 사이에 존재하는 괴리는 어떻게 할 것인가?

실제로[이 "실제로"는 이 거만한 평결의 기괴한 서명이다] "계급 없는 사회"의 모든 성원은 이제[1946년]부터 내키는 것 이상으로 노동하지 않고서도 자신들이 보기에 좋은 모든 것을 전유할 수 있다. 그런데 (1948년에서 1958년 사이에) 미국과 소련을 비교하면서 여러 차례 여행을 한 뒤 나는 다음과 같은 인상을 받았다. 만약 미국인들이 부유한 중국-소비에트인들의 모습을 하고 있다면, 이는 러시아인들과 중국인들이 아직은 가난한, 게다가 급속히 부유해지고 있는 미국인들이기 때문이다. 이로부터 나는 미국 식의 생활 방식은 탈역사적 시기에 고유한 삶의 유형이며, 세계에서 지금 미국이 현존하는 모습은 인류 전체의 "영원한 현재"의 미래를 예시하고 있다는 결론을 내렸다. 그리하여 인간이 동물성으로 회귀하는 것은 더 이상 아직 도래해야 할 하나의 가능성이 아니라 이미 현존하고 있는 확실성으로 보였다. 하지만 최근 일본을 방문한 이후(1959년) 나는 이 점에 관한 내 생각을 근본적으로 바꿨다.[55]

『정신현상학』에 대한 코제브의 네오 마르크스주의적이고 유사 하이데거적인 독해는 흥미로운 것이다. 누가 이 점에 대해 이의를 제기하겠는가? 여러 측면에서 볼 때 이 독해는 제2차 세계대전 직전과 직후의 프랑스 지식인 세대에게 무시할 수 없는 지적 형성의 역할을 수행했다. 반면 전혀 진지하지 못한 어떤 것, 곧 인류의 탈역사로서 탈마르크스주의에 대한 코제브의 각주와 그에 대한 후기를 조금이나마 진지하게 읽고 싶다면, 적어도 몇 가지 점들을 강조해 두어야 한다. 우선 이 각주의 마지막에 나오는 가장 수수께끼 같은 문장은 지령을 내리는prescriptive 언표로 되어 있다. 우리는 곧 이를 인용해 볼 것이다. 누가 이 문장을 읽었을까? 이는 아마도 이 후기에서 가장 저항할 수 없는 서막일 것이다. 그것은 코제브가 서양 국가들(러시아를 포함하는)의 "일본화"라고 부르는 것이 일단 실현될 경우 탈역사적 인간의 **장래**를 위해 필요한 과제와 의무devoir[105]를 정의한다. "탈역사적 인간은 …… **해야 한다**doit"고 코제브는 말한다. 그는 무엇을 해야 하는가? "해야 한다"는 것은 "머스트must"인가 "슈드should"인가?[106] 이러한 해야 함의 양상이나 내용이 어떤 것이든 간에, 이러한 지령의 필연성이 어떤 것이든 간에, 설사 그 지령이 해석의 영원성을 요청한다고 해도, 장래에 대해서는 "~ 해야 한다/ ~이 필요하다il faut"[107]가 존재한다. 지금까지 표상되어 온 바와 같은 인간을 넘어, 역사를 넘어, 탈역사적 인간Homme에게는, 그 비규정성이 어떤 것이든 간에 ──그것이 "장래가 존재해야 한다/장래가 필요하다"의 비규정성일지라도── 장래와 역사가 존재하며,

---

105) "devoir"는 "의무"를 뜻하는 명사이기도 하지만, "~해야 한다"는 동사의 원형이기도 하다. 아래에 나오는 "doit"는 devoir의 3인칭 단수형이다.
106) "must"는 객관적인 필연성을 가리킨다면, "should"는 당위, 마땅히 해야 함을 가리킨다.

아마도 심지어 역사성의 시작이 존재할 것이다. 우리는 이러한 엄밀한 논점을 강조해야 하는데, 이는 바로 이러한 엄밀한 논점이야말로 장래의 궁극적인 표시로 남아 있는 어떤 본질적인 비엄밀성, 비규정성을 말해 주기 때문이다. 이러한 해야 함, 이러한 필연성/필요함nécessité, 이러한 지령이나 명령, 이러한 서약, 이러한 과제, 따라서 이러한 약속, 이러한 필연적인/필요한 약속의 양상이나 내용이 어떤 것이든 간에, 이러한 "~ 해야 한다/~이 필요하다"가 존재해야 하며/필요하며il faut ce "il faut", 이것이 바로 법/칙loi이다. 내용에 대한 이러한 무차별성은 무관심[108]이 아니며, 이는 무관심한 태도가 아니다. 그와는 정반대다. 이러한 무차별성은 사건과 장래 그 자체에 대한 개방을 표시하면서, 그것이 어떤 것이든 상관없이, 모든 내용 일반에 대한 관심intérêt 및 무관심하지 않음non-indifférence을 조건 짓는다. 그것이 없이는 의도도 욕구도 욕망 및 기타 그 어느 것도 존재하지 않을 것이다. 우리의 독해가 이러한 독특한 무차별성의 개념(차이différence 그 자체)을 코제브의 텍스트 안으로 투사하는 것이 아니다. 이 텍스트 자체가 이 개념에 대해 말하고 있다. 그가 보기에 이러한 무차별성은 사람들이 지금까지 역사라고 불러 왔던 것을 넘어서 전개되는 어떤 **장래**를 특징짓는다. 겉

---

107) "il faut"에서 "il"은 영어의 "it"과 같은 비인칭 대명사이며, "faut"는 "falloir" 동사의 3인칭 단수형이다. "il faut"는 프랑스어에서 매우 다양하게 쓰이는데, 크게 보면 "~이 필요하다"와 "~ 해야 한다"는 두 가지 의미를 지닌다. "해야 한다"는 의미로 쓰일 경우 "il faut"는 "devoir"의 동의어로 볼 수 있으며, "~이 필요하다"는 의미로 쓰일 경우에는 "부족"이나 "결핍"의 함의를 지닐 수 있다. 가령 "이 일을 하기 위해서는 일꾼 두 명이 필요하다"는 프랑스어로 "il faut deux ouvriers pour ce travail"로 표현될 수 있는데, 여기서 "il faut"는 지금 존재하지 않는, 따라서 지금 "부족"하고 "결핍"되어 있는 어떤 것, 곧 "일꾼 두 명"을 함축한다.
108) "무차별성"과 "무관심"의 원어는 모두 "indifférence"이다. 번거로움을 피하기 위해 각각 "무차별성"과 "무관심"으로 옮겼지만, 각각의 경우에 두 가지 의미가 모두 함축되어 있다고 볼 수 있다. 아래에 계속 나오는 "indifférence"의 번역에서도 이 점을 유념하기 바란다.

보기에는 형식주의적이지만 내용에 대한 이러한 무차별성은, 장래 그 자체, 곧 필연적으로 약속되고 지령되고 지정되고 지시되어 있는, 자신의 가능성의 필연적으로 형식적인 필연성 안에 있는, 요컨대 자신의 법/칙 안에 있는, 장래 그 자체의 필연적으로 순수하고 순수하게 필연적인 형식을 사고할 수 있게 선사해 준다는 장점을 아마도 지니고 있을 것이다. 모든 현재를 자기 자신과의 동시간성 바깥으로 탈구시키는 것이 바로 이러한 무차별성이다. 약속되고 있는 것이 무엇이든, 그 약속이 지켜지든 아니면 지켜지지 못한 채 남아 있든 간에, 필연적으로 약속이 존재하며, 따라서 도래할 것으로서의 역사성이 존재한다. 우리가 메시아주의 없는 메시아적인 것이라고 이름 붙인 것이 바로 이것이다. 코제브의 이 문장, 다른 맥락에 서라면 다른 리듬으로, 그것이 요청하는 만큼의 고도의 집중력을 가지고 성찰해 봐야 할 이 문장을 여기에서는 시간이 없기 때문에 그냥 읽어 보는 것으로 만족하자.

이는 다음과 같은 점을 의미한다. 탈역사적 인간Homme은 이제부터 적합한 방식으로 자신에게 주어진 모든 것에 대해 말하면서, "형식들"을 그것들의 "내용들"로부터 계속 분리[코제브의 강조]시켜야 하는데doit ["시켜야 하는데"를 강조한 것은 바로 우리인데, 이 단어는 분명히 필연적인 것의 두 형식인 must와 should의 공통적인 가능성의 조건으로 우리를 다시 인도한다], 이는 이 형식들을 능동적으로 전형trans-former시키기 위해서가 아니라, 무차별적인n'importe quels "내용들"로 간주된 자신과 타자들에 대해 자기 자신을 순수 "형식"으로 대립시키기[코제브의 강조] 위해서다.[56]

코제브의 이 텍스트를 다르게 다시 읽는 것은 가능한가? 이 텍스트를 후쿠야마 그 자신보다는(사실 그는 이 수수께끼 같은 결론에 대해서는 관심을 기울이지 않는다) 그를 활용하는 사람들의 조잡한 조작으로부터 빼내오는 것이 가능한가? 코제브가 요구하는 모종의 희극적인 책략의 의미와 함께, 따라서 좀더 명철한 철학적·정치적 또는 "이데올로기적" 경각심과 함께 읽는다면, 이 텍스트는 [그러한 조작에―옮긴이] 저항한다. 이 텍스트는 아마도 순식간에 이 텍스트를 번역하고 이를 철학적인 선전 무기나 미디어적인 대량 소비의 대상으로 진열장에 배치하는 사람들보다 더 오래 살아남을 것이다. 방금 전에 인용한 명제의 "논리"는 어떤 법/칙, 법/칙의 법/칙에 호응할 수 있을 것이다. 이 법/칙은 우리에게 다음과 같은 것을 의미할 것이다. 역사가 완성되는, 역사에 대한 어떤 규정된 개념이 종결되는 동일한 장소, 동일한 경계 바로 거기에서 역사의 역사성이 시작되고, 마침내 이러한 역사성이 자신을 예고할 수 있는, 자신을 약속할 수 있는 기회를 얻게 된다. 인간이 완성되는, 인간에 대한 어떤 규정된 개념이 완성되는 바로 거기에서 인간의, **다른 인간의**, **타자로서** 인간의 순수한 인간성이 시작된다. 또는 마침내 자신을 예고할 수 있는, 자신을 약속할 수 있는 기회를 얻게 된다. 겉보기에는 반인간적인 또는 비인간적인anhumaine 방식으로. 비록 이 명제들이 비판적인 또는 해체적인 질문들을 요청하고 있지만, 그것들은 역사의 종말로서 자본주의적인 낙원에 관한 통속적인 이야기vulgate로 환원되지는 않을 것이다.

(어떤 해체의 절차, 적어도 내가 스스로 참여해야 한다고 믿었던 해체의 절차는 처음부터 헤겔, 마르크스 또는 심지어 획기성에 대한 하이데거의 사

고[109])에서 볼 수 있는 역사에 대한 존재신학적인, 하지만 또한 시원始原-목적론적인 개념을 문제시하는 데 놓여 있었다는 점을 상기할 수 있게 허락해 주기 바란다. 하지만 이는 이러한 개념에 대해 역사의 종말이나 무역사성을 대립시키기 위해서가 아니라, 반대로 이러한 존재-신학-시원-목적론은 역사성을 폐쇄하고 중립화하고, 궁극적으로는 소멸시킨다는 점을 입증하기 위해서였다. 따라서 문제는 또 다른 역사성을 사고하는 것이었다. 하지만 이는 새로운 역사나 더욱이 "새로운 역사주의"를 사고하기 위해서가 아니라, 메시아적이고 해방적인 약속을—존재신학적이거나 목적론-종말론적인 프로그램 내지 기획이 아니라—약속으로서 긍정하는 사고에 포기하지 않고 접근할 수 있게 해 주는 역사성으로서 사건성의 또 다른 개방을 사고하기 위해서였다. 왜냐하면 해방의 욕망을 포기하기는커녕 그 어느 때보다 더 이러한 욕망을 고수해야, 더욱이 "해야 함"의 해체 불가능한 것 자체로서 고수해야 하는 것처럼 보이기 때문이다. 바로 여기에 재-정치화의 조건, 아마도 정치적인 것의 다른 개념의 조건이 존재할 것이다.

---

109) 여기서 데리다가 말하는 "획기성에 대한 사고"는 후기 하이데거의 대표적인 개념 중 하나인 "역운歷運Geschick" 개념을 시사한다. 현존재Dasein의 기초 존재론을 정립하려 했던 초기와 달리 후기 하이데거는 존재 역사의 관점에서 존재의 문제를 다시 고찰하려고 시도하는데, 여기서 등장하는 개념이 "역운"이라는 개념이다. 독일어에서 Geschick는 보통 운명이나 천명, 특히 집합적인 관점에서 파악된 운명을 가리키는데, 하이데거는 이를 존재의 역사적인 운동을 표현하는 것으로 개념화한다. 하이데거에 따르면 존재는 항상 드러나 있고, 항상 동일하게 머물러 있는 어떤 실체가 아니라, 그때그때 자신을 "보내는schiken" 것, 또는 자신을 "선사하는 것es gibt"이며, 이러한 존재의 각각의 보냄을 통해 존재가 때로는 피지스로, 때로는 우시아로, 때로는 실체로, 때로는 힘에의 의지로 이해된다. 이처럼 존재가 자신을 보냄으로써 형이상학의 각각의 역사가 규정되는데, 하이데거는 이를 존재의 "역운적인 각인geschickliche Prägung" 또는 "획기적인 각인epochale Prägung"이라고 부른다. 이러한 역운의 운동은 어떤 의지나 목적에 따라서 이루어지지 않는 것이기 때문에 근원적인 비목적론적 운동이라고 부를 수 있지만, 데리다는 하이데거의 이러한 사고는 여전히 서양 형이상학의 "울타리clôture"에 속한다고 보고 있다.

하지만 어떤 지점에서는 약속과 결정, 곧 책임은 자신들의 가능성을 결정 불가능성의 시험에 빗지고 있으며, 이는 항상 약속·결정·책임의 조건으로 남게 될 것이다. 그리고 우리가 방금 몇 마디로 명명했던 중대한 쟁점들은, 우리가 마르크스와 함께, 마르크스 이후에, 현실성Wirklichkeit, 효과Wirkung, 작용성, 노동, 생생한 노동 같은 개념들을, 유령의 논리, 곧 가상성, 허상, "애도 작업", 환영, 망령의 효과들(및 이것들 모두에게 돌아가야 할 정의)을 지배하는 유령의 논리와의 가정된 대립 속에서 어떻게 이해할 것인지 여부에 달려 있을 것이다. 간단히 말하자면, 흔적, 되풀이 (불)가능성, 보철적인 합성, 대체보충성 등에 대한 해체적인 사고는 이러한 대립을 넘어, 그리고 이 대립이 전제하는 존재론을 넘어 나아간다. 해체적인 사고는 현존의 사건 자체 속에, 현존하는 것 ── 차이差移는 이것을 가능하게 하기 위해서[따라서 그 동일성 내지 그 자기 동시대성 속에서 불가능하게 하기 위해서] 이것을 선험적으로 이접시킨다 ── 의 현존 속에, 타자에 대해, 따라서 근원적 타자성 및 이질성에 대해, 차이差移, 기술성 및 이념성에 대해 준거할 수 있는 가능성을 기입하면서, 환영, 허상, "합성 이미지" 및 심지어, 마르크스주의적 어법에 따라 말하면 이데올로기소들(비록 이러한 이데올로기소들은 근대 기술이 돌발하게 만들었던 게 될 미증유의 형태를 띠고 있긴 하지만)을 고려하거나 해명할 수 있는 수단을 결여하고 있지는 않다. 이 때문에 이러한 해체는 결코 마르크스주의적이지 않았고 비마르크스주의적이지도 않았다. 비록 그것이 마르크스주의의 어떤 정신, 적어도 그 정신들 중 하나 ── 왜냐하면 아무리 강조해도 지나치지 않거니와, 하나 이상의/더 이상 하나 아닌 정신들이 존재하며, 그것들은 이질적이기 때문이다 ── 에 충실하기는 했지만.)

3장_낡은 것들
나이 없는 세계의 그림

"시간이 이음매에서 어긋나 있다." 세계는 잘못 나아가고 있다. 세계는 낡았지만, 그것의 낡음은 더 이상 중요하지 않다. 늙었는지 아니면 젊은지, 사람들은 더 이상 그런 식으로 세계를 계산하지 않는다/세계를 고려하지 않는다. 세계는 하나 이상의 나이를 갖고 있다/더 이상 나이를 갖고 있지 않다plus d'un âge. 우리에게는 척도의 척도가 결여되어 있다. 우리는 더 이상 낡음을 깨닫지 못하며, 우리는 더 이상 그것을 역사의 진보 중에 있는 어떤 한 시대의 낡음으로 간주하지 않는다. 성숙도 위기도 심지어는 고뇌도 아니다. 무언가 다른 것이다. 발생하는 것은 시대 그 자체에 대해 발생하며, 그것은 역사의 목적론적 질서에 타격을 가한다. 때맞지 않는/비시간적인 것이 출현하는 장소인 도래하는 것은 시간에 대해 발생하는 것이지, 시간 속에서 발생하는 것이 아니다. 시대를 거스르기contretemps. 시간이 이음매에서 어긋나 있다. 세계의 연극, 역사의 연극, 정치의 연극 앞에서의 연극적인 말, 햄릿의 말. 시대가 이음매에서 빠져 있다. 시간에 따라 시작하는/시간을 필두로 한[110] 모든 것은 상태가 좋지 않고 부당하며 어그러져 있다. 세계는 아주 나쁘게 나아가고 있으며, 『아테네의 타이먼』(이

---

110) 이 구절의 원문인 "à commencer par le temps"은 관용어법상으로는 "~을 필두로"를 뜻하지만, 단어들의 뜻을 그대로 살리면 "시간에 따라 시작하는"을 의미할 수도 있다. 이 구절을 "시간에 따라 시작하는"으로 읽는다면, 이는 "연대기적인 시간의 질서 안에 존재하는 모든 것은" 상태가 좋지 않고 부당하며 어긋나 있음을 의미하며, "시간을 필두로 한"으로 읽는다면, 이는 "시간 또한" 상태가 좋지 않고 부당하며 어긋나 있음을 뜻한다.

는 마르크스의 희곡이라고 할 수 있지 않을까)의 서두에서 화가 역시 말하듯이, 나이를 먹는 만큼 그것은 낡아 간다. 왜냐하면 이번에는 이는 화가의 말로서, 그는 마치 어떤 광경에 대해 또는 어떤 그림 앞에서 "세상은 어떻게 돌아가고 있습니까? 성장하는 만큼 낡아 가고 있습니다, 선생님How goes the world? It weas, sir, as it grows"이라고 말하고 있는 것처럼 보이기 때문이다. 프랑수아-빅토르 위고의 번역에서는 다음과 같이 번역되어 있다. "시인: 격조했습니다. 세상은 어떻게 돌아가고 있습니까? 화가: 나이가 늘어나는 만큼 낡아 가고 있습니다, 선생님."

세계의 확장에, 세계의 성장에, 곧 세계의 세계화[111]에 들어 있는 이러한 낡음은 정상적이거나 규준적인 또는 표준화된 과정의 전개가 아니다. 이는 발전의 한 국면, 또 한 차례의 위기, 성장의 위기가 아닌데, 왜냐하면 성장은 나쁜 것이기 때문이다("성장하는 만큼 낡아 가고 있습니다, 선생님"). 이는 또한 이데올로기의 종언 중 하나, 마르크스주의의 최근의 위기 또는 자본주의의 새로운 위기도 아니다.

세계는 잘못 되어 가고 있으며, 그림은 어둡다고, 심지어 거의 검은색에 가깝다고 말할 수 있을 것이다. 한 가지 가설을 세워 보기로 하자. 시간이 없으므로(광경 또는 그림은 항상 "시간이 없음"이다), 『아테네의 타이먼』의 화가처럼 그저 그림을 그려 보기로 하자. 칠판 위에 검은 그림을. 분류표 내지는 정지된 화면을. 제목은 "시간이 이음매에서 어긋나 있다"이거나 "오늘날 세계에서 아주 잘못 되어 가고 있는 것"이 될 것이다. 매우

---

111) 여기서 "세계화mondialisation"라는 말은 현재 사회과학에서 흔히 쓰이는 "세계화"라는 말과는 약간의 차이가 있는 것으로 보인다. 여기서는 세계가 "세계로서 생성됨", "세계로서 성장함"이라는 의미로 이해해야 한다.

불충분한 개념인 위기에 대해 말하는 것을 피하기 위해, 고통으로서의 악과 고문 내지 범죄로서의 악 사이에서 결정하는 것을 피하기 위해, 우리는 이 진부한 제목을 중립적인 형태로 남겨 둘 것이다.

칠판 위에 그려질 수 있는 가능한 어떤 그림에 대한 이 제목에 대해 우리는 몇 가지 부제만 덧붙일 것이다. 어떤 부제들인가?

전후 세계의 상황 및 미국의 상황에 대한 코제브의 그림은 이미 충격을 줄 만한 것이었다. 그 그림의 낙관주의는 냉소주의의 색채를 띠고 있었다. 이 그림은 당시에 "계급 없는 사회의 모든 성원은, 마음 내키는 것 이상으로 일하지 않고서도 그들에게 좋은 것으로 보이는 모든 것을 곧바로 전유할 수 있다"고 말할 만큼 이미 오만한 것이었다. 하지만 오늘날 자본주의 또는 경제적·정치적 자유주의의 승리와, "인간의 통치의 종국점으로서 서양의 자유민주주의의 보편화", "사회 계급 문제의 종언"을 노래하고 있는 저 차분한 경망스러움에 대해 무엇을 사고해야 하는가? 저 떳떳한 태도에 담긴 어떤 냉소주의가, 어떤 종류의 조광증적인 부인否認이 "인간의 존엄성에 대한 상호 인정을 가로막는 모든 것은 역사에 의해 항상 도처에서 논박되고 매장되었다"[57]고 믿는 것까지는 아닐지 몰라도 적어도 그처럼 쓰게 만드는 것일까?

잠정적으로 그리고 편의상, 내전과 국제전 사이의 낡은 대립을 신뢰해 보기로 하자. 내전이라는 표제 아래, 의회 형태의 자유민주주의가 세계에서 그처럼 소수이고 고립된 적이 없었다는 사실이나 서양의 민주주의라 불리는 것 안에서 이러한 자유민주주의가 그처럼 기능 이상 상태에 있었던 적이 없었다는 사실을 군이 환기할 필요가 있을까? 선거에 의한 대표성이나 의회의 생명은, 항상 그랬던 것처럼 대다수의 사회경제적 메커니즘에 의해 왜곡될 뿐만 아니라 원격 기술 미디어 장치들에 의해, 정보와 통신의 새로운 리듬들에 의해, 이 정보와 통신이 표상하는 세력들의 장비들과 속도에 의해, 그러나 또한 그 장치들이 작동시키는 새로운 전유 양식들에 의해, 그 장치들이 **생산하는** 사건 및 사건의 유령성의 새로운 구조(그 장치들이 거기에 존재하지 않은 채로 이미 존재했던 거기에서, 발명하면서 동시에 빛을 보게 해 주고, 창설하면서 동시에 드러내며, 도래하게 하면서 **동시에 빛을 비추는 구조.**[112] 여기서 문제가 되는 것은 **생산** 개념이 환영과 맺고 있는 관계다)

---

112) 이 구절을 이해하기 위해서는 몇 가지 해명이 필요하다. 데리다는 이 구절에서 현대의 원격 기술 미디어 장치들이 산출하는 새로운 사건의 구조 및 그것이 함축하는 유령성을 몇 가지의 대구를 통해 표현하려고 시도하고 있다. 우선 "그 장치들이 거기에 존재하지 않은 채로 이미 존재했던 거기에서"라는 말은 원격 기술 미디어 장치들이 함축하는 유령성의 효과를 표현한다. 미디어, 특히 원격 기술 미디어는 멀리 떨어져 있는 곳에 존재하는 어떤 것을 표상하고 전송하는 기능을 수행한다. 가령 우리는 집에 앉아서 유럽에서 열리는 월드컵 축구 경기를 실시간으로 관람하며, 이라크에서 벌어진 전쟁의 광경을 뉴스 시간에 실시간 화면으로 목격한다. 우리가 유럽이나 이라크에 있지 않다는 점에서 이는 실제로는 "거기에 존재하지 않는" 것이라고 할 수 있지만, 동시에 이는 실제로 지금 거기에서 벌어지는 사태, 사건들이라는 점에서 또한 "거기에 존재하는" 것이라고 할 수 있다. 더욱이 우리가 접하는 사건이나 사태의 대부분이 항상 이미 이러한 원격 기술 미디어 장치들에 의해 전달되고 표상되는 것이라는 점, 곧 우리가 어떤 사건이나 사태를 인식하기 위해서는 항상 원격 기술 미디어 장치들에 의한 전송과 표상의 가능성이 전제되어야 한다는 점을 고려하면, 원격 기술 미디어 장치들은 "항상 이미 거기에" 곧 사건들이 발생하는 "거기에 존재했다"고 말할 수 있을 것이다. 바로 이런 의미에서 데리다는 "그 장치들이 **생산하는** 사건 및 사건의 유령성의 새로운 구조"라고 말하고 있다.

그 다음 데리다는 원격 기술 미디어 장치가 산출하는 이러한 역설적인 사건의 유령성을 설명하기 위해 몇 개의 대구를 사용하고 있다. 이 대구들은 모두 ①사건들은 원격 기술 미디어 장치들에 의해 생산되는 것이지만, ②마치 그것들이 미디어 장치 이전에 실제로 존재했던 사건인 것처럼, 원격 기술 미디어 장치들은 단지 이를 충실하게, 있는 그대로 재생하고 전달하고 재-현하는 데 불과한 것처럼, 생산되는 것들이라는 점을 드러내 주고 있다. 즉, 데리다가 "발명하면서inventent 동시에 빛을 보게 해 주고mettent au jour, 창설하면서inaugurent 동시에 드러내며révèlent, 도래하게 하면서font advenir 동시에 빛을 비추는mettent en lumière"이라고 말할 때, 이 세 개의 대구에서 앞 부분의 동사는 원격 기술 미디어 장치가 수행하는 사건 생산의 기능을 표현하며, 뒷 부분의 동사는 이처럼 미디어 장치들에 의해 생산되는 사건들은 마치 그것들이 미디어 이전에 존재했으며, 단지 비로소 미디어에 의해 "빛을 보"거나 "드러나"는 또는 빛을 받게 되는 것처럼 생산된다는 사실을 가리킨다.

에 의해 심원하게 전복된 공적인 공간 속에서 점점 더 힘겹게 실행된다. 이러한 전환은 단지 사실들만 변형시키는 것이 아니라 이러한 "사실들"의 개념도, 사건의 개념 자체도 변형시킨다. 심의와 결정의 관계, 통치의 기능 자체가 변화했으며, 이러한 변화는 단지 그 기술적인 조건과 시공간 및 속도만이 아니라 그 개념 자체에서도——아무도 진정으로 깨닫지 못한 가운데——이루어졌다. 유럽에서 제1차 세계대전 이후 공적인 것들res publica, 공적 공간 및 여론의 위상학적 구조를 이미 전복시킨 기술적·과학적·경제적 변혁들을 상기해 보기로 하자. 그것들은 단지 이러한 위상학적 **구조**를 변형시켰을 뿐 아니라, 또한 위상학적인 것이라는 가정 자체, 곧 어떤 **장소**가 존재했다는 가정, 따라서 공적인 말, 공적인 것, 공적인 대의/원인을 위한 확인 가능하고 안정적인 실체가 있었다는 가정 자체를 의문스럽게 만들었다. 사람들이 흔히 말하듯이 자유주의적이고 의회적·자본주의적인 민주주의를 위기에 빠뜨리고 이렇게 하여 그 당시 수많은 방식으로 서로 연합하고 투쟁하거나 결합했던 세 가지 형태의 전체주의로 향하는 길을 열어 놓으면서. 그런데 이러한 전환은 오늘날 측정할 수 없을 만큼 확대되고 있다. 게다가 이러한 과정은 더 이상 어떤 확장——만약 이 단어를 동질적이고 연속적인 성장의 의미로 이해한다면——에 상응하지 않는다. 더 이상 측정될 수 없는 것은, 1920년대 텔레비전이 존재하기 이전에 공적인 공간을 심원하게 전환시키고 선출된 관리들의 권위와 대표성을 위험스럽게 약화시켰으며, 의회의 토론과 심의, 결정들의 장을 축소시킨 미디어 권력들로부터 **벌써** 우리를 멀리 떨어뜨려 놓는 도약이다. 우리는 심지어 당시의 미디어 권력이, **적어도 우리가 지금까지 알고 있었던 것과 같은** 선거 민주주의와 정치적 대표를 이미 의문스럽게 만들었다고 말할 수 있을 것이다. 만약 모든 서양 민주주의에서 더 이상 직업 정치가들이나 심지어는 당원 그 자체를 존중하지 않는 경향이 존재한다면, 이는 단지 이러저러한 개인적인 불충분함이나 이러저러한 능력의 부족 또는 이제는 미디어 권력을 통해 좀더 널리 알려지고 확대되고 있으며, 사실은 자주——미리 계획된다고까지 말할 수는 없을지 몰라도——생산되곤 하는 모종의 스캔들 때문만은 아니다. 그 이유는, 공적 공간의 전환——정확히 미디어가 산출해 낸——이 정치가들로부터 대의 구조를 통해 그들에게 부여된 권력 및 심지어 권한의 본질적 부분을 박탈하는 바로 그 순간에, 정치가들은 점점 더 미디어의 표상 속에 나타난 배역들personnages이 되고 있고, 심지어 단지 그 배역들로서만 존재하고 있기 때문이다. 그들이 개인적으로 얼마나 능력이 있든지 간에, 낡은 모델을 추종하는 직업 정치가들은 오늘날 **구조적으로** 무능력해지는 경향이 있다. 동일한 미디어 권력이 전통적인 정치가의 이러한 무능력을 고발하면서 **동시에** 생산하고 확대하고 있다. 한편 이 권력은 전통적인 정치적 공간(정당, 의회 등)에서 그가 지니고 있던 합법적인 권력을 빼앗아 가며, 다른 한편으로 그가 텔레비전의 수사법의 무대에서 단순한 그림자——꼭두각시가 아니라면——가 되도록 강제한다. 사람들은 그가 정치의 행위자acteur라고 믿었지만, 이제 그는, 너무나 잘 알려져 있듯이, 자주 텔레비전 배우acteur에 불과하게 될 위험에 처해 있다.[58] 국제전 내지 국제적 내전이라는 표제 아래, 오늘날 이른바 민주주의적인 유럽과 세계를 분열시키고 있는 소수 종족들 사이의 경제적·국민적 전쟁들과, 인종주의 및 외국인 혐오증, 종족적·문화적·종교적 갈등들을 굳이 환기할 필요가 있을까? 유령들로 이루어진 부대가 되돌아왔다. 준군사적인 것과 포스트모던 과잉 무장(정보 기술, 위성을 통한 일망 감시, 핵 위협 등)의 낡아 빠진 증상들로 위장한 모든 시대의 군대들로 이루어진 부대가. 가속도를 내 보기로 하자. 이제 더 이상 경계를 식별할 수 없는 이러한 두 유형의 전쟁(내전과 국제전)을 넘어서, 낡음을 넘어서는 이러한 낡아 감에 대한 그림을 좀더 어둡게 그려 보기로 하자. 자유민주주의적인 자본주의의 도취감을 가장 맹목적이며 가장 섬망적인 환각la plus délirante des hallucinations과 유사한 것으로, 또는 심지어, 인권이라는 그 형식적이거나 법률주의적인 수사법 속에서 증대해 가고 있는 눈가림 식의 위선과 유사한 것으로 만드는 위험을 겪을 수도 있는 한 가지 특징/표현trait을 명명해 보기로 하자. 이것은 단지, 후쿠야마가 말하는 것과 같은 "경험적 증거"를 축적하는 문제가 아니다. 이 그림이 기술하거나 비난할 수 있는, 부인할 수 없는 사실들의 더미를 손가락으로 가리키는 것으로는 충분치 않다. 앞으로 너무 간략하게 제기될 질문은, 우리가 모든 방향에서 진행시켜야 할 분석의 질문이 아닐 것이며, 오히려 **이중적 해석**의 질문, 이 그림이 요구하고 우리로 하여금 그것들을 서로 결합시키도록 강제하는 것처럼 보이는 경쟁하는 독해들에 관한 질문일 것이다. "새로운 세계 질서"의 이러한 재앙들[113]을 열 개의 단어로 된 전보로 이름 붙이는 것이 허락된다면, 다음과 같은 열 개의 단어들을 골라 볼 것이다.

---

113) 여기서 데리다가 제시한 "열 가지 재앙dix plaies"은 구약성서에 나오는 "열 가지 재앙"을 빗대어 말한 것이다. 곧 구약성서의 『출애굽기』 7~11장에는 여호와가 히브리 백성들이 가나안 땅으로 가는 것을 가로막는 이집트 인들을 벌하기 위해 열 가지 재앙을 내렸다는 기록이 나오는데, 데리다는 오늘날 세계 질서에서 나타나는 재난들을 이러한 재앙에 빗대어 표현하고 있다. 하지만 데리다가 세계화의 재난들을 분석하기 위해 성서에 기초하고 있다고 보기에는 좀 무리가 있다. 오히려 이는 후쿠야마가 전파하는 기독교적 신복음주의를 반어적反語的으로 비판하기 위한 수사법적 전술이라고 보는 것이 타당할 것이다.

1. 실업. 새로운 시장과 신기술 및 새로운 범세계적 경쟁의 다소간 잘 계산된 규제 철폐의 산물인 실업은, 노동이나 생산과 마찬가지로 오늘날 또 다른 이름을 부여받아 마땅하다. 이것은 원격 노동이 여기에다가 전통적인 계산방법들만이 아니라 노동과 비노동, 활동 및 고용과 그 대립물들 사이의 개념적 대립까지도 동요시키는 새로운 상황을 기입하는 만큼 더욱더 그러하다. 이러한 규제적인 규제 철폐는 제어되고 계산되고 "사회화되는" 것, 곧 대부분의 경우 부인되는 것이며, 고통 자체와 마찬가지로 예측으로 환원될 수 없다. 이 고통은, 그것이 더 이상 실업이라는 낡은 이름 아래에서, 또 이 이름이 오랫동안 가리켰던 무대에서 인지될 수 없게 되면서 자신의 익숙한 모델과 언어를 잃어버렸기 때문에, 더욱더 고통스럽고 더욱더 모호한 것이 된다. 사회적인 비활동이나 비노동 또는 비고용의 기능은 새로운 시기로 진입하고 있다. 그것은 또 다른 정치와 또 다른 개념을 요청한다. 프랑스에서 "새로운 빈곤"이라고 불리는 것이 종래의 빈곤과 유사하지 않은 것처럼 "새로운 실업"은 그 경험 및 그 계산의 형태 자체에서 실업과 유사하지 않다.

2. 국가의 민주적인 생활에 대한 참여로부터 집 없는 시민들homeless의 대대적인 배제와, 소위 국민적 영토로부터 많은 망명객들과 국적 없는 사람들 및 이민자들의 축출이나 배척은 이미 경계와 동일성 —— 국민적 동일성이든 시민적 동일성이든 간에 —— 에 대한 새로운 경험을 예고하고 있다.

3. 유럽공동체 국가들 안에서, 그들과 동구 국가들 사이에서, 유럽과

미국, 유럽, 미국과 일본 사이에서 벌어지는 무자비한 경제 전쟁. 이러한 전쟁이 모든 것을 지휘하는데, 왜냐하면 그것이 국제법에 대한 실제적인 해석과 비일관적이고 불평등한 적용을 지휘하기 때문이다. 십수 년 전부터 이에 관한 무수히 많은 사례들이 존재해 왔다.

4. 자유 시장의 개념과 규범 및 현실 속에 존재하는 모순들을 제어하지 못하는 무능력(자신들의 국민적인 또는 심지어 서구나 유럽적인 이익 일반을, 대개는 아무런 비교 가능한 사회적 보호 장치도 지니고 있지 못한 값싼 노동력으로부터 보호하려고 하는 보호주의의 장벽 및 자본주의 국가들 사이의 개입주의적인 입찰 경쟁). 어떻게 자신의 "사회적 기득권" 등과 같은 것을 보호하겠다고 주장하면서 다른 한편으로는 세계시장에서 자신의 이익을 얻어 낼 수 있는가?

5. 외채 누적 및 이와 연관된 다른 메커니즘들이 인류의 거대한 부분을 절망에 빠뜨리거나 또는 몰아넣고 있다. 그리하여 이러한 메커니즘들은 바로 그 자신들의 논리가 확장시키고자 하는 시장 자체로부터 인류의 대다수를 동시에 배제하는 경향이 있다. 이러한 유형의 모순은 다수의 지정학적 요동을 통해 작동하며, 이러한 요동이 민주화나 인권의 담론에 따라 일어나는 것처럼 보일 때에도 그러하다.

6. 군수산업과 군수무역("재래식" 무기이든 원격 기술을 활용한 첨단 무기이든 간에)은 서유럽 민주주의에서 과학 연구와 경제, 노동 사회화의 정상적인 조절 과정 속에 기입되어 있다. 도저히 상상하기 어려운 혁명이

일어나지 않는 한, 이를 중지시키거나 심지어 억제하는 것조차 시도하기 어렵다. 앞서 말한 실업을 격화시키는 것을 필두로 하여 심각한 위험을 무릅쓰지 않는다면 그렇다. 무기 밀매와 관련해 본다면, 이것이 "정상적인" 거래와 여전히 구분될 수 있는 (제한된) 여지 내에서는, 이것은 마약 밀매보다 앞서는 전 세계에서 가장 거대한 규모를 이루고 있다(그리고 이 두 가지 밀매가 서로 항상 무관한 것은 아니다).

7. 그로부터 자신들을 보호하고 싶다고 말하는 바로 그 국가들에 의해 확산되고 있는("산종散種dissémination") 핵무기는, 더 이상 과거 오랜 시기 동안 그랬던 것과 달리 심지어 국가적인 구조에 의해서도 통제 불가능하게 되었다. 그것은 단지 국가적 통제만이 아니라 모든 공개된 시장을 초과한다.

8. 종족 간 전쟁(다른 종류의 전쟁이 존재했던 적이 있는가?)은 **의고擬古적인 환상과 개념**에 의해, 공동체, 국민국가, 주권, 국경 및 땅과 혈연이라는 **원초적인 개념적 환상**에 의해 확산되고 인도된다. 의고주의archaïsme는 그 자체로 나쁜 것은 아니며, 어떤 환원 불가능한 자원을 보존하고 있다. 그러나 이러한 개념적 환상은, 그것이 전제하는 **존재 위상학**[114] 자체 속에서 원격 기술적인 탈국지화dislocation에 의해, 말하자면 이전보다 더욱더 낡은 것이 되고 말았다는 것을 어떻게 부인할 수 있겠는가? 우리는 존재 위

---

114) "존재 위상학"의 원어는 "ontopologie"인데, 이는 "존재"를 가리키는 "on"이라는 어근과 "위상학"을 뜻하는 "topologie"를 합쳐서 만든 신조어다.

상학을, 현존하는 존재l'être-présent(on)의 존재론적 가치를 그것의 **상황**에, 지역성의 안정되고 현존화 가능한 규정(곧 영토의 토포스와 자연적 토양, 도시, 신체 일반)에 분리할 수 없게 연결시키는 공리계로 이해한다. 점점 더 분화되고 점점 더 가속화되는 미증유의 방식으로 확산되고 있기는 하지만 (이는 지금까지 인간의 문화를 형성해 왔던 속도의 규준을 넘어선 가속도 그 자체다), 그렇다 해도 탈국지화의 과정은 원 기원적인archi-originaire 것이다. 곧 이 과정은 그것이 계속 퇴거시켜 온 의고주의만큼이나 "오래된" 것이다. 게다가 이 과정은 그것이 끊임없이 재출발시키는 안정화의 실정적 조건이다. 어떤 장소 안에서의 안정성은 안정화이거나 정착화일 뿐이기 때문에, 이 운동[안정화나 정착화—옮긴이]을 시작하게 해 주는, 장소를 제공하고 발생시키는/자리를 제공하는[115] 장소적 차이差移, 어떤 위치 이동 dé-placement의 공간 내기가 필수적이었던 게 될 것이다. 예컨대 모든 국민적인 정착은 무엇보다도 위치가 이동된, 또는 위치를 이동할 수 있는 어떤 인구의 기억이나 불안 속에 뿌리를 두고 있다. "이음매가 어긋나 있는" 것은 시간일 뿐만 아니라 공간, 시간 속의 공간인 공간 내기이기도 하다.

9. 이전의 소위 동구 사회주의 국가들을 포함하여 모든 대륙에 걸쳐 있는 마피아와 마약 소굴이 형성하는, 지극히 효과적이고 고유하게 자본주의적인 환영 국가들이 지닌 증대 일로에 있는 무한정한 권력을 어떻게 무시할 수 있겠는가? 이 환영 국가들은, 엄밀하게 식별하는 것이 불가능

---

115) "발생시키는/자리를 제공하는"의 원어는 "donne lieu"다. "donner lieu"는 관용어로서는 "발생하다"를 뜻하는데, 단어 그대로 본다면 "자리를 제공하다"를 의미한다.

할 정도로 도처에 스며들어 있고 일상화되어 있다. 때로는 심지어 민주화 과정으로부터 명확히 분리해 내는 것조차 불가능하다(예컨대 우리가 전보를 치듯이 단순화해서 표현한 다음과 같은 도식의 배열, 곧 이러한 환영 국가들을, 무솔리니의-파시즘에-괴롭힘을-당하고-따라서-내밀하게-상징적으로-대서양-양-쪽-민주주의-진영의-동맹국들과-동맹을-맺고-있었을-뿐만-아니라-오늘날에는-자본의-새로운-형세에-진입한-기독교-민주주의적인-이탈리아-국가의-재건에-관여한-한-시칠리아-마피아의 이야기와 연결시키는 배열을 생각해 보자. 이것에 관해 최소한 우리가 말할 수 있는 것은, 이러한 계보를 고려하지 않는 한 우리는 여기서 아무것도 이해할 수 없으리라는 점이다). 이 모든 스며듦은 흔히 말하듯 "임계" 국면을 통과하는데, 분명 이 덕분에 우리는 스며듦에 대해 말하거나 그것에 관한 분석을 개시할 수 있다. 이러한 환영 국가들은 다만 사회경제적 조직이나 자본의 일반적인 순환과정에 스며들 뿐 아니라, 또한 국가 제도들이나 국가 간의 제도들에도 스며들고 있다.

10. 왜냐하면 무엇보다, 무엇보다도 우리는 국제법과 그 제도들의 현재 상태를 분석해 보아야 하기 때문이다. 다행스러운 개선 가능성과 부인할 수 없는 진보에도 불구하고, 이러한 국제적 제도들은 적어도 두 가지 한계들 때문에 고통을 받고 있다. 두 가지 중에서 좀더 근본적인 첫번째 한계는 이 제도들의 규범과 헌장 및, 임무들에 대한 정의가 일정한 역사적 문화에 의존한다는 사실에서 생겨난다. 그것들은 일정한 유럽의 철학적 개념들, 특히 그 계보의 종결이 단지 이론적·법률적이거나 사변적 방식으로만이 아니라 또한 구체적이고 실천적으로, 실제 일상적인 방식으로 점

점 더 분명해지고 있는 국가나 국민적 주권의 개념과 분리될 수 없다. 또 다른 한계는 첫번째 한계와 긴밀하게 연계되어 있다. 곧 보편적인 것으로 추정되는 국제법은 그 적용에서는 특정한 국민국가들에게 광범위하게 지배되고 있다는 한계가 그것이다. 거의 매번 이 특정한 국가들의 기술·경제적이고 군사적인 힘이 결정을 준비하고 집행한다. 곧 결정을 **실행한다**. 영어에서 말하듯이 이러한 힘이 **결정을 만들어 낸다**. 유엔에서 벌어지는 심의와 결의가 문제이든, 아니면 그것들의 집행("enforcement")이 문제이든 간에, 최근의 또는 좀더 이전의 수많은 사례들이 이를 광범위하게 증명해 줄 수 있다. 법 앞에서 국가들 사이의 불평등과 비일관성, 불연속성, 국제법을 위해 활용될 수 있는 군사적 힘에서 몇몇 국가들의 헤게모니야말로 우리가 해마다, 그리고 날마다 확인하게 되는 사실들이다.[59]

이러한 사실들이 국제 제도들의 권리를 박탈하는 것은 아니다. 그와는 반대로 정의는 우리가 그러한 제도들 안에서, 결코 포기해서는 안 되는 제도들의 개선과 해방의 방향에서 작업하고 있는 사람들을 존중할 것을 요구한다. 오늘날 모호하게 그리고 때로는 위선적으로 **인도주의적**이라는 이름 아래 이루어지고 있고, 이에 따라 일정한 조건 하에서는 국가의 주권을 제한하기도 하는 간섭이나 개입의 권리에 대한 성찰에서 고지告知되고 있는 징조들에 대해 우리는──이 징조들이 매우 불충분하고 혼란스럽거나 애매하다 하더라도──감사해야 한다.

이제 우리 회의의 주제로 되돌아가 보자. 내가 붙인 부제인 "새로운 인터내셔널"은 국제법과 그 개념, 그리고 그 개입 영역에서 오랫동안 기획되어 온 심원한 전환을 지시한다. 인권의 개념이 수많은 사회 정치적 변동들을 통해 수세기에 걸쳐 느리게 규정되어 왔듯이(노동권이나 경제적 권리이든, 여성과 아동의 권리이든 아니면 그 밖의 다른 어떤 권리이든 간에), 국제법은 우리가 조금 전에 언급했던 국가의 주권과 환영 국가를 넘어서 **범세계적인** 경제·사회적 영역을 포함하도록 자신의 영역을 확장하고 다면화해야 한다. 적어도 자신이 공언하는 민주주의와 인권의 이념과 일관되기 위해서는 그렇게 해야 한다. 겉보기와 달리 우리가 여기서 말하고 있는 것은 단순히 반국가주의적인 것은 아니다. 주어진 한정된 조건에서 초국가 super-État ── 국제 제도가 될 수도 있다 ── 는 항상 어떤 사적인 사회경제 세력의 영유들과 폭력을 제한할 수 있을 것이다. 그러나 반드시 국가 및 지배적인 계급에 의한 국가의 전유, 국가 권력과 국가 장치의 구분, 정치적인 것의 종언과 "정치의 종언" 내지 국가의 철폐에 대한 마르크스주의 담론 전체에 찬동하지 않고서도,[60] 그리고 다른 한편으로는 법적인 것이라는 관념을 그 자체로 의심하지 않고서도, 우리는 여전히 마르크스주의적 "정신" 속에서, 법적인 것이 자처하는 자율성을 비판하기 위한 영감을 얻을 수 있으며, 또한 강력한 국민국가들에 의해, 과학기술 자본 및 상징자본, 그리고 금융자본 및 국가자본과 사적 자본의 집중에 의해 국제적 권위들이 사실상 장악되고 있는 사태를 지속적으로 비판하기 위한 영감도 얻을 수 있다. 이러한 국제법의 위기를 겪으면서 어떤 "새로운 인터내셔널"이 추구되고 있으며, 이는 이미 인권에 관한 담론의 한계들을 비판하고 있다. 시장의 법칙, "외채", 과학기술적·군사적·경제적 발전의 불평등이 오늘날 인류 역사상 그 어느 때보다 더 거대하게 횡행하고 있는 매우 끔찍한 실질적 불평등을 유지하는 한에서, 이러한 담론은 부적합하고 때로는 위선적이며, 어쨌든 형식적이고 비일관적인 것으로 머물 수밖에 없다. 왜냐하면 ── 이 점을 소리 높여 외쳐야 하는데 ── 어떤 사람들이 마침내 인류 역사의 이상으로서 자기 자신을 실현한 자유민주주의의 이상이라는 이름 아래 감히 신복음주의를 설파하고 있는 지금 이 순간보다 폭력과 불평등, 배제와 기아, 따라서 경제적 억압이, 지구와 인류의 역사상 그토록 많은 인간 존재자들에 영향을 미친 적은 없기 때문이다. 역사의 종언이라는 도취감에 사로잡혀 자유민주주의와 자본주의적 시장의 이상의 도래를 노래하는 대신, "이데올로기들의 종언"과 위대한 해방적 담론들의 종언을 찬양하는 대신, 헤아릴 수 없는 독특한 고통의 장소들로 이루어진 이 명백한 거시적 사실을 결코 간과하지 말기로 하자. 어떠한 진보도 이전에는 결코 지구상에서 이토록 많은 남자들과 여자들, 그리고 아이들이 종속되고 굶주리거나 말살된 적이 없었음을 무시하게 만들 수는 없다. (그리고 유감스럽지만 우리는 여기서 소위 "동물적" 삶이라는 질문, 지구와 인류의 역사에서 "동물들"의 삶과 존재라는 질문을——비록 우리의 질문과 분리될 수 없는 것이기는 하지만——잠정적으로 제쳐 두어야 할 것 같다. 이는 항상 중대한 질문이었지만, 앞으로 더욱더 회피될 수 없는 질문이 될 것이다.)

"새로운 인터내셔널"은 이러한 범죄들을 겪으면서 새로운 국제법을 추구하고 있는 것으로 국한되지는 않는다. 그것은 친화성과 고통 및 희망의 연대, 1848년 무렵처럼 아직은 눈에 잘 띄지 않는, 거의 비밀스러운 연대이지만, 그러나 점점 더 가시적으로 되고 있으며, 이에 관하여 하나 이상의 징후가 존재한다. 그것은 신분과 직위 그리고 호칭이 없는, 은밀하지는 않지만 공[개]적인publique 것이라고 하기도 어려우며, 계약을 맺고 있지 않고, "이음매가 어긋난 채out of joint", 결집 없이, 당과 조국, 국민 공동체 없이(모든 국민적인 규정에 앞서는, 그것을 관통하고 넘어서는 인터내셔널), 공동 시민권 없이, 어떤 계급으로의 공동적인 소속 없이 이루어지는 비동시대적인 연대다. 여기서 새로운 인터내셔널이라는 이름으로 불리는 것은 사람들 사이의 제도 없는 어떤 동맹과 같은 것이다. 곧 비록 더 이상 사회주의·마르크스주의적 인터내셔널과 프롤레타리아 독재, 만국의 프롤레타리아의 보편적 연합의 메시아적이고 종말론적인 역할을 믿지 않거나 또는 이전에도 결코 믿지 않았지만, 적어도 마르크스나 마르크스주의의 정신들(그들은 이제 하나 이상의/더 이상 하나 아닌 마르크스주의의 정신들이 존재한다는 것을 알고 있다) 중 하나로부터 계속 영감을 받고 있으며, 비록 더 이상 어떤 당이나 노동자 인터내셔널의 형태를 띤 동맹이 아니라, 국제법의 상태와 국가와 국민의 개념 등에 대한 (이론적이고 실천적인) 비판 속에서, 이러한 비판을 쇄신하고 특히 심화하기 위해, 일종의 반 푸닥거리의 형태를 띤 동맹이기는 하지만, 그들 자신을 새롭고 구체적이며 현실적인 방식으로 동맹시키고자 하는 사람들 사이에 존재하는 제도 없는 어떤 동맹의 우정과 같은 것이다.

우리가 방금 전에 "칠판 위의 그림"이라고 불렀던 것, 곧 열 가지 재앙 및 그 그림이 보여 주는 척 또는 셈하는 척하면서 예고한 애도와 약속에 대한 적어도 두 가지 해석 방식이 존재한다. 서로 협력하고 있지만 동시에 서로 양립 불가능한 이러한 두 가지 해석 중 어떤 것을 선택할 것인가? 왜 우리가 선택할 수 없겠는가? 선택해서는 안 될 이유가 무엇이겠는가? 두 가지 경우에서 문제가 되는 것은 마르크스주의의 어떤 정신에 대한 충실성이다. 곧 이것, 바로 이것이지, 다른 것은 아닌.

1. 가장 고전적이면서 동시에 가장 역설적인 첫번째 해석은 여전히 후쿠야마의 관념론적인 논리 속에 머물러 있다. 하지만 이는 그러한 논리에

서 전혀 다른 결과들을 이끌어 내기 위해서다. 오늘날 세계 속에서 **잘못되어** 가고 있는 모든 것은 경험적 실재성과 규제적 이상 —— 이것을 후쿠야마 식으로 정의하든 아니면 그 개념을 좀더 세련되게 다듬고 전환시키든 간에 —— 사이의 간극에 불과하다는 가설을 잠정적으로 받아들여 보자. 이 경우 이상의 가치와 자명성은 경험적 실재들의 역사적 부적합성에 의해 본질적으로 훼손되지는 않을 것이다. 그렇지만 가능한 한도 내에서 이러한 간극을 비판하고 줄이기 위해서는, 필연적으로 무한한 과정 중에 "현실"과 "이상"을 조정하기 위해서는 이러한 관념론적인 가설 내에서도 마르크스주의적인 비판의 어떤 **정신**에 의존하는 것은 긴요한 일이며, 또 무한정하게 필수적인 것으로 남게 될 것이다. 이러한 마르크스주의적 비판은, 우리가 그것을 새로운 조건들, 예컨대 새로운 생산양식이 문제이든 아니면 경제적·과학기술적인 권력과 지식에 대한 전유가 문제이든, 또는 국내법이나 국제법의 담론과 실천 속에서 법적 형식성이나 시민권과 국민성의 새로운 문제들이 문제이든 간에 이러한 조건들에 적용하는 법을 알고 있다면, 유용할 수 있다.

2. 칠판 위의 그림에 대한 **두번째** 해석은 또 다른 논리를 따를 것이다. 여기서 문제가 되는 것은, "사실들"을 넘어서, 이른바 "경험적 증거들"을 넘어서, 이상에 대해 부적합한 모든 것들을 넘어서, 앞서 언급된 이상의 개념 자체를 다시 문제 삼는 것이다. 이것은 예컨대 시장에 대한 경제적 분석과 자본의 법칙 및 자본의 유형들(금융자본이나 상징자본, 따라서 유령자본)에 대한 분석, 자유주의적인 의회민주주의와 대의양식 및 선거권에 대한 분석, 인권과 여성 및 아동의 권리들을 규정짓는 내용에 대한 분석,

평등, 자유, 특히 박애[116](가장 문제가 많은 것), 존엄에 대한 현행의 개념들에 대한 분석, 인간과 시민의 관계에 대한 분석으로 확장될 것이다. 이것은 또한 이러한 개념들의 유사 총체성 속에서, 인간(따라서 신성한 것과 동물적인 것)의 개념 및 이 개념을 전제하고 있는 민주주의적인 것에 대한 ('모든 민주주의에 대한'이라고, 또 정확히 말해 '도래할 민주주의에 대한'이라고 말하지는 말자) 규정된 개념으로 확장될 것이다. 그렇다면 이러한 마지막 가설에서도 어떤 마르크스주의적 정신의 유산에 대한 충실성은 하나의 의무로 남게 될 것이다.

이것이 바로 어떤 마르크스주의의 정신에 충실해야 할 두 가지 다른 이유들이다. 이 이유들은 서로 더해져서는 안 되며, 서로 얽혀야 한다. 이것들은 복합적이고 지속적으로 재평가되는 어떤 전략의 과정에서 상호 함축적이어야 한다. 그렇지 않다면 어떠한 재-정치화도, 어떠한 정치도 존재하지 않을 것이다. 이러한 전략 없이는, 두 가지 이유들 각자는 가장 나쁜 것으로, 나쁜 것보다 훨씬 더한 것으로, 곧 세계의 악에 직면한 일종의 운명론적인 관념론이 아니면 교조적인 종말론으로 되돌아갈 수 있을 것이다.

그렇다면 어떤 마르크스주의적인 정신인가? 우리가 이런 식으로 마르크스주의의 정신을 주장한다고 해서 —— 특히 우리가 그것을 정신들이라는 복수의 의미로, 그리고 쫓아 버려서는 안 되며 선별하고 비판하고 가까이 두어야 하는 비동시대적인 유령들이라는 의미로 이해하려고 한다

---

116) 보통 "박애"로 옮기는 "fraternité"는 좀더 정확히 본다면 "형제애"로 옮길 수 있다. 데리다가 괄호 속에서 "가장 문제가 많은 것"이라고 한 것은 바로 이 때문이다. "박애/형제애"에 대한 데리다의 논의로는 특히 *Politiques de l'amitié*, Galilée, 1994 참조.

면 —— 마르크스주의자들을 기쁘게 하지는 않을 것이며, 다른 모든 사람들은 더욱더 그럴 것이라는 점을 이해하는 것은 어렵지 않다. 그리고 물론 우리는, "정신들"을 인도하고 위계화해야 하는 선별성의 원리가 마침내는 [정신들을——옮긴이] 배제하게 될 것이라는 사실을 결코 은폐해서는 안 된다. 이는 심지어 다른 것도 아니고 바로 자신의 선조들을 밤새워 보호함으로써[117] 무화시키게 될 것이다. 다른 어떤 순간도 아니고 바로 이 순간에. 망각(이것이 유죄인지 무죄인지는 별로 중요하지 않다)과 배제 또는 살해에 의해, 이러한 밤샘 보호 그 자체가 새로운 환영들을 산출할 것이다. 이미 환영들을 선별함으로써, 자신의 환영들 중에서 또 자신의 환영들을 뽑아냄으로써, 그리하여 죽은 자들을 죽임으로써, 새로운 환영들을 산출할 것이다. 이것은 유한자의 법칙, 어떤 결정과 선택, 책임이 의미(이러한 의미는 결정 불가능한 것의 시련을 통과해야 한다)를 지니게 되는 유일한 존재자인 살아 있는 사멸자들로서의 유한한 실존들을 위한 결정과 책임의 법칙이다. 이 때문에 우리가 여기서 말하는 것은 누구도 기쁘게 하지 않을 것이다. 그러나 사람은 다른 어떤 사람을 기쁘게 하기 위해 말하고 사고하고 써야 한다고 누가 말한 적이 있는가? 그리고 어떤 사람이 우리가 여기서 시도하려는 것을 마르크스주의에 대한 때늦은 구원의 태도라고 해석한다면, 그는 이를 터무니없이 오해한 것이다. 하지만 내가 오늘날, 지금 여기서, 시대에 거스르는 것contretemps 또는 거슬러 나아가는 것contre-

---

117) "자신의 선조들을 밤새워 보호함으로써"의 원문은 "veillant (sur) ces ancêtres"다. "veiller" 동사는 보통 "철야하다", "불침번을 서다" 등을 뜻하지만, 또한 죽은 사람의 시신을 매장되기 전까지 곁에 두고 밤샘하는 것을 의미하기도 한다. 또 이 동사는 전치사 "sur"와 함께 쓰일 경우 "돌보다", "보호하다"는 뜻을 지닌다. 여기서는 이 두 가지 의미가 모두 함축되어 있는 것으로 보인다.

pied에 대한 호소에 관해, 또한 이전보다 더욱 분명해지고 더욱 긴급해진 어떤 비동시대성의 스타일에 관해 좀더 민감해진 것은 사실이다. 이미 나는 사람들이 다음과 같이 말하는 것을 듣고 있다. "마르크스에게 경의를 표하기에는 딱 좋은 때군요!" "왜 하필 지금이요!" "왜 그렇게 늦은 거지요?" 나는 시대에 거스르는 것의 정치적 미덕을 믿고 있다. 그리고 만일 시대에 거스르기가, **제시간**에 **정확히** 도래하는, 다소간 계산된 행운을 누리지 못한다 해도, 어떤 전략(정치적 전략이든 다른 전략이든 간에)의 때맞지 않음은 여전히, 정확하게/정당하게, 정의를 **증언할** 수 있을 것이다. 곧 우리가 앞에서 정확성과 법에 맞춰지면 안 되며 그것들로 환원 불가능해야 한다고 말했던 정의에 대해 증언할 수 있을 것이다. 하지만 이것은 여기서 결정적인 동기부여가 되지는 못하며, 우리는 결국 이러한 슬로건들이 지닌 단순한 태도와 결별해야 할 것이다. 확실한 것은, 환기해 보건대, 엥겔스가 전하는 재담에 따를 경우, 오래전에 어떤 사람[마르크스—옮긴이]이 말했듯이, 내가 마르크스주의자가 아니라는 것이다. 사람들은 무엇으로 마르크스주의적인 언표를 식별하는가? 그리고 오늘날 누가 아직도 "나는 마르크스주의자다"라고 말할 수 있겠는가?

마르크스주의의 어떤 정신으로부터 계속 영감을 얻어 낸다는 것은 마르크스주의를 원칙적으로, 그리고 무엇보다도 하나의 **근본적인** 비판으로, 곧 기꺼이 자기비판을 수행하려고 하는 태도로 만들어 온 것에 대해 충실함을 의미할 것이다. 이러한 비판은, 원칙적이고 명시적으로 자기 자신에 대한 전환과 재평가, 재해석에 대해 **자기 자신**을 개방하기를 **원한다.** 이러한 비판적인 "스스로 원함se vouloir"은 아직 비판적이지 않은, 그러나 전

前비판적인 것도 아닌, 아직은 아닌, 어떤 토양에 필연적으로 뿌리를 두고 있고, 거기에 관여하고 있다. 이러한 정신은 하나의 스타일이긴 하지만 또한 하나의 스타일 이상이다. 그것은 포기해서는 안 되는 계몽의 어떤 정신을 상속하고 있다. 우리는 이러한 정신을 마르크스의 다른 정신들로부터, 곧 마르크스주의를 마르크스주의의 교의에, 이른바 체계적이고 형이상학적인, 또는 존재론적 총체성에(특히 "변증법적 방법"이나 "유물 변증법"에), 노동과 생산양식, 사회 계급이라는 마르크스주의의 기본 개념들에, 따라서 그 장치들(노동자 운동 인터내셔널, 프롤레타리아 독재, 유일당, 국가, 마지막으로 전체주의적 괴물 등과 같은 투사된 장치들이나 현실적인 장치들)의 전체 역사에 고정시키는 정신들로부터 구분할 것이다. 왜냐하면— "좋은 마르크스주의자"로서 말하자면— 마르크스주의 존재론에 대한 해체는 단지 마르크스주의 몸체의 이론적이고 사변적인 층위만이 아니라, 이를 세계 노동자 운동의 장치들 및 전략들의 가장 구체적인 역사와 접합하는 모든 것을 겨냥하고 있기 때문이다. 그리고 이러한 해체는 최종 분석에서 어떤 방법론적이거나 이론적인 절차인 것은 아니다. 그 가능성 속에서, 그리고 항상 그것을 구성해 왔던 게 될 불가능한 것의 경험 속에서, 이러한 해체는 결코 사건에 대해, 곧 아주 간단히 말하자면 발생하는 것의 도래에 대해 둔감하지 않다. 몇 년 전 어떤 소비에트 철학자들은 모스크바에서 나에게 페레스트로이카에 대한 가장 좋은 번역은 여전히 "해체"라고 말한 바 있다.

마르크스주의의 다른 모든 정신들— 아마도 사람들은 이러한 다른 모든 정신들이 거의 모든 것을 결집하고 있음을 확인하면서 미소 지을 것이다— 로부터 우리가 충실해야 하는 정신을 분리해 내는 외견상 화학적인 이러한 분석에서, 오늘 저녁 우리의 실마리는 정확히 환영이라는 질문이 될 것이다. 마르크스는 환영과 환영의 개념, 유령 내지는 망령의 개념을 어떻게 다루었는가? 그는 그것을 어떻게 규정했는가? 어떻게 그는 수많은 주저와 긴장, 모순들 끝에 그것을 마침내 어떤 존재론에 결속시켰는가? 이러한 환영의 속박은 무엇인가? 이러한 존재론을 유물론과 당, 국가, 국가의 전체주의화와 연결하는 이러한 결속의 결속은 무엇인가?

비판한다는 것, 끝없는 자기비판을 요구한다는 것은 모든 것과 거의 모든 것을 구분한다는 것이다. 만약 내가 결코 포기하지 않을 마르크스주의의 어떤 정신이 존재한다면, 그것은 단지 비판적 이념이나 질문하기의 자세인 것만은 아니다(비록 이러한 이념이나 자세가 마지막 말도 첫번째 말도 아니라는 것을 알고 있지만, 일관된 해체는 이것들을 견지해야 한다). 그것은 오히려, 우리가 일체의 교리들이나 심지어 일체의 형이상학적·종교적인 규정, 일체의 메시아주의로부터 해방시키려고 시도할 수 있는 어떤 해방적이고 메시아적인 긍정, 약속에 대한 어떤 경험이다. 그리고 어떤 약속은 지켜진다는 것을 약속해야 한다. 곧 "정신적"이거나 "추상적"인 것으로 남는 것이 아니라, 사건들과 새로운 형태의 활동, 실천, 조직 등을 생산해낼 것을 약속해야 한다. "당 형태"나 이러저러한 국가 형태 내지 인터내셔널의 형태와 단절한다고 해서 모든 실천적이거나 현실적인 조직 형태를 포기한다는 뜻은 아니다. 여기서 우리에게 중요한 것은 정확히 정반대의 것이다.

이렇게 말함으로써 우리는 두 개의 지배적인 경향에 대립하게 된다. **한편으로** 우리는 어떤 마르크스주의자들(특히 알튀세르 주위의 프랑스 마르크스주의자들)이 수행한 마르크스주의에 대한 가장 주도면밀하고 가장 현대적인 재해석과 대립하게 되는데, 이들은 마르크스주의를 일체의 목적론이나 메시아적인 종말론으로부터 분리해야 한다고 믿었다(하지만 내 화두는 정확히 메시아적인 종말론을 목적론과 구별하는 것이다). **다른 한편으로** 우리는 반 마르크스주의적인 해석과 대립하게 되는데, 이러한 해석은 마르크스주의에 대해 항상 해체 가능한 존재신학적 내용을 부여함으로써 자신의 고유한 해방적 종말론을 규정하고 있다. 여기서 나에게 중요한 해체적 사고는 항상 긍정과 약속의 환원 불가능성과 더불어 어떤 정의의 관념(여기서는 법과 분리된)의 해체 불가능성을 지적해 왔다.[61] 이러한 사유는 종결될 수 없는 근본적이고 무한한 비판(사람들이 말하듯 이론적이고 실천적인)의 원리에 대한 정당화 없이는 작동할 수 없다. 이러한 비판은 도래하고 있는 것의 절대적 미래에 대해 열려 있는 어떤 경험, 곧 타자와 사건에 대한 기다림에 맡겨져 있고 드러나 있고 주어져 있는, 필연적으로 비규정적이고 추상적이고/고립되어 있는abstraite 사막과 같은 경험의 운동에 속한다. 그러나 이러한 비판의 순수한 형식성과 그것이 요구하는 비규정성 때문에, 이러한 비판과 어떤 메시아적인 정신 사이에서 또 다른 본질적인 친화성을 발견할 수도 있을 것이다. 우리가 여기나 다른 곳에서 탈전유(모든 "자본", 모든 소유 내지 전유의 근본적인 모순, 그리고 자유로운 주체성을 필두로 이것들에 의존하는 모든 개념들 및 이 개념들에 의해 규제되는 해방 개념의 근본적인 모순)에 대해 말해 온 것은 어떠한 속박도 정당화하지 않는다. 그것은 말하자면 속박과 정확히 정반대다. 예속은 (자기 자신을) 전유에 결부/속박시킨다.

마르크스주의의 어떤 정신에 대한 이러한 충실성의 태도는 원리 상

누구에게나 부과되는 하나의 책임이다. 공동체라는 이름을 붙이기 힘든 새로운 인터내셔널은 단지 익명성에만 속할 뿐이다. 하지만 오늘날 이러한 책임은, 적어도 지적·학술적인 장의 한계들 안에서는, 지난 수십 년간 정치적이거나 이론적인 형태를 띤 마르크스주의적 독단주의 및 심지어 형이상학의 어떤 헤게모니에 **저항할 수 있었던** 이들에게 **훨씬 더 명령적인 형태로**, 그리고 ── 누구도 이러한 책임으로부터 배제하지 않기 위해서 말하자면 ── **우선적으로, 긴급하게** 부과된다. 좀더 정확히 말하자면, 이러한 책임은 반동적이거나 보수적인 또는 신보수적인, 그리고 반과학적이거나 반지성적인 시도들에 영합하지 않고 이러한 저항을 인식하고 실천해 왔던 사람들에게, 반대로 도래할 세기를 위한 새로운 계몽의 이름으로, 초비판적인hyper-critique, 감히 말하자면 해체적인 방식으로 계속 진행해 왔던 사람들에게 부과된다. 그리고 민주주의와 해방의 이상을 포기하지 않고 오히려 그것을 다른 식으로 사고하고 작동시키려고 했던 사람들에게 부과된다.

여기서 책임은 다시 한 번 어떤 상속자의 책임일 것이다. 그들이 그것을 원하든 원치 않든, 알고 있든 모르든 간에, 전 세계의 모든 남자들과 여자들은 오늘날 어느 정도는 마르크스와 마르크스주의의 상속자들이다. 곧, 조금 뒤에 이 점에 대해 말해 보겠지만, 그들은 철학적이고 과학적인 형태를 띠고 있는 어떤 기획 ── 또는 어떤 약속 ── 의 절대적 독특성의 상속자들이다. 이러한 형태는, 우리가 종교를 실정 종교religion positive라는 의미로 이해한다면, 원리상 반종교적이다. 그것은 신화론적인 것이 아니며, 따라서 국민적인 것이 아니다. 왜냐하면 선택받은 백성이라는 관념과의 긴밀한 연관성을 넘어서, 종교적이거나 신화론적이지 않은, 넓은 의미에서 "신비적"이지 않은 국민성이나 국민주의는 존재하지 않기 때문이다. 이러한 약속 또는 이러한 기획의 형태는 절대적으로 유일한 것으로 남아 있다. 이러한 약속 내지 기획의 사건은 독특하고 총체적이면서 말소할 수 없는 것이다. 부인否認에 의해서가 아니라면, 말소하지 못한 채 단지 외상外傷trauma의 효과를 전위시키는 데 불과한 애도 작업을 통해서가 아니라면, 이는 말소할 수 없다.

이러한 사건에 선행하는 것은 아무것도 없다. 인류의 역사 전체에서, 세계와 지구의 역사 전체에서, 우리가 역사라는 이름을 부여할 수 있는 모든 것 속에서, 그러한 사건(다시 한 번 반복하자면, 국민주의적인 종교, 신화, "신비"와 단절한다고 주장하는 철학적·과학적 형태를 띤 담론의 사건)은 최초로, 그리고 분리할 수 없게, 범세계적인 사회조직 형태들(보편적인 사명을 띤 당, 노동운동, 국가연합 등)과 결속되어 왔다. 이것들 모두는 인간, 사회, 경제와 국민에 대한 새로운 개념을 제시하면서 또한 국가와 그 소멸에 대한 몇 가지의 개념들도 제시한다. 우리가 이러한 사건에 대해, 때로는 그렇게 시작된 것의 가공할 만한 실패에 대해, 곧 기술경제적이거나 생태적인 재난들과 전체주의적인 도착들(어떤 사람들은 오랫동안 이것들이 엄밀하게는 도착적인 것이 아니라고, 곧 그것들은 병리적이고 우연적인 타락이 아니라 탄생의 순간부터 현존하고 있던 어떤 본질적 논리, 원초적 어그러짐의 필연적 전개라고 주장해 왔다. 우리로서는, 너무 간략하게 말하는 듯하지만, 어쨌든 이들의 가설과 모순되지는 않게, 이것들을 유령의 유령성에 대한 **존재론적** 취급의 효과라고 말해 두자)에 대해 어떻게 생각하든 간에, 또한 앞으로 뒤따라 나올 인류의 기억 속의 외상에 대해 어떻게 생각하든 간에, 이러한 유일한 시도는 발생했다. 새로운 유형의 메시아적인 약속은, 비록 그 언표 행위의 형태대로 충족되지 않았을지라도, 비록 어떤 존재론적 내용의 현재를 향해 성급하게 전락했을지라도, 역사 속에 창시적이고 유일한 표시를 새겼던 것이 될 것이다. 그리고 우리가 이러한 사건을 원하든 원치 않든 간에, 우리가 이 사건에 대해 어떤 의식을 갖고 있든 간에, 우리는 그것의 상속자가 되지 않을 수 없다. 책임에 대한 호소 없이는 어떤 상속도 존재하지 않는다. 하나의 상속은 항상 어떤 빚에 대한 재긍정이지만, 이는 비판하고 선별하고 여과하는 재긍정이며, 우리가 몇 가지의 정신들을 구별했던 것은 바로 이 때문이다. 부제 속에 "채무 국가/빚진 상태État de la dette"라는 애매한 표현을 집어넣음으로써 우리는 몇 가지의 회피할 수 없는 주제들을 예고해 두고 싶었으며, 그 중에서도 특히 마르크스와 마르크스주의라는 고유명사들 아래 역사적 기억 속에 기입되어 있는 정신들 중 하나에 대한 말소할 수 없고 변제할 수 없는 어떤 빚을 예고해 두고 싶었다. 인지되지 않은 곳에서조차, 무의식적으로 또는 부인된 채로 남아 있는 곳에서조차 이러한 빚은 작용하고 있으며, 특히 암묵적으로 모든 철학 또는 철학이라는 주제에 대한 모든 사고를 구조화하는 정치 철학 속에서 작용하고 있다.

시간이 없으므로, 예컨대 해체라 불리는 것이 지난 수십 년의 기간을 거치면서 애초에 지니고 있던 모습에서 나타난 몇 가지 특징, 곧 고유성의 형이상학, 로고스 중심주의, 언어 중심주의, 음성 중심주의에 대한 해체, 언어의 자율적인 헤게모니에 대한 탈신비화 내지 탈침적화(이러한 해체의 과정을 통해 텍스트나 흔적에 대한 또 다른 개념, 텍스트나 흔적의 원초적 기술화technicisation에 대한, 되풀이 (불)가능성, 보철하는 대체 보충[118]에 대한, 하지만 또한 고유한 것 및 탈전유라고 불린 것에 대한 또 다른 개념이 다듬어졌다)에 한정해 보기로 하자. 이러한 해체는 전前 마르크스주의적 공간에서는 불가능하고 사고 불가능했을 것이다. 해체는, 적어도 내가 보기에는 어떤 마르크스주의, 어떤 마르크스주의의 정신의 심화深化로서만 의미를 지니고 흥미를 지닐 수 있으며, 다시 말해 또한 해체는 어떤 마르크스주의의 **전통** 속에서만, 어떤 **마르크스주의**의 **정신** 속에서만 의미를 지니고 흥미를 지닐 수 있다. 해체라고 불리는, 마르크스주의에 대한 이러한 심화의 시도가 존재해 왔다(그리고 몇몇 사람들은 해체에서는 차이差移와 연계되어 있는 노동 개념 및 애도 노동 일반과 마찬가지로, **차이**差移의 경제와 탈전유에 대한, 심지어 증여에 대한 어떤 **경제적인** 개념이 조직화하는 역할을 수행했음을 주목한 바 있다). 만약 이러한 시도가 조심스러운 데다가 매우 부족했지만 마르크스에 대한 참조의 전략에서는 부정적인 경우가 드물었다면, 그 이유는 마르크스주의 존재론, 마르크스라는 명칭, 마르크스를 통한 정당화는 어떤 점에서는 너무 견고하게 **몰아세우는** 것이었기 때문이다. 이것들 모두는 어떤 권위, 장치들 및 전략들에 용접되어 있는 것처럼 보였는데, 이것들이 지닌 최소의 결함은 단지 이것들이 그 자체로 미래, 장래 자체를 결여하고 있다는 데에만 있지 않았다. 용접이라는 용어는 인공적인 접착, 하지만 견고한 접착으로 이해할 수 있으며, 이러한 용접의 사건 자체는 지난 150년의 세계사 전체, 따라서 내 세대의 역사 전체를 구성해 왔다.

그러나 심화radicalisation란 그것이 심화하는 것 자체에 항상 빚을 지고 있다.[62] 이것이 바로 내가 해체의 마르크스주의적 기억과 전통에 대해,

---

118) "원초적 기술화"나 "보철하는 대체 보충"의 의미에 관해서는 『에코그라피』의 이곳저곳을 참조하기 바란다.

그것의 마르크스주의적 "정신"에 대해 말한 이유이다. 이것은 물론 마르크스주의의 정신들 중 유일한 것도, 그저 그중 한 가지에 불과한 것도 아니다. 이러한 사례들을 좀더 많이 예시하고 좀더 세심하게 다루어야 마땅하지만, 시간이 부족하다.

이 책의 부제 중 하나가 정확히 **채무 국가/빚진 상태**라고 표기된 이유는——대문자 É가 붙거나 붙지 않은——국가나 상태라는 개념[119]을 세 가지 **방식**으로 문제화하기 위해서다.

첫째, 우리가 충분히 강조했듯이, 우리는 마르크스 및 마르크스주의와 관련해서는, 사람들이 상세하게 대차대조표나 조서를 **만들듯이**, **정태적이고 통계적인** 방식으로 채무 **상태**를 작성할 수 없다. 이러한 셈comptes은 도표로 표시될 수 없다. 선별하고 해석하고 어떤 방향을 따르는 참여에 의해, 실천적이고 수행적인 방식을 통해 우리는 우리 자신을 셈할/책임질[120] 수 있다. 그리고 이미 복수적이고 이질적이며 모순적이고 분할되어 있는 어떤 명령의 함정들 속에, 마치 어떤 책임처럼, 사로잡힘으로써 시작하는 어떤 결정에 의해 [우리 자신을 셈할/책임질 수 있다—옮긴이]. 따라서 어떤 상속은 항상 자신의 비밀을 보존한다. 그리고 어떤 범죄의 비밀을. 그 저자 자신의 비밀을. 햄릿에게 말하는 이의 비밀을.

---

119) 프랑스어에서 대문자 É가 붙은 "État"는 대개 "국가"를 가리키며, 소문자만으로 된 "état"는 주로 "상태"나 "상황"을 의미한다.

120) "셈할/책임질"의 원어는 "se fait comptable"이다. "compte"는 원래 "계산"이나 "셈"을 의미하는데, 여기서 파생된 "comptable"이라는 형용사는 영어의 "accountable"과 마찬가지로 "계산 가능한"이라는 의미와 더불어 "책임 있는", "책임을 지는" 등의 의미도 갖고 있다. 이 구절에서 데리다는 "comptable"이 지닌 이 두 가지 의미를 활용하여 마르크스 및 마르크스주의에 대해 우리가 지고 있는 채무 상태는 선별하고 해석하고 방향을 따르는 참여의 행위를 통해서만 계산이 가능하며, 또 이를 통해서만 우리의 채무를 성실히 이행하는, 곧 마르크스주의에 대한 우리의 책임을 다하는 것이 가능하다는 점을 강조하고 있다.

유령. 난 네 아비의 혼령으로

밤에는 일정 기간 나다니고 낮에는,

불에 갇혀 굶어야 할 운명에 처해 있다

생전에 저지른 더러운 죄, 불로 씻어

없어질 때까지. 내 감옥의 비밀 누설이,

금지되지 않았다면 얘기 하나 꺼내어.

Ghost. I am thy father's spirit,

Doom'd for a certaine terme to walke the night;

And for the day confin'd to fast in Fires,

Till the foule crimes done in my dayes of Nature

Are burnt and purg'd away : But that I am forbid

To tell the secrets of my Prison-House;

I could a tale unfold ⋯⋯[63]

　여기서 모든 망령은 **땅 밑으로부터** 나오고 다시 거기로 돌아가는 것처럼 보인다. 숨겨진 은신처(부식토와 무덤, 지하의 감옥)에서 나오듯 거기에서 나와서, 가장 낮은 곳으로, 누추하고 습기 차고 모욕당하는 곳을 향해 돌아가는 것처럼 보인다. 우리는 여기서, 우리도 역시, 가능한 한 땅에 가장 가까이 엎드려서 어떤 동물의 귀환을 숨죽인 채로 지켜보아야 한다. 늙은 두더지의 모습("말 잘했다, 늙은 두더지Well said, old Mole"[121])도 어떤 고슴도치의 모습도 아니고, 좀더 정확히 말하면, 아비의 혼령이 "저승에 관

---

121) 『햄릿』 1막 5장, 51쪽.

한 일"을 "피와 살을 가진 귀"[122]에 공개하는 것을 피함으로써 몰아내려고 했던 "성난 호저豪豬fretfull Porpentine"[123]의 모습을 지닌 동물의 귀환을.

둘째, 또 다른 부채. 민주주의와 인권, 인류의 장래 등에 대한 보편적 담론과 관련된 모든 질문은 "외채" 문제가 가능한 한 책임 있고 일관되게 체계적인 방식으로 정면에서 취급되지 않는 한 형식적·보수적·위선적인 알리바이만을 산출하게 될 것이다. 외채라는 이 상징적인 이름 내지 모습에서 문제가 되는 것은 이익/이자, 무엇보다 자본 일반의 이자인데, 이 이자는 오늘날의 세계 질서, 곧 세계시장의 질서에서 수많은 인류에게 멍에를 씌우고 그들을 새로운 형태의 예속 상태에 묶어 두고 있다. 이러한 일은 국가적인 또는 간ﹰ국가적인 조직 형태 아래서 발생하며, 또 항상 그러한 형태 속에서 허가된다. 적어도 마르크스주의적 비판의 정신, 시장 비판의 정신, 자본의 다양한 논리 및 국가와 국제법을 이러한 시장과 결속시키는 것에 대한 비판의 정신이 없다면, 우리는 이러한 외채 문제 ── 및 그것이 환유적으로 가리키는 모든 문제 ── 를 다룰 수 없을 것이다.

셋째, 마지막으로, 그리고 결과적으로, 결정적인 변동의 단계에는 국가와 국민국가, 국민 주권 및 시민권 개념들에 대한 심원하고 비판적인 재고찰로 대응해야 한다. 국가, 국가 권력, 국가 장치에 관한, 사회경제 세력에 대한 국가의 법적 자율성이라는 환상에 관한, 또한 국가가 더 이상 지배하지 않는, 더욱이 결코 다른 세력들과의 공모 없이 혼자서 지배했던 적이 없는 공간 속에서 국가의 소멸에 관한 또는 오히려 그러한 공간 속으로

---

122) 『햄릿』 1막 5장, 44쪽.
123) 『햄릿』 1막 5장, 43쪽.

국가의 재기입, 국가의 재-한정에 관한——마르크스주의적인 결론들까지
는 아닐지 몰라도——마르크스주의적 문제 설정에 경각심을 갖고 체계적
으로 준거하지 않고서는 이러한 대응은 불가능할 것이다.

4장_혁명의 이름으로, 이중 바리케이드
비순수한 "비순수하고 비순수한 유령들의 역사"

1848년 6월의 반역은——서둘러 이 이야기를 해 둬야겠다——예외적인 사건이어서 역사철학 속에서 분류하는 것이 거의 불가능하다. (……) 그러면 근본적으로 1848년 6월이란 무엇이었던가? 그것은 민중의 자기 자신에 대한 반역이었다. (……) 잠시 동안 독자의 주의를, 지금 말한 정말로 특이한 두 개의 바리케이드 (……) 그 두 개의 무시무시한 내란의 걸작품들로 돌리게 하는 것을 이해해 주기 바란다. (……) 생 탕트완의 바리케이드는 기괴했다. (……) 폐허였다. 누가 바리케이드를 세웠는가 하고 물을 수 있다면, 누가 그것을 파괴했는가 하고 물을 수도 있다. (……) 바리케이드는 위대하고도 왜소했다. 혼돈스런 것들이 즉석에서 만든 심연이었다. (……) 즉흥적인 흥분의 산물이었다. (……) 바리케이드는 광란의 상태에서 (……) 비정상적인 활기에 넘쳐 있고, 마치 천둥 치는 검은 구름처럼 번갯불에 번쩍이고 있었다. 혁명 정신으로 시작된 검은 구름이 그 꼭대기를 덮고 있었는데 신의 목소리와 흡사한 민중의 소리가 울려 퍼지고 있었다. 터무니없이 허물어진 쓰레기 더미에서 이상하게 장엄한 공기가 새어 나왔다. 그것은 쓰레기 더미였고 또한 시나이 산이었다.

앞에서 말한 대로 그 바리케이드는 혁명의 이름으로 혁명을 공격한 게 아니고 무엇이겠는가?

(……) 안쪽 깊숙이 솟은 장벽이 그 거기를 막다른 골목으로 만들었다. 벽은 조용하고 요지부동이었다. 아무도 보이지 않고 아무 소리도 들리지 않았다. 외치는 소리도, 물건 소리도, 숨소리도 들리지 않았다. 마치 무덤 속 같았다.

(……) 그 바리케이드의 우두머리는 기하학자이거나 유령일 거라고 느껴졌다.

(……) 생 탕트완의 바리케이드는 천둥 소리처럼 요란하게 울렸고 탕플의 바리

케이드는 침묵 그것이었다. 이 두 개의 바리케이드 사이에는 무시무시함과 음산함의 차이가 있었다. 하나는 사나운 짐승의 입이었고 다른 하나는 가면과 같았다. 이 거대하고 음울한 6월의 봉기가 하나의 분노와 하나의 수수께끼로 이루어져 있다는 점을 인정한다면, 전자의 바리케이드에서는 용을, 후자의 바리케이드에서는 스핑크스를 느낄 수 있었다. (……)

심연 속에서는 이야기 말고 달리 무엇을 하겠는가?

16년이란 세월은 봉기를 위한 지하 교육 기간으로서는 상당히 긴 시간이므로, 1848년 6월은 1832년 6월보다 봉기에 대해 더 많은 지식을 갖추고 있었다. (……) 이제 지옥이 된 이 싸움에는 더 이상 사람들이 존재하지 않았다. 그들은 괴물에 맞서는 거인들도 아니었다. 이는 호메로스보다는 밀턴이나 단테와 더 비슷했다. 악마들이 공격했으며, 유령들은 저항했다.

(……) 군중의 가장 어두운 안쪽에서 (……) "시민들이여, 시체가 되어 저항합시다"라고 외치는 목소리가 들렸다. (……) 이 말을 한 사내의 이름은 끝내 알 수 없었다. (……) 항상 인류의 위기와 사회의 개벽에 섞여 있는 이 위대한 익명성 (……) "시체의 저항"을 외친 이름 모를 사내가 공통의 영혼이 담겨 있는 말을 끝냈을 때, 모든 사람의 입에서 이상하게도 만족스러운 무서운 외침 소리가 쏟아져 나왔다. 그 뜻은 비장했고 어조는 의기양양했다.

"죽음 만세! 모두 여기에 남자!"

"왜 모두지?" 앙졸라가 말했다.

"모두야! 모두!"

빅토르 위고, 『레미제라블』[124]

---

124) 『레미제라블 5: 혁명 바리케이드 도둑』(송면 옮김, 동서문화사, 2002), 1861~1878쪽. 번역은 다소 수정.

"마르크스의 유령들"이라는 이 강연의 제목은 무엇보다도 마르크스에 대해 말하도록 촉구할 것이다. 마르크스 자신에 대해. 그의 유언이나 그의 유산에 대해. 그리고 한 유령에 대해, 마르크스의 그림자에 대해, 오늘날 그토록 많은 목소리들이, 복귀하는 것을 쫓아내고자 하는 그 망령에 대해 말하도록 촉구할 것이다. 왜냐하면 이러한 목소리들은 푸닥거리 내지 모의와 닮았기 때문인데, 이는 다소간 명료한 또는 다소간 은밀한 조항들에 동의하는 그토록 많은 정치적 주체들 사이에 합의된 일치 또는 계약 때문이지만(문제는 항상 권력의 열쇠를 획득하거나 보존하는 것이다), 무엇보다 이러한 모의가 푸닥거리를 벌이도록 예정되어 있기 때문이다. 마술을 써서 하나의 유령을 푸닥거리해야 하며, 그 자체로 해로운 것으로 간주되는, 그리고 그 악마적인 위협이 계속 이 세기 내내 유령처럼 따라다니고 있는 어떤 힘의 가능한 복귀를 떨쳐 내야 한다.

귀를 틀어막은 채 이루어진 합의 속에서, 이러한 푸닥거리는 오늘날에도 계속, 죽어 있는 것은 죽은 채로 남아 있어야 한다고 주장하고 있기 때문에 의심을 불러일으킨다. 이러한 푸닥거리는 그것이 우리를 잠들게 만들고 싶어 하는 곳에서 우리를 깨어나게 한다. 따라서 밤새 눈을 뜬 채 감시해야 한다. 시체는 아마도 죽지 않았을 것이다. 푸닥거리가 믿게 만들려고 하는 것처럼 그렇게 쉽게 죽지는 않았을 것이다. 사라진 자는 항상 거기에서 나타나며, 그것의 출현은 무가 아니다. 그 출현은 아무것도 아닌 게 아니다. 유해의 신원을 확인할 수 있다고 가정한다면, 죽은 자는 노동할 수 있어야 한다는 것, 그리고 아마도 그 어느 때보다 더 많이 노동할 수 있게 해야 한다는 것을 우리는 오늘날 그 어느 때보다 더 잘 알고 있다. [현실적인 생산양식 이외에도—옮긴이] 또한 환영의 생산양식이 존재하며, 이는 그 자체로 환영적인 생산양식이다. 애도 작업에서처럼, 외상外傷trauma 이후에 푸닥거리는 죽은 자가 다시 돌아오지 않으리라고 확신할 수 있어야 한다. 그 시체가 매장된 그 장소에서 썩어 흩어지도록, 아니면 심지어 모스크바에서 하듯이 방부 처리되어 생전 모습 그대로 한 곳에, 안전한 장소에 머무르도록, 빨리 할 수 있는 모든 일을 다 하라. 빨리 지하 묘지에 가두고 열쇠들을 보관해라! 이 열쇠들은, 마르크스의 죽음 위에서 푸닥거리가 재구성하려고 하는 권력의 열쇠들과 다르지 않다. 우리는 앞에서 빗장 풀기에 대해 말한 바 있다. 내가 이 기조연설을 이끌어 가려고 하는 열쇠의 논리[125]는 외상의 정치 논리이자 애도의 위상학의 논리다. 이는 사실상 그리고 권리상 끝날 수 없는, 실제로나 개념상으로나 가능한 정상성도, 신뢰할 수 있는 한계도 존재하지 않는, 입사introjection와 합체incorporation 사이에 존재하는 애도다.[126] 하지만 우리가 제시했듯이 동일한 논리가, **존재하지 않는,** 더 이상 또는 아직 살아 있지 않은, **현존적으로 살아** 있지 않은 누군가에 대해 바쳐진 존중 자체 속에서 생성하는, 법을 넘어서는 어떤 정의의 명령에 응답한다.

애도는 항상 어떤 외상을 뒤따른다. 나는 다른 곳에서 애도 작업/애도 노동은 다른 노동과 유사한 하나의 노동이 아니라는 것을 보여 주려고 했다.[127] 그것은 노동 그 자체, 노동 일반이며, 우리가 그것을 따라 생산 개념 자체를 재고찰해야 하는 특징/끈trait이다. 물론 이러한 재고찰은 생산 개

---

125) 이 구절의 원문은 "la logique de la clé dans laquelle je souhaitais orienter cette keynote address"다. 데리다는 이 구절에서 "기조"의 원어, 곧 "keynote"에 "열쇠"를 뜻하는 "key"라는 단어가 들어 있는 것을 감안하여, 언어 유희를 하고 있다.

126) 데리다에서 "애도" 또는 "애도 작업"의 의미에 대해서는 '용어 해설'을 참조하라.

127) 특히 *La carte postale*, Flammarion, 1980 참조.

념을 외상과 애도, 탈전유의 이념화하는 되풀이 (불)가능성과 연결해 주는, 따라서 모든 기술techne에서 작용 중인 유령적인 정신화와 연결해 주는 것 속에서 이루어져야 한다. 동일한 한 가지 비교사比較史를 통해 인간의 나르시시즘에 가해진 세 가지 외상 —— 이로써 인간은 탈중심화되었다 —— 을 한데 묶은 프로이트의 말에 대해 아포리아적인 후기를 덧붙이고 싶은 유혹이 생긴다. 세 가지 외상이란 **우주론적** 외상(코페르니쿠스의 지구는 더 이상 우주의 중심이 아니며, 우리가 이로부터 지정학적인 한계들과 관련된 여러 가지 결과들을 이끌어 낼 수 있는 한에서 이는 더욱더 참이라고 할 수 있다) 이후에 가해진 **생물학적** 외상(다윈이 발견한 인간의 동물로부터의 유래. 더욱이 엥겔스는 『공산당 선언』의 1888년 「서문」에서 이 점에 관해 언급하고 있다[128]), 그리고 그 뒤에 가해진 **심리학적** 외상(정신분석이 발견한, 의식적 자아에 대한 무의식의 힘)을 뜻한다. 여기서 우리의 아포리아는 마르크스주의의 **타격**과 그 주체를 규정하기 위해서는 아무런 이름도, 아무런 목적론도 존재하지 않는다는 사실에서 비롯한다. 프로이트는 인간이 누구인지 그리고 그 나르시시즘은 무엇인지 알고 있다고 믿었다. 마르크스주의의 타격은, 전체주의 세계의 역사(여기에는 스탈린 식의 전체주의와 분리될 수 없는 적수들인, 나치즘과 파시즘이 포함된다)와 마찬가지로 때로는 메시아적인 또는 종말론적인 형태를 띤, 사상과 노동자 운동의 투사된 통

---

128) "내 생각으로는 다윈의 이론이 자연과학에서 정초했던 것과 동일한 진보를 역사과학에서 정초할 사명을 부여 받은 이 사상에 우리 두 사람은 이미 1845년이 되기 몇 년 전부터 점차적으로 접근하고 있었다. 내가 독자적으로 이 방향으로 얼마만큼 나아갔던가는 나의 『잉글랜드 노동 계급의 처지』가 보여 주고 있다. 그러나 내가 1845년 봄 브뤼셀에서 그를 다시 만났을 때, 그는 이미 그것을 완성해 놓았으며 내가 위에서 요약해 놓은 것과 거의 비슷할 정도로 명료한 언어로 나에게 제시하였다."(『칼 맑스 프리드리히 엥겔스 저작 선집』 1권, 최인호 외 옮김, 박종철 출판사, 1993~1997, 381쪽)

일이다. 이는 아마도 인간에게는 그의 역사의 몸체와 그의 개념의 역사를 통틀어 가장 깊은 상처, 프로이트의 눈에 비친 가장 심각한 세번째의 상처Kränkung, 정신분석의 타격이 산출한 "심리학적" 상처보다 훨씬 더 외상적인 상처일 것이다.[64] 왜냐하면 수수께끼처럼 마르크스의 이름으로 가해진 **타격**은 또한 다른 세 개의 타격을 축적하고 결집하고 있다는 점을 우리는 알고 있기 때문이다. 따라서 이 타격은, 비록 이전 세기에는 그렇지 않았을지 몰라도 오늘날에는 나머지 세 개의 타격을 전제하고 있다. 이 타격은, 마르크스의 이름을 지닌 채 그 이름을 무한히 초과하면서 나아가는 것처럼, 세 개의 타격을 실행하면서 그것들보다 더 멀리 나아간다. "마르크스주의"의 세기는 지구와 지정학에 대한, 존재신학적 동일성 내지 유전적 속성들에 따라 파악된 인간anthropos에 대한, 생각하는 자아ego cogito에 대한, 그리고 나르시시즘의 개념 자체 ——간단히, 많은 참고 문헌들을 생략한 채 아주 간단히 말하면, 이 개념의 아포리아들은 해체의 명시적 주제다—— 에 대한 과학기술적이고 현실적인 탈중심화의 세기였던 게 될 것이다. 이러한 외상은 그것의 충격을 완화하고 동화시키고 내면화하고 합체하려는 운동 자체에 의해 부인됨으로써 끝나지 않을 것이다. 진행 중에 있는 이러한 애도 작업 속에서, 이 끝날 수 없는 과제 속에서, 환영은 사고해야 할, 그리고 실행해야 할 것을 가장 많이 선사하는 것으로 남아 있다. 좀더 정확히 강조해 두기로 하자. 환영은 도착하도록arriver 내버려 두어야 할 것을 가장 많이, 그리고 도착하도록 실행해야 할 것을 가장 많이 선사하는 것으로 남아 있다.

하지만 마르크스의 유령들은 다른 쪽에서 무대로 들어온다. 유령들은 소유격의 다른 길을 따라 이름 붙여지며, 이 다른 문법은 문법 이상의 것을 말한다. 마르크스의 유령들, 이는 또한 마르크스 자신의 유령들이기도 하다.[129] 이는 아마도 우선 마르크스를 사로잡고 있던 환영들, 마르크스를 시달리게 만들었던 게 될, 마르크스가 먼저 자신의 것으로 만들려고 했던 게 될 망령들일 것이다. 이는 그가 그 망령들의 비밀을 알고 있었음을 의미하지 않는다. 또한 이는 우리가 망령에 대해 그것은 자신이 거기에서 **정립되도록** 해 준다고, **면전**에 자신이 **드러나도록** 해 준다고 말할 수 있을 경우——하나의 주제나 체계, 또는 하나의 테제나 합合테제에 대해서는 마땅히 이렇게 말할 수 있어야 하는데——하나의 주제가 될 만한 것, 곧 망령의 강박적인 회귀를 그가 주제화했다는 것을 의미하지도 않는다. 그런데 유령은, 만약 그것이 존재한다면, [주제나 체계, 테제나 합合테제 같은——옮긴이] 이 모든 가치들의 권리를 박탈할 것이다.

우리는 이제부터 마르크스의 유령들이라는 이 단어들을, 마르크스가 처음으로 그것들의 도래를 깨닫고 때로는 기술하기도 했던 것이 될, 어떤 모습들의 이름으로 삼을 것이다. 마르크스는 최상의 것을 예고하는 이 모습들의 사건을 환영했던 게 될 것이며, 최악의 것에 속하는 또는 최악의 것으로 위협하는 이 모습들에 대한 증언은 거부했던 게 될 것이다. 유령에는 여러 시간이 있다. 유령의 고유성은——만약 그런 게 있다면——그것이 되돌아옴으로써 살아 있는 과거를 증언할 것인지 아니면 살아 있는 미래를 증언할 것인지 알 수 없다는 점에 있다. 왜냐하면 망령은 살아 있는 것의 유령의 약속된 복귀를 이미 표시할 수 있기 때문이다. 다시 한 번 비동

---

129) 앞 문단까지 다룬 것이 "마르크스라는 유령", "마르크스가 산출한 유령들"의 문제였다면, 지금부터는 "마르크스의 유령들", 곧 "마르크스를 사로잡고 있는 유령들"을 다룰 차례라는 뜻이다.

시대성이, 현재성의 어그러짐이 문제다. 이런 시각에서 볼 때 공산주의는 항상 유령적이었고 또 유령적인 것으로 남아 있을 것이다. 그것은 항상 도래할 것으로 남아 있으며, 민주주의 자체처럼, 충만한 자기 현존으로 이해된, 자기 자신과 실제로 동일한 어떤 현존의 총체로 이해된 모든 살아 있는 현재와 구별된다. 자본주의 사회들은 항상 안도의 한숨을 뱉으며, 공산주의는 20세기 전체주의의 몰락 이후에 종말을 고했으며, 단지 종말을 고했을 뿐만 아니라 사실은 일어난 적도 없다고, 단지 환영에 불과했다고 자신에게 말한다. 자본주의 사회들은 다음과 같은 부인할 수 없는 것을 부인하고 있을 뿐이다. 곧 환영은 결코 죽지 않으며, 항상 도래할 것으로, 다시 도래할 것으로 남아 있다.

『공산당 선언』에서는 첫번째 단어, "유령Gespenst"이라는 단어가 첫번째 페이지에서 세 차례 반복되고 있다는 점을 상기해 보자. 1847년에 마르크스는 다음과 같이 쓴다. "한 유령이 유럽을 배회하고 있다. 공산주의라는 유령이Ein Gespenst geht um in Europa—das Gespenst des Kommunismus." 이처럼 마르크스와—그와 전혀 다른 저자가 아닌 한에서—엥겔스는 단 몇 줄의 순간 동안, 이 유령이 낡은 유럽의 모든 열강에 불러일으키는 공포를 연출한다. 사람들은 이제 이 유령에 대해서만 이야기한다. 모든 환상들fantasmes은 이 환영의 영사막 위로 투사된다(곧 부재하는 어떤 것 위로 투사된다. 왜냐하면 영사막 그 자체는, 나중에 텔레비전이 아무런 "영사막"의 토대 없이 화면을 내보내고 이미지들—많은 경우 이는 합성 이미지들이다—을 직접 시청자의 눈으로 투사하게 되는 (전화기의 소리가 수신자의 귓속으로 투사되듯이) 것에서 알 수 있듯이, 환영적인 것이기 때문이다). 사람들은 신호들, 돌아가는 탁자,[130] 움직이는 접시들을 바라본다. 그것이 응답할 것인가? 심령술사들이 모인 방 안에서처럼, 하지만 때로는 길거리라 불리는 공간에서도 사람들은 물건들과 가구들을 지켜보며,[65] 모든 정치를, 강신降神이라는 깜짝 놀랄 만한 가설에 맞춰 생각하려고 시도한다. 정치가들은 점쟁이들/견자見者들voyants 또는 강신술사들이다. 사람들은, 실제 있는 그대로의 어떤 사람을 제시해 주지 않고, 해독해야 할 일련의 타격들을 가하게 될 어떤 허깨비를 욕망하고 또 두려워한다. 이렇게 해서 사람들은 이 공통의 적수, "공산주의라는 유령"을 몰아내기 위해 가능한 모든 동맹을 맺는다. 동맹이 뜻하는 것은 다음과 같다. 유령에게 죽음을. 사람들은 유령을 물리치기 위해 유령을 불러오며, 유령을 푸닥거리하기 위해 유령을 두고 맹세한다. 사람들은 유령에 대해서만 말한다. 하지만 그것 말고 달리 무슨 일을 할 수 있겠는가? 왜냐하면 이 환영은, 그 이름에 걸맞은 모든 환영과 마찬가지로 거기에 존재하지 않기 때문이다. 그리고 비록 환영이 거기에 있다고 해도, 곧 거기에 있지 않으면서 있다고 해도, 사람들은 유령이 바라보고 있음을, 물론 투구를 통해 바라보고 있음을 느낀다. 유령은 관객들과 눈이 먼 채 보는 사람들을 쳐다보고 지켜보고 응시한다. 하지만 사람들은 그것이 보는 것을 보지 못하며, 그것은 면갑을 갖춘 갑옷 아래 보호받고 있다. 따라서 사람들은 유령에 대해서만 말하지만, 이는 유령을 쫓아내고 배제하고 몰아내기 위해서다. 그렇다면, 유령이 출몰하는 방은 자신의 모든 힘을 결집하고 있는 낡은 유럽alle Mächte des alten Europas이다. 만약 모의한 사람들이 유령을 몰아내거나 푸닥거리

---

130) "돌아가는 탁자"는 강신술 모임에서 사용되는 교령交靈 탁자를 가리키며, 5장에서 나오는 『자본』의 탁자를 암시하고 있다.

하려고 한다면, 이는 근본적으로 누구에 대해 무엇에 대해 말하는지 알지 못하는 상태에서 그러는 것이다. 공산주의는 모의자들에게는 하나의 이름이며, 신성 동맹은 신성 사냥이다. "낡은 유럽의 모든 열강은 이 유령을 쫓는gegen dies Gespenst 신성 사냥zu einer heiligen Hetzjagd에 결집해 있다verbündet."

누가 이를 부인할 수 있겠는가? 만약 공산주의에 맞서 하나의 동맹이, 낡은 유럽 또는 새로운 유럽의 동맹이 형성되고 있다면, 이러한 동맹은 신성 동맹으로 남아 있다. 성부를 따라 아버지 모습을 띠고 있는 교황, 그 당시 마르크스가 인용한 바 있는 교황은 오늘날에도 여전히 이러한 동맹에서 주요 위치를 차지하고 있는데, 그는 고르바초프가 인정하듯이, 유럽에서 공산주의적 전체주의가 몰락하는 데, 그리고 그에 따르면 항상 마땅히 그랬어야 하고 또 이제부터 그렇게 될 기독교 유럽이 도래하는 데 적지 않은 역할을 수행했다는 점을 자랑스럽게 생각하는 폴란드 주교의 모습[131] 속에 구현되어 있다. 19세기의 신성 동맹에서처럼 러시아 역시 또 한 번 동맹의 일부를 이룰 수 있게 되었다. 이 때문에 우리는 "후쿠야마" 식의 수사학이 지닌 신복음주의 ── 헤겔주의적인 신복음주의 ── 적 성격을 강조했다. 마르크스가 슈티르너의 환영 이론에서 열정을 다해 격렬하게 비난하게 될 것이 바로 헤겔주의적인 신복음주의였다. 뒤에서 이 점에 대해 좀 더 살펴보겠지만, 미리 이러한 일치에 주목해 두어야 한다. 우리는 이것이 의미심장하다고 믿는다.

마르크스가 당시에 말하던 유령은 거기에 존재하지 않은 가운데 존재

---

131) 교황 요한 바오로 2세(1920~2005)를 가리킴.

하고 있었다. 그 유령은 아직 거기에 존재하지 않았다. 그것은 결코 거기에 존재하지 않을 것이다. 유령의 현존Dasein이란 존재하지 않는다. 하지만 또한 두려운 낯선 것 없이는, 어떤 유령의 낯선 친숙함Unheimlichkeit 없이는 현존재Dasein란 존재하지 않는다.[132] 유령이란 무엇인가? 그것의 역사와 그것의 시간은 어떤 것인가?

유령은, 그 이름이 가리키듯이 어떤 가시성의 출몰fréquence이다. 하지만 이 가시성은 비가시적인 것의 가시성이다. 그리고 가시성은 본질상 보이지 않으며, 이 때문에 그것은 에페케이나 테스 우시아스epekeina tes ousias[133]로, 현상 또는 존재자 너머의 것으로 남아 있다. 유령은 또한 다른 여러 가지 중에서 사람들이 상상하는 것, 사람들이 본다고 믿는 것, 사람

---

132) 이 두 문장의 원문은 다음과 같다. "Il n'y a pas de Dasein du spectre mais il n'y a pas de Dasein sans l'inquiétante étrangeté, sans l'étrange familiarité(Unheimlichkeit) de quelque spectre." 이 두 문장에서 Dasein은 "현존" 또는 "실존"을 가리킨다. 곧 유령과 달리 Dasein은 "실제로 존재하는 어떤 것"을 가리킨다(Dasein은 라틴어 existentia의 독일어 표현이기도 하다). 따라서 여기서 사용된 Dasein은 반드시 하이데거가 『존재와 시간』에서 "인간"을 표현하기 위해 사용한 Dasein 개념을 의미하는 것은 아니다. 그리고 "두려운 낯선 것", 곧 "l'inquiétante étrangeté"는 프로이트의 Unheimlichkeit 개념을 옮기기 위해 사용하는 프랑스어 표현이다. 하지만 Unheimlichkeit라는 단어를 그대로 분철하면 이는 Un-Heimlichkeit, 곧 "친숙하지-않음" 또는 "낯선-친숙함"을 의미한다. 따라서 데리다가 두번째 문장에서 한 번은 "두려운 낯선 것l'inquiétante étrangeté"을 사용하고 그 다음에는 "낯선 친숙함l'étrange familiarité"을 사용한 것은 독일어에 내재한 의미(그리고 그것의 개념상의 역설)를 강조하기 위해서라고 볼 수 있다. 이와 관련된 데리다의 Unheimlichkeit 개념에 관한 논의로는 『에코그라피』 226~227쪽의 '역주 54'를 참조.

133) "epekeina tes ousias"는 플라톤의 『국가』 509b에 나오는 표현으로, 말 그대로 하면 "모든 우시아[존재자, 본질, 현존]를 넘어서"를 뜻하며, 이는 곧 좋음의 이데아를 가리킨다. 이는 대개 존재론적 초월을 의미하는 것으로 해석되었으나, 레비나스가 이 표현을 "존재자가 그보다 상위의 존재로 올라가는 그런 초월이 아니라, 일종의 존재와 그 존재를 기술하는 범주들로부터 빠져나오는 것, 곧 벗어남ex-cendance을 의미한다"고 해석하면서 현대 철학에서 새로운 논의의 대상이 되고 있다. 『존재에서 존재자로』(서동욱 옮김, 민음사, 2003), 8쪽. 데리다도 이 책 이외에 여러 곳에서 이 표현을 사용하고 있다.

들이 투사하는 것이다. 볼 것이라고는 아무것도 존재하지 않는 어떤 상상의 영사막 위로. 때로는 영사막조차 존재하지 않으며, 영사막이란, 그 밑바탕에서는au fond, 바로 그것의 존재 자체인 밑바탕에서는, 사라지는 출현의 구조. 하지만 여기서 사람들은 복귀를 지켜보아야 하기 때문에 더 이상 눈을 감을 수 없다. 이로부터 말 자체의 연극화가 비롯하며, 시간에 대한 공연화하는 사변이 비롯한다. 다시 한 번 시각을 전도해야 한다. 비감각적이고 감각적인 것, 비가시적이고 가시적인 것인 환영 또는 망령, 유령이 먼저 우리를 본다. 눈의 다른 쪽에서, **면갑 효과**에 따라, 유령은, 우리가 **그를** 보기 전에 아니 우리가 보는 행위를 시작하기 이전부터 우리를 바라본다. 우리는 무언가 출현하기 전부터 유령에 의해 주시되고 있다고, 감시되고 있다고 느낀다. 특히 정기적으로 나타날 때[134]——바로 여기에 사건이 있는데, 왜냐하면 유령은 사건[135]에 속해 있기 때문이다——그것은 우리를 본다. 그것은 우리를 (재)방문한다.[136] 방문하고 또 방문하는 셈인데, 왜냐하면 그것은 우리를 보기 위해 다시 돌아오기 때문이며, 라틴어 비제레visere(보

---

134) "정기적으로 나타날"의 원문은 "une visite"다. "visite"는 보통 "방문"이나 "구경" 또는 "검진"이나 "순찰" 등을 의미하며, 특히 어떤 장소에 규칙적으로 나타나는 것, 방문하는 행위를 함축하고 있다. 더욱이 "visite"는 "보다"를 의미하는 라틴어 "visere"에서 유래한 단어이며, 뒤에서 데리다가 지적하듯이 이로부터 반복동사인 "visitare"가 파생되었다. 따라서 데리다가 여기서 "visite"라는 단어를 사용하는 것은, 바로 뒤따르는 내용과 관련하여, 보이지 않은 채 바라보고 응시하는 유령의 출몰, 방문이 지속적으로 반복된다는 것을 함축하기 위해서라고 볼 수 있다.

135) 프랑스어로 사건은 "événement"인데, 이 단어는 "나타나다", "일어나다"는 뜻을 지닌 라틴어 "evenire"에서 유래했다.

136) 이 문장의 원문은 "Il nous rend visite"다. 프랑스어에서 "rendre visite à ~"는 "~을 방문하다"를 뜻하며, 또 "rendre une visite à ~"는 "~을 답례 방문하다"를 의미한다. 따라서 원문의 "rend visite"에는 이 두 가지 의미가 모두 들어 있는 셈이다. 이는 유령은 되풀이해서 나타난다는 점을 감안한 데리다의 언어유희로 볼 수 있다.

다, 검사하다, 관조하다)의 반복동사인 비지타레visitare[137]는 [유령의 ─ 옮긴이] 나타남visitation이 되풀이되거나 반복, 빈발되는 것을 잘 번역해 주기 때문이다. 이러한 방문은 항상 반가운 출현이나 친숙한 모습이 등장하는 계기를 나타내는 것은 아니며, 가혹한 심문이나 폭력적인 수색을 의미할 수도 있다. 연속적인 박해, 무자비한 **연쇄**. 이러한 반복을 고려하여 우리는 귀신들림의 사회적 양식, 그 근원적 스타일을 **반복적인 출몰**이라고 부를 수 있다. 마르크스는 다른 누구보다도 유령들의 반복적인 출몰에서 살았으며, 우리는 이를 좀더 정확히 살펴볼 생각이다.

한 유령은, 그것이 나타나는visitation 순간 자신을 제시/현존화하는se présenter 것처럼 보인다. 사람들은 그것을 자신에게 재현하지만, 그것은 그 자체로, 살과 뼈를 가진 채로 제시되지는/현존하지는 않는다. 유령의 이러한 비현존은 우리로 하여금 그것의 시간과 역사, 그것의 시간성 내지 역사성의 독특성을 고려하지 않을 수 없게 만든다. 1847~1848년에 마르크스가 공산주의를 유령으로 명명했을 때, 그는 공산주의를 역사적인 관점, 내가 처음에 "마르크스의 유령들"이라는 제목을 제안하면서 생각했던 것과는 정반대의 관점 속에 기입한다. 내가 어떤 과거 현재의 지속, 어떤 죽은 자의 복귀, 어떤 환영의 재출현 ── 자신이 뒤쫓는 (배척하고 추방하면서 동시에 쫓아가는) 이 환영과의 마주침을 피하려고 하는 범세계적인 애도 작업도 이 환영을 제거하지는 못했다 ── 에 대해 이름을 붙이려고 시

---

137) "반복동사"는 어떤 행위가 여러 번 되풀이되는 것, 또는 강하게 이루어지는 것을 표현하기 위해 별도로 고안된 동사를 가리킨다. 데리다가 예로 든 visitare가 그런 경우이며, 또한 dictare도 dicere(말하다)의 반복동사가 된다. 영어에서는 crack-crackle, scribe-scribble, wrest-wrestle 등이 여기에 해당한다. 본문에서 데리다는 "방문"을 의미하는 "visite" 안에 "보다"를 의미하는 "voir"의 반복형이 숨어 있다고 본다.

도하고 있던 거기에서, 마르크스는 도래할 현존을 예고하고 그것을 호출한다. 그는 예언하고 명령하는 것처럼 보인다. 낡은 유럽의 이데올로기적 표상에서는 당분간 하나의 유령으로밖에 나타나지 않는 것이 미래에는 현존하는, 곧 살아 있는 실재로 생성되어야 할 것이다. 『공산당 선언』은 부른다. 『공산당 선언』은 이 살아 있는 실재가 현존하게 되기를 촉구한다. 장래에는 이 유령이 —— 그리고 무엇보다도 1848년 무렵까지는 비밀 조직일 수밖에 없었던 노동자 연합이 —— 하나의 **실재**, 하나의 살아 있는 **실재**가 되도록 해야 할 것이다. 이 현실적인 생명체는 자신을 보여 주고 자신을 선언해야/발현해야se manifeste 하며, 유럽을 넘어서, 낡은 유럽이든 새로운 유럽이든 유럽을 넘어서, 인터내셔널의 보편적인 차원에서 **자신을 현존하게 해야** 한다.

하지만 또한 이 살아 있는 생명체는 어떤 당의 **선언**이라는 형태로 자신을 선언해야/발현해야 한다. 왜냐하면 마르크스는 이미, 『공산당 선언』에 따를 경우 혁명, 변혁, 국가의 전유와 그 이후 국가의 폐지, 그리고 정치적인 것 자체의 종언(정치적인 것의 이 독특한 종언이 절대적으로 살아 있는 어떤 실재의 현존화에 상응하기 때문에, 정치적인 것의 본질은 항상 비본질적인 모습을 띨 것이라고, 어떤 환영의 무본질[138]을 지니게 되리라고 생각할 만한 또 하나의 이유가 여기에 존재한다)의 동력이 되어야 하는 세력의 고유한 정치 구조로 당 형태를 부여하고 있기 때문이다.

아마도 바로 여기에 우리가 오늘밤 이야기해 봐야 하는 기묘한 동기

---

138) "무본질"의 원어는 "anessence"다. 이는 환영, 유령, 망령은 본질을 갖고 있지 않다는 것을 표현하기 위해 데리다가 사용하는 신조어로 보인다.

들 중 하나가 있을 것이다. 곧 예고되고 있는 정치 세계에서, 그리고 아마도 민주주의의 새 시대에서 사라지는 경향이 있는 것은 당이라 불리는 이 조직 형태, 당-국가 관계의 지배다. 이러한 조직 형태는 정확히 말하면 겨우 두 세기 남짓 지속했던 게 될 것이며, 이는 의회적이고 자유주의적인 민주주의의 몇몇 규정된 유형들과 입헌 군주제, 나치, 파시스트 또는 소비에트 유형의 전체주의 등도 속해 있던 시기보다 더 길다고 할 수 없는 기간이다. 이 정체들 중 **어떤** 것도 당의 공리계라고 부를 수 있는 것이 없이는 가능할 수 **없었다**. 그런데 오늘날 세계 도처에서 예고되고 있는 것처럼 보이듯이, 당 구조는 단지 점점 더 의심스럽게 되었을 뿐만 아니라(이는 더 이상, 항상 필연적으로 "반동적인", 고전적인 개인주의적인 반작용의 이유 때문만은 아니다) 공적 공간, 정치적 삶, 민주주의 및 그것이 요구하는 **새로운** 대표 양식(의회적이고 비의회적인)의 새로운 —— 원격 기술 미디어적인 —— 조건에 근원적으로 부적합하게 되고 있다. 장래에 마르크스주의에, 그것의 유산이나 그것의 상속에 도래하게 될 것에 대한 성찰에는 다른 많은 것들 가운데서 당의 어떤 개념 내지 현실태의 유한성에 대한 성찰이 포함되어야 한다. 물론 그것의 상관물인 국가에 대한 성찰도 포함되어야 한다. 우리가 국가의 전통적인 개념들에 대한, 따라서 당과 조합의 전통적인 개념들에 대한 해체로 기술해 보려고 하는 어떤 운동이 진행 중에 있다. 이것이 마르크스주의적인 또는 그람시적인 의미에서 국가의 폐지를 의미하지는 않지만, 우리는 마르크스주의의 유산 바깥에서는 이러한 운동의 역사적 독특성을 분석할 수 없다. 여기서 상속은 그 어느 때보다 더 비판적이고 전환적인 필터가 된다. 곧 여기서는 단순히 국가 일반에 찬성하거나 반대하는 것, 국가의 생명 **일반**이나 죽음 **일반**이 문제가 되지 않는다.

유럽의 정치사에서 (그리고 물론 미국의 정치사에서도) 당의 종언을 요구하는 것이, 실존하는 의회 구조가 민주주의 그 자체에 얼마나 부적합한지 분석하는 것만큼이나 반동적인 태도였던 때가 있었다. 이론적이고 실천적인 주의 사항들을 매우 조심스럽게 염두에 두면서, 여기서 이제는 더 이상 그렇지 않다는, 더 **이상 항상** 그런 것은 아니라는(왜냐하면 국가에 맞선 이 낡은 형태의 투쟁들은 앞으로도 오랫동안 존속할 수 있기 때문이다) 가설을 제기해 보기로 하자. 더 이상 그런 것이 아니기 위해서는 이러한 모호성을 제거해야 한다. 우리의 가설은, 이러한 변동이 이미 시작되었으며, 이는 비가역적이라는 것이다.

보편적인 공산당, 공산주의 인터내셔널은 유령의 최종적인 육화, 실제적인 현존, 따라서 유령적인 것의 종언이 되리라고 『공산당 선언』은 말한다. 이러한 미래는 기술되지 않을 것이며, 서술적인 방식으로 예언되지 않을 것이다. 그것은 수행적인 방식으로 예고되고 약속되고 촉구될 것이다. 증상으로부터 마르크스는 진단과 예후豫後를 이끌어 낸다. 진단을 정당화해 주는 증상은, 공산주의의 환영에 대한 공포가 **실존한다**는 점이다. 유럽의 신성 동맹을 관찰해 보면 이러한 증상의 기호들을 얻을 수 있다. 이러한 기호들은 분명 어떤 것, 곧 유럽의 열강들은 유령을 통해 공산주의의 세력을 인정하고 있다는 것을 의미한다("공산주의는 이미 유럽의 모든 열강으로부터 하나의 세력으로als eine Macht 인정받고 있다"). 예후의 경우는, 단지 공산당의 선언을 예견하는(서술적 유형의 태도) 데 있는 것이 아니라, 장래에 공산당 선언의 도래를 촉구하는 데 있다. 정확히 말하면 촉구appel라는 수행적 형태 아래 유령의 전설을, 아직은 실제의 공산주의 사회가 아니라, ([공산주의라는—옮긴이] 전설적인 유령과 그것의 절대적인 육화 사이에 존재하는) 공산당 선언이라는 다른 형태의 실제 사건으로 전환시키게 될, 공산당 선언을 촉구하는 데 있다. 선언의 발현manifestation du manifeste의 임재臨在parousia.[139] 당으로서. 하지만 이는 부가적으로 공산주의적인 당이 되는, 그런 당이 아니다. 공산주의를 한 가지 술어로 지니고 있는 그런 당이 아니다. 이 당은 당의 본질을 공산주의 당으로서 성취하는 당이다. 바로 여기에 촉구가, 곧 [정치 정당의 본질의—옮긴이] 발현을 목표로 하는 선언, 발현되는 것의 자기 발현이 있으며, 바로 이러한 선언/발현에 자기 자신을 부르는 모든 선언/발현의 본질이 존재한다. "시간이 됐다"고 말하면서 시간은 지금 여기서, 이러한 선언/발현의 행위 및 몸체 속에서 시간이 자신에게 도래하는 이 지금에서, 자신을 다시 결합하고 연결한다. 내가 발현되기 위한, 이것·지금·여기·나와 다르지 않은 선언이 선언/발현되기 위한 "절호의 시기"다. 현재가 도착하고 자기 자신을 증거하고 자기 자신과 결합하는 바로 여기에, 나 자신인 선언, 또는 나 자신이 작동시키는 선언이 존재하며, 이러한 선언의 작동에서, 그 행위에서, 나는 이러한 선언에서, 바로 이 순간, 이 책에서만, 바로 여기서 나로, 나 자신으로 있을 뿐이다. "이제 공산주의자들이 전 세계를 향해 자신의 견해와 자신의 목적과 자신의 경향을 공개적으로 밝힘으로써, 공산주의의 유령이라는 소문den Märchen vom Gespenst des Kommunismus을 당 자체의 선언으로 대립시켜야entgegenstellen 할 절호의 시기가 닥쳐왔다es ist hohe Zeit."[140] 이

---

139) "parousia"는 단어의 의미 그대로 한다면, "ousia", "본질"이 "현실적으로 드러난 것par", 현실 태로 구현된 것을 의미한다. 기독교에서는 그리스도가 장래에 영광스러운 모습으로 다시 도래하는 것, 곧 "재림"을 의미한다.
140) 『칼 맑스 프리드리히 엥겔스 저작 선집』 1권, 399쪽.

것, 이 선언은 무엇을 증언하는가? 그리고 누가 무엇을 증언하는가? 어떤 언어로? 뒤따르는 문장은 언어의 다수성에 대해 말하고 있다. 모든 언어가 아니라 몇몇 언어에 대해, 런던에 모인 상이한 국적의 공산주의자들에 대해 말하고 있다. 『공산당 선언』은, 독일어로 표현된 『공산당 선언』은, 영어로, 프랑스어로, 독일어로, 이탈리아어로, 플랑드르어로, 덴마크어로 출간될 것이다. 환영들은 또한 상이한 언어로, 상이한 국민어들로 말한다. 뒤에서 좀더 살펴보겠지만 이러한 국민어들과 분리할 수 없게 결합되어 있는 돈과 마찬가지로. 화폐로서 돈은 지역적이고 정치적인 특징들을 지니고 있으며, "상이한 언어를 말하고 상이한 국민의 제복을 걸치고 있다."[66] 증언의 말 또는 언어로서의 선언이라는 우리의 질문을 다시 던져 보자. 누가 무엇을 증언하는가? 전자도 후자도 다른 것에 앞서지 않는데, 어떤 식으로 "무엇"은 "누구"를 규정하는가? 왜 이러한 절대적인 자기 선언/발현은 환영에 맞서고, 환영을 혐오함으로써만 **자기 자신을 입증할** 수 있는가, 당의 편을 들 수 있는가? 그렇다면 이 투쟁에서 환영의 경우는, 투구 및 면갑 효과와 더불어, 편을 들도록, 증인이 되도록 요구받고 있는 환영은 어떠한가?

이렇게 촉구된 사건의 구조는 분석하기 어려운 것으로 남아 있다. 유령의 소문, 이야기, 우화Märchen는 『공산당 선언』에서 제거될 것이다. 마치 유령 그 자신이, 실재(공산주의 자체, 공산주의 사회)로 되지 않고서도, 전설의 유령성에 몸체를 제공해 준 다음 자기 자신으로부터 빠져나오기라도 한다는 듯이, 자신이 그것의 유령인 그 실재[공산주의—옮긴이]로 들어서지 않고서도 전설로부터 빠져나오게 할 수 있다는 듯이. 어떤 "사물 Chose"은 실재도 전설도 아니기 때문에 공포를 불러일으켰던 게 될 것이며, 이 "사물"은 이 수행적 언표, 곧 마르크스주의 그 자체의 독특한 유령성 속에서 그런 것처럼, 이 사건의 모호성 속에서 계속 공포를 불러일으킨다(그리고 오늘밤 질문은 다음과 같이 요약될 수 있을 것이다. 마르크스주의적 언표란 무엇인가? 이제부터 이 언표는 어떤 것이 될 것인가? 그리고 누가 "나는 마르크스주의자다"라거나 "나는 마르크스주의자가 아니다"라고 말할 수 있을 것인가?).

두려워하게 만들기, 스스로 자신을 두려워하기. 이러한 공포는 『공산당 선언』의 적들이 느끼는 공포지만, 또한 아마도 마르크스와 마르크스주의자들 자신이 느끼는 공포이기도 할 것이다. 왜냐하면 마르크스 사상의 전체주의적 유산 전체를, 하지만 또한 우연히 또는 순전히 기계적인 병치에 의해 마르크스주의적 전체주의와 동시대적이었던 것은 아닌 다른 전체주의들도, 환영 일반 앞에서 느끼는 공황에 가까운 두려움의 반작용으로 설명해 볼 수 있기 때문이다. 낡은 유럽의 자본주의 국가들 일반(군주제 국가나 제국주의 국가든 아니면 공화주의 국가든 간에)에 대해 공산주의가 표상하는 환영에 호응했던 것은 무자비하고 공포스러운 전쟁이었으며, 레닌주의, 그리고 나중에는 스탈린주의적 전체주의가 구성되고 시체와 같은 차가운 경직성을 지니도록 강화된 것은 바로 이 전쟁 과정 중에서였다. 하지만 또한 마르크스주의 존재론이 환영 일반에 맞서 물질적 현실성으로서 살아 있는 현재의 이름으로 싸우기도 했기 때문에, 전체주의 사회에 대한 모든 "마르크스주의적" 소송은 동일한 공포에 대응하고 있었다. 내가 보기에는 이러한 가설을 진지하게 받아들여야 한다. 우리는 나중에 슈티르너와 마르크스 사이에서 전개된, 환영에 대한 경험에서 느끼게 되는 "스스로 자신을 두려워하기"에 대해, 이러한 반영적인 반사 작용의 본질적인 숙명성에 대해 좀더 살펴볼 것이다. 마치 마르크스와 마르크스의

가 자기 자신들로부터 도망치는 것처럼, 달아나는 것처럼 보이며, 마치 그
들이 자기 자신에 대해 두려움을 느낀 것처럼 보인다. 동일한 **사냥**, 동일한
박해, 동일한 지옥까지 쫓아가기의 과정에서, 『레미제라블』의 등장인물이
시사하듯이, 혁명에 맞선 혁명인 셈이다. 좀더 정확히 말하면, 숫자와 **빈
도**[141]를 고려한다면, 이는 마치 그들이 자신들 중 **누군가**에 대해 두려움을
느낀 것처럼 보인다. 그들은 그렇게 하지 말아야 했다고, 사람들은 다소 성
급하게 생각할 것이다. 나치스와 파시스트 전체주의는 이러한 환영들의
전쟁에서 때로는 이쪽 편에 때로는 저쪽 편에 서지만, 하나의 동일한 역사
의 과정에 놓여 있기는 매한가지다. 그리고 이러한 비극에는, 모든 진영의
납골당에는 그토록 많은 환영들이 존재하며, 누구도 자신이 하나의 동일
한 편에 속한 것인지 확신할 수 없을 것이다. 이를 알아 두는 편이 좋을 것
이다. 한마디로 하면, 적어도 유럽의, 적어도 마르크스주의 이후의 모든 정
치사는 환영에 의해, 다른 편의 환영이면서, 또한 다른 편의 환영과 같은/
다른 편의 환영으로서 자기 편의 환영[142]에 의해 똑같이 공포를 느끼고 있
는, 서로 결속한 진영들 사이의 가혹한 전쟁의 역사다. 신성 동맹은 공산주
의의 환영에 의해 공포에 떨고 있으며, 그것에 맞서 아직도 진행 중에 있
는 전쟁을 벌인다. 하지만 이 전쟁은, 그 또한 환영에 대한 공포에 따라, 자
신의 면전에 있고 또 자신 안에 깃들어 있는 환영에 대한 공포에 따라 조

---

141) "빈도"는 "fréquence"를 옮긴 말인데, 이는 앞서 본 것처럼 "(유령의) 출몰"이라는 의미도 지
니고 있다.

142) "다른 편의 환영과 같은/다른 편의 환영으로서 자기 편의 환영"의 원문은 "son propre fantôme
comme fantôme de l'autre"이다. "comme"는 영어의 "as"와 마찬가지로 "~와 같은"이라는
의미와 함께 "~로서"라는 의미도 지니고 있기 때문에, "comme fantôme de l'autre"는 "다른
편의 환영과 같은/다른 편의 환영으로서"라는 이중의 의미로 이해될 수 있다.

직된 어떤 진영에 맞선 전쟁이다.

전체주의들의 발생을 19세기 이래 공산주의가 불러일으킨 환영에 대한 공포에 맞선 상호 반작용으로 해석하는 것은 전혀 "수정주의적"[67]인 것이 아니다. 이러한 공포는 공산주의가 적들에게 불러일으킨 공포이지만, 이 공포는 또한 그 내부로 되돌려져, 해방의 종말론의 기괴한 실현, 마법과 같은 현실화, 애니미즘 식의 구현을 촉발할 만큼 공산주의 안에서도 충분히 감지되었다. 약속, 어떤 약속의 약속됨을 존중해야 했던 이러한 해방의 종말론은 단순한 이데올로기적 환상일 수는 없는데, 이는 이데올로기 비판 그 자체도 바로 이 해방의 종말론에 의해 고취되었기 때문이다.

왜냐하면 ─ 마침내 우리는 이 점을 다루어야 하는데 ─ 망령은 마르크스의 박해자였기 때문이다. 슈티르너의 박해자였던 것처럼. 그들, **두 사람 모두**는 자신들의 박해자, 그들 자신의 박해자, 그들의 가장 내밀한 이방인을 계속해서 박해했으며, 이는 매우 이해할 만한 행동이다. 마르크스는 환영의 모습을 사랑하면서 혐오했으며, 환영을 자신의 논쟁의 증인으로 삼았다. 그는 환영에 신들리고 시달리고 사로잡히고 강박 들려 있었다. 환영은 그의 머릿속 안에 있었지만, 이는 물론 환영을 그 자신 바깥으로 몰아내기 위해서였다. 그의 안에 그의 바깥에. 바로 여기가 환영의 자리 아닌 자리, 그것이 자신의 거처를 정하는 척하는 모든 곳에서 볼 수 있는 그것의 자리 아닌 자리다. 아마도 마르크스는 다른 누구보다도 자신의 머릿속에 망령들을 지니고 있었을 것이며, 자신이 무엇에 대해 말하는지 알지 못한 채 알고 있었을 것이다(슈티르너를 패러디하여 마르크스에게 "이 사람아, 자네 머릿속에서 유령이 출몰하고 있네Mensch, es spukt in Deinem Kopfe"라고 말해 줄 수도 있을 것이다). 하지만 그가 유령들을 사랑하지 않았다는 바로 그 이유 때문에 그는 유령들을 사랑했다. 그를 사랑한, 그리고 면갑 속에서 그를 주시하고 있던 바로 그것들을. 그는 분명히 유령들에 **강박 들려** 있었지만(뒤에서 보게 되겠지만 이 단어는 마르크스 자신의 것이다), 공산주의의 적들이 그랬듯이 그는 유령들에게 무자비한 전쟁을 선포했다.

강박 들린 모든 사람들처럼 그는 강박증을 괴롭혔다. 우리는 이에 대한 수많은 증거, 어떤 것들은 다른 것들에 비해 좀더 명시적인 증거들을 갖고 있다. 이 풍부한 유령학spectrologie에서 서로 매우 다른 두 가지 사례만 들자면, 우선 지나치는 김에 마르크스의 1841년 박사학위 논문(『데모크리토스와 에피쿠로스의 자연철학의 차이』)을 상기해 볼 수 있을 것이다. 당시 매우 젊었던 마르크스는 논문에 자식이 바치는 헌사를 쓴다(왜냐하면 겁에 질린 아이가 유령에 맞서 도움을 청하는 것은 항상 아버지, 아버지의 비밀secret이기 때문이다. "나는 네 아비의 혼령이니라I am thy father's spirit …… 내가 내 감옥의 비밀을 누설하는 것은 금지되어 있으니I am forbid to tell the secrets of my Prison-House"). 이 헌사에서 그는 아들로서 "트리에르 정부의 자문관"인 루트비히 폰 베스트팔렌[마르크스의 장인―옮긴이]에게, 이 "사랑하는 아버지 같은 친구seinen theuren väterlichen Freund"에게 말하고 있다. 그 다음 그는, 그 앞으로 "세상의 모든 영혼들[143]"이 불려나오는vor dem alle Geister der Welt erscheinen" 이 사람, 퇴행적인 유령들의 그림자Schlagschatten der retrograden Gespenster 앞에서도, 검은 구름들로 뒤덮인 하늘 앞에서도 결코 겁을 먹고 물러서지 않는 이 사람에 대한 자식

---

143) 뒤에서 데리다가 지적하듯이 여기서 "정신들"(영혼들)이라고 옮긴 "Geister"는 또한 "유령들"을 의미할 수도 있다. "정신"을 의미하기도 하고 "유령"을 의미하기도 하는 독일어 "Geist"의 이러한 중의성은 이하의 논의를 이해하는 데 상당히 중요한 의미를 지닌다.

의 사랑의 표시diese Zeilen als erste Zeichen kindlicher Liebe에 대해 말하고 있다. 헌사의 마지막 단어들은 정신Der Geist을 "위대한 마법적인 의사der grosse Zauberkundig Arzt"로 명명하고 있는데, 이 정신적 아버지는 마르크스를 정신에게 맡겼고anvertraut, 마르크스는 정신으로부터 유령의 악에 맞서 싸울 수 있는 모든 힘을 얻어 냈다. 이는 유령에 맞서는 정신이다. 이 양부, 퇴행적인 환영들(마르크스는 이러한 퇴행적 환영들과 진보의 환영들, 예컨대 공산주의를 암묵적으로 구별하고 있는 듯 보인다)에 맞선 투쟁을 이끄는 이 영웅에서 청년 마르크스는 "관념론은 허구가 아니라 진리"라는 사실에 대한 살아 있는 가시적인 증거argumentum ad oculos를 발견한다.

이는 청년기의 헌사에 불과할까? 관례적인 표현에 불과할까? 물론 그렇다. 하지만 여기 사용된 단어들은 그다지 공통적인 것이 아니며, 계산된 것들로 보인다. 따라서 통계학적인 해명이 시작될 수 있다. 빈도가 중요하다. 환영의 경험, 환영의 파악은 **빈도**와 일치한다. (하나 이상의) 수, 강도, 리듬(파동, 주기, 기간). 청년기의 헌사는 계속 말하고 증식된다. 뒤따르는 시기에 마르크스가 『독일 이데올로기』에서 환영들의 역사Gespenstergeschichte라 불리게 될 것에 깊이 매혹되어 뛰어난 달변으로 그것을 집요하게 비난하는, 곧 푸닥거리하는 것에 주목한다면, 청년기의 헌사는 좀더 의미심장하고 덜 관례적인 것으로 나타나게 된다. 조금 뒤에 이 텍스트를 다시 다루겠지만, 여기서는 그것이 우글거린다. 한 무리의 망령들이 거기에서 우리를 기다리고 있다. 수의壽衣들, 떠도는 혼령들, 한밤의 쇠사슬 소리, 신음 소리, 소름이 돋는 웃음 소리, 그리고 이 모든 머리들, 우리를 바라보는 수많은 머리들, 인류 역사에서 가장 거대한 모든 유령의 결집판. 마르크스(와 엥겔스)는 이것들의 질서를 세우고 각각의 유령들을 식별하려고 시도한다. 그들은 짐짓 계산하는 척한다. 그들은 어려움을 겪고 있다.

사실 조금 더 뒤에 『루이 보나파르트의 브뤼메르 18일』은 동일한 출몰/빈도에 대해, 다시 한 번 유령의 정치학, 환영들의 계보학을, 좀더 정확히 말하면 환영의 세대들의 세습의 논리를 전개한다. 마르크스는 여기서도 계속 유령들을 푸닥거리하고 몰아낸다. 그는 좋은 "환영들"과 나쁜 "환영들"을 가려낸다. 때로는 같은 문장에서 그는 "혁명의 정신Geist der Revolution"을 그 유령Gespenst과 대립시키려는 절망스러운 시도(정말이지 힘겹고 위험스러운 시도)를 감행한다. 정말이지, 이는 힘겹고 위험스러운 시도다. 이는 우선 어휘들 때문이다. 프랑스어의 에스프리esprit처럼, 영어의 스피리트spirit처럼, 가이스트Geist는 "유령"을 의미할 수도 있는데, 마르크스는 수사법적 효과들을 통제하면서 활용할 수 있다고 믿는다. 게슈펜스트Gespenst의 의미론은 그 자체로 가이스트의 의미론에 유령처럼 달라붙어 있다. 환영이 존재한다면, 환영은 바로 둘 사이에서, 지시référence가 결정 불가능하게 주저하는 곳에서 또는 마땅히 주저해야 하지만 주저하지 않는 곳에서 존재한다. 하지만 만약 이것이 모든 가능한 제어를 넘어서는 힘겹고 위험스러운 일이라면, 만약 둘이 식별 불가능한 것으로, 궁극적으로는 동의어로 남아 있다면, 이는 마르크스가 보기에 유령은 정신의 역사적 전개에 우선 필요했던, 심지어 사활을 가름했던 게 될 것이기 때문이다. 왜냐하면 무엇보다 마르크스 자신이 역사의 반복(위대한 사건이든 혁명이든 아니면 영웅이든 간에)에 관한 헤겔의 논평을 **상속하고** 있기 때문이다(잘 알려져 있는 것처럼, 처음에는 비극, 나중에는 소극笑劇). 우리가 본 것처럼 빅토르 위고 역시 혁명의 반복에 주목했다. 혁명은 반복되며, 심지어 혁명에 맞선 혁명도 반복된다. 『루이 보나파르트의 브뤼메르 18일』은 이로부터, 만약 인간들이 **자신들의** 역사를 만든다면, 이는 **상속**을 조건으로 해서 이루어진다는 결론을 이끌어 낸다. 우리로서는 전유 일반은 **타자의 조건 속에**, **죽은 타자**, 하나 이상의 죽음, 한 세대의 죽음의 조건 속에 들어 있다고 말하고 싶다. 전유에 대해 지적한 것은 자유에 대해서도, 자유화libération 또는 해방émancipation에 대해서도 타당하다. "인간들은 자신들의 역사ihr eigenen Geschichte를 만든다. 그러나 마음대로aus freien Stücken, 곧 자신들이 스스로 선택한 상황 아래서 만드는 것이 아니라, 그들에게 이미 주어지고 전승된 상황에서überlieferten Umständen 만든다. 모든 죽은 세대의 전통aller toten Geschechter은 살아 있는 세대의 머리를 매우 강하게 짓누른다lastet. [마르크스는 "lastet wie ein Alp"라고, 곧 악몽을 꾸게 만드는 유령들 중 하나인 "악령fantôme처럼 짓누른다"고 말한다. 프랑스어 번역본에서 자주 볼 수 있듯이 유령은 망각 속에 사라지거나 좀더 나은 경우에는 그와 가까운 비유들, 예컨대 "몽환fantasmagorie" 같은 것들로 해소되는데,[144] 더욱이 번역에서 사용된 이 단어는 대개 원래 그것을 말이나 공적인 말과 연결시켜 주는 문자 상의 의미를 결여하고 있다.—데리다] 그리고 살아 있는 세대들이 자기 자신과 사물을 변혁하고 지금껏 존재한 적이 없는 무언가를 만들어 내는noch nicht Dagewesenes zu schaffen 데 몰두하고 있는 것처럼 보이는 바로 그때, 바로 그러한 혁명적 위기의 시기에, 그들은 노심초사하며 과거의 혼령들을 주문으로 불러내어[정확히 말하면, 불러 모

---

144) 국역본(『루이 보나파르트의 브뤼메르 18일』, 『칼 맑스 프리드리히 엥겔스 저작 선집』, 287쪽)에서는 "꿈속의 악마처럼, 살아 있는 세대들의 머리를 짓누른다"고 정확히 번역되어 있다.

으는conjurent/beschwören] 자신에게 봉사케 하고beschwören sie ängstlich die Geister der Vergangenheit zu ihrem Dienste herauf, 그들에게서 **이름들**과 **전투구호**Schlachtparole와 의상들을 **빌린다**entlehnen. 그리고는 이 유서 깊은 분장과 차용한 대사로mit dieser erborgten Sprache 세계사의 새로운 장면을 연출한다."[68]

문제는 긍정적인 초혼招魂, 몰아내기 위해서가 아니라 불러오기 위해서 결의하는 초혼의 행위로 유령들로서의 정신들을 불러 모으는 것이다. 하지만 이러한 구별에 만족할 수 있을까? 왜냐하면 이러한 초혼은 죽은 이들을 부르고 도래하게 하는 또는 도래하게 만드는 것이므로 영접하고 환대하는 것처럼 보이긴 해도, 불안이, 따라서 배척이나 제한의 운동이 전혀 없는 것은 아니기 때문이다. 초혼은 단지 어떤 근심으로 특징지어지지 않으며, ("근심스럽게ängstlich"라는 부사가 그렇게 생각하게 만드는 것처럼) 단지 **부가적으로** 이러한 근심에 의해 규정되는 것도 아니다. 초혼은 **바로 그것 자신인** 불안으로 귀착될 수밖에 없다. 살아 있는 것을 발명하기 위해, 새로운 것이 살게 하기 위해, 그때까지 거기에 존재하지 않은 것noch nicht Dagewesenes이 현존으로 도래하도록 하기 위해, 초혼이 죽음을 부르는 순간부터 초혼은 불안이다. 환영 앞에서 느끼는 이러한 불안은 고유하게 혁명적인 것이다. 만약 죽음이 살아 있는 이들의 살아 있는 머리를, 더 나아가 혁명가들의 머리를 짓누른다면, 죽음은 분명 어떤 유령적인 밀도를 가져야 한다. 짓누른다는 것lasten은 또한 부과하고 짐 지우고 강제하고 빚지게 하고 추궁하고 할당하고 지령하는 것이다. 그리고 생명이 더 많이 존재할수록 타자의 유령[의 짓누름—옮긴이]은 가중되며, 짐은 더 무거워진다. 살아 있는 것은 그만큼 더 많이 응답해야 한다. **죽은 이들을 위한 응답**, 죽은 이들에 대한 응답을. 보장 없이 대칭성 없이 신들림과 교류하기, 신들림을 감수하기. 이러한 환영들과의 놀이보다 더 진지하고 더 참되고 더 정의로운/정확한 것은 없다. 유령은 생명 자체를 넘어, 가장 생명력이 넘치는 생명을 넘어, 가장 독특한 (또는 이렇게 말하는 게 더 좋다면, 가장 개인적인) 생명을 넘어, 짓누르고 사고하고 자신을 강화하고 자신을 응축한다. 따라서 생명은 그것이 살아 있는 한, 더 이상 순수한 자기 동일성도 확실한 내면도 갖지 않으며, 또 갖지 않아야 한다. 바로 이것이야말로 모든 생명의 철학자들, 더욱이 살아 있거나 실재하는 개인의 철학자들이 잘 따져 보아야 할 점이다.[69]

다음과 같은 역설, 곧 혁명적 위기 가운데 새로운 것이 더 분출하면 분출할수록, 시대가 더 위기에 처하면 처할수록, 시대는 더 "이음매가 어긋나" 있게 되고, 사람들은 더욱더 옛것을 부르고, 옛것으로부터 "빌려 올" 필요성을 느끼게 된다. "과거의 정신들/혼령들"로부터 상속받는 것은 항상 그것들로부터 빌려오는 것이다. 빌림의 형상들figures, 빌려 온 형상들, 빌림의 형상으로서 형상성. 그리고 차용어借用語가 **말한다**. 마르크스는 빌려 온 언어들, 빌려 온 이름들이라고 말한다. 따라서 신용, 또는 믿음의 물음이 제기된다.[145] 하지만 불안정하고 겨우 보일 듯 말 듯한 경계선이 이러한 신용의 법칙을 가로지른다. 이 경계선은 패러디와 진리 사이를 가로지르지만, 이때의 진리는 타자의 육화 내지 살아 있는 반복으로서의 진리이

---

145) 신용 또는 믿음에 관한 문제는 『마르크스의 유령들』이 발표된 다음 해에 카프리 섬에 있었던 "종교"에 관한 학술회의 강연의 주요 주제가 되었다. "Foi et savoir", in Jacques Derrida & Gianni Vattimo eds., *La religion*, Seuil, 1996. 이 글은 나중에 단책본 소책자로도 간행되었다. *Foi et savoir*, Seuil, 2001.

며, 과거, 정신을, 우리가 상속받는 과거의 정신을 다시 소생시키는 것이다. 경계선은 유령의 기계적 재생산과, "과거의 정신/혼령들"을 매우 생생하게 동화하고 내면화하는 전유, 따라서 망각의 삶, 망각 그 자체로서의 삶과 다르지 않은 전유 사이를 가로지른다. 그리고 정신을 그 자체로 살아 있게 만들기 위한 모국어의 망각. 이것들은 마르크스 자신의 말이다. 이것은 그의 언어인데, 언어의 사례는 여느 사례들 중 한 사례에 불과한 것이 아니다. 언어의 사례는 이러한 계승의 권리들의 요소 자체를 지시한다.

그리하여 루터는 사도 바울의 가면을 썼고, 1789년에서 1814년에 걸쳐 일어난 혁명들은 로마공화국과 로마제국의 장식을 번갈아 가며 몸에 걸쳤다. 그리고 1848년의 혁명은 어떤 때는 1789년의 혁명 전통을, 또 어떤 때는 1793~1795년의 혁명 전통을 패러디하는parodieren 것 이상을 할 줄 몰랐다. 마치 초보자가 새로운 언어를 배울 때는 항상 자신의 모국어로 번역하면서 시작하지만, 그가 모국어를 상기하지 않고 이 새 언어를 사용할 때에만, 이 새 언어를 사용하면서 자신의 모국어를 잊어 버릴 때에만, 새로운 언어의 정신을 자신의 것으로 만들게[정신을 전유하게, hat er sich nur angeeignet] 되고 자유롭게 새 언어로 자신을 표현할 수 있는[생산할 수 있는, in ihr produzieren] 것처럼 말이다.[70]

하나의 상속에서 다른 상속으로. 정신의 생생한 전유, 새로운 언어의 동화는 이미 하나의 상속이다. 그리고 다른 언어의 전유는 여기서 혁명의 모습을 띠고 있다. 이러한 혁명의 상속은 유령을, 시초의 언어 내지 모국어의 유령을 망각함으로써 종결된다는 것을 전제한다. 하지만 이는 우리가 상속받는 것을 망각하기 위해서가 아니라, 우리가 그것에 기초를 두고 무언가를 상속받게 되는, 전前상속pré-héritage을 망각하기 위해서다. 이러한 망각은 하나의 망각일 뿐이다. 왜냐하면 우리가 망각해야 하는 것은 필수 불가결한 것이었던 게 될 것이기 때문이다. 새로운 언어로 생명을 전유하기 위해서는 또는 혁명을 하기 위해서는, 비록 패러디에 불과할지라도, 전상속을 경유해야 한다. 그리고 망각이 생생한 전유의 계기에 상응한다 할지라도, 마르크스는 사람들이 믿는 것처럼 그렇게 단순하게 그것에 가치를 부여한 것은 아니다. 사태는 매우 복잡하다. 마르크스는, 역사가 지속하기 위해서는 유령과 패러디를 망각해야 한다고 말하는 듯 보인다. 하지만 우리가 망각하는 것에 만족한다면, 이는 부르주아 식의 진부함, 곧 생명 그것이 전부라는 태도를 낳을 뿐이다. 따라서 "혁명의 **유령**으로 돌아가지 말고 혁명의 **정신**을 재발견하기den Geist der Revolution wiederzufinden, nicht ihr Gespenst wieder umgehen machen"(강조는 데리다) 위해서는 유령을 망각하지 말고 상기해야 한다. 하지만 이러한 기억 자체 속에서 충분히 유령을 망각하면서 그렇게 해야 한다.

　이것은, 죽은 이의 초혼Totenbeschwörung, 유령의 환기 또는 불러 모음의 두 가지 양상 내지 두 가지 시간성 사이의 "깜짝 놀랄 만한 차이ein springender Unterschied"의 주름선pli이라고 마르크스는 말한다. 둘이 서로 닮았다는 점을 분명히 말해 두어야 한다. 흉내 내기simulacre는 환영을 모방하는 데 있거나 타자의 환상을 흉내 내는 데 있기 때문에, 둘은 때로는 아주 곤혹스러울 만큼 서로 감염되어se contaminent, "깜짝 놀랄 만한" 차이는 시작부터 부서져 버리며, 눈앞에 명백하게 드러나자마자 사라져 버린다. 하지만 마르크스는 그가 생명에 집착하듯이 이러한 차이에 집착하며, 실로 숨을 헐떡거리게 될 만큼 큰 목소리로 우렁차게 읽어 줘야 마땅할 웅변조의 혁명적 서사 중 한 곳에서 이를 예시하고 있다. 이 서사는 초혼Beschwörung에서, 세계사의 차원에서 벌어지는 죽은 이들의 초혼 weltgeschichtliche Totenbeschwörung에서 시작한다.

이러한 세계사적인 강신술에 대한 고찰은 곧바로 깜짝 놀랄 만한 차이를 드러내 준다. 카미유 데물랭, 당통, 로베스피에르, 생쥐스트, 나폴레옹과 같은 옛 프랑스 혁명의 영웅들 및 그 당파들과 대중은 근대 **부르주**아 사회를 해방하고 설립한다는 자기 시대의 과제die Aufgabe ihrer Zeit를 로마 시대의 의상을 입고 로마 시대의 문구를 써서 실행하였다. 앞의 [네 명의―국역본에서 첨가] 사람들은 봉건적 지반을 산산조각 냈으며, 그 지반 위에서 성장하였던 봉건적 봉오리를 베어 내 버렸다. 마지막 사람은, 자유 경쟁의 발전과 분할된 토지 소유의 이용을 비로소 가능하게 하는 조건들, 사슬에서 풀려난 국민의 산업 생산력을 비로소 사용할 수 있게 하는 조건들을 프랑스 국내에서 …… 그리고 프랑스 국경 너머에서 …… 창출하였다.[71]

하지만 공시성은 일어날 기회를 잡지 못하는데, 어떤 시간도 자기 자신과 동시대적이지 않기 때문이다. 결코 현재 순간에 발생하지 않은 혁명의 시간도 그렇고, 혁명에 뒤이은suivent 또는 혁명의 결과로 생겨난 s'ensuivent 시간들도 그렇다. 무엇이 일어나는가? 아무것도, 적어도 망각과 다른 아무것도 일어나지 않는다. 우선 이러한 과제, 더욱이 그들의 시대의 과제die Aufgabe ihrer Zeit였던 이러한 과제는 이미 탈구되고 탈궤된, 이음매가 어긋나 있는 시간("out of joint" 또는 "aus den Fugen") 속에서 나타난다. 이 과제는 로마의 신들림 속에서, 시대착오적인 고대의 관습과 문구들 속에서만 **현존화될 뿐**이다. 그 다음 일단 혁명의 과제가 성취되고 나면, 필연적으로 기억상실이 뒤따른다. 기억상실은 이미 시대착오적인 프로그램 속에, "그 시대의 과제" 속에 들어 있었다. 시대착오는 망각을 실행하고 망각을 약속한다. 부르주아 사회는 평온한 진부함 속에서 "로마 시대의 유령들이 자신의 요람부터 지켜보고 있었다dass die Gespenster der Römerzeit ihre Wiege gehütet hatten"는 사실을 망각했다. 역시 계속 마르크스를 따르자면, 이는 머리의 문제, 머리cap의 문제이자 정신의 문제다.[146] 자본주의적 부르주아지(동물처럼 환영들에 대한 망각 위에서 살아가는)의 기억상실의 질서 안에서는 아가리가 꼭대기의 머리를 대체하고, 한데 눌러앉은 비만한 부르주아 왕의 비계 머리가 행진 중인 혁명가들의 신경증적이고 정치적인 머리를 대체한다. 프랑스어 번역은 대부분 이러한 표현들을 제대로 살리지 못하고 있다.

---

146) 이 문장의 원문은 다음과 같다. "Question de tête, comme toujours selon Marx, question de cap et d'esprit." 이 문장은 데리다 특유의 언어유희를 잘 보여 주는 문장이다. 우선 데리다가 첫 머리에서 "Question de tête", 곧 "머리의 문제"라는 말을 꺼낸 이유는, "로마 시대의 유령들이 자신의 요람부터 지켜보고 있었다"는 마르크스의 인용문 중 "지켜보다" 또는 "감시하다"라는 독일어 "hüten"에는 "hut", 곧 "머리"라는 어원이 담겨 있기 때문이다. 그 다음 데리다는 "Question de tête"에서 슬그머니 "question de cap"으로 옮겨 가고 있다. 프랑스어의 "tête"나 "cap"은 우리말로 모두 "머리"로 옮길 수 있으며, 따라서 양자는 모두 "머리의 문제"로 옮길 수 있다. 하지만 "tête"와 달리 "cap"은 훨씬 더 다양한 의미를 함축하고 있다. 우선 "cap"은 "capital" 및 "자본주의capitalisme"를 뜻할 수 있다. 또한 "cap"은 "우두머리", "장"의 의미뿐만 아니라 "수도", "중심지"라는 의미도 지니고 있으며, 지리학적인 의미의 "곶"이라는 뜻도 함축하고 있다. 실제로 데리다는 1990년에 출간된 *L'autre cap*, Galileé(『다른 곶』, 동문선, 1997)라는 저서에서 "cap"이라는 단어에 담긴 다양한 의미를 활용하면서, 자본주의와 민주주의, 유럽의 동일성 등에 관해 논의하고 있다.

(……) 부르주아의 진짜 두목들ihre wirklichen Heerführer은 카운터 뒤에 앉아 있고, 루이 18세의 뚱뚱한 머리통[문자 그대로 하면, 비계 머리 Speckkopf]은 부르주아의 정치적 우두머리ihr politisches Haupt였다. 부르주아 사회는 부의 생산에, 평화로운 경쟁에 완전히 몰두하여, 로마 시대의 유령들이 자신의 요람부터 지켜보고 있었다는 사실을 더 이상 이해하지 못했다. 부르주아 사회가 영웅적인 것은 아니지만, 그것이 세상에 나오기 위해서는 영웅주의, 희생, 공포, 내전, 그리고 국민들 간의 전투가 필요했다.[72]

이로써 마르크스는 리듬을 지닌 이러한 **시대착오/몰시간성**의 사례들을 배가한다. 그는 이것의 충동과 자극을 분석한다. 그는 여기서 기쁨을, 반복의 기쁨을 얻는다. 그리고 그가 이 충동들의 파동에 그처럼 민감한 것을 보면서 우리는 그가 단지 손가락으로 가리킬 뿐만 아니라 역사의 맥박을 짚고 있다는 인상을 받는다. 그리고 그는 혁명의 **출몰**을 경청하고 있다. 규칙적인 요동을 따라 혁명은 유령들을 불러 모으고 또 몰아낸다. 사람들은 자신을 역사적 비극의 높이까지 끌어올리기 위해, 하지만 또한 이미 부르주아의 야심의 보잘것없는 내용을 가상 속에서 은폐하기 위해서도, 고전 전통(로마)의 위대한 유령을 불러 모은다. 이는 긍정적인 초혼이다. 그 다음 일이 이루어지면 사람들은 환상을 물리치며, 마치 환각에서 깨어난 것처럼 환영을 망각한다. 이는 몰아내기다. 크롬웰은 이미 히브리 선지자들의 언어로 말한 바 있다. 부르주아 혁명이 달성된 뒤, 영국 인민은 하박국[147] 대신 로크를 선호했다. 브뤼메르 18일이 일어나고 반복이 반복된다. 이처럼 마르크스는 혁명의 정신Geist과 그 유령Gespenst을 구별하려고 시도한다. 마치 정신이 이미 유령을 부르지 않았다는 듯이, 마치 모든 것이 매우 일반적일뿐더러 제거할 수 없는 어떤 환상계 내부의 차이들에 따라 진행되지 않는다는 듯이(하지만 그 자신이 이미 이러한 사실을 인정했다). [칸트와는 달리] 이러한 또 다른 초월론적 상상력은 시간 구성의 좋은 도식을 형성하기는 고사하고 무적의 **몰시간성**에게 자신의 법칙을 제공한다. 비동시대적이고 "이음매가 어긋나" 있는 혁명의 정신은, 비록, 그리고 특히 시간에 맞춰 도래할 경우에도 **전적으로 환상적이며 몰시간적이다**. 그것은 그래야 한다. 그리고 이 담론이 우리에게 부과하는 여러 질문 중에서 가장 필수적인 질문들 중 하나는 분명, 혁명의 정신Geist der Revolution, 현실성Wirklichkeit, 상상Phantasie(생산적 상상이든 재생적 상상이든 간에), 유령Gespenst이라는 이 서로 분리될 수 없는 개념들, 그리고 서로 동일시되지 않는다면, 적어도 엄격한 개념적 경계를 넘어서지 않는 가운데 하나에서 다른 하나로 옮겨 다녀야 하는 이 개념들 사이의 접합이라는 질문이다.

따라서 이러한 혁명들에서 죽은 자들을 주문으로 불러내는 것Die Totenerweckung은, 과거의 투쟁들을 패러디하기parodieren 위함이 아니라 새로운 투쟁을 찬양하기verherrlichen 위함이고, 주어진 과제의 현실적 해결을 회피하기 위함이 아니라 그 과제를 상상 속에서in der Phantasie 강조하기 위함이었으며, 다시 유령이 배회하게 하기 위함이 아니라 혁명의 정신을 재발견하기 위함이었다. 1848~1851년에는 낡은 인물 바이이로 분장하고 **황색 장갑을 낀 공화주의자** 마라스트에서부터,

---

147) 『구약』에 나오는 히브리의 선지자.

나폴레옹의 철제 데드 마스크 속에서 자신의 진부하고도 구역질 나는 면상을 숨긴 모험가에 이르기까지 낡은 혁명의 유령Gespenst만이 배회하였다.[73]

마르크스는 자주 머리, 그리고 우두머리를 겨냥한다. 유령의 모습은 첫째로 얼굴 모습이다. 따라서 문제가 되는 것은——이 경우에는 투구와 면갑이 아니라면——가면이다. 하지만 정신과 유령 사이에, 비극과 희극 사이에, 진행 중인 혁명과 그것을 패러디하는 것 사이에 차이가 존재한다면, 그것은 두 개의 가면 사이의 시간의 차이일 뿐이다. 루터가 사도 바울의 가면을 쓸 때maskierte sich에는 정신이 문제이며, 루이 18세의 비계 머리를 또는 나폴레옹 소제小帝[148]의 얼굴에 씌워진 나폴레옹 대제의 데드 마스크Totenlarve를 "패러디"하거나 "희화화"할 경우에는 유령이 문제다.

여기서 한 걸음 더 나아가야 한다. 장래, 곧 생명, 곧 죽음을 생각해 보아야 한다. 확실히 마르크스는 이러한 숙명적인 몰시간성의 법칙을 인지하고 있으며, 궁극적으로는 그 역시도 아마 우리처럼 유령Gespenst에 의한 정신Gesit의 본질적인 오염을 민감하게 느끼고 있을 것 같다. 하지만 그는 이러한 오염을 끝내고 싶어 하며, 그렇게 할 수 있다고 평가하고, 그렇게 해야 한다고 선언한다. 그는 장래를 믿고 있고, 장래를 긍정하고 싶어 하며, 혁명을 긍정하고 혁명을 명령한다. 그는 모든 환영들, 좋은 환영들과 나쁜 환영들을 혐오하며, 환영들의 이러한 출몰과 단절할 수 있다고 생각

---

148) "나폴레옹 소제Napoléon le petit"는 나폴레옹 1세의 조카인 루이 나폴레옹을 가리키는 명칭이다.

한다. 그는 마치 우리에게, 그것을 믿지 않는 우리에게 다음과 같이 말하는 것으로 보인다. 당신이 아주 미묘하게 몰시간성의 법칙이라고 부른다고 믿고 있는 것, 바로 그것이야말로 몰시간적/시대착오적이다. 이러한 숙명성은 과거의 혁명들을 짓누르고 있었다. **현재에 그리고 장래에**(곧 마르크스가 다른 모든 사람들처럼, 생명 그 자체처럼, 항상 선호하는 것. 그리고 이는 선호의 동어반복이다) 도래할 혁명들, 19세기 이래 예고되고 있는 혁명들은 과거에서 벗어나야 하며, 그 유령Gespenst은 물론이거니와 그 정신Geist에서도 벗어나야 한다. 요컨대 이것들은 더 이상 상속되지 말아야 한다. 이것들은 더 이상 애도 작업도 수행해서는 안 된다. 곧 살아 있는 것들이 죽은 자들과 교류하고 죽은 자들을 활용하고jouent 죽은 자들에 몰두하게 되는, [역으로—옮긴이] 죽은 자들에 의해 교류되고 몰두하게 되고, **작용하게/속게**jouer 되는, **죽은 자들을 말하고 죽은 자들에게** 말하는, 그들의 이름을 지니고 그들의 언어를 갖게 되는, 그러한 애도 작업도 수행해서는 안 된다. 혁명의 기념도 더 이상 있어서는 안 된다. 기념물을 무너뜨리고 그림자 연극, 장례식 연설을 중단하고, 인민대중을 위한 능陵을 파괴하고, 유리관 안에 전시된 데드 마스크를 박살 내라. 이 모든 것은, 이미 19세기에는, 과거의 혁명이다. 이미 19세기에 우리는 이처럼 상속받는 것을 중지해야 하며, 애도 작업이라 불리는 것의 빈발에 기초를 둔, 유령의 신들림만이 아니라 정신의 신들림이라 불리는 것에 기초를 둔 이러한 망각의 형식을 망각해야 한다.

19세기의 **사회혁명**은 자신의 시ihre Poesie를 과거로부터 얻을 수 없으며, 단지 미래로부터 얻을 수 있다. 19세기의 사회혁명은 과거에 대한 모든 미신을 떨쳐 버려야만 스스로 시작할 수 있다. 이전의 혁명들은 자기 자신의 내용에 관해 자신을 속이기 위해um sich über ihren eigenen Inhalt zu Betäuben 세계사를 회상할 필요가 있었다. 19세기의 혁명은 자기 자신의 내용 가까이로 바짝 다가가기 위해[다시 한번 "자신의 고유한 내용"이라는 말이 나온다um bei ihrem eignen Inhalt anzukommen] 죽은 이들로 하여금 자신들의 시신을 매장하도록 해야 한다. 과거에는 문구가 내용보다 우월했지만, 지금은 내용이 문구보다 우월하다Dort ging die Phrase über den Inhalt, hier geht der Inhalt über die Phrase hinaus.[74]

사태는 전혀 단순하지 않다. 귀를 기울이고 모든 단어들을 감안하면서 주의 깊게 읽어야 한다. 우리는 여전히 묘지에 있으며, 무덤 파는 인부들은 유골을 꺼내서 하나하나 신원을 확인하느라고 힘들게 일하고 있다. 햄릿은 유골이 "말을 했으며", 노래를 부르고 있었다고 회고한다. 마르크스는 무엇을 말하려는 것인가? 마르크스 역시 죽었다는 점을 잊지 말자. 게다가 그는 정확히 말하면 한 번 이상 죽었으며, 이를 정확히 알아두어야 한다. 하지만 이것이 너무 자주 일어나기 때문에, 이를 정확히 아는 일은 그리 쉽지 않다. 우리는 우리 나름의 방식으로 그를 상속하며, 적어도 살아남은 그의 각각의 말들을 상속한다. 마르크스는, 우리가 적어도 이 말들에 대해 약간이나마 존경스럽게 주의를 기울이지 않은 채, 예컨대 죽은 이들이 죽은 이들을 매장하게 하라는 혁명적인 명령, 니체라는 사람이 곧바로 말하게 될 것처럼, "능동적 망각"의 명령을 들어 보지/이해하지entendu 않은 채, 이 말들을 망각하는 것을 원하지는 않았을 것이다. 마르크스, 죽은 마르크스는 무엇을 말하려는 것인가? 그는 죽은 이들은 결코 누구도 매장하지 않았다는 것을 잘 알고 있었다. 또한 **사멸자들**mortels이 아닌, 다시 말해 자신들 안에, 곧 자신들 바깥에, 그리고 자신들 이전에 자신들의 죽음의 불가능한 가능성을 고유하게 포함하고 있는 이들이 아닌, 살아 있는 이들[149] 역시 그러지 않았다는 것도 잘 알고 있었다. 아직 살아 있는 사멸자들이 이미 죽어 있는 생명체들을 매장하는 것이 항상 필연적일 것이다. 죽은 이들은 결코 누구도 매장하지 않았으며, 살아 있는 이들, 단지 살아 있는 이들, 불멸적인 생명체들 역시 그렇지 않았다. 신들은 결코 누구도 매장하지 않는다. 그 자체로 죽은 이들도, 그 자체로 살아 있는 이들도 결코 누구도 땅에 묻지 않았다. 만약 마르크스가 이를 모를 리가 없었다면, 그는 무엇을 말하려는 것인가? 그는 정확히 무엇을 말하려는 것인가? **그렇다면**, 죽어 있고 묻혀 있는 그는 무엇을 말하려 했던 것인가? 그는 우선 우리에게, 이러한 자기 공포에 함축되어 있는 **스스로 자신을 두려워하기**에 대해 환기시켜 두고 싶었던 것 같다. 과거의, 죽어 있는 혁명들에서 초혼은 위대한 정신들(유대 선지자들, 로마 등)을 불러 모았지만, 이는 단지 망각하기 위해, 억압하기 위해, 자신이 불러일으킨 폭력 앞에서 느끼는 공포로 인해 자신을 마취하기sich betäuben 위해서 그랬을 뿐이다. 과거의 정신은 초혼을, 그것의 "고유한 내용"에 맞서 보호했으며, 초혼을 초혼 자신에 맞서 보호하기 위해 거기에 존재했다. 그렇다면 모든 것은 마르크스가 그처럼 여러 번, 이 유명한 몇 구절에서만 해도 세 번씩이나 준거하고 있는 이 "내용", 이 "고유한 내용"의 문제로 집중된다. 모든 몰시간적 탈구는 문구와 내용,

---

149) 다시 말하면 영원한 생명을 지닌 이들, 곧 신적인 존재자들.

고유한propre 내용, 전유된approprié 내용 사이의 불일치 속에서 작동한다. 마르크스는 그렇게 믿는다.

　　이러한 어그러짐은 분명 종결되지 않을 것이다. [하지만—옮긴이] 분명히 그것은 전도될 것이며, 혁명의 혁명, 애도 없이 과거의 혁명을 제압하게 될 미래의 혁명이 일어날 것이다. 그것은 결국 사건, 사건의 발생, 장래의 도래이고, "문구"를 압도함으로써 결말을 맺을 "고유한 내용"의 승리일 것이다. 하지만 과거의 혁명에서, 요컨대 무덤 파는 인부들이 살아 있었을 때에는 문구가 내용을 넘어섰다. 여기서 자신의 고대 모델에 신들려 있는 혁명적 현재의 몰시간성이 따라 나온다. 하지만 장래에는, 그리고 마르크스의 눈에는 아직 도래해야 하는 19세기의 **사회혁명**(새로운 것의 모든 새로움은, 정치적이거나 경제적인 혁명을 넘어 이러한 사회성의 차원을 띠고 있을 것이다)에서도 이미, 몰시간성 또는 비동시대성은 임재 및 현재의 자기 현존의 충만함 속에서 제거되지 않을 것이다. 시간은 여전히 "이음매가 어긋나" 있을 것이다. 하지만 이제 불일치는 "문구"에 대한 "고유한 내용"의 **초과** 때문에 생길 것이다. "고유한 내용"은 더 이상 공포를 낳지 않을 것이며, 고대 모델의 애도의 수사학과 일그러진 데드 마스크 뒤에서 억압된 채 자신을 숨기지 않을 것이다. 고유한 내용은 형식을 넘어서고, 가장 假裝들을 찢어 버리고, 기호와 모델, 웅변과 애도를 추월할 것이다. 어떤 것도 이상 가장되거나 **꾸며지지** 않을 것이다. 더 이상 신용 대출도 차용된 형상도 존재하지 않을 것이다. 그러나 아주 역설적으로 보이겠지만, 이러한 경계의 범람에서, 형식과 내용 사이의 모든 이음매가 와해되는 순간에, 내용은 고유하게 "고유한" 것이 되고 고유하게 혁명적인 것이 될 것이다. 논리적으로 말한다면, 우리는 다름 아니라 이처럼 아무런 척도 없는 비동시대적인 탈동일화désidentification에 의해서만, 따라서 아무것도 아닌 것에 의해서만, 현존적으로 전혀 동일성을 식별할 수 없는 것에 의해서만, 고유하게 혁명적인 내용을 인지해야 할 것이다. 어떤 혁명의 동일성을 식별하자마자 우리는 이 혁명을 모방하기 시작하고 고뇌에 빠지게 된다. 바로 이것이 시적詩的 차이인데, 왜냐하면 마르크스는 우리에게 어디서 **사회혁명**이 자신의 "시"를 길어 내야 하는지 말해 주기 때문이다. 바로 여기에 어제의 정치 혁명의 **저편**과 오늘날의 사회혁명의 **이편**, 좀더 정확히 말하면 우리가 지금, 오늘날, 안타깝게도 한 세기 반 뒤에 올 그것의 내일에, 무한정하게, 동요됨 없이, 때로는 최상의 것을 위해, 대부분의 경우에는 최악의 것을 위해, 저쪽 편이 아니라 바로 이쪽 편에서, "과거에는 문구가 내용을 초과했지만, 지금은 내용이 문구를 초과한다Dort ging die Phrase über den Inhalt, hier geht der Inhalt über die Phrase hinaus"는 근대 인류가 지닌 가장 심원한 문구 중 하나에 그 자신을 드러내야 했던 게 될 것이라는 것을 알고 있는, 이 임박한 오늘날의 사회혁명의 **이쪽 편** 사이의 시적 차이 자체가 존재한다. 그렇긴 하지만, 안타깝게도 또 그렇지 않기도 하다.

물론『루이 보나파르트의 브뤼메르 18일』에 있는 이러한 준엄한 몰시간성의 사례들을 좀더 많이 인용했어야 마땅할 것이다(그리고 이 제목과 이 날짜가 이미 애도되고 있는 패러디의 첫번째 사례를 제공해 준다. 한 가문을 이루는 두 명의 보나파르트와 프랑스, 곧 공적인 것과 사적인 것의 계보학적 이음매).

그 사례들 중 한 가지만 골라, 문자에 좀더 가깝게, 곧 여기서는 그것을 대신하는 유령의 신체에 좀더 가깝게 주목해 보자. 요컨대 이 경우 문제는 유령 그 자체의 패러디다. 한 혁명은 스스로, 반혁명가들이 무슨 수를 쓰든 몰아내려 했던 "붉은 유령"을 스스로 희화화하기 시작한다. "붉은 유령"은 한 혁명가 집단의 이름이기도 했다.[75] 여기서 우리에게 중요한 한 가지 보충적인 특징은 푸닥거리가 반사되어 되돌려지는 것을 규칙적으로 보증하는 것이다. 곧 공포를 불러일으킨 사람들은 자기 자신들 역시 공포에 떨게 만들며, 그들이 대표하는 바로 그 유령을 스스로 푸닥거리한다. 초혼은 자기 자신에 대한 애도를 수행하며, 자신의 힘을 자신에 맞서 되돌린다.

여기 우리의 가설이 존재한다. 곧 푸닥거리를 자신에게 되돌리는 것은 "브뤼메르 18일"을 넘어서 계속 마르크스주의라 불리는 것에 발생한다. 최악의 것에서 마르크스주의를 보호하기는커녕 이러한 푸닥거리를 되돌리기, 이러한 대항 푸닥거리는 오히려 그것을 훨씬 더 촉진했던 게 될 것이다. 『루이 보나파르트의 브뤼메르 18일』 3장에서 마르크스는 이번에는 1848년 혁명을 첫번째 프랑스 혁명과 대립시킨다. 확실하고 효과적인 수사법이 한 가지 주요 형상의 지배를 받는 대립의 특징들을 배가한다. 곧 1789년은 상승 곡선이며 대담성이 지배하고 있고 항상 더 멀리 나아가는 반면(입헌주의자들, 지롱드 당, 자코뱅 당), 1848년은 하강 곡선을 따르고 있다. 1848년에 입헌주의자들은 헌정에 맞서 음모를 꾸미고 혁명가들은 입헌주의자들이 되기를 원하며, 국민의회는 자신의 전능함을 의회주의 속에 빠뜨린다. 문구가 결정적으로 내용을 제압한다.

(……) 질서의 이름 아래 벌어지는 모든 내용을 결여한 야만적이고 공허한 선동inhaltlose Agitation; 혁명의 이름 아래 벌어지는 질서에 대한 지극히 엄숙한 설교, 진실 없는 정열, 정열 없는 진실, 영웅적 행위를 하지 않는 영웅, 사건 없는 역사Geschichte ohne Ereignisse.[76]

그런데 여기서 이러한 사건의 부재, 그리고 궁극적으로 이러한 무역사성은 어떻게 성립하는가? 이는 무엇과 유사한가? 답변은 물론, 신체를 잃어버린 것과 유사하다는 것이다. 하지만 누가 자신의 신체를 잃어버렸는가? 이는 살아 있는 개인도 아니고, 사람들이 말하듯, 하나의 주체도 아니며, 유령, 곧 반혁명론자들(사실은 유럽 전체.『공산당 선언』에게 이는 어제의 일이었다)이 몰아내려고 했던 붉은 유령이다. 이 때문에 사태를 "전도"해야 한다. 자신의 그림자를 잃어버린 사람에 관한 이야기인, 샤미소Adelbert von Chamisso가 지은 콩트『페터 슐레밀의 놀라운 이야기』를 전도해야 한다.[150] 마르크스는 우리에게 말한다. 여기서는 사태가 "전도된 슐레밀als umgekehrte Schlemihle"로 나타난다. 곧 혁명이 질서의 제복을 입고 나타나는 순간 그림자는 자신의 신체를 잃어버린다. 요컨대 유령 그 자체, 붉은 유령은 탈육화되었다. 마치 그것이 가능한 것처럼. 하지만 이것 역시도 가능성, 정확히 말하면 가상성/잠재성 자체가 아닌가? 그리고 역사를, 곧 사건의 사건성을 이해하기 위해서는 이러한 가상화/잠재화를 계산해야 하는 것 아닐까? 신체의 상실은 유령 자체에 영향을 미칠 수 있다고, 유령과 유령의 유령, 자신의 고유한 내용을, 살아 있는 현실성을 추구하고 있는 유령을 식별하기가 불가능할 정도까지 영향을 미칠 수 있다고 생각해야 하는 것 아닐까? 모든 암소가 검게 보이는 밤이 아니라 회색에 덧칠해진 회색인데, 왜냐하면 붉은색에 붉은색이 겹쳐 있기 때문이다. 왜냐하면 ── 이 점을 망각해서는 안 된다 ── 이러한 되돌려짐, 끝없는 역전과 전회를 기술하면서 마르크스는 겉모습들을 비난하려고 하기 때문이다.

---

150) 아델베르트 폰 샤미소,『그림자를 판 사나이』(최문규 옮김, 열림원, 2002) 참조.

그의 **비판/식별**critique은 또한 다음과 같이 이야기될 수도 있다. 그의 몸이 사라진abhanden gekommen ist 전도된 슐레밀처럼 자신의 육신을 잃어버린décharnent 이 사람들과 이 사건들은 분명 그처럼 나타난다erscheinen. 하지만 여기에는 하나의 헛것apparition이, 따라서 하나의 겉모양, **궁극적으로는, 현상**이라는 의미에서, 그리고 수사학의 **문채**文彩figure라는 의미에서 하나의 **이미지**만이 있을 뿐이다. 궁극적으로 하나의 이미지로 보이는 것은 또한 잠정적으로는 궁극적 이미지, 이 유산된 혁명의 임재 속에서, 회색 위의 회색, 붉은색 위의 붉은색으로, "마지막에 나타나는endlich erscheint" 것이기도 하다는 점이 남아 있다.

만약 역사의 어떤 시기를 온통 회색빛으로grau in grau 칠하는 경우가 있다면, 그것은 바로 이 시기일 것이다. 사람들과 사건들은 전도된 슐레밀처럼, 자신들의 몸을 잃어버린 그림자들처럼 나타난다erscheinen als umgekehrte Schlemihle. 혁명 자체는 자기 자신의 담지자들을 마비시키고 자신의 적들에게만 열정적 힘을 마련해 준다. 반혁명 분자들이 항상 주문으로 불러내고 역시 주문으로 푸닥거리하곤 했던 heraufbeschworen und gebannt "붉은 유령das rote Gespenst"이 마침내 나타나지만, 그 유령은 무정부적인 프리지아 모자를 쓰고서가 아니라 질서의 제복, 곧 **붉은색 바지**를 입고in roten Plumphosen 나타난다.[77]

혁명과 반혁명, 민주주의자들과 보나파르트의 양쪽 편에서 전쟁은 단지 유령들과, 푸닥거리, 물활론적 주술, 마법적인 주문을 대립시킬 뿐만 아니라, 이러한 모상들의 모상들도 대립시킨다. 양쪽 편에서 거울 반영적인 반사는 계속 모상을 서로에게 되돌려 보낸다. 곧 살아 있는 신체, 생생하고 현실적인 실제 사건, 혁명 그 자체, 고유한 의미의, 실물 그대로의 혁명과의 만남을 심연에 이르기까지 지연시킨다. 이는 마르크스가 하나의 날짜를 부여하는 것을 가로막지 못한다. 사실 그는 매번 괄호 안에서, 날짜가 일요일임을 가리킨다. 그런데 한 날짜는 그것의 고유한 독특성 속에서 반복되며, 그것이 애도하는 다른 날짜의 환영을 항상 다시 불러낸다. 게다가 일요일은 혁명에게는 여느 요일과 같은 요일이 아니다. 헤겔은 이미 어떤 사변적인 성 금요일을 명명한 바 있는데,[151] 마르크스는 주일날에 보이는 것, 곧 고대하던 헛것, 죽은 이의 복귀, 재-출현으로서의 부활을 보게 해 준다.

(……) 1852년 5월 두번째[일요일Sontag des Monats]에 있을 은혜로운 결과. 1852년 5월 두번째[일요일]는 그들[민주주의자 선생들]의 머릿속에 고정 관념과 신조로 되어 있던바, 이는 그리스도가 재림하여 천년 왕국을 다시 불러일으키고wiedererscheinen sollte 설립할 날이 천년기설 신봉자들의 머릿속에서 그러한 위치를 차지하고 있는 것과 마찬가지다. 여느 때와 마찬가지로 약자들은 기적을 믿는 데서 구원을 찾았다. 그들은 요술을 부려 상상 속에서 자신의 적을 없애 버리고는in der Phantasie weghexte 그 적을 물리친 것으로 믿었다. (……)[152]

---

151) 이 점에 대해서는 『믿음과 지식』(황설중 옮김, 아카넷, 2003) 참조.
152) 같은 책, 291~292쪽.

그리고 조금 뒤에서는, 여기서도 역시 일요일, 같은 요일이지만 다른 일요일이 문제인데, 발언권이 환영들에게, 환각에, 축귀逐鬼의 주문으로서 저주에, 주술에게 넘어가고, 생존은 눈을 한 번 깜박거리는 동안에만 지속될 것이다. 여기에 바로 인민의 유언이 있다. 그 자신의 목소리로, 그 자신의 손으로, 곧바로 눈이 먼 인민은 메피스토펠레스의 계율에 따라 자신에게 죽음을 선고한다.

(⋯⋯) 일간지의 번개, 문필계 전체, 정계의 평판과 사상계의 명성die geistigen Renommeen, 민법과 형법, 자유·평등·형제애, 1852년 5월 두번째[일요일]. 이 모든 것들이, 그 적들조차 마술사Hexenmeister로 인정해 주지 않는 한 남자의 축귀 주문Bannformel 앞에서 마치 하나의 환각처럼wie eine Phantasmagorie 사라져 버렸다. 보통 선거권은 다만, 전 세계의 눈앞에서 자필로 자신의 유서를 작성하기 위해, 인민 자신의 이름으로 다음과 같이 선언하기 위해 눈 깜빡할 동안에만 생존했던überlebt 것처럼 보인다. "실존하는 모든 것은 멸망하는 데 그 가치가 있다."[78]

눈 깜빡할 사이에 무엇이 일어났는가? 이러한 속임수를 어떻게 기술할 것인가? 일종의 2차적인 환영, 보조 유령, 용역 망령으로 볼 수 있을 만큼 실체가 없는, 사악한 무당(루이 보나파르트), 그 자신 한 위대한 유령(나폴레옹 보나파르트, 1789년 혁명)의 아버지 같은 모습에 사로잡혀 있는 이 무당은 당직當職의 이점을 살려, 도착적이고 악마적이며 겉으로 드러나지 않는 축귀를 통해 혁명을 환각으로 사라지게 만들었다. 왜냐하면 만약 그의 푸닥거리가 인민을 사라지게 한다면, 사실 이 푸닥거리는 그와 동시에 자신을 사라지게 하는 데 서명을 하는 것이며, 자신의 손으로 자신을 사라지게 하는 데 서명을 하는 셈이기 때문이다. 절대적인 소외이자 이제부터는 신체 없는 소외, 자신의 죽음만을 전유하고 자신의 비전유의 유산만을 물려주는, 자기의 소외.

이러한 역설들은 일관되고 환원 불가능한 어떤 논리에 상응하는 것인가? 아니면 무언가 그것들에 특수한 사정을 고려해야 하는 것인가? 특수한 사정이란 수사법적인 것인가? 여기서 문제가 되는 것은 단지, 어떤 사람들이 때때로 (예를 들면 미셸 앙리처럼[79]), 마르크스의 "철학" 저작들과 대립하는 "정치" 또는 "역사" 저작들로 분류할 수 있다고 믿었던 저작들에서 추구되고 있는 효과들일 뿐인가? 우리의 가설은 이와 다르다. 분명 이는 웅변적인 재능에다가, 범상치 않은 언어적 무기를 갖춘 논쟁의 일환이라는 점을 고려해야 한다. 논변들만이 아니라 이미지들을 겸비한 갑옷, 사람들이 망령들에 대한 취향(역사적으로 규정된 원근 도법을 따르는 망령들의 **어떤** 연극에 대한 취향. 왜냐하면 각각의 시대는 자신의 원근 도법을 갖고 있고 우리는 우리의 환영들을 갖고 있기 때문이다)을 갖고 있던 시대의 **환상적인 갑옷**. 또한 매우 상이한 역사적·전술적·전략적 맥락의 유동성에 독특하게 참여한다는 점을 감안해야 한다. 하지만 이 점이 이러한 한계들을 넘어서는 불변항들을 인지하는 것을 방해해서는 안 된다. 여기에는 항상성과 일관성, 정합성이 존재한다. 여기에는 일시적인 형성체들 기저에 장기적인 연속성이 존재할 수 있게 해 주는 지층화의 원리를 따라 작용하는 담론적 지층들이 존재한다. 우리가 계속 여기서 시사했듯이 비록 일정한 구조적 이질성이 존재하기는 하지만, 이러한 이질성은 담론의 상이한 유형들을 분리하지는 않으며, 오히려 각각의 담론 유형 내부에서 작동한다. 유령의 역설은 그 철학적 형태에서 이미 『독일 이데올로기』의 프로그램에 존재하고 있었으며, 『자본』의 프로그램에도 여전히 계속 남아 있게 될 것이다. 그리고 환상적인 갑옷이 수사학이나 논쟁에 이미지들이나 환상들을 제공해 준다면, 이는 아마도 환영의 문채가 여느 문채 중 하나에 불과한 것은 아니라는 점을 사고할 수 있게 해 주는 것 같다. 이는 아마도 모든 문채의 숨은 문채일 것이다. 이런 이유 때문에 이것은 아마도 여느 비유론적 무기 중 하나로 나타나지는 않을 것 같다. 환영에 대한 메타 수사학은 존재하지 않을 것이다.

이러한 역설들에 직면하여 여기서 다루어야 할 과제는 무엇인가? 적어도 과제들 중 하나는, 예컨대 『독일 이데올로기』에 존재하는 철학사 전체에 걸쳐 가장 거대한 환영들 사이의 전쟁이었던 것에 관한 유령론적 지도, 전투 계획을 재구성하는 것이 될 것이다. 앞서 우리가 인용했던 구절들에서 마르크스가 "고유한 내용" 및 "문구"라고 불렀던 것이 보여 주는 범상치 않은 유희들과 상호 범람을 통해 이러한 전투 계획을 상세히 따라가 보아야 한다. [이러한 유희들과 상호 범람에서 느낄 수 있는—옮긴이] 향락 때문에 정신, 마르크스(와 엥겔스)의 정신에서 번득이는 재기, 곧 재담才談mot d'esprit, 재치Witz의 경제를 가로지르고 넘어설 뿐 아니라, 또한 가스Gaz와 정신Geist 사이의 화체化體transsubstantiation[153]도 가로지르고 넘어서는 재기를 놓쳐서는 안 된다.[80]

---

153) 보통 "화체" 또는 "화체설"은 원래 미사의 성찬 예식 중에 빵과 포도주가 예수 그리스도의 신체, 피, 영혼으로 변화하는 과정을 의미한다. 여기서는 한 실체가 전혀 다른 실체로 변화하는 것을 가리키고 있다.

우리는 [『독일 이데올로기』의 — 옮긴이] 길고 재치 넘치는 비판에서 몇 개의 특징들만 끄집어내어 다룰 수 있을 것 같다. 여전히 **사냥**이 문제다. 여기서는 온갖 수단이 다 동원된다. 여기서는, 우리가 앞서 말했던 신복음주의의 노선에 서 있다고 비난받는 어떤 이에 대한 항상 무자비한, 때로는 일체의 행위 규칙을 무시하면서까지, 곧 얼마간 악의적인 의도에 따라 공격이 이루어진다. 마르크스(와 엥겔스)를 신뢰한다면, 성 막스(슈티르너)는 요한 계시록이 거짓말을 하게 만든 게 될 것이다. 요한 계시록이 바빌론——타원형 모양으로 된 중동의 또 다른 중심지였으며, 오늘날에도 여전히 중심지로 있는——의 매춘부를 예고했던 곳에서 신복음주의자 슈티르너는 남자, 비밀das Geheimnis, 유일자den Einzigen를 선포한다. 그 다음 정신의 사막die Wüste des Geistes 속에서, 정신들, 유령들 또는 망령들의 역사 전체가 따라 나온다. 먼저 정신들의 순수한 역사reine Geistergeschichte가 있고, 그 다음 환영들의 비순수한 역사unreine Geistergeschichte로서 귀신 들린 것들die Bessessenen의 역사, 또 그 다음에는 정신들의 비순수하고 비순수한 역사unreine unreine Geistergeschichte가 있다. 슈티르너 자신이 "말씀이 육화된 이래로, 세계가 정신화되고vergeistigt 마술화verzaubert되었기 때문에, 세계는 하나의 환영ein Spuk이다"[81]라고 선언한다. 마르크스는 '슈티르너'의 소송을 조롱한다(슈티르너라는 고유명사는 따옴표 안에 들어 있는데, 이는 다들 알다시피 이 이름이 가명이기 때문이다[154]). "'슈티르너'는 정신들을 본다sieht Geister." 왜냐하면 여행안내원이나 교수처럼, 슈티르너는 우리에게 환영들에 대한 좋은

---

154) 막스 슈티르너의 본명은 요한 카슈파르 슈미트Johann Kaspar Schmidt(1806~1856)다.

안내를 위해 방법적 규칙들을 가르쳐 주겠노라고 선언하려 하기 때문이다. 정신을 자아(자체)와 다른 것으로 규정한 뒤에(정신은 자아와는 다른 어떤 것이다Der Geist ist etwas Andres als Ich)──감히 강조해 두자면, 이는 나름대로 심오한 정의다──슈티르너는 또 다른 훌륭한 질문을 제기한다. "그러나 이러한 다른 것이란 무엇인가Dieses Andre aber, was ist's?" 이것은 마르크스가 너무 손쉽게 비웃어 버리는, 그러면서도 그것을 쫓아내기 위해 필요한 것은 무엇이든 다하기 위해 열성을 내는 것처럼 보이는 거대한 질문이다. 이는 이러한 질문이 ──이 질문을 조롱하기 쉽게 마르크스 자신이 드러내고 있듯이 ──대체 보충적인 "변신Wandlung"[155]을 통해 원래의 질문/기원적인 질문die ursprüngliche Frage, 곧 자아에 대해 비동일적인 것, 자아에 불일치하며 따라서 자아에 비현존적인 것, 다시 말해 정신이라 불리는 이러한 사물의 어그러진 비동시대성을 함축하고 있는 심연적인 질문을 변형하는 데 만족하고 있는 만큼 더욱더 그러하다. 마르크스는 [그 자신에게도 제기되는 질문이기 때문에─옮긴이] 이 질문을 조롱하지 말았어야 했지만, 그러나 그는 심술궂게도 조롱했으며, 더욱이 속은 것처럼 보이고 싶어 하는 어떤 천재성으로 그렇게 했다. 아마도 이러한 천재적인 조롱은 보기보다는 덜 천재적일 것이다. (따라서 여기가 적절한 곳은 아니지만, 우리가 슈티르너의 독창성과 대담성을 진지하게 받아들이고 있다는 점,

---

155) 데리다는 여기서 "Wandlung"을 "métamorphose"라는 단어로 옮기고 있는데, 이는 오비디우스의 고전으로 잘 알려진 "변신"이라는 주제를 환기하려는 의도로 보인다. "변신"의 문제는 『불량배들』 서두에서도 중요한 이론적 동기로 제시되고 있다(Voyous, Galilée, 2003 참조). 이 책은 국역본(『불량배들』 이경신 옮김, 휴머니스트, 2003)이 있지만, 번역 상태가 좋지 못해 참조하기 어렵다. 관심 있는 사람들은 다음 영어판이나 기타 외국어 판본을 참조하기 바란다(Rogues, trans. Pascale Anne-Brault & Michael Nass, Stanford University Press, 2005).

그리고 그의 정치적·철학적 진지성은 마르크스 없이도, 또는 마르크스에 맞서 독해되어야 한다고 생각한다는 점을 감추지 말기로 하자. 하지만 이것이 지금 우리의 주제는 아니다.) 마르크스는 다음과 같이 말한다.

이제 다음과 같은 질문이 제기된다. 자아와 다른 정신이란 무엇인가? 반면 원래의 질문은 다음과 같은 것이었다. 무로부터 창조되었기 때문에 자기 자신과 다른 것인, 정신이란 무엇인가Was ist der Geist durch seine Schöpfung aus Nichts anderes als er selbst? 바로 이것이 성 막스가 다음의 "전환" 단계로 뛰어오를 수 있게 해 준다.(독일어판, p. 135; 영어판, p. 152. 앞의 문장은 다음과 같이 읽을 수도 있다. 정신은 자기 자신과 다른 어떤 것으로부터 창조되지 않았다.)

첫번째의 단순한 "비순수성"에서 환영들의 역사는 몇 단계에 걸쳐 전개된다. 의자[156]에 편히 앉아 유령들의 이론이라고 불러야 마땅한 것, 곧 환영들의 개념들(마르크스는, 단지 환영들의 이름들이라고 생각한다) 바로 그것인 개념들의 환영들을 살펴보기 전에, 먼저 이러한 유령들의 이론이 자신의 기원, 곧 아버지 헤겔을 **드러낸다/배반한다**trahit는 점을 강조해 두는 게 중요하다. 그것은 드러내고 그것은 배반한다. 곧 그 이론은 그것의 선조를 볼 수 있게 해 주지만, 또한 그것은 그 선조의 후손이 될 만한 자격이 없

---

156) 여기서 "의자"는 "chaire"를 옮긴 말이다. 하지만 이는 보통의 의자를 가리키는 것이 아니라 "(교수의) 강단" 또는 "교수직" 등을 가리킨다. 이 단어는 이 장의 마지막 부분에 가면 알 수 있듯이 베를린 대학의 교수였던 헤겔을 나타내기 위해 사용되고 있으며, 좀더 일반적으로는 (마르크스가 비판하는) 슈티르너의 관념론 또는 자아론을 비유하는 것으로도 쓰이고 있다.

다. 그것은 자신의 선조를 비난한다. 슈티르너의 헤겔적 계보학은 또한 아들의 타락[의 역사—옮긴이]일 것이다. 슈티르너는 헤겔로부터 유래하며 『정신현상학』의 저자에 신들려 있지만, 그것을 감당해 낼 수 없다. 다시 말해 그는, 헤겔의 다른 후손들(누군지 한번 생각해 보라)과 마찬가지로 헤겔을 이해하지/포괄하지[157] 못한다. 마찬가지로 매일 밤 되돌아오는 이 위대한 아버지의 그림자에 시달리고 있는, [슈티르너와 마찬가지로—옮긴이] 기꺼이 헤겔을 배반하려고 하는, 또는 헤겔에 복수하려고 하는(이 양자는 때로는 같은 것이다) 이 후자의 후손들은 형제 슈티르너에게 헤겔주의를 가르쳐 주느라고 아주 바쁘다. 슈티르너는 항상 헤겔의 언어로 미끄러져 들어가고, 자신의 말을 "잘 알려진 교조 헤겔의 문구들"[82] 속에 슬쩍 삽입한다. 하지만 이 부적격의 상속자는 유산의 본질을 이해하지 못했으며, 그가 영감을 받고 있고 또 그가 우리에게 그 기독교적인 판본을 제시해 주려고 하는("성 막스는 우리에게 기독교 정신의 현상을 제시해 주려고 한다") 『정신현상학』을 제대로 읽지 못했다. 그가 이해하지 못한 것은 무엇인가? 무엇이 본질적인 것인가? 정신의 유령화라는 주제에 대해 그가 보지 못한 것은 헤겔에게 세계는 단지 정신화된vergeistigt 것일 뿐만 아니라 또한 탈정신화entgeistigt된 것이라는 점인데, 이것은 『독일 이데올로기』의 저자도 인정하는 듯이 보이는 테제다. 곧 우리는 헤겔이 이러한 탈정신화를 아주 정확히ganz richtig 인식했다는 마르크스의 구절을 읽을 수 있다. 헤겔

---

157) "이해하지/포괄하지"의 원어는 "comprend", 곧 (동사 원형으로 하면) "comprendre"다. 이 단어는 "이해하다"는 뜻과 함께 "포함하다", "포괄하다"는 뜻도 가지고 있다. 두 가지 의미를 함께 고려해서 이해한다면, 이 말은 슈티르너는 헤겔을 "이해하지" 못하기 때문에, 헤겔을 "포괄하지" 못한다는 것, 곧 헤겔을 "지양하지" 못한다는 것을 의미한다.

은 두 개의 운동을 연결할 줄 알았지만, "역사적 방법"에 대해 무지한 우리의 "성스런 변증론자"[슈티르너—옮긴이]는 이렇게 하는 법을 전혀 배우지 못했다. 더욱이 그가 좀더 나은 역사가였다면, 그는 헤겔과 단절할 수 있었을 것이다. 왜냐하면 슈티르너는 헤겔을 이해하지 못한다는 점에서만이 아니라——이러한 이중적 비판이 그렇게 모순적인 것은 아니다——그의 환영의 계보학이 너무 헤겔주의적이라는 점에서도 비판받기 때문이다. 이 나쁜 형제[83]는 너무 효성이 지극한 헤겔의 자식이자 동시에 너무 패륜적인 자식이라고 비난받는다. 말 잘 듣는 자식은 아버지의 말을 경청하고 아버지를 모방하지만, 또한 그를 전혀 이해하지 못한다는 점을 마르크스는 시사하고 있다. 마르크스 자신은 이와 반대되는 것, 곧 패륜적인 자식이 되기보다는 부자 관계를 끊음으로써 전혀 다른 것을 하고 싶어 한 듯하다. 물론 말이 쉬운 일이다. 어쨌든 슈티르너의 작업은 무이자 무효인 채 남아 있다. "비록 그가 우리에게 이러한 현상학(더욱이 헤겔에 따르면 피상적인)을 제시하려고 했지만, 그는 우리에게 전혀 아무것도 제시하지 못했다."[84]

나쁜 자식이자 나쁜 역사가인 슈티르너는 그의 선조 및 현상학의 선례(파이네스타이phainesthai[158]와 판타스마phantasma의 논리가 아니라면, 따라서 환영의 논리가 아니라면 현상학이란 무엇이겠는가? 결국 마르크스 자신이 그렇게 하듯이, 정신과 유령을 구별하기 위해 절망스럽고도 기나긴 노력을 기울이지 않는다면 말이다[159])와 단절하지 못했다. 『유일자와 그의 소

---

158) "phainesthai"는 그리스어로 "나타나다"를 뜻한다. 이는 "현상학"의 "현상phenomenon"이라는 말의 그리스어 어원을 이루는 것으로, 특히 하이데거의 『존재와 시간』에서 중요한 역할을 수행하는 개념이다.

159) 『독일 이데올로기』 후반부의 주요 내용을 이루는 슈티르너와의 논쟁은, 데리다에 따르면 정신과 유령을 구분하려는 절망스럽고도 기나긴 고투의 과정이다.

유』의 저자는 자기의식이나 인간과 같은 추상적인 개념들이 본성상 종교적이라는 것을 깨닫지 못한다. 그는 마치 유령들이 자기 스스로 돌아다닐 수 있다는 듯이, 종교를 자기원인적인 것으로 만든다. 그는 "'기독교'가 아무런 역사도 갖지 못한다는 것"을, 자기 자신의 고유한 역사를 전혀 갖지 못한다는 것을 보지 못한다. 그는 (그렇게 해야 마땅함에도) "종교적 정신"의 "자기규정들"과 "발전들"을, "경험적 조건들"과 "경험적 원인들", "규정된 사회형태", "교환과 산업의 규정된 관계들"의 기초 위에서 설명하지 못한다. 그는 규정되어 있음이라는 것, 따라서 "필연적"이라는 것과 동시에 **규정**détermination(이것이 마르크스의 비난의 핵심 단어다), 좀더 정확히 말하면 이러한 규정의 경험성을 결여하고 있다. 그리하여 그는 이러한 정신의 규정을 [정신의—옮긴이] 타자에 의한 규정[곧 경험적 조건들이나 사회적 관계에 의한 규정—옮긴이]으로 규정하는 것을 인식하지 못했다. 이러한 비판을 고취하고 있는 마르크스의 공언된 경험론은 항상 타자성의 법칙으로 귀착된다. 항상 그렇듯이 경험론은 타자성의 논리hétérologie에 대한 소명을 갖고 있다. 우리는 어떤 타자와의 마주침에 따라 현재의 경험을 인지한다. 슈티르너는 기독교 정신이 이처럼 타자에 의해 규정되어 있음을 간과했기 때문에, 마법에 걸려 있다. 환각에 빠져 있는 그는 정신을 환영으로 만든다. 환상으로 만든다고 할 수도 있을 것이다. 사실 그는 헤겔[이라는 유령—옮긴이]의 출몰에 신들려 있다. 그는 오직 그것에 사로잡혀 있을 뿐이다. 그가 감당할 수 있는 유일한 "타자성"은 교수 의자[160]의 "타자 존재être-autre", "베를린 대학 교수의 사상의 "타자 존재""다. 슈티르너식 인간과 세계의 "변신들"은 헤겔의 그림자 속에 육화되고 "헤겔 철학의 육체in den Leib der Hegelschen Philosophie" 속에 합체된, 곧 "베를린 대학

교수의 사상의 "타자–존재"일 뿐인 유령들 속으로" 변신되고 합체된 보편사다. 슈티르너 식의 변신들은 이것들에 불과하며, 외관상으로만 그것들일 뿐이다. 헤겔은 『정신현상학』에서, 이 성서, 이 대문자 책에서, 개인을 "의식"으로, 세계를 "대상"으로 변형시킨다. 그리하여 생명과 역사 및 그것들의 다면성은 대상에 대한 의식의 관계들로 변형된다. 여기서도 여전히 진리가 문제이며, 여기서 의문시 되는 것은 의식의 진리로서 진리의 현상화다. 환영의 역사는 환영화의 역사로 남아 있으며, 환영화의 역사는 진리의 한 역사, 한 우화fable가 진리가 되는 역사일 것이다.[161] 그 반대, 곧 진리에 대한 하나의 날조affabulation가 아니라면 말이다. 어떤 경우든 항상 환영들의 역사이긴 마찬가지다. (정신의) 현상학은 ①대상에 대한 의식의 관계를 **진리로서** 또는 단순한 대상인 **진리와 맺는** 관계로 기술하며 ②**참된 것**인 한에서 의식이 대상과 맺는 관계, 그리고 ③의식이 진리와 맺는 **참된 관계**wahres Verhalten des Bewusstseins zur Wahrheit를 기술한다.

---

160) 여기서 "교수 의자"는 "chaire"를 옮긴 것이다. "chaire"는 "강단"이나 "교수직" 등을 뜻하며, 따라서 여기서는 베를린 대학 교수였던 헤겔을 가리킨다고 볼 수 있다. 우리가 이를 "교수 의자"라고 옮긴 것은 두 가지 이유 때문이다. 첫째, 이 단어는 앞에서는 (교수가 앉는) "의자"를 가리키는 것으로 사용되었기 때문에, 앞의 용법과의 연관성을 고려한다면 "교수직"이나 "교수" 등으로 옮기는 것보다는 "교수 의자"로 옮기는 것이 더 낫다고 보았다. 둘째, "chaire"라는 단어는 "살" 또는 "육체"를 가리키는 "chair"라는 또 다른 단어와 동음이의어이며, 데리다는 이러한 동음이의 관계를 염두에 두고 이 단어를 사용한 것으로 보인다. 다시 말해 여기서 "chaire"는, 관념론에 빠져 있는 슈티르너(이는 물론 『독일 이데올로기』의 마르크스의 관점에서 볼 때 그러하다)가 사고할 수 있는 유일한 타자, 유일한 육체chair는 실제의 경험적인 타자나 육체가 아니라 관념화/정신화/환영화된 타자, 곧 대학교수 헤겔을 가리키는 "교수 의자chaire"라는 "육체chair", "교수 의자"에 구현된 헤겔의 "육체"뿐이라는 점을 암시하기 위해 사용되었다고 볼 수 있다. 아닌 게 아니라 바로 뒷 문장에 "헤겔 철학의 육체chair de la philosophie hegelienne"라는 말이 나온다.

161) 데리다가 말하는 "한 우화fable가 진리가 되는 역사"는 니체의 『우상의 황혼』을 암시하고 있다. "어떻게 '참된' 세계가 결국 우화가 되어 버렸는지" 『바그너의 경우, 우상의 황혼 외』(백승영 옮김, 책세상, 2002), 103쪽.

이러한 삼원성은 삼위일체, 곧 아버지 신과 그리스도, 그리고 성령을 반영한다. 정신/성령은 매개를 보장하며, 그리하여 이행과 통일을 보장한다. 그것은 동시에 정신적인 것의 유령적인 것으로의 변신을 산출한다. 이것이 바로 성 막스의 오류다. 따라서 우리는 마르크스가──어쨌든 슈티르너에 대한 비판에서는──정신이 아니라, 무엇보다 유령을 비난하고 있다는 느낌을 갖게 된다. 마치 그가 여전히 오염되지 않은 정화淨化를 믿고 있다는 듯이, 마치 환영이 정신을 지켜보고 있지 않으며, 정신화의 문턱에서부터 정신에 달라붙지 않는다는 듯이, 마치 "이데아/관념"의 이념화와 정신화 양자를 조건 짓는 되풀이 (불)가능성 그 자체가 이러한 두 개념의 식별에 대한 일체의 확고한critique 보장을 제거하지 않았다는 듯이. 마르크스는 계속 식별할 것을 주장한다. 이것이 바로 비판의 식별력krinein이 치러야 할 대가다.

5장_출현하지 않는 것의 출현: 현상학적인 "감추기 마술"

하나의 접합이 이러한 무자비한 기소의 운동을 보장한다. 그것은 유희를 제공한다. 그것은 정신Geist과 유령Gespenst 사이에서, 한편으로는 정신과 다른 한편으로는 환영이나 망령 사이에서 작용한다. 이러한 접합은 자주 접근 불가능한 것으로 남아 있으며, 그림자 속으로 숨어들어 가 이리저리 휘저어 가며 자신의 자취를 은폐한다. 우선 다시 한 번 가이스트Geist가 프랑스어의 "에스프리"나 영어의 스피리트spirit처럼 유령을 의미할 수도 있음을 강조해 두자. 정신은 또한 정신들의 정신이기도 하다. 그 다음, 『독일 이데올로기』는 이러한 애매성을 활용하면서 오용한다는 점 역시 강조해 두자. 이것은 그것의 주요한 무기다. 특히 이 무기가 항상적으로 또는 일관성 있게 작용한다 해도, 또 비록 마르크스 자신이 생각하는 것보다는 설득력이 약하다고 해도, 그가 정신과 유령을 구분하게 해 주는 논거는 신중하고 미묘한 것으로 남아 있다. 유령은 정신의 유령이며, 비록 그것이 환영적인 분신처럼 정신을 뒤따른다 해도, 그것은 정신에 참여하고 그것에 속해 있다. 양자 사이의 차이가 정확히 환영 효과 속에서 사라지는 경향을 지니는 것처럼, 이러한 차이를 작동시키는 차이의 개념이나 논증 운동은 수사법 속에서 소멸하는 경향을 지닌다. 이는 이 수사법이 미리 논쟁을 위해, 어쨌든 사냥의 전략을 위해 설정되었기 때문에 더 그러하다. 게다가, 반박의 순간 거울 반사에 따라 적의 논리를 재생산함으로써, 타자의 언어의 남용을 고발하면서도 그러한 남용을 스스로 추가함으로써, 매 순간 **모방하는**

답변을 구사해야 하는 위험을 겪는 대항 소피스트주의에서는 더욱더 그렇다. 이러한 대항 소피스트주의(앞으로 보게 되겠지만, 마르크스는 플라톤의 역설적인 상속자다)는 모상과 흉내, 환상들을 조작해야 한다. 개념의 마술사, 요술사의 "감추기 마술"을, 또는 유명론적인 수사학자의 술수를 고발하기 위해서는, 대항 소피스트주의는 그것들을 주의 깊게 지켜보아야 한다.

이러한 전략, 무엇보다도 마르크스가 「성 막스」(「라이프치히 공의회 III―성 막스」)의 서두에서 논증의 대상으로 제시하면서 일련의 "감추기 마술Eskamotage"이라고 부르는 것에 나타난 슈티르너의 말을 가능한 한 문자 그대로 파악하려고 시도해 볼 수 있다. 환영의 생산, 환영 효과의 구성은, 헤겔의 관념론에서 탁월하게 생산되고 있는 것과 같은 정신이나 관념 또는 사고의 정신화나 심지어 자율화도 아니다. 그것이 아니라, 일단 이러한 자율화가 그에 상응하는 비전유나 소외와 함께 실현되면, 그리고 오직 그때에만, 환영의 계기는 자율화에 돌발하며survient, 그것에 어떤 보충적인 차원, 또 하나의 허상이나 소외, 비전유를 덧붙인다. 곧 어떤 신체가 추가되는 것이다! 육신Leib이! 왜냐하면 적어도 비가시적인 가시성의 공간 속에서 어떤 허깨비의 나타나지 않음dis-paraître과 같은 육신의 겉모양이 없이는,[162] 어떠한 환영도, 어떠한 정신의 유령화도 존재하지 않기 때문이다. 환영이 존재하기 위해서는 신체로의 복귀가 있어야 하지만, 그러나 이것은 훨씬 더 추상적인 어떤 신체로의 복귀다. 따라서 유령의 발생과정은 역설적인 합체合體에 상응한다. 일단 관념이나 사고Gedanke가 자신들의 기체基體에서 분리되면, 그것들에 어떤 신체가 부여됨으로써 환영이 산출된다. 관념들과 사고들이 분리되어 나온 살아 있는 신체로의 복귀가 아니라, 관념들과 사고들을 **다른 인공적인 신체로, 보철용 신체**, 정신의 환영으로 합체시킴으로써. 또는 이따금 마르크스가 그렇게 생각하게 만드는 것처럼, 만약 최초의 정신화 역시 이미 유령을 생산한다면, 환영의 환영이라고 할 수도 있는 것으로 합체시킴으로써. 그러나 "두번째" 환영이라고 불릴 수 있는 환영에는, 자율화된 정신의 합체라는 특성, 내면화된 관념이나 사고가 대상으로 배출되는 것이라는 좀더 뚜렷한 특성이 속한다. (이러한 의미에서 내면성의 합체 속에는 항상 어떤 애도 작업이 존재하며, 죽음이 프로그램되어 있다. 강조하거니와 이데올로기 이론은 자신의 특징들 중 많은 것을 이러한 환영의 이론에 의존하고 있다. 마르크스에 의해 비판되거나 정정된 또는 전도된 슈티르너의 정리定理로서 환영 이론은 정신화의 과정, 정신적 이념성의 자율화라기보다는 역설적인 **합체**의 법칙을 형식화한다. 이데올로기적인 것만이 아니라──필요한 수정을 가하면──물신 역시, 주어진 신체 또는 오히려 빌려 온, 대여해 온 신체일 것이며, 최초의 이념화에 덧씌워진 이차적인 합체일 것이다. 곧 지각될 수 있는 것도 아니고 반대로 비가시적인 것도 아니지만, [잠정적으로 자연 대 기술이라는──옮긴이] 대립을 신뢰한다면, 기술적인 신체나 제도적 신체라고 불릴 수 있는 **비물리적인**a-physique 신체

---

162) 이 구절에서 "어떤 허깨비의 나타나지 않음과 같은 육신의 겉모양이 없이는"이라는 말은 다음을 의미한다. 여기서 허깨비는 "apparition"인데, 앞서 말했듯이 이는 "출현", "나타남"을 의미할 수 있다. 따라서 "apparition"은 좀더 정확히 말하면 "허깨비의 출현"을 뜻한다. 그런데 이러한 허깨비의 출현은 항상 어떤 신체, 어떤 육신을 통해서 이루어진다. 물론 이때의 육신은 "현실적인" 육신, "참된" 육신이 아니라 "가상적"이거나 "환상적"인 육신, 곧 "육신의 겉모양"에 불과하다. 그렇다면 왜 이러한 "육신의 겉모양"은 "허깨비의 나타나지-않음과 같은" 것일까? 이는 바로 이처럼 육신의 겉모양을 입고 나타나는 허깨비는 참된 허깨비, 실물 그대로의 허깨비가 아니기 때문이다. 다시 말해 허깨비의 허깨비다움은 그것이 있는 그대로 나타나지 않는다는 점에, 그것이 항상 어떤 육신의 겉모양을 입고 "나타나지 않음"으로서 나타난다는 점에 있는 것이다.

속에서, 자연/본성 없는 신체 속에서 하나의 육신으로 남아 있는, 이차적인 합체일 것이다. 안전하게 투구 뒤에서 "나는 네 아비의 혼령이니라I am thy Fathers Spirit"라고 말하는 어떤 것처럼, 이것은 심지어 가시적이면서 비가시적인, 감각적이면서 비감각적인 신체이며, 항상 어떤 인공물의 견고한 제도적 보호나 문화적 보호 아래 존재하는 것이다. 이데올로기소의 투구 또는 갑옷 속의 물신.)

그러나 이것이 전부가 아니다. 이 과정의 종별성은 여전히 유령화를 자본화할/축적할capitaliser 수 있다. 이 **첫번째** 환영 효과가 작동되었을 때 일단 환영이 정신의 (자동화된 관념이나 사고의) 육화에 의해 생산되고 나면, 그 다음 그것은——슈티르너의 비판가인 마르크스에 따를 경우——자신의 **고유한** 인간적 신체의 유일성을 옹호하면서 절대적인 환영이 되는, 사실은 유령-정신의 끝없이 이어지는 환영의 환영, 모상의 모상이 되는, 환영 효과의 작동 주체 자신에 의해 부정되고 통합되며 합체된다. 우리가 마르크스를 신뢰한다면, 이것은 슈티르너에 고유한 오만함hybris의 섬망적이고 환각적인 계기이다. 곧 이것은, 비판이라는 이름 아래, 때로는 정치적 비판이라는 이름 아래(왜냐하면 슈티르너 역시 정치적 담론을 견지하고 있기 때문인데, 우리는 「라이프치히 공의회 III—성 막스」의 맥락을 형성했던 끝없이 뒤얽힌 논쟁을 알고 있다) 이루어지는 부정성의 격화, [유령의—옮긴이] 재전유에 대한 열망, 환영의 지층들의 축적에 불과한 것이다. 마르크스는 이러한 "감추기 마술escamotage"의 궤변술을 비난하며, 그것도 때로는 현기증이 날 만큼 수다스러운 논변의 가장 명료한 계기들 중 하나에서 비난한다. 이 논변 역시 "감추기 마술"이라는 비유가 필연적으로 초래하는 현기증에 굴복하는 것처럼 보이는데, 왜냐하면 유령은 단지 탁자들을 돌릴 뿐만 아니라 머리도 뱅뱅 돌게 하기 때문이다. 사실 문제가 되는 것은 "새로운 감추기 마술"일 것이다. 마르크스는 이 단어를 좋아한다. 왜 그토록 많은 **감추기 마술**이 환영들의 확산에 선행하는가? 실제로 하나의 감추기 마술은 자신을 복수화하며, 자기 자신에 수반되고 스스로 계열로 확산된다. 마르크스는 그것들을 세어 보려고 한 다음 바로 그만둔다. "감추기 마술"이라는 단어는 상품 교환에서 볼 수 있는 협잡이나 절도를 뜻하기도 하지만, 무엇보다 어떤 마술사가 가장 가시적인 신체를 사라지게 만드는 마술을 의미한다. 이는 **사라지게 하는** 기예 또는 기술이다. 감추기 마술사는 어떻게 **출현하지 않게** 할 것인지 알고 있다. 그는 초현상학hyper-phénoménologie의 전문가다. 그런데 여기서 감추기 마술의 정점은 "허깨비의 출현"을 산출함으로써 사라지게 하는 데 있다. 이것은 정확히 말하면 겉모양에서만 모순적인데, 왜냐하면 환각들을 촉발하거나 환시幻視를 유발하면서 사라지도록 만들기 때문이다. 마르크스는 조금 전에 슈티르너를 길게 인용했는데, 이제 거의 문자 그대로 되풀이하는 주석이 뒤따르고, 바꾸어 말하기가 시작된다.

> 여기서 "유일자"와 동일시된 인간은 우선 사고들Gedanke에 대해 견고한 신체Leibhaftigkeit를 부여한 다음, 곧 사고들을 환영들로 만들고 나서(d.h. sie zu Gespenstern gemacht hat), 이러한 신체적 형태를 자기 자신의 신체로 재통합함으로써 파괴하며, 이로써 그는 이를 환영들의 신체로 만든다zerstört er nun wieder diese Leibhaftigkeit, indem er sie in seinen eignen Leib zurücknimmt und diesen somit als den Leib der Gespenster setzt. 그는 오직 환영들에 대한 부정을 통해서만 자신의 신

체의 실존에 대해 확신하게 된다. 이는 이러한 추상적 구성물, 곧 인간의 신체성Leibhaftigkeit des Mannes의 진정한 본성을 잘 보여 준다. 이를 믿기 위해서는 우선 그는 이를 "자신에게 말"해야 한다. 하지만 그가 "자신에게 말하는" 것은 올바르게 "말하는" 것과 같은 게 아니다. 그 자신의 "유일한" 신체 이외에 일체의 자율적인 신체들/물체들, 정자精子들이 단지 그의 머릿속에만 거주하는 것은 아니라는 사실을 그는 하나의 "우화"로 만든다. 곧 오직 나만이 신체를 갖는다(나만이 신체다:Ich *allein* bin leibhaftig)는 "우화"로 만든다. 새로운 감추기 마술.[85]

따라서 마르크스에 따르면 유령 효과는 환영의 정립Setzung에, 고유한 신체로서 환영적 신체의 **변증법적인** 정립에 상응하는 것이다. 이 모든 것은 **환영들 사이에서**, 두 개의 환영들 사이에서 일어날 것이다. 마르크스에게는 둘 모두 환영인 반면, 슈티르너에게는 단지 첫번째 계기만이 유령적인 것이며, 자아는 그것을 살아 있는 유일한 신체의 재전유 속에서 지양할 것이다. 살아 있는 신체, "내 신체", "내 소유/고유성"은 환영적인 투사물들, 이념적인 보철들을 자기 내부로 무화함으로써 또는 다시 들여옴으로써 회귀한다. 이 두번째 계기는, 앞서 정립되었으며 외부에 노출되고 대상화된 어떤 환영, 곧 **첫번째 순간**에 합체되었던 관념이나 사고의 "파괴" 또는 "부정"을 나타낸다. 이러한 **첫번째** 유령적 합체는 그 다음에는 부정되고 내면화된다. 자아는 그것을 다시 들여오는zurücknimt 것이다. "나"는, 앞서 정립된 신체를 부정하거나 파괴함으로써, 그 대상적 외재성으로부터 철거/탈정립함déposant으로써, 환영을 탈-대상화함으로써, 최초의 합체를 합체한다. 분명 마르크스는 여기서 성인이 된 청소년의 자기의 발견을 기술하는 슈티르너의 문장을 바꿔서 표현하고 있다. 하지만 이는 슈티르너가 아니라 마르크스가, 궁극적 계기인 내 고유한 신체, 내 것, 내 소유/고유성als die Meinige, als Mein Eigentum을 환영으로 규정하는 지점까지만 그렇다. 슈티르너가 신체적이고 살아 있는 재전유, **좀더 많은 생명**을 보고 있는 곳에서(더 이상 죽음이 존재하지 않을 곳에서), 마르크스는 유령성의 과장된 잉여, **좀더 많은 죽음**을 고발한다(더 이상 생명이 존재하지 않을 곳). 살아 있는 신체, 내 것, 유일한 것은, 사고들 내지 자율화된 관념적 실재들이 결집되는 공통의 장소/상투적인 것lieu commun¹⁶³⁾에 불과하기 때문에, 그것은 그 자체로 "환영들의 신체Leib der Gespenster"가 아니겠는가?

이러한 유령들의 어지러운 춤 속에서 적어도 몇 가지 명백한 사실을 파악해 보기로 하자. 마르크스와 슈티르너가 공유하고 있는 것처럼 보이는 것은 환영적인 것에 대한 비판이다. 양자 모두는 망령과 결말을 짓고 싶어 하며 거기에까지 나아가고자 한다. 양자 모두는 고유한 신체 속에서 생명을 재전유하는 것을 목표로 한다. 이러한 희망이, 적어도 그들의 담론의 지령적인 명령 또는 약속을 작동시키는 바로 그것이다. 더 나아가 이것은 아마도 그들의 호소의 메시아적인 형식성에 대해 최초의 규정적인 내용을 제시해 주는 바로 그것이라고 할 수도 있을 것이다. 그러나 슈티르너가, 대상화된 환영들, 자유로운 환영들을 자기 자신 속으로 **다시 들여오고**, 그것들에게 진정으로 다시 활력을 넣는 자아의 단순한 전회conversion(자아는 사실은 이러한 내면화하는 결집의 운동에 불과하다)에 재전유를 일임

---

163) "lieu commun"은 단어 그대로 하면 "공통의 장소"이지만, 수사법에서는 상투적인 어구, 전형화된 표현을 가리킨다. 여기서는 이 두 가지 의미가 모두 활용되고 있는 것으로 보인다.

하는 것처럼 보이는 반면, 마르크스는 이러한 자아 중심적 신체를 고발한다. 그는 외친다. 여기에 모든 환영들의 환영이 있다! 바로 여기가 모든 송환 유령들이 몰려드는 집합 장소, 곧 되돌아온 모든 유령들을 위한 포럼이나 아고라인데, 왜냐하면 여기서는 많은 말들이 오고 가기 때문이다. 따라서 마르크스는 우리가 모든 실천적·사회적 구조 및, 최초의 환영들을 생산해 낸 모든 경험적·기술적 우회로들을 고려하면서 재전유를 진행해 나가야 한다고 주장한다. 환영들을 살아 있는 것으로 재합체하기 위해서는 그것들의 "신체성"을 마법처럼 단번에 파괴하는 것으로는 충분치 않다. "나-나를Je-Me",[164] 곧 자신의 사고들의 "창조자와 소유주"의 단순한 자기변용auto-affection[165] 속에서 외부 신체에서 내부 신체로, 대상적인 것에서 주체적인 것으로의 단순한 이행에 의해 유령들에게 다시 생명을 부여해 주는 이러한 직접성의 마술은 슈티르너가 추천하는 것처럼 보인다. 이제부터 "나-나를"의 직접성은 자기 자신과의 순수한 접촉의 절대적 확실성 속에서 신들림이 산출될 만한 어떠한 간극도, 어떠한 거처도, 어떠한 공간 내기의 여지도 박탈함으로써 환영을 쫓아냈던 게 될 것이다. 이것은 판

---

164) "Je"는 영어의 "I"나 독일어의 "Ich"처럼 "나"의 주격 형태이며, "Me"는 영어의 "me"나 독일어의 "Mich"처럼 "나"의 간접 목적어나 직접 목적어에 해당한다. 다시 말하면 주체인 "자아 Je"가 사고들, 환영들을 주체인 자아 바깥에 대상으로서 생산한 다음, 이러한 사고, 환영들을 다시 자아 안으로 들여오는 것, 곧 "내 것", "나를"로 다시 들여오는 재전유의 운동을 "Je-Me", "나-나를"로 표현하고 있는 셈이다. 이 운동은 모두 자아 속에서 일어난다는 점에서 "직접적" 인 것이라고 할 수 있다. 이는 바로 뒤에 나오는 마르크스의 인용문을 자기 변용의 관점에서 해석하고 있는 부분이다.

165) "auto-affection"은 원래 칸트가 사용하고 하이데거가 칸트 철학의 중심 개념 중 하나로 부각한 개념인데, 여기서는 앞에서 논의된 것처럼 자아가 자기 자신을 변용해서 환영들을 만들어 내는 작용으로 이해하면 된다. 이런 의미에서 보통 사용되는 "자기 촉발"이라는 용어 대신 "자기 변용"이라고 옮긴다.

단 중지, 곧 환영에 대한 현상학적 환원과 유사한 것이지만, 마르크스는 그 것이 환영 **자체에게로**(현상성 또는 어떤 환영의 환상에게로)의 현상학적 환 원이라고 비판한다. 외부 환영의 신체 형태를 주관화하는 것으로서의 환 원은 과잉 관념화이며 보충적인 유령화일 뿐이다.

"정신Geist으로서 **사물들 배후에서**" 내가 나를 발견하는Ich Mich finde (이것은 "청소년이 자신을 발견하는"이라고 읽어야 할 것이다) 것처럼, "필연적으로 **사고들**Gedanke 배후에서 나는 그것들의 창조자이자 소유 주로서als ihr Schöpfer und Eigner 나를 발견해야 한다(이것은 "**사람은 그 자신을 발견한다**"로 읽으시오). 정신적 시기에in der Geisterzeit 사고 들은 내 두뇌에서 생겨난 것임에도 나를 압도했으며"(청년기의 극복), "**환각처럼**wie Fieberphantasien 내 주위를 떠돌아다니며 무서운 힘으로 나를 뒤흔들었다. 사고들은 **신체적인**leibhaftig 형태를 지니고 있었다. 그 것들은 신, 황제, 교황, 조국 등과 같은 환영들Gspenster이었다. 만약 내 가 그것들의 신체적 형태Leibhaftigkeit를 파괴한다면, 나는 그것들을 내 신체로 다시 통합하게 되며, 나 혼자만이 신체적 형태를 소유한다고 말 **하게 된다**zerstöre ich ihre Leibhaftigkeit, so nehme Ich sie in die Meinige zurück und sage: Ich allein bin leibhaftig. 이렇게 되면 나는 세계를 나를 위한 것으로, 내것, 내 소유로 이해하게 된다. 나는 모든 것을 나 자신과 관련시킨다Und nun nehme Ich die Welt als das, was sie Mir ist, als die *Meinige*, als Mein Eigentum: Ich beziehe Alles auf Mich."[86]

여기서 **이야기되는 것/자신을 이야기하는 것**[166]의 역사에서, 자주 단순히 **지명**指名을 통해 진행되고, "그럴듯하게 들리는 일련의 과장된 이름들"로 "자신의 이름들"[87]을 대체하는 것으로 만족하는 이 허구적인 재구성에서, 마르크스는 환각의 증가와 환영의 축적capitalisation을 비난한다. 실제로wirklich 파괴된 것은 단지 표상Vorstellung 형태 속에 존재하는 표상들일 뿐이다. 청소년은 황제, 국가, 조국 같은 자신의 환각들 또는 신체의 환영적인 겉모양을 파괴할 수 있다. 하지만 그는 이것들을 실제로wirklich 파괴하지는 않는다. 만약 그가 자신의 표상의 보철들과 "자신의 상상의 안경die Brille seiner Phantasie"을 통해 이러한 실재들과 관계하는 것을 중단하려면, 이러한 실재들을 대상, 이론적 직관의 대상으로, 곧 광경으로 전환하는 것을 중단하려면, 그는 노동·생산·현실화·기술과 같은 세계의 "실천적 구조"를 고려해야 할 것이다. 오직 이러한 실천성, 이러한 현실성(노동, 이러한 현실성Wirklichkeit의 작용Wirken 내지 영향Wirkung)만이 순수하게 상상적이거나 유령적인 육신(phantastische …… gespenstige Leibhaftigkeit)의 밑바탕에 도달할 수 있다.

마르크스는 여기서 슈티르너에게 충고하고 있는 것처럼 보인다. 자네가 이러한 환영들을 쫓아 버리고 싶다면, 내 말을 믿어 보게나. 자아론적인 전회나 시선의 방향을 바꾸는 것으로는, 또는 괄호를 치는 것이나 현상학적 환원으로는 충분치 않네. 우리는 실천적으로, 현실적으로 노동을 해야하네. 우리는 노동을 생각해야 하며, 그것에 전력을 기울여야 하네. 노동은

---

166) 이 구절의 원문은 "ce qui se dit"다. "se"라는 재귀 대명사를 적극적으로 살려 준다면, "자신을 이야기하는 것"으로 이해할 수 있으며, "se dit"를 수동태 형태로 본다면, "이야기되는 것"으로 생각할 수 있다. 이는 곧 "여기서 이야기되는 것"은 사실은 "자아의 자신에 대한 이야기"라는 것을 뜻한다.

꼭 필요하며, 현실을 실천적인 현실성으로서 고려해야 한다네. 황제나 교황의 신체의 **환영** 형태에 불과한 것을 몰아냄으로써 또는 마술을 써서 감춤으로써 단숨에 **실제의** 황제나 교황을 쫓아낼 수 없다. 마르크스는 아주 확고하다. 어떤 사람이 환영적인 신체를 파괴했다면, 현실적인 신체가 남게 된다. 황제의 **환영적인** 신체die gespenstige Leibhaftigkeit가 사라질 때, 사라지는 것은 신체가 아니라, 단지 그 현상성, 그 환영성Gespensterhaftigkeit일 뿐이다. 이렇게 되면 황제는 그 어느 때보다 더욱 현실적이게 되며, 우리는 그것의 현실적인 위력wirkliche Macht을 더욱 잘 가늠할 수 있게 된다. 조국의 환상적이고 환영적인 형태die phantastische und gespenstige Gestalt를 부정하거나 파괴한다고 해도 우리는 아직 조국을 구성하는 "현실적 관계wirkliche Verhältnisse"는 건드려 보지도 못한 셈이다. 슈티르너는 삶의 여러 단계에 대한 자신의 추상적인 재구성에서 우리에게 "환영적인 그림자"만을 주었을 뿐인데, 왜냐하면 유령들에 대한 이러한 추정된 파괴 속에서 그가 잃어버린 것은 아주 단순하게도 그 자신의 신체와 "삶", "현실성Wirklichkeit"이기 때문이다. 그는 자신의 신체에 대한 사랑에 의해 자신의 신체를 상실했다. 왜냐하면 이러한 이야기/역사 전체는 자기도취와 애도작업의 역설들이 지휘하고 있기 때문이다. 슈티르너의 공리계에 따르면 모든 것은 자신의 신체에 대한 사랑과 함께 시작해야 하며, 또다시 시작해야 할 것이다("오직 **우리가 자신의 신체를** 사랑하게 되었을 때, **자신의 신체 속** 에서 자기 자신을 사랑하게 되었을 때wenn man sich leibhaftig liebgewonnen"). 그 다음 우리는 환영들(대상화된 관념들, 사고들 등), 곧 우리가 그것들 속에서 이미 우리 자신을 비전유했던, 이미 우리 자신의 신체와 삶을 상실했던 환영들을 애도해야 한다. 이러한 **직접적인** 애도의 작업/노동에 대해, 이러한 애도의 노동에 대해, 이러한 노동 없는 애도의 노동에 대해, 이러한 직접적으로 자기도취적인 전회에 대해, 마르크스는 우리를 이러한 과잉 환영성으로부터, 곧 슈티르너의 신체의 자아로부터 해방시켜 줄 어떤 노동, 이러한 애도의 노동에 대한 노동을 대립시킨다. 그러나 이러한 비판은 생명체의 중심에 있는 죽음도, 비전유도 제거하지 못하며, 항상 애도의 노동, 애도 그 자체, 자기도취를 지연시키는 것을 환기해 준다. 마르크스는 단순히 차이差移를 실천으로서 규정하고 있을 뿐이며, 재전유에 대한 지연으로서 규정하고 있을 뿐이다.

이처럼 배후로 돌아가서 보는 것은 우리가, 때로는 아주 근접해 있는 목소리들을 구별할 수 있게 해 주는가? 마르크스가 슈티르너에 대해 벌이는 정치 논쟁에서 이 목소리들은 서로 공명하고 있는 것처럼 보인다. 입회자initiés들을 위한 비밀 집회가 있었던 것이라면, 이는 누가 유령을 잘 제거할 수 있는가라는 질문을 둘러싸고 열렸을 것이다. 어떤 리듬에 따라, 어떤 우회를 거쳐, 어떤 전략으로? 실시간으로, 직접? 아니면 지연된 시간에 따라? 왜 이것을 비밀 집회라고 부르는가? 무엇보다 마르크스가 강조하는, 그리고 마치 누구도 그를 믿지 않는다는 듯이 그가 끊임없이 환기하고 있는, 절대적이고 무한하며 외관상으로는 확정적인 불일치 아래서, 어떤 근접성이, 심지어 가공할 만한 유사성이 감추어져 있다. 잘 이해해야 하는데, 이것은 마르크스에게 가공할 만한 것이다. 그리고 만약 비밀 집회가 존재한다면, 이것은 공통의 쟁점이 논쟁을 불러일으키기 때문이다. 그것은 유령이라 불리는 것이다. 마르크스와 슈티르너는 그것과 결말을 짓고자 한다. 이것이 공통의 공리이며, 이것은 토론의 여지가 없는 것으로 남아 있다. 우리는 환영을 제거해야 하며, 이를 위해서는 환영을 가지고 있어야 한다. 환영을 갖기 위해서는 그것을 보고 위치시키고, 그 정체를 확인해야 한다. 우리는 그것에게 사로잡히지 않으면서, 신들리지besessen(이는 마르 크스의 기소문 중 하나의 제목이다. "신들린 것들: 비순수한 유령의 역사Die Besessenen: unreine Geistergeschichte") 않으면서, 그것을 사로잡고 파악하고 소유해야[167] 한다. 그러나 유령이란, 그것이 견고하게 있는consiste 한에서, 이러한 구별을 금지하거나 훼손하는 것에 있는 것 아닌가? 이러한 식별 불 가능성 자체에 있는 것 아닌가? 그것을 사로잡는 것은 그것에 사로잡히는 것, 신들리는 것 자체가 아닌가? 포획하는 것은 그것에게 포획되는 게 아 닌가? 하지만 마르크스는 본질적인 점에 대해서는 슈티르너에 동의하는 것처럼 보인다. 곧 우리는 유령을 극복해야 하며, 그것을 종식시켜야 한다. 양자 사이의 불일치는 이러한 목적을 위한 수단, 가장 좋은 해결책에 대한 것이다. 어떻게 유령들을 없앨 것인가를 둘러싼 이러한 논쟁은 방법론적 인 것처럼 보이지만, 정의상 그것은 어떠한 한계도 알지 못한다. 틀림없이 그것은 존재론적이고 윤리적이고 정치적인 논쟁이 된다. 비밀 집회는 분 리주의적이거나 이단적인 회의, 비밀회의, 활기를 띤 토론회라는 사실이 남아 있다. 때로는 공모자들이기도 한 공동의 서약자들은 이 집회에서 서 로를 논박하고 계획을 세우고 무기를 준비하고 비밀 정보를 교환한다. 전 략에 대해 일치를 보이든 아니든 간에 이 어둠 속의 저항자들은 유럽이 어 떤 환영, 『공산당 선언』이 첫번째 명사부터 가리키고 있는 환영 앞에서 두 려움에 떨고 있다는 사실을 알고 있기는 하지만, 그래 봐야 그들 역시 유

---

167) "사로잡고 파악하고 소유해야"는 "posséder"를 옮긴 말이다. 이 단어에는 이 뜻이 모두 담겨 있다.

령들의 군대에 맞선, 유령성 자체에 맞선 저항을 모의하고 있으며, 그들 모두는 이것은 분명히 좋은 전쟁이라고 생각한다. 우리가 『독일 이데올로기』를 발굴하기 시작하려면, 그것을 땅 속에서 꺼내서 뒤얽힌 뿌리의 실마리를 찾고 마르크스와 엥겔스, 포이어바흐, 슈티르너, 모제스 헤스, 브루노 바우어 등이 벌이는 공모와 적대의 매듭을 풀어내기 시작하려면, 한 세기 이상은 족히 걸리게 될 것이라는 점을 이제 우리는 이전보다 훨씬 더 잘 알고 있다. 우리는 이 일을 시작했지만 아직 끝내지 못했다. 그리고 헤겔의 아버지 그림자는 계속해서 되돌아오며, 그것이 처음으로 재출현할 때부터 줄거리가 복잡하게 뒤얽힌다. 이러한 독살 모의/악의적인 공모complot empoisonné에서 타자를 규탄한다는 것은 항상 타자의 복귀의 임박함을 예고하거나 통고한다는 것이다("……만약 귀신이 다시 오면……if again this apparition come").

왜냐하면 만약 이처럼 배후로 돌아가서 보기가 우리에게 그러한 "논리"의 간계, 그 논리의 모든 변장술, 그것이 환영 신체에 보증해 주는 난공불락의 무기나 갑옷을, 환영이 산출하는 끝없는 전략을 좀더 잘 지각할 수 있게 해 주었다면, 우리는 슈티르너를 더 잘 이해하게 되기 때문이다. 우리는 그가 왜, 그리고 어떻게 이러한 일반적이고 성급한 환영화에 몰두하게 되었는지 좀더 잘 이해하게 된다. 어쨌든 마르크스에 따르면 슈티르너는 헤겔의 이념이 걸치고 있는 일련의 변장들Verkleidungen을 수용했다. 이 변장들을 믿으면서, 그것들을 교조적으로 신뢰하면서auf Treu und Glauben, 그는 그것들을 세계 그 자체로, 곧 그것 앞에서 그가 자신을 재긍정하고 자신의 가치를 주장해야 했던 세계, 또 이를 위해 그가 어떤 비非자아에 자신을 맞세워 자기 자신을 살아 있는 육화된 개체로als leibhaftiges

Individuum 재전유해야 했던 그런 세계로 받아들였던 셈이다.

슈티르너는 때로 피히테적인 사상가로 읽히곤 했다. 그러나 이러한 자아Moi, 이러한 **살아 있는 개인**은 **자신의 유령**에 사로잡히며, 그 유령에 거주당한다. 그것은 자기 스스로 유령들의 숙주가 되며, 귀신 들린 단 하나의 신체의 공동체 속으로 유령들을 모아서, 그 자신 그 유령들로 구성된다. 자아=환영. 따라서 "나는 있다"는 "나는 신들려 있다"는 것을 의미하는 셈이다. 나는 나인 나 자신에게 신들려 있(으며, 이 나는 또한 나 자신에게 신들려 있고 또 이 나는 나 자신에게 신들려 있고, 또 이 나는 …… 등등이)다. 자아Moi가 존재하는 곳마다, "유령이 달라붙는다es spukt." (이 "에스 슈푸크트"라는 관용어는 이 모든 텍스트만이 아니라 프로이트의 「두려운 낯선 것」에서도 독특한 역할을 수행한다. 하지만 불행하게도 이 말의 번역은 행위 없는, 현실적인 주체나 대상 없는 어떤 작용의 비인칭성 또는 유사 익명성 spuken과 어떤 모습, 망령의 모습의 산출der Spuk 사이에 존재하는 연계를 적절히 표현하는 데 항상 실패한다. 이 단어는 우리가 방금 전에 감히 번역해 본 것처럼 단지 "유령이 달라붙는다ça hante"만이 아니라 오히려 "그것이 되돌아온다", "그것이 망령한다ça revenante", "그것이 유령한다ça spectre"[168]로 옮기는 게 나을 것이다.) 코기토cogito[169]의 자기 현존의 본질적 양상은 "유령이 달라붙는다es spukt"의 신들림일 것이다. 여기서 문제가 되는 코기토는

---

168) "그것이 망령한다"나 "그것이 유령한다"는 우리말 어법에 전혀 맞지 않는 말이지만, 이는 프랑스어의 경우에도 마찬가지다. "revenant"이나 "spectre"는 동사가 아닌 명사임에도 데리다가 여기서 이 단어들을 동사처럼 쓰고 있기 때문이다. 데리다의 논점은 독일어 표현인 "es spukt"가 다른 언어들이 표현하지 못하는 유령의 익명적인 출현 작용을 잘 표현해 준다는 점을, 비문에 가까운 프랑스어 번역을 통해 역설적으로 드러내는 데 있다고 볼 수 있다.

기소의 논리에 따라 파악된 슈티르너의 코기토이지만, 이러한 제한은 넘어설 수 없는 것인가? 이 가설을 모든 코기토로, 곧 데카르트의 코기토나 칸트의 "나는 생각한다", 현상학적인 에고 코기토ego cogito로 확장할 수 없는 것인가?[88] 여기서 현실적인 현존이 성체적聖體的인eucharistique 나르키소스에게 약속된다. 요컨대 슈티르너의 생명체, 그 유일한 자아Moi는 사실은 자신의 허깨비가 머무는 곳이다. 개인은 스스로 자기 자신에게 그의 "이것은 내 신체야"라는 것을 준다. 산초-슈티르너와 그리스도는 두 명의 "육신을 가진 존재beleibte Wesen"로서 서로 닮아 있다는 점에 마르크스는 주목한다. 그는 계속해서 슈티르너의 기획의 기독교적·헤겔적 차원을 강조하고, 따라서 모든 현상학은 정신의 현상학(이것을 유령의 현상학이라고 번역하기로 하자)이라는 것, 그리고 그것은 그 자체로 자신의 기독교적 소명을 감출 수 없다는 것을 환기시키는 데 만족하지 않는다. 그는 자신이 보기에 문자 그대로 하나의 "구성물"인 것을 분석하고 분해할 것을 요구한다. 그런데 사변적 건축물édification과 유사한 것, 때로는 아주 단순하게도 교훈적인édifiant 담론, 새로운 보수적 사고 형태와 유사한 것을 해체하기 위해 마르크스는 예수 그리스도와의 이러한 유사성 아래서 슈티르너 식의 환상은 동일화를, 실제로는 유일성을 투사한다고 제시한다. "현대의 그리스도인 산초. 바로 여기에 처음부터 이 역사적 구성물 전체die ganze Geschichtskonstruktion가 "향하고" 있는 그의 "고정 관념"이 존재한다."[89]

---

169) "cogito"는 잘 알려져 있다시피 "나는 생각한다"를 뜻하는 라틴어로서, 데카르트가 "코기토 에르고 숨cogito ergo sum"(또는 "ego sum, ego existo")이라는 형태로 철학적 성찰의 근본 화두 중 하나로 삼은 개념이다. 이는 일체의 의심에도 흔들리지 않는 철학적 진리의 표현으로 간주되며, 또 이처럼 "사고하는 자아"를 철학적 진리의 중심에 놓는다는 점에서 칸트에서 헤겔 또는 후설 등으로 이어지는 서양 근대 관념론 철학을 정초하는 개념으로 평가되고 있다.

체계적인 연구는, 음식, 최후의 만찬, 성찬식의 빵의 주제가, 항상 담론 권력을 순진하게 신임하는 변장, 감추기 마술, 언어에 대한 비판과 많은 경우에서 교차한다는 것을 명료하게 드러내 줄 것이다(설명으로 이용되는 어원에 대한 남용, 동의어에 대한 유희, 지명의 특권화, 언어의 자율화 등).[90]

그렇다면 하나의 질문이 제기되는데, 이것은 방법에 관한 질문, 혼령들을 보기 위한 두번째 교육과정Anleitung이다. 우리는 어떻게 세계를 "진리의 환영으로in das Gespenst der Wahrheit" 전환시키는가? 그리고 우리는 어떻게 자기 자신을 "신성한 것이나 환영적인 것으로in einen Geheiligten oder Gespenstigen" 전환하는가?[170] 이러한 비판적 질문은 성 막스가 허구적인 대화 속에서 젤리가에게 최초로 제기하는 것이다. 젤리가는 마르크스가 슈티르너를 비판하는 것과 같은 이유 때문에, 곧 "이제 그가" 자신 속에서 "하나의 유령만을 발견하게 될in sich 'nichts als einen Spuk finde'" 때 "놀라지" 말아야 한다는 이유 때문에 슈티르너에게 비판받는다. 젤리가가 대상을 진리로 변모시키는 순간, 그는 더 이상 세부적인 것들에 관여하지 않고 대상 일반을 취급하며 자신의 일을 산업화한다. 그는 "최초의 대형 유령 매뉴팩처Erste Gespensterfabrikation im Großen"를 설립하는 것이다. 그는 슈티르너가 자신을 위협하고 고발하는 바로 그것, 곧 진리를 환영으로서die Wahrheit als Gespenst 인식하는 것에 대해 믿고 있다. 그러나 이것은 정확히 마르크스가 성 막스를 비난하는 이유다! 그는 "**동격들**appositions의 산술적 연쇄"——마르크스는 이것에 사용된 "변증법적 방법"에 감탄하는 척한다——로 종결될 이러한 **정립들**positions과 **대립**

---

170) 『독일 이데올로기』, 독일어판, p. 138; 영어판, p. 155.

들oppositions의 상연을 그대로 따옴으로써 슈티르너를 가차 없이 비난한다.[91] 현기증이 일어날 만큼의 불균형인데, 시각을 갖기 위한, 환영들을 보기 위한 기술은 실제로는 환영들에게 **자신을 보이게 만드는** 기술이기 때문이다. 환영, 그것은 항상 나를 응시한다. "유령들을 보기 위한 기술. 먼저 우리는 바보 천치가 되어야 한다. 곧 자기 자신이 젤리가인 것처럼 정립하고sich setzen, 그런 다음에는 성 막스가 바로 이 젤리가에게 말하듯 자기 자신에게 다음과 같이 말해야 한다. '너를 둘러싸고 있는 세계를 관조해 보라. 그리고 도처에서 어떤 혼령이 너를 응시하고 있는 것을 네 자신이 느끼고 있지 않는지 네 자신에게 말해 보라aus Allem Dich ein Geist anschaut!'"[171]

유령은 기사장騎士長의 확고한 권위와 바위 같은 단호함으로 내 시선을 따르라고 말하는 것처럼 보인다. 이 시선을 따라가 보자. 우리는 곧바로, 시선이 배가되는 거울로 된 방에서 사라진 자disparu, 죽은 자disparu를 잃어버린다. 너를 바라보는 한 혼령만 존재하는 것이 아니다. 이 혼령은 도처에 "있으"며, 도처에서aus Allem 나오기 때문에, 이 혼령은 심지어 우리가 더 이상 하나의 **관점**을 지정할 수도 없는 유령들의 무리를 선험적으로 확산시키며, 그것들의 자리를 없애면서 그것들을 산출한다.[172] 그것들

---

171) 『독일 이데올로기』, 독일어판, p. 136; 영어판, p. 152.
172) "그것들의 자리를 없애면서 그것들을 산출한다"의 원어는 "il donne lieu, en les privant de lieu, à une foule de spectres"다. 프랑스어에서 "donner lieu à"는 "야기하다", "산출하다"를 의미하는데, 단어 그대로 한다면 "lieu"가 "자리"나 "장소"를 뜻하기 때문에 "~에게 장소를 제공하다"는 뜻이 된다. 그리고 "en les privant de lieu"는 "그것들로부터 장소/자리를 빼앗다"는 뜻이다. 따라서 "lieu"라는 단어에 주목하면서 이 구절을 문자 그대로 해석한다면 이는 "혼령들의 자리를 없애면서 혼령들에게 자리를 제공한다"는 뜻이 된다. 데리다의 논점은, 유령들, 혼령들은 실제로 존재하는 것이 아니기 때문에 물리적인 자리나 장소 역시 차지하지 않지만, 이러한 물리적인 자리의 부재는 그것이 배가되고 확산되는 기회, 조건이 될 수 있다는 데 있다.

은 모든 장소에 침입한다. 숫자는 유령이다/유령은 다수다. 하지만 누군가 거주하지 않는 그곳에 거주하기 위해서는, 모든 곳에 동시에 신들려 있기 위해서는, **비장소적**atopique(미친, 그리고 장소를 지정할 수 없는)이기 위해서는, 단지 면갑 속에서 보는 것만으로는, 보이는 것(나, 우리)에게 자신을 보이지 않은 채 보는 것만으로는 불충분하며, 말을 해야 한다. 그리고 목소리들을 들어야/이해해야 한다. 이렇게 되면 유령의 중얼거림이 울려퍼지며, 도처로 스며들어 간다. "숭고"의 혼령과 "향수鄕愁"의 혼령이 모든 경계를 넘나든다. 마르크스는 다음과 같이 인용한다. "우리는 "인간 존재 속에서 말하는 수백만의 혼령들의 목소리"를 듣는다und man hört "aus den Menschen Millionen Geister reden"."[92] 이렇게 되면 무자비한 나선운동이 일련의 인용문들을 이끌어 내며 **두 개의 결론**으로 인도한다. 마르크스는 슈티르너의 증거 텍스트texte-témoin로부터 인용문들을 추출하면서 동시에 그것들을 반대로 활용하고자 한다. 항상 그렇듯이 그는 무기를 탈취해서 그것이 자신만의 소유물이라고 믿는 사람에게 그것을 되돌려 공격한다. 우리는 여기서 현상학적 원리 일반에 대해 제기하고 싶은 반박들을 강조해 두겠다. 다음과 같은 두 개의 결론이다. 1. 세계의 현상적 형태 자체가 유령적인 것이다. 2. 현상학적 **자아**(나, 너 등)는 유령이다. (현상으로 또는 환상으로, 따라서 환영으로 규정되기 이전에) 나타나기phainesthai 자체가 유령의 가능성 자체이며, 그것은 죽음을 가져오고, 죽음을 선사하며, 애도 속에서 작업한다.[93]

　　밤의 한가운데에서 일어나는 귀결, 연쇄, 서걱거리는 쇠사슬 소리, 늘어만 가는 현상 형태들의 끝없는 행렬, 모두 하얗고 창백한. 정신의 출현 형태, 정신의 현상적 신체, 이것이 바로 유령의 정의다. 환영은 정신의 현상이다. 슈티르너를 인용하면서, 슈티르너가 출현하도록 소환하고 있는 증인-적수, 곧 불쌍한 젤리가와 슈티르너 자신을 동일화하고 있다는 것을 자백하도록 강요하고 싶어 하는 마르크스를 인용해 보자. 젤리가는 알맹이 없는 모습으로만 망각에서 살아남게 될 것이며, 이러한 간접적인 목소리를 통해서만 말한다. 따라서 모든 것은 독일어 표현인 에스 슈푸크트es spukt로 응축되는데, 프랑스어 번역자들로서는 이 표현을 피해 가는 수밖에 없다. [이 표현을 문자 그대로 살린다면―옮긴이] 그것이 신들려 있다, 그것이 망령으로 되돌아온다, 그것이 유령한다, 그 안에 환영이 존재한다, 그것은 살아 있는 죽은 것의 느낌이 든다, 영주의 저택, 강신술, 심령학, 고딕소설, 반계몽주의, 익명적인 위협 내지 임박함의 분위기 등등을 말해야 할 것이다. 신들리게 만드는 주체는 신원을 식별할 수 없으며, 우리는 그것에 대해 어떠한 형태도 국지화하거나 고정시킬 수 없고, 환각과 지각 사이에서 결정할 수 없다. 오직 전위轉位들만이 존재할 뿐이고 우리는 우리가 볼 수 없는 것에 의해 우리 자신이 보이고 있다는 느낌을 갖게 된다.

우리가 이러한 단계[수백만의 혼령들을 통해aus des Menschen Millionen reden 그것이 수다를 풀어놓는 단계―데리다]에 도달하게 되면, 우리는 슈티르너와 함께 "그래, 환영들이 온 세계에 출몰하고 있어Ja, es spukt in der Ganzen Welt"라고 외칠 수 있다. 이렇게 되면 "좀더 나아가는 것은 어렵지 않"으며, 이렇게 외칠 수 있다. "단지 세계 안에만? 아니, 세계 그 자체가 하나의 유령이다Nein, sie selber spukt." (오직 너희 말은 옳다옳다, 아니라아니라 하라. 이에서 지나는 것은 악으로부터 나느니라 [마태복음 5장 37절―옮긴이]. 이는 논리적인 이행이다) "이것들은 하나의 혼령이 취하는 다기한 현상 형태들이다. 이는 하나의 유령이다sie ist der wandelnde Scheinleib eines Geistes, sie ist ein Spuk." 그 다음에는 안심하고 "가까이나 멀리 둘러봐라. 너는 유령의 세계에 둘러싸여 있다. …… 너는 혼령들을 보고 있다in die Nähe oder in die Ferne, Dich umgibt eine gespenstige Welt. …… Du siehst Geister." (……) 그렇다면 "너는" 네가 젤리가다움Szeligaität의 정점에 올라서 있으며, 이 상황에서 "너의 정신 또한, 너의 신체에 깃들어 있는 하나의 유령Dein Geist in Deinem Leibe spukt"이라는 것, 너 자신이 "구원을 고대하는, 곧 어떤 정신을 고대하는" 하나의 환영이라는 것Du selbst ein Gespenst bist을 발견하고도 "놀라서는 안 된다." 이러한 발견은 이제 네가 "모든" 인간 속에서 "혼령들"과 "환영들"을 볼 수 있게 해 주며, 이렇게 해서 유령 보기는 "그 최종점에 도달한다(pp. 46~47). 이러한 방법의 기초를 헤겔에서 발견할 수 있다. 『철학사』 3권, pp. 124~125(여러 곳 중에서). 하지만 이는 여기서 훨씬 더 정확하게 표현되어 있다."[173]

이 구절은 여러 가지 중에서도, 유령과 정신의 차이를 명료하게 해 줄 것이다. 그것은 하나의 차이差移différance다. 유령은 단지 정신의 육신을 갖춘 출현, 그 현상적 신체, 그 타락하고 죄 많은 생명일 뿐만 아니라, 또한 어떤 구원, 어떤 정신에 대한 초조하고 향수 어린 기다림이다……auf Erlösung harrt, nämlich ein Geist……. 환영은 지연된 정신이거나 어떤 속죄에 대한 약속 내지 계산일 것이다. 이러한 차이는 무엇인가? 전부 아니면

---

173) 『독일 이데올로기』, 독일어판, p. 136; 영어판, p. 153.

전무다. 우리는 이것을 셈해야 하지만/고려해야 하지만compter avec elle, 그러나 이것은 모든 계산들과 이익, 자본을 좌절시킨다. 정신의 두 계기 사이에서의 이행으로서 환영은 단지 지나가는 것일 뿐이다. 마르크스는 슈티르너를 인용하면서 그가 단수로 쓰인 "정신의 자손인" (복수로 쓰인) "혼령들"의 이러한 이행을 "진지하게" 고려한다는 점에 주목한다(성 막스는 이제 "정신의 자손인" "혼령들"을 진지하게 다루기 시작한다Sankt Max macht jetzt Ernst mit den "Geistern", welche die "Kinder des Geistes sind").[174] 그는 적어도 모든 것의 이러한 환영성Gespensterhaftigkeit Aller을 "상상해 본다". 이러한 자손 전체에 대해, 막스에 의해서도, 마르크스에 의해서도 성별이 아직 규정되어 있지 않은(그러나 전후사정을 감안해 볼 때 이들은 같은 아들의 형제들, 따라서 같은 성령의 매개를 거쳐 이어지는, 같은 아버지의 자식들이라고 볼 수 있을 것 같다) 이 아이들 전체에 대해, 그는 단지 이름들을 부여하는 것에 만족할 뿐이다. 이름들은 새로운데 개념들은 나이를 먹었으며, 자기들 뒤로 단 하나의 관념을 질질 끌고 다닌다. 인간들은, 정확히 말하면 새로운 명칭들appellations로 일반 개념들을 **재현한다/대표한다**는 관념이 바로 그것이다. 여기서 논쟁 전체는 물론 개념적 일반성의 지위 및, 마르크스에 따를 경우, 슈티르너가 이 일반성을 환영화함으로써 그릇되게 취급한 점과 관련되어 있다. 바로 인간 자신들인 이러한 "표상들/대표들Repräsentanten"은 "흑인 같이 검은 상태로im negerhaften Zustande" 개념들의 일반성을 현시présentent하거나 재현représentent한다. 이중적이고 위험한 "흑인 같이 검은"이라는 단어는 두 가지 일을 수행한

---

174) 『독일 이데올로기』, 독일어판, p. 140; 영어판, p. 157.

다. 한편으로 그것은 슈티르너가 개념, 좀더 정확히 말하면 개념의 **현시**, 개념들이 직관 속에 "등장하는" 방식을 다루면서 보이는 혼동을 비난한다. 곧 밤과 같이 어두컴컴하고 모호한 요소 안에 들어 있는 동질적인 것의 비규정성. 따라서 "흑인 같이 검은 상태"는 또한, 어떤 엄숙한 선조가 얼마 전에 말했던 것처럼 모든 소가 검게 보이는 밤이기도 하다.[175] 마르크스의 교묘한 빗대기는 고전적인 전략소를 활용한다. 곧 당신이 어떤 사람이 일반성에 너무 관대하며, 어두컴컴한 곳에서 환영에 너무 몰입해 있다고 비난할 때, 당신은 이 사람의 잘못은 반계몽주의 또는 심지어는 심령주의의 일종이라고 결론을 내리는 셈이다. 당신은 소리치길, 여기 계속해서 환영을 믿으려고 하는 어떤 사람이 존재한다. 그가 환영을 제거하려고 그처럼 많은 정력을 쏟아붓는 것은 바로 그것을 믿고 있음을 보여 준다! 그리하여 당신은 이성의 계몽이라는 이름으로 일어서서 일반적 개념의 현시 속에서 엿보이는 일체의 **모호한 어두움**을 비판하게 된다. "흑인 같이 검은 상태"는 반계몽주의에 심령주의를 더한 것, 신비에 신비주의와 신비화를 더한 것과 같다. 검은색은 몽매함과 심령주의적인 것으로부터 전혀 멀리 떨어져 있지 않다. 유심론spiritualisme은 강신술spiritisme일 뿐이다. 하지만 다른 한편으로 "흑인 같이 검은 상태"는 아무런 자율성도 갖지 못한 이 사이비 개념들의 예속을 나타낼 수도 있다. 이것들에게는 아무런 내적 필연성도 인정되지 않는다. 왜냐하면 그것들은 단지 인간의 쓸모를 위한, 인간을 **위한 대상들**로서 작업할 뿐이기 때문이다.[176] "이 일반 개념들은 여기서 흑

---

175) "모든 소가 검게 보이는 밤"이라는 말은 헤겔이 『정신현상학』에서 셸링을 비판한 데서 유래한 말이다.

인 같이 검은 상태에서, 곧 인간들을 위한 대상들로서의 객관 정신들로als objektive, den Menschen gegenständliche Geister 자신을 현시하며, 이 단계에서 이것들은 환영들 내지 **망령들**로 불린다und heissen auf dieser Stufe Gespenster oder —— Spuk!"[94]

만약 환영이 도처에 산포되어 있다면, 질문은 불안스럽게 된다. 어디서부터 자손들을 열거하기 시작해야 할까? 다시 한 번 머리의 질문이다. 머릿속에 들어 있는 것들 전부(이 사람아, 자네 머릿속에서 유령이 출몰하고 있네Mensch, es spukt in Deinem Kopfe!) 중에서 어떤 것을 머리에/위에 올려놓아야 할까? 행렬의 선두에는 주요한 것le capital, 주요한 대표, 장남, 인간Homme이 온다. 원原 유령archi-spectre, 주요 환영, 곧 그를 통해 그것ça이 시작하고 그것이 명령하는 주요 환영das Hauptgespenst은 대문자 M을 지닌 인간 자신이다(당연히 주요 유령은 "인간" 자신이다Das Hauptgespenst ist natärlich "der Mensch" selbst). 그러나 이러한 논리에서 인간들이 단지 하나의 추상적인 일반성, 본질, 개념 또는 정신, 낯선Fremden 신성이나 타자성의 재현들/대표들Repräsentanten로만 존재한다면, 그것들은 서로에 대해 환영적인 방식으로만, 유령들로만 현전한다nur als Gespenstige, Gespenster für einander vorhanden sind.[95] 인류는 단지 환영들의 집합이나 계열일 뿐이다. 헤겔의 논리의 손쉬운 적용인가? 『정신현상학』의 열성적인 암송인가? 마르크스는 그렇다고 시사하며, 정확히 말하면, 이론상으로 이 유령들의 행진을 진행하는 것을 즐긴다. 즐거운 풍자가의 조롱과 함께,

---

176) 여기에는 인간이 아니라 노예로서, 사물로서 백인들에게 봉사하는 흑인에 대한 암시가 들어 있다.

약간 조급한 자기만족——그의 신체에는 어떤 강박적인 부인이 작용하고 있음이 분명하다——과 함께 그는 유령들을 자기 손가락으로 세어 보는 척한다. 왜냐하면 마치 우연인 것처럼 열 개의 유령이 존재할 것이기 때문이다. 그는 단지 이것들을 세어 보는 척, 열거하는 척할 뿐인데, 그는 여기서 열거할 수 없다는 것을 알고 있기 때문이다. 그는 정확히 말하면 셀 수 없는 것에 대한 논증을 제시하고 싶어 한다. 이러한 동일성의 허상들은 적을 혼란시키기 위해 모든 수단을 다 사용하는 어떤 논리에 따라 분류된다. 무리 짓기와 더불어 독특한 유령들을 하나하나씩 구분해서 순서대로der Reihe nach 계열화하는 것이 **동시에** 이루어진다. 요컨대, 분명 단 하나의 환영, 환영들의 환영만이 존재할 뿐이며, 이는 하나의 개념에 불과한 것, 심지어 개념도 아니고 모호한 것, 다른 모든 것들보다 더 광범하고 더 포괄적인 어떤 개념의 "흑인 같이 검은" 현시에 불과한 것, 심지어 어떤 이름, 모든 대체물들에게 자신을 빌려주는 어떤 환유에 불과한 것이다(전체에 대해 부분이지만 또한 그 전체를 초과하는 부분, 원인에 대해 결과이지만 또한 그 원인 자신의 원인이기도 한 결과 등). 유명론, 개념론, 실재론 모두는 환영이라는 이름의 사물Chose 또는 비사물Achose에 의해 혼란에 빠진다. 분류법의 질서는 너무 손쉬운 것, 자의적이면서 동시에 불가능한 것이 된다. 곧 우리는 환영을 분류할 수도 셀 수도 없으며, 환영은 숫자 자체다. 그것은 숫자처럼 다수이면서 셀 수 없는 것이며, 우리는 그것에 대해, 또 그것과 함께 셀 수 없다. 단 하나의 환영만이 존재하지만, 또 이미 너무 많은 환영들이 존재한다. 환영은 번성하므로 우리는 그 자손 내지 이자, 그 추가분 내지 잉여가치를 더 이상 계산하지 못한다(동일한 비유가 그리스어에서 아비의 자손과 자본의 이자, 또는 좋음Bien의 이자를 연결하는데, 플라톤은 이 점에 관해 무언가를 알고 있었다[96]). 왜냐하면 독특한/단수의 환영, 이러한 계산 불가능한 다수의 환영을 산출한 환영인 원-유령은 아비이거나 자본이기 때문이다. 이 두 개의 추상적인 신체는 양자 모두 가시적이면서 비가시적이다. 실물 없는 허깨비들. 이 때문에 사변이 금지되지는 않으며, 오히려 정반대다. 또한 더 이상 계산할 수 없는 것을 계산하려는 욕망이 금지되는 것도 아니다. 반대로 산술에 대한 욕망은 여기서 첨예해지며, 심지어 자신의 기원을 발견한다. 분류하려는 욕망도 마찬가지다. 다른 한편으로 환영들을 권리상 동등하고 평평한 평면에서 움직일 준비가 되어 있는 개념들로서 수평적으로 배열하려는 것을 가로막지 못하는, 위계화하려는 충동도 그렇다. 빛나는 조명 아래 중대한 결전의 밤을 맞이한 축구팀에서 경기하는 선수들처럼 그것들은 명찰을 붙이고 1번에서 10번까지 등 뒤에 번호를 달고 있다. 단 한 명이 빠져 있는데, 과연 누가 빠진 것인지 질문해 볼 만하다.

　우리는 유령들을 세어 보려고 한다. 마르크스의 손가락을 통해. 그러나 우리는 이러한 허구적인 장면이 시작되는 여기서 다시 한 번 질문해 보지 않을 수 없다. 왜 이처럼 집요한 추적이 필요한가? 왜 이러한 유령 사냥이 존재하는가? 마르크스가 이처럼 분노하는 이유는 무엇인가? 왜 그는 이처럼 걷잡을 수 없는 조롱과 함께 슈티르너를 괴롭히는가? 비판이 그처럼 집요하고 중복적이며 번득이면서도 장황하기 때문에, 우리는 마르크스가 독설을 퍼붓고 치명적인 타격을 가하는 일을 결코 중단하지 않을 것이라는 인상을 받는다. 그는 결코 자신의 사냥감을 포기하지 않을 것이다. 그는 곤혹스러운 방식으로 이 사냥감과 연결되어 있다. 그의 사냥감이 그를 사로잡고 있다. 사냥꾼의 사냥은 자신의 사냥감을 속이기 위해 동물 미끼, 여기서는 환영의 생명 없는 살아 있는 신체를 설치하는 것으로 이루어진다. 나는 이 주제에 대하여 내 감정을 갖고 있다. (나는 분명히 **감정**이라는 것, 내 감정이라는 것을 강조하며, 이러한 감정이 필연적으로 나 자신이 해석하는 장면 속으로 투사된다는 것을 부인할 아무런 이유가 없다. 내 "테제", 내 가설 또는 내 기저의 생각[177]은 정확히 말하면, 우리 각자는, 타자의 환영들을 공격할 때라 하더라도, **자신의** 환영들과 함께 읽고 생각하고 행동하고 쓰기 때문에, 이러한 감정의 앙금을 피할 수 없다는 것이다.) 따라서 내 감정은, 마르크스가 스스로 자신을 두려워한다는 것, 그는 착각을 불러일으킬 만큼 그와 아주 유사한 누군가를, 형제, 분신, 따라서 악마적인 모상을 스스로 악착스럽게 쫓는다는 것이다. 일종의 자기 자신의 환영을. 그가 벗어나고 구별되고 싶어 하는, **대립하고** 싶어 하는. 그는 그 자신과 마찬가지로 유령과 유령의 모습에, 곤혹스럽게 서로 공명하고 준거하는 유령의 이름들(Geist, Gespenst)에 강박 들려 있는 것처럼 보이는 어떤 이를 인지했다. 이 어떤 이 역시 같은 것과 다른 것에게, 매 순간 다른 것인 같은 것에게 포위되어 있는데, 왜냐하면 환영의 정체성이 정확히 "문제"(problema. 프로블레마는 질문이면서 과제, 계획이면서 동시에 방패, 액막이 갑옷이다. 갑옷에 맞선 갑옷, 다른 투구에 매혹된 어떤 투구, 면갑 속의 싸움[178])이기 때문

---

177) 이 구절에서 "가설"은 "hypothèse", "기저의 생각"은 "hypostase"를 옮긴 것이다. "hypothèse" 또는 영어로 하면 "hypothesis"는 보통 "가설"로 옮길 수 있지만, 이 단어의 그리스어 어원인 "hypotithenai"는 "아래에 놓여 있음"을 의미하며, 이는 또한 뒤에 나오는 "hypostase"(영어로는 "hypostasis")의 어원을 이루고 있다(이 단어는 그리스어로는 "아래에 놓여 있는 것"을 의미한다). 따라서 "hypostase"는 일반적으로는 삼위일체의 위격位格이나 실체, 또는 의학에서는 "혈액 강하" 등으로 옮기지만, 여기서는 어원의 뜻을 살려 "기저의 생각"으로 옮긴다.

178) "problema"에 대한 데리다의 좀더 상세한 논의는 *Apories*, Galilée, 1996, p. 30을 참조.

이다. 따라서 나는, 이 감정, 슈티르너처럼/로서, 그리고 아마도 그보다 훨씬 더 ─ 이는 훨씬 더 견디기 힘든 것이다 ─ 강박 들려 있고 신들려 있고 사로잡혀 있는 마르크스의 감정을 기술한다. 그런데 슈티르너는 마르크스 이전에 환영에 관해 그처럼 많은 말을 했으며, 이는 더욱더 참을 수 없는 일이다. 사냥에서 종종 쓰이는 뜻에 따르면, 그는 마르크스의 유령들을 **훔쳐 갔다/뒤쫓고 있었다.**[179] 그는 모든 종류의 축귀를 시도해 보았다! 그처럼 뛰어난 웅변술로, 그처럼 큰 환희와 향락을 느끼면서! 그는 얼마나 축귀의 말들을 사랑한 것인지! 왜냐하면 이 단어들은 항상 되돌아오며, 자신들이 푸닥거리하는 망령을 불러 모으기 때문이다. 오너라, 내가 너를 쫓아내 주마! 들어라! 나는 너를 쫓는다. 나는 너를 추적한다. 나는 너를 여기서 쫓아내기 위해 너를 뒤따라간다. 나는 너를 놓아줄 수 없다. 그리고 환영도 자신의 사냥감, 곧 자신의 사냥꾼을 놓아주지 않는다. 그것은 순간, 사람들이 자신을 뒤쫓기 위해 쫓아낼 뿐이라는 것을 이해했다. 이것은 거울반영적인 순환이다. 사람들은 쫓아내기 위해 쫓아가고 추적하며, 어떤 이가 도망치도록 하기 위해 그를 뒤쫓아 가지만, 사람들이 그가 도망치도록, 멀리 가도록 하는 것은, 그를 몰아내는 것은, 다시 그를 찾아내기 위해서, 그를 추적하는 상태로 남아 있기 위해서다. 사람들은 어떤 이를 쫓아내고 문 밖으로 내치고, 배척하거나 억압한다. 하지만 이는 그를 쫓아가기 위해서, 그를 유혹하고 따라잡기 위해서, 따라서 그를 사정권 안에 남겨 두기 위해서

---

179) "훔쳐 갔다/뒤쫓고 있었다"의 원어는 "volé"다. 프랑스어에서 "voler"는 주로 "날다"는 뜻이나 "훔치다", "빼앗다"는 뜻으로도 쓰인다. 그런데 사냥과 관련하여 쓰일 경우에는 "사냥감을 쫓다"는 뜻도 지니고 있다. 여기서는 "훔치다"와 "사냥감을 쫓다"는 두 가지 의미로 쓰인 것으로 보인다.

다. 사람들은 그를 멀리 보내는데, 이는 가능한 한 **오랫동안** 그에게 가까이 접근해 가면서 자신의 삶을 보내기 위해서다. **오랫동안**이란, 이처럼 [미끼를 놓고 하는—옮긴이] **거리를 둔 사냥**/[사냥감을—옮긴이]멀리 **쫓아내는 사냥** (사냥감만이 아니라 미끼를 가리키기 위해 이것이나 저것에 대한 사냥이라고 말하듯이)의 시간[180]이다. 거리를 둔 사냥/멀리 쫓아내는 사냥은 오직, 사냥감과 미끼 사이의 근접성의 환영을 불러일으킬 수 있거나 아니면 —— 여러분이 원한다면 —— 그것을 욕망하거나 지연시킬 수 있을 뿐이다.

『공산당 선언』을 읽을 때, 우리는 이러한 **역설적인 사냥**(이것의 모습은 플라톤 이전부터 시작해서 철학사 전체, 좀더 정확히 말하면 존재론적 탐구나 심문의 역사 전체를 관통했던 게 될 것이다)의 논리와 위상학을 수사법적 수식修飾으로 다루어서는 안 될 것이다. 우리가 본 것처럼 『공산당 선언』의 첫 문장들은 신들림의 모습과 사냥의 모습을 직접 결합시키고 있다. 이는 푸닥거리의 경험 그 자체다. 푸닥거리는 모든 진영에, 낡은 유럽의 열강들의 진영(공산주의의 유령에 대한 "신성한 사냥"을 전개하는)만이 아니라 반대편 진영에서도 볼 수 있는데, 여기서도 사람들은 사냥을 하고 있다. 이 반대편 진영에서는 두 명의 위대한 사냥꾼, 마르크스와 슈티르너가 동일한 푸닥거리에 대해 원칙적으로 함께 맹세하고 있다. 하지만 전자는, 후자가 배신을 했으며, 적수, 요컨대 기독교 유럽에 봉사하고 있다고 고발한

---

180) "거리를 둔 사냥/멀리 쫓아내는 사냥"의 원어는 "chase à l'éloignement"이다. 여기서 "éloignement"을 결코 종결되지 않고 계속 반복되는 사냥꾼과 사냥감 사이의 거리를 가리키는 뜻으로 이해하면, 이 구절은 "거리를 둔 사냥"을 의미할 수 있으며, "멀리 떨어뜨림"이나 "격리"라는 뜻으로 이해한다면, "멀리 쫓아내는 사냥"을 뜻하는 것으로 해석할 수 있다. 또한 데리다가 괄호 안에서 지적하듯이 전자의 경우는 "미끼를 놓고 멀리서 사냥하는 것"을 가리키기도 한다.

다. 전자는 후자가, 비록 몰아내기 위해서이긴 하지만, 자신의 체계, 자신의 논리 및 수사법의 중심에 유령을 배치한 최초의 인물이었다는 점에 대해 원망을 품고 있다. 이는 용납될 수 없는 일이 아닌가? 그는 그를 원망하며, 그와 동일한 사물을 원하지 않기를 바라는데, 사실 이것은 사물이 아닌 환영이다. 그처럼, 유령들에 사로잡힌 모든 사람들처럼, 그는 유령들을 쫓아내기 위해 영접한다. 유령이 존재하자마자 환대와 배척이 짝을 이룬다. 사람들이 유령에 사로잡히는 것은 유령을 몰아내는 데, 문 밖으로 내치는 데 몰두하기 위해서일 뿐이다. 마르크스와 슈티르너가 공유하고 있는 것, 그것은 이러한 환영에 대한 사냥과 다른 어떤 것이 아니며, 환영이라는 이 독특한 아무것도 아님rien과 다른 어떤 것이 아니다. 하지만, 예컨대 정신과 달리, 관념이나 그냥 사고와 달리, 이 아무것도 아닌 것은 **신체를 취하는** 아무것도 아님이라는 점을 잊지 말기로 하자. 그리고 두 적수가 이 신체를 푸닥거리고 싶어 하기 때문에, 이런 측면에서는 그 어떤 것도 양자 사이에 존재하는 정의상 곤혹스러운 유사성을 삭제할 수 없을 것이다. 마르크스가 슈티르너의 "역사적 구성물" 및 "합성물"에 대해 제시하는 해체적 비판은 그 자신에게 **부메랑**처럼 되돌아올 위험을 지니고 있다. 바로 여기서 끝없는 증오 어린 추적이 비롯한다. 끝이 없는 이유는, 이러한 추적은 **스스로** 자신을 유지하고 있기/**자기 자신에 관해** 이야기를 하고 있기 때문이다.[181] 그는 분류하기를 원하지만, 단지 사냥하는 수밖에 없다. 우리가 시사했던 것처럼, 일종의 분신 또는 형제에 대한 증오 어린 추적은 집요하게

---

181) "스스로 자신을 유지하고 있기/자기 자신에 관해 이야기를 하고 있기"의 원어는 "s'entretient de lui-même"다. "entretient"은 "유지하다"와 "말하다"를 모두 뜻할 수 있기 때문에, 이 구절도 두 가지 의미로 해석될 수 있다.

계속된다. 그들은 둘 모두 생명을 사랑하는데, 이는 유한한 존재자들에게는 항상 사실이지만, 그러나 결코 저절로 이루어지는 것은 아니다. 그들은 생명이 죽음 없이는 진행되지 않으며, 죽음은 생명 너머, 생명 바깥이 아니라는 것, 만약 그렇게 이해된다면, 이는 단지 생명 내부에, 생명의 본질 속에 생명 너머를 기입하기 위해서 그런 것뿐이라는 것을 알고 있다. 둘 모두는, 명백히 여러분과 나처럼, 살아 있는 신체에 대한 무조건적인 선호를 공유하고 있다. 하지만 바로 이러한 이유 때문에 그들은 살아 있는 신체를 대표/재현하는 모든 것, 살아 있는 신체는 아니지만 그것으로 귀착되는 모든 것, 보철과 위임, 반복, 차이差移에 대해 끝없는 전쟁을 수행한다. 살아 있는 자아는 자기 면역적이지만, 그들은 이를 알려고 하지 않는다. 자신의 생명을 보호하기 위해, 자신을 살아 있는 유일한 자아로 구성하기 위해, 자기 자신을, 동일한 것으로서 자기 자신과 관련시키기 위해, 살아 있는 자아는 필연적으로 자기 내부로 타자를 영접하게 되며(기술 장치들의 차이差移, 되풀이 (불)가능성, 비유일성, 보철, 합성 이미지, 허상과 같은 죽음의 여러 가지 모습들. 그리고 이 모든 것은 언어와 함께, 언어 이전에 시작된다), 따라서 외관상으로는 비자아, 적, 대립자, 적수를 위해 존재하는 것처럼 보이는 면역적인 방어기제를, 자기 자신을 위해서 그리고 동시에 자기 자신에 맞서서 작동시켜야 한다. 마르크스는 최고의 전문가(최고의 "학자", 환영들에 관한 최고의 "학자scholar")가 되고 싶어 하며, 상기해 보자면, 그는 성 막스에게 요컨대 다음과 같이 말한다. 내가 자네보다 유령에 대해 더 잘 알지. 환영은, 나를 바라보지/나와 관련된 것이지ça me regarde. 자네가 생명을 보존하고 살아 있는 죽은 것을 몰아내고자 한다면, 자네는 무매개적으로, 추상적으로, 자아론적으로, 환상적으로, 동사에 의해, 환영에 대해 말하기phantasmagoreuein[182)의 언어행위에 의해 진행해서는 안 되고, 힘겨운 우회의 시련을 견뎌 내야 하며, **실천적** 구조들과 실제적이고 "경험적"인 현실성의 견고한 매개물들 등을 통과하고 그것들에 **작업**해야 하네. 그렇지 않으면 자네는 유령의 신체 자체, 곧 국가와 황제, 국민과 조국 등의 실재가 아니라, 고작해야 신체의 환영성만을 쫓아 버리게 될 걸세. 하지만 분명히 자네는 이러한 우회의 시간 동안, 환영적 실재의 자율적인, 상대적으로 자율적인 신체를 고려하는 법을 받아들여야 할 걸세.

서둘러서 일을 끝내려고 하는, 따라서 그만큼 불철저한, 이 분신에 대한 집요한 추적을 수행하면서 마르크스는 항상 이렇게 해서 자기 자신의 환영, 사변적이면서 거울반영적인 유령을 공격하는 위험을 겪게 된다. 이러한 위험은 그를 화나게 만들며, 이는 그가 끝없이 독설traits을, 양자를 구별지어 줄 특징들traits distinctifs을, 논쟁적인 표현들traits polémiques을 늘려갈 수밖에 없게 만든다. 그는 결코 이를 끝내지 못할 테지만, 이를 끝내기 위해, 분쟁을 해결하기 위해 그는 숫자를 센다.

그는 타자의 환영들을 헤아린다. 열 개의 환영들이 존재한다. 어쨌든 그는 열 개에서 멈춘다. 이는 단지 손가락으로 세고 있기 때문일까? 교과서manuel를 겨냥한 수작업인가? 하지만 마르크스의 손은 여기서 ── 아마도 파트리스 로로라면 이렇게 말할 텐데, "은밀히 다른 손으로sous-main" ── 무엇을 하고 있는가?[97] 왜 열 개인가?

비록 여기서 그렇게 하지는 않을 생각이지만, 우리는 『독일 이데올로

---

182) "phantasmagoreuein"은 데리다가 "환영", "환상" 등을 의미하는 그리스어 "phantasma"와 "말하다"를 뜻하는 "agoreuein"을 합쳐서 만든 합성어로 보인다.

기』전체를 이러한 환영들의 목록의 무궁무진한 주석으로 읽어볼 수 있을 것이다. 왜냐하면 우리는 이것을 열 개의 조항으로 된 율법의 석판으로, [모세의—옮긴이] 십계의 유령과 유령들의 십계로 받아들일 수 있기 때문이다. 새로운 석판은 또한 하나의 도표로, 망령들에 대한 조롱 섞인 도표화와 허구적인 분류 또는 통계로 제시된다. 유령 일반으로서의 대상 내지 존재자의 범주들의 목록. 그러나 도표의 서술에 적합한 정태성에도 불구하고, 이 도표는 전혀 안정된 고정 상태에 머물러 있지 않다. 이 정신들의 도표는 강신술 모임에서 사용되는 돌아가는 탁자와 같이 움직인다. 그것은『자본』의 어떤 "탁자"처럼 우리 눈앞에서 춤을 추기 시작하는데, 우리는 뒤에서 이 탁자가 상품으로 될 때 비밀과 신비, 물신숭배의 차원을 열어 놓으면서 움직이는 것을 보게 될 것이다. 왜냐하면 이러한 망령들의 목록에서, 주요 범주들이 각각의 기소 항목들로 제시되고 있는 이 새로운 도표에서, 개념들은 더 이상 서로 구별되지 않는다. 망령들은 서로 추가되지 않으며, 서로를 대체 보충하면서 차례대로 하나가 다른 하나로 넘어가고, 따라서 각각의 망령은 다른 망령의 순번/마술tour을 나타낸다. 우리는 여기서, 근본적으로 이러한 도표의 발전적인 서술에 불과한『독일 이데올로기』를 읽을 수 없다. 심지어 마르크스가 열 개의 허깨비들 각각에 대해 제시하는 조롱조의 감탄어법조차 인용하지 못한 채(관심 있는 독자들은 직접 읽어 보기 바란다), 이런저런 판별적인 특징들에 대한 몇 가지 언급에 그칠 것이다. "순수한 정신들의 역사reine Geistergeschichte"에서는 "열 개의 테제"를 헤아린 반면, 마르크스는 여기 몇 쪽 뒤 "정신들의 비순수한 역사"에서는 열 개의 망령들에 의지한다.

1번 환영 : 지고한 존재das höchste Wesen인 신. 마르크스는 이 "믿을 수 없는 믿음"에 대해서는 조금도 시간을 낭비할 수 없다고 적는다. 게다가 슈티르너도 마르크스도 믿음의 본질에 대해, 여기서는 탁월한 신앙에 대해, 모든 "신 존재 증명"을 넘어서 믿을 수 없는 것을 믿을 뿐이고 그것이 없이는 신앙 그 자신이 성립할 수 없는 탁월한 신앙의 본질에 대해, 멈춰 서서 고찰해 보려 하지 않는다.

2번 환영 : 존재 또는 본질Das Wesen.[183] [외관상으로 우리는 하강하고 있는 중이다. 지고의 존재das höchste Wesen로부터 덜 고차적인, 그저 존재/본질 Das Wesen인 것으로. 이것은 적어도 아리스토텔레스 이래의 오래된 문제다. 신학으로부터 존재론으로 하강하는 위계라는 문제. 이것이 그처럼 간단한 것인가? 베젠Wesen은 우리가 보게 될 것처럼 공통의 개념으로 남을 것이며, 따라서 본질적으로 존재론적인 것으로, 실제로는 존재신학적인 것으로 남아 있는 이러한 분류의 주도적 실마리가 될 것이다.[98]]

3번 환영 : 세계의 공허함. 마르크스는 이러한 세계의 공허함에 대해서는 뒤에 나오는 것으로 넘어가기 위한, "쉽게", "가볍게" 연결하기 위한 것 말고는 아무것도 말할 것이 없다고 적는다. 사실 어떤 환영의 그림자와 공허함보다 더 가볍고 더 공허하고, 정확히 말하면 더 비실존적인 것(여기서는 더 이상 베젠Wesen이 아니다)이 뭐가 있겠는가? 따라서 세계의 공허함은 뒤에 나오는 것, 곧, 4번 환영과 연결하기 위해서 나올 뿐이다.

4번 환영 : 선한 존재들과 악한 존재들die guten und bösen Wesen. 다스 베젠Das Wesen이 다시 나오지만, 막스는 비록 말할 것이 아주 많음에도 이

---

183) 독일어 "Wesen"에는 "존재"라는 뜻과 "본질"이라는 뜻이 모두 들어 있다.

것에 대해 아무런 말도 하지 않는다고 마르크스는 적는다. 이것은 단지 뒤에 나오는 것, 곧 5번 환영과 연결하기 위해서일 뿐이다.

5번 환영 : 존재와 그 왕국Das Wesen und sein Reich. 이것이 존재에 대한 첫번째 규정이다. 존재는 하나의 왕국을 소유하며, 이로부터 그것의 복수의 존재들로의 변신Verwandlung이 비롯한다. 이것은 복수의 최초의 탄생, 탄생 자체이며, 숫자와 자손의 기원이다. 물론 "왕국"이라는 단어는 이미 계명의 판 내지 존재의 범주 목록을 복음의 대지로 옮겨 놓는다.

6번 환영 : 따라서 존재들Die Wesen. 우리는 변신 및 자생적인 산출을 통해 복수의 것으로, 자손의 번성으로, 5번 항에서 6번 항으로 이행했다 ("존재"가 있다는 것 다음에 곧바로 6번 환영인 "존재들"로 변신한다daßes "das Wesen" ist, worauf es sich flugs in Gespenst Nr. 6: "die Wesen" verwandelt").

7번 환영 : 신-인간der Gottmensch. 이러한 하강의 위계에서 이것은 바로 개종 또는 가역성의 계기다(타락과 승천). 이것은 또한 사변적 관념론의 종합을 위한 제3의 범주 내지 중간 또는 매개이며, 환영의 인간-신학으로서 이러한 존재-신학의 **경첩**이다. 신-인간은 『정신현상학』에서도 동일한 역할을 수행하지 않는가? 이러한 접합의 고리는 또한 육신-화의 장소, 유령적인 육화나 합체의 특권적인 계기가 된다. 마르크스가 막스를 따라 여기에 대해 가장 길고 가장 가혹한, 정확히 말하면 가장 매혹된 주석을 할애하고 있는 것은 전혀 놀랄 일이 아니다. 예수 그리스도의 계기는, 그리고 그 안에서 성찬의 순간은 **가혹한 육신화**[184] 그 자체의 과장된 표현이 아닌가? 우리가 본 것처럼 만약 모든 유령이 합체에 의해, 유사-육화의 현상적 형태에 의해 정신과 구분된다면, 그리스도는 유령들 중 가장 유령적이다. 그는 우리에게 절대적 유령성에 대하여 무언가를 말해 준다. 슈티르너는 그에게 이러한 초월론적 특권의 독특성을 부여할 준비가 되어 있었을 지도 모른다. 이러한 육화 없이, 육화의 개념이 도대체 어떤 의미, 어떤 역사적 기회를 가질 수 있겠는가? 예수는 가장 위대하면서 동시에 가장 "인식 불가능한 환영unbegreiflichste Gespenst"이다. 마르크스는 이 점을 강조한다.

> 슈티르너는 그에 대해 그는 "신체를 갖고 있었다/살이 쪘었다dass er "beleibt" gewesen ist"고 말할 수 있다. 만약 성 막스가 그리스도를 믿지 않는다면, 적어도 그는 그의 "실제 신체"an seinen "wirklichen Leib"는 믿는다. 슈티르너에 따르면 그리스도는 역사 속에 많은 불행을 도입했으며, 우리의 감상적인 성자는 눈에 눈물을 가득 담은 채 말한다. "가장 강력한 기독교인들이 그를 이해하기 위해 얼마나 자신들의 머리를 괴롭혔는지." 그렇다! "그처럼 많은 정신적인 고통을 안겨다 준 환영은 일찍이 존재한 적이 없다."[99]

---

184) "가혹한 육신화"의 원어는 "acharnement"이다. 이는 앞에 나온 "acharné"와 바로 연결되는 단어인데, 데리다의 정확한 의도가 무엇인지는 사실 좀 불분명하다. "acharnement"에는 보통 "열중"과 "가혹함", "원한, 증오심" 같은 뜻이 담겨 있고, 문맥을 고려할 때 여기서는 "가혹함"으로 옮기는 게 적절해 보인다. 하지만 이렇게만 이해한다면, 예수와 성찬이 "가혹함 그 자체의 과장된 표현"이라는 말이 무엇을 뜻하는 것인지 명료하지 않다. 따라서 예수와 성찬이라는 단어, 그리고 "과장된 표현"이라는 말을 고려하면, "acharnement"은 또한 "육신화"라는 의미로 이해할 수도 있다. 일반적으로 "acharnement"은 "육신화"라는 의미로는 전혀 사용되지 않는다. 하지만 이 단어는 "charn-", 곧 "살" 내지 "육신"이라는 어원에서 유래했다는 점을 감안하면, 이를 "육신화"로 이해할 수 없는 것은 아니다. 전후 문맥에서 예수가 육화, 합체, 육신화의 표현으로 이해되고 있다는 점도 이런 가능성을 뒷받침한다. 이런 의미에서 "acharnement"을 "가혹한 육신화"로 옮겼다.

따라서 그로부터 "무서운 존재"로zum "grauenhaften Wesen" 넘어가는 것은 쉬운 일이다.

8번 환영 : 인간. 여기서 우리는 우리 자신에 가장 가까워지지만, 또한 가장 무서운 것에 가까워지기도 한다. 공포를 불러일으키는 것은 환영 일반의 본질에 속한다. 이는 특히 인간, 모든 환영들 중에서 가장 "운하임리히unheimlich"[185]한 환영에 대해서는 특히 사실이다. 운하임리히는 슈티르너가 사용한 단어인데, 프랑스어 번역자들은 대개 무시하지만 우리에게는 가장 중요한 단어다. 이것은 환원 불가능한 신들림의 단어이다. 가장 친숙한 것이 가장 불안스러운 것이 된다. 그리스어 오이코스oikos가 함축하는 경제적이거나 자아론적인 자기/자기 집[186], 가까운 것, 친숙한 것, 가정에 속하는 것, 심지어 국민적인 것heimlich이 자기 자신에게 공포를 불러일으킨다. 이것은 자기 내부에 고유한 비밀스러운 것Geheimnis 속에서 가장 낯선 것, 먼 것, 위협적인 것에 사로잡혀 있다고 느낀다. 우리는 결론부에서 이 문제로 되돌아올 것이다. 만약 그리스도, 이 절대적인 유령이 두려움

---

185) "unheimlich"는 원래는 "으스스한", "섬뜩한" 등을 뜻하는데, 프로이트 이래 현대의 이론가, 철학자들은 이 단어를 좀더 복합적으로 사용하고 있다. 이는 이 단어가 "Heim", 곧 "집"이나 "고향", "조국" 등을 의미하는 단어에서 유래했고, 자신 안에 이러한 함의를 내포하고 있기 때문이다. 프로이트는 *Das Unheimlich*(1919)라는 글에서 호프만E. T. A. Hoffman의 『모래 인간』이라는 소설을 분석하면서, 무의식적으로 억압되어 있는 것이 "반복 강박"을 통해 복귀할 때 사람들은 "unheimlich"한, 곧 "두렵고 낯선" 감정을 갖게 된다고 말한다. 하지만 이러한 감정을 불러일으키는 억압된 것은 자아, 주체에게 낯선 것이 아니라 언제나 이미 존재해 왔고 또 친숙한 것이라는 점에서, "unheimlich"와 "heimlich" 사이의 대립이 해체된다. 데리다는 하이데거의 『존재와 시간』에서도 이와 유사한 논리가 나타난다고 지적한다. 이 점에 관한 좀더 자세한 논의는 『에코그라피』 226쪽 이하 참조. 이 개념은 이 책의 마지막 부분에서도 중요한 위치를 차지하고 있다.
186) "자기/자기 집"의 원어는 "chez soi"다. 이는 관용적으로는 "우리 집", "자기 집"을 의미하는데, 말 그대로 한다면 "자기에서", "자기에게"라는 뜻이다. 그리고 그리스어 oikos에는 "자기의"라는 뜻과 더불어 "가정의", "경제의"라는 뜻이 모두 들어 있다.

과 고통을 불러일으킨다면, 이러한 신적 인간Gottmensch이 생성된 결과인 인간(그리고 인간은 여기서 이러한 생성 속에서만 자기 자신에게 도달한다)은 그가 우리에게 더 근접할수록 훨씬 더 심한 두려움과 고통을 불러일으킨다. 그는 유령적인 것보다 훨씬 더 유령적이다. 인간은 **스스로 자신을 두려워한다.** 그는 자신이 불러일으키는 두려움이 된다.[100] 이로부터 인간주의를 견지할 수 없게 만드는 모순들이 나온다. 우리는 여기서 이러한 **스스로 자신을 두려워하기**의 논리가 나타나는 것을 보게 되는데, 이 논리가 우리의 논의를 인도하고 있다. 여기서 자아의 자체성ipséité이 구성된다. 마르크스도 마르크스주의자들도, 물론 그들의 불구대천의 원수들도, 자기 집chez soi을 고유하게, 온전하게 보호하고 싶어 하는 모든 이들도 이러한 논리에서 벗어나지 못하게 될 것이다. 고유한 신체, 고유명사, 국민, 혈통, 영토 및 "권리들" 모두 이러한 자기 집에 기초를 두고 있다. 마르크스는 이것의 치명적인 성격을 드러내지만, 이는 타자 쪽에서, 정확히 말하면 마주 보고 있는 적수 쪽에서, 성 막스 쪽에서 드러난 것에 대해서일 뿐이다.[101] 마르크스는 이러한 치명적인 성격은 존재와 겉모양/나타남apparaître을 분리하는 현상학적 주름선으로부터, 결정적이지만 동시에 견고하지 못한 차이로부터 나온다고 시사하는 듯하다. 존재의 겉모양/나타남은, 존재의 현상의 현상성인 한에서, 그 자체로 나타나는 존재이면서도 그 존재가 아니며, 바로 여기에 "운하임리히한 것"의 주름선이 존재한다.

8번 환영. 인간. 여기서 "공포"는 우리의 대담한 저자에게서 사라지지 않는다.…… "그는 자신에 대한 두려움에 사로잡혀 있다er erschrickt vor sich selbst." 각각의 인간 존재 안에서 그는 "무서운 유령"einen "grausigen Spuk", "불길한 유령"einen "unheimlichen Spuk", 그 안에서 무언가가 "배회하는"in dem es "umgeht"["배회하는"이라는 단어는 『공산당 선언』에도 나온다—데리다] 유령을 본다. 그는 커다란 불편함을 느낀다. 현상적 겉모양Erscheinung과 존재Wesen 사이의 분열Zwiespalt은 그가 잠드는 것을 방해한다. 성서에 이르기를 그 존재가 그 겉모양으로부터 분리되었다고 하는 아비가일의 남편 나발처럼.[102]

모든 것은 항상 머리 및 우두머리와 아주 가까운 곳에서 일어난다. 이러한 자신에 대한 두려움은 작가를 자살로 몰고 갈 수도 있었을 것이다. 작가, 인간 작가는 스스로 자기 자신을 **사냥**할 수도 있었을 것이다. 성 막스는 모든 박해가 자기 내부에서 일어나고 타자가 그의 머릿속에서 그를 괴롭히는 순간부터 머리에 총을 쏴서 자살할 만하다(eine Kugel durch den Kopf jagt. 여기서도 역시 사냥의 어휘가 나온다[187]). 이 인간을 인간으로부터 구해 내는 것은 역시 또 다른 환영이다. 그는 "자기 노예들에서 이런 류의 일을 전혀 목격하지 못했던" 옛날 사람들을 떠올린다. 그리고 나서 그는 환영이 육화되는 도처에서 볼 수 있는 **"국민정신"**을 생각해 낸다. 이는 그가 다음에 나오는 환영을 연역하도록 인도한다dies bringt ihn aus.

9번 환영 : 국민정신 Volksgeist. 오늘날 이러한 연역에 대해서는, 단지 국민적 포퓰리즘의 복귀에 대해서만이 아니라, 이러한 포퓰리즘이 스스로 서술하는 국민 정초의 역사 속에서 이 포퓰리즘을 항상 **망령들**의 출현과 연계시키는 것에 대해서도 너무나 많은 것을 말할 수 있을 것이다.

---

187) 마지막에 나오는 "jagt"는 "쫓다", "사냥하다"를 뜻한다.

한 국민의 정신의 설립자는 항상 귀환하면서-살아남는 것/망령-생존자revenant-survivant의 모습을 띤다. 그것은 항상 자신의 귀환의 시간성을 따른다. 그것의 재출현은 고대되고 있지만, 또한 모호하게도 두려움을 불러일으킨다. 마르크스는 다른 곳에서는 국민주의에 대해 아주 명쾌하게 말하고 있지만, 여기서는 단지 최종적인 변신물로의 필연적인 이행에 대해서만 언급하고 있다.

10번 환영 : 전체. 마르크스는 모든 것, 전체Tout 그 자체를 망령으로 변모시키는 데 성공하게 될 것이다"Alles" in einen Spuk zu verwandeln. 이렇게 되면 우리는 세는 것comptes을 중단해야 한다. 이야기도contes. 서사와 우화, 고딕소설도. 그리고 설명Aufklärung의 겉모양을 띠고 있는 숫자의 신비술도. 우리는 일단 모든 것이 모든 것에 다시 달라붙게 되면, 모든 것이 모든 것 속에, 곧 "유령들의 분류 속에" 존재하게 되면, "모든 열거가 종결된다"는 것을 시인해야 한다. 우리는 여기에 모든 것을 아무렇게나 집어넣을 수 있으며, 슈티르너 역시 그렇게 한다. 성령, 진리, 법, 특히, 특히 모든 형태의 "좋은 이유die gute Sache"(근대에 대한 명료한 분석가로서 마르크스는 슈티르너가 이것을 망각해 버리지 못했다고 비판한다. 마치 그 역시도 이미 떳떳한 양심을, 소명과 당연한 도리, 개인적인 자기 성장의 기술로 삼았다는 듯이).

슈티르너의 표본적인 실패 —— 그는 이것에 따라 평가되어야 하며, 표본으로서 평가되어야 한다 —— 는 근대적 사변의 악덕일 것이다. 사변은 항상 어떤 유령에 대해 사변하며/유령에 편승하며, 자신이 생산한 거울 속에서, 그것이 자기 자신에게 제시하는, 자기 자신에게 보도록 제시하는 광경에 대해 사변한다/광경에 편승한다.[188] 그것은 자신이 보고 있다고 믿는 것, 곧 표상들/재현들을 믿고 있다. 우리가 열병閱兵한die wir Revue passieren liessen 모든 '환영들'은 표상들/재현들Vorstellungen이었다. 이러한 의미에서 사변은 항상 이론적이고 신학적이다. 이러한 "환영들의 역사"를 설명하기 위해 마르크스는 포이어바흐 및, 대중 신학(감각적 상상의 환영들을 믿는)과 사변 신학(비감각적 추상의 환영들을 믿는)에 대한 그의 구별에 준거한다. 그러나 신학 일반은 "환영들에 대한 믿음Gespensterglaube"이다. 우리는 오히려 믿음 일반[은 "환영들에 대한 믿음"—옮긴이]이라고, 곧 대중 신학과 사변 신학이라는 두 개의 신학이 교차하는, 감각적인 것과 비감각적인 것 사이의 이러한 동맹에 대한 믿음으로서 믿음 일반이라고 말할 수 있을 것이다. 비감각적인 감각적인 것에 대해서는 나중에, 또 다른 테이블이 출현할 때 다시 말해 볼 것이다. 이 테이블은 십계명의 석판도 10개의 범주의 목록도 아니며, 이번에는 나무 탁자, 네 개의 다리가 있고 나무로 된 머리를 가진 탁자다. 이는 아주 단순하게도 교환가치의 탄생이며, 우리는 머리에 대해, 도판들에 대해, 테이블들에 대해, 머리부터 발끝까지 무장한 테이블들에 대해서만 말했던 게 될 것이다. 그리고 교환가치의 기원은 자본의 탄생, 신비와 비밀의 탄생이다.

　　마르크스와 슈티르너는 그들의 공통적인 고발에서, 가장 비판적이면서 동시에 가장 존재론적인 이러한 고발에서, 또한 플라톤적인 전통, 좀더

---

188) "spéculer"는 철학에서 보통 "사색하다", "사변하다"는 뜻으로 사용되지만, 특히 "~에 대해 sur"라는 전치사와 함께 사용되면, "~에 편승하다", "~을 이용하다"는 뜻을 갖게 된다. 여기서는 이 두 가지 의미가 모두 활용되고 있는 것으로 보인다. 곧 이 문장이 뜻하는 바는, 근대적인 사변, 근대 관념론은 자신이 만들어 낸 "관념, 사변의 거울" 속에서 현실과 물질적인 실천이 아니라 관념과 사변의 유령들만을 사색할 뿐이며, 또한 이러한 유령들을 활용하여, 이러한 유령들에 편승하여 자신의 사변적·관념론적 성격을 더욱 강화한다는 것으로 이해할 수 있다.

정확히 말하면 이미지를 유령에, 모상을 환상, 판타스마phantasma(살아 있는 죽은 것으로서 판타스마가 지닌 환영적인 또는 방황하는 차원)에 긴밀하게 결부시키는 전통을 상속하고 있다. 『파이돈』(81d)[189]이나 『티마이오스』(71a)[190]에서 플라톤이 "모상들eidôla"과 연결시키는 "판타스마타"는 죽은 영혼들의 모습이며, 죽은 이들의 영혼들이다. 이것들이 묘비나 묘지를 맴돌지 않을 경우에는(『파이돈』) 살아 있는 것들의 영혼에 밤이고 낮이고 출몰하게 된다(『티마이오스』). 긴밀하고 되풀이되는 이러한 연결은 끊어지지 않는다. 이는 살아 있는 죽은 이의 생존과 귀환이 모상의 본질에 속하는 것이 아닌가 생각하게 만든다. 물론 그것의 비본질적인 본질에. 이데아에 신체를 부여하는, 하지만 이데아 자체보다 존재론적 함량이 적은, 덜 실재적인 어떤 신체를 부여하는 것에. 모상은 죽은 이에 근거함으로써만 나타나거나 규정될 수 있다. 이는 분명 별로 독창적이지 않은 가설이기는 하

---

189) "이 혼은 흔히 말하듯, 기념비(묘비)들이나 무덤들 주변에서 맴도는 것이지. 바로 이것들 주변에서 혼들의 몇몇 그림자 같은 환영들이 목격된다지. 이런 혼들이 그런 영상들을 생기게 한다고 하거니와, 이런 혼들은 순수한 상태로 풀려나지 못하고 볼 수 있는 것to horaton에 관여하고 있으니, 이 때문에 보이기도 한다지."
"과연 그럴 것 같습니다. 소크라테스 선생님!"
"아닌 게 아니라 그럴 게야, 케베스! 그럴 뿐만 아니라 그런 혼들은 전혀 훌륭한 이들의 혼들이 아니고 변변찮은 자들의 혼들일 것이니, 이런 혼들이 이전의 나빴던 생활방식trophe에 대한 죗값을 치르느라 떠돌지 않을 수 없게 된 게지. 그뿐더러 거기에 함께 따라 붙는 것, 곧 신체적(물질적)인 것의 욕망으로 해서 다시금 몸속에 묶이어 갇히게 되는 그때까지 떠돌게 될 게야." 『에우티프론, 소크라테스의 변론, 크리톤, 파이돈』(박종현 옮김, 서광사, 2003), 348쪽.
190) "최선의 부분이 모두에게 공통되게 그리고 개별적으로도 유익한 것과 관련해서 조용하게 숙의 결정할 수 있게 해 주기 위해서, 바로 이런 목적으로 이곳에 그 위치를 정해 주었습니다. 그러나 그들은 이것이 이성logos을 이해하게 되지 못할 것이라는 것을 알고서, 그리고 설령 이것이 어떤 식으로건 '이성적인 이야기들logoi'에 대한 어떤 지각에 관여한다 할지라도, 그것으로서는 그런 이야기에 관심을 갖는 것이 천성으로 되지 않는 일일 것이지만, 밤이나 낮이나 환상 또는 환영들에 의해 틀림없이 현혹될 것이라는 것을 알고서 신은 바로 이에 대응해서 간의 형태를 구성하여 그것의 거처 안에 놓았습니다." 『티마이오스』(박종현·김영균 옮김, 서광사, 2000), 199~200쪽.

지만, 이 가설의 귀결은 거대한 전통에 따라, 곧 가장 부친살해적인 변동들을 거치면서 플라톤에서 성 막스 및 마르크스와 그 이후까지 전승되는 철학적 유산이라고 불러야 마땅한 것의 항구성에 따라 측정된다. 이 유산의 노선은 『독일 이데올로기』의 문제 설정 전체(유명론, 개념론, 실재론만이 아니라 수사학과 논리학, 축자적 의미, 고유한 의미, 비유적인 의미 등)에 거처를 제공해 주는 관념의 질문, 개념 및 개념의 개념의 질문에 의해 동요되기는 하지만 결코 중단되지는 않는다. 그리고 이 질문은 존재, 본질 또는 실존의 질문이기에 앞서 삶이나 죽음의 질문, 삶-죽음의 질문일 것이다. 이는 존재로, 그리고 삶과 죽음의 어떤 대립으로 환원될 수 없는 **경계 위에서 살아가기** 내지 **경계 위에서 살아감**의 차원을 열어 놓는다.

이데올로기란 무엇인가? 우리가 방금 **모상의 유산**이라는 주제와 관련하여 암시했던 **경계 위에서 살아가기**의 논리를 이데올로기의 주제와 관련하여 번역해 볼 수 있을까? 그리고 이러한 번역이 지닌 흥미로움은 어디에 있을까?

『독일 이데올로기』에서 환영적인 것이 취급되는 방식은 마르크스가 이데올로기 일반에 대한 분석에서 항상 종교에 대해, 종교, 신비주의 또는 신학으로서 이데올로기에 대해 부여하는 **절대적 특권**을 예고하거나 입증해 준다. 만약 환영이 자신의 형태, 곧 자신의 신체를 이데올로기소에 부여한다면, 우리가 유령의 의미론이나 어휘들을 그것과 다소간 등가적인 것으로 보이는 것들(몽환적인, 환각적인, 환상적인, 상상적인 등)로 대체함으로써 삭제할 경우 상실되는 것은, 마르크스에 따를 경우, 종교적인 것의 고유성이다. 종교적인 것의 경험에 새겨진 물신物神의 신비한 성격은 무엇보다도 환영적인 성격이다. 마르크스의 수사법이나 교육적인 배려에서 볼 수 있는 능란한 서술을 넘어 여기서 문제가 되는 것은 **한편으로는** 유령의 환원할 수 없는 종별성種別性인 것으로 보인다. 비록 마르크스가 유령의 종별성을 사회경제적 계보학이나 노동과 생산의 철학 속에 기입하는 것처럼 보이기는 하지만, 이러한 종별성은 상상의 심리학이나 상상적인 것의 정신분석, 또는 존재론이나 비非존재론mé-ontologie으로부터 도출될 수 없다. 이 모든 연역은 유령적인 경계 위에서의 삶의 가능성을 전제한다. 이와 동시에 **다른 한편으로** 문제가 되는 것은 이데올로기 개념의 구성에서 종교적 모델의 환원 불가능성이다. 예컨대 마르크스가 상품의 신비한 성격이나 물신화를 분석하면서 유령들을 불러 모을 때, 우리는 여기서 상상력을 사로잡으면서 설득하는 데 필요한 수사법적 효과들이나 우연적인 표현법들만을 보아서는 안 된다. 사실이 그렇다 하더라도, 이러한 수사법적 효과들이나 표현법들의 효력을 이런 시각에서 설명해야 한다. "환영" 효과의 강력한 힘과 원초적인 권력을 설명해야 한다. 우리는 왜 그것이 상상력에 두려움을 주는지 또는 왜 그것을 사로잡는지, 공포, 상상력, 그들의 주체, 그들의 주체의 삶 등은 무엇인지 말해야 할 것이다.

가치(사용가치와 교환가치 사이에 존재하는)와 **비밀, 신비한 것, 수수께끼, 물신,** 그리고 **이데올로기적인 것**의 가치들이 마르크스의 텍스트, 특히 『자본』에서 연쇄를 이루는 이 장소에 잠시 멈춰 서서, 이러한 연쇄의 **유령적인 운동**을 적어도 지시해 보기라도 하자(이는 한 가지 징표에 불과할 것이다). 우리가 마르크스의 저작을 펼치는 바로 그 순간, 무대, 모든 무대가 눈먼 우리의 눈앞에서 감춰 버리는 것에 대한 개념을 형성하는 것이 문제가 되는 그곳에서 이러한 운동은 무대화된다. 그런데 이 개념은 어떤 신들림에 대한 준거 속에서 구성된다.

모두 기억하다시피 이는 『자본』 서두에 나오는 위대한 순간이다. 요컨대 마르크스는 상품의 **신비한** 성격, 사물 자체 및 화폐 형태——단순한 상품 형태가 그 "맹아"를 이루는——의 신비화가 돌발할 때 그것을 어떻게 기술할지 묻는다. 그는 화폐나 금, 은의 완성된 형태를 띨 때에만 부르주아 경제학자에게 충격을 주는, 이러한 등가물의 **수수께끼** 및 신비한 성격을 분석하고자 한다. 이는 마르크스가 이러한 신비한 성격은 사용가치와는 무관하다는 점을 증명하려고 하는 순간이다.

그가 탁자를 돌리면서, 또는 오히려 돌아가는 탁자[191]의 출현을 환기하면서 자신의 설명 원리를 예시하는 것이 우연인가?

우리는 상품의 물신적인 성격 및 그 비밀Geheimnis에 관한 장의 서두에 나오는 이 탁자를 잘 알고 있다. 너무나 잘 알고 있다.[103] 낡은 이 탁자는 사용되고 또 사용되고 너무 많이 사용되었으며, 또는 더 이상 사용되지 않고 중고가구점이나 경매점의 구석에 치워져 있다. 사물은 치워져 있으며rangée 동시에 제 상태가 아니다dérangée. 제 상태가 아닌 이유는, 조금 이따가 이를 살펴보고 놀라게 되겠지만, 이 탁자가 또한 약간 미쳐 있고 기묘하고 이상한, 곧 이음매가 어긋나 있기out of joint 때문이다. 우리는 해석학적인 고색古色 아래에서, 갑자기 발생한 이 나무 가구의 사례가 무엇에 쓰이는지, 어떤 가치가 있는지 알지 못한다.

돌발한 것은 단순한 사례가 될 것인가? 그렇다. 하지만 사물, 탁자의 사례는 **자기 자신으로부터** 돌발한 것처럼 보이며, 갑자기 제 다리로 우뚝 일

---

191) "돌아가는 탁자"는 앞에서 지적된 것처럼 강신술 모임에서 사용하는 주술용 탁자를 가리킨다.

어선 것처럼 보인다. 이는 허깨비가 출현한 사례다.

　따라서 그토록 많은 주석이 제시된 이 단락에 대해 순박한 독해의 모험을 감행해 보기로 하자. 무슨 일이 일어나고 있는지 보도록 시도하자. 하지만 이는 곧바로 불가능해지지 않는가? 마르크스는 첫 줄부터 경고하고 있다. 요점은 단숨에 첫인상을 넘어서서 이러한 인상이 맹목적인 지점에서 바라보는 것이며, 우리가 보는 것이 무엇인지 우리가 보지 못하는 곳에서 우리의 눈을 크게 뜨는 것이다. 우리는 첫눈에 자기 자신이 보이지 않도록 하는 것을 보아야 한다. 그리고 이것은 비가시성 그 자체다. 왜냐하면 첫인상이 놓치는 것은 비가시적인 것이기 때문이다. 첫인상의 오류, 결함은 보는 것에 있으며, 비가시적인 것을 알아차리지 못하는 것에 있다. 만약 우리가 이러한 비가시성에 이르지 못한다면, 직접 지각되는 상품 탁자는 그 자신이 아닌 것, 사람들이 사소하고 너무나 분명한 것이라고 판단하는 것에 머물고 말 것이다. 이 사소한 사물은 자명한 것ein selbstverständliches, triviales Ding처럼 보인다. 자신의 현상의 현상성 속에 존재하는 사물, 아주 단순한 나무 탁자. 우리가 이러한 비가시성을 보게 하기 위해서, 보는 것 없이 보게 하기 위해서, 그리하여 이러한 비가시적 가시성의 신체 없는 신체——이미 환영이 예고되고 있다——를 사고하게 하기 위해서, 마르크스는 문제가 되고 있는 사물, 곧 상품은 **그렇게 단순한 것**이 아니라고 선언한다(이는 영원히 모든 바보들의 조소를 자아낼 만한 경고인데, 왜냐하면 그들은 자신들이 보이는 것, 보이는 모든 것, 단지 보이는 것을 본다고, 너무나 분명히, 굳게 확신하고 있기 때문이다). 상품은 매우 복잡한 것, 뒤얽히고 곤혹스럽고 무력하게 만들고, 아포리아적이며, 아마도 결정 불가능한 것이다(매우 기이한 것ein sehr vertracktes Ding). 이 상품이라는 사물은 아주 당혹스러운 것이어서, 우리는 "형이상학적"인 교활함 및 "신학적인" 미묘함을 갖추고 그것에 접근해야 한다. 정확히 말하면, 사물 그 자체, 직접적으로 가시적인, 뼈와 살을 갖춘, "첫눈에 보이는" 그대로의 상품의 현상학적인 양식良識을 구성한 형이상학적인 것과 신학적인 것을 분석하기 위해서. 이러한 현상학적인 양식은 아마도 사용가치에 대해 타당할 것이다. 아마도 심지어 그것은 오직 사용가치에 대해서만 타당하도록 정해진 것일지도 모른다. 마치 현상학적 양식과 사용가치라는 이 개념들 사이의 상호 연관이 다음과 같은 기능, 곧 시장을 사고하지 않기 위해 또는 교환가치에 맹목적으로 남아 있기 위해 고안된 사용가치에 대한 담론으로서 현상학이라는 기능에 부응한다는 듯이. 아마 그럴지도. 그리고 바로 이러한 이유 때문에, 현상학적 양식이나 지각의 현상학(마르크스가 순수하고 단순한 사용가치에 대해 말할 수 있다고 믿을 때, 그에게서도 볼 수 있는)은, 사용가치가 "신비한" 것은 아무것도 지니지 않고nicht Mysteriöses an ihr 있으므로 자신이 계몽을 위해 기여할 수 있다고 주장한다. 만약 우리가 사용가치만을 고려한다면, 사물의 속성들Eigenschaften —— 왜냐하면 속성이 문제가 될 것이기 때문이다 —— 은 항상 아주 인간적이며, 바로 이 때문에 안심할 수 있는 것이다. 그것들은 항상 인간에게 고유한 것propre, 인간의 속성들에 관계한다. 그것들은 인간의 욕구들에 부응하든가 —— 정확히 이것이 그것들의 사용가치다 —— 아니면 그것들을 인간의 욕구를 위해 만드는 것처럼 보이는 인간 활동의 산물이다.

예컨대 —— 바로 여기서 탁자가 무대에 등장한다 —— 나무가 탁자로 만들어질 때 그것은 목재로 남아 있다. 이것은 평범한 감각적인 사물ein ordinäres sinnliches Ding이다. 이것이 하나의 상품으로 될 때, 시장의 막이 열리고 탁자가 배우이면서 동시에 등장인물로 연기할 때, 마르크스가 말하듯, 상품 탁자가 무대에 등장할 때auftritt, 걷기 시작하고, 자신을 상품 가치로서 가치부여할 때, 모든 것은 완전히 달라진다. 연극의 반전反轉. 평범한 감각적 사물이 변모하여 어떤 이가 되며, 하나의 모습figure을 지니게 된다. 목재로 된 이 단단한 것은 초자연적인 사물로, **감각적인 비감각적** 사물로, 감각적이지만 비감각적이며, 감각적으로 초감각적인 사물로 변신한다verwandelt er sich in ein sinnlich übersinnliches Ding. 환영의 도식은 이제 필수적인 것으로 보인다. 상품은 현상 없는 하나의 "사물"이며, 감각들을 넘어서는, 소실되는 사물이다(이것은 비가시적이고 비촉각적이고 비청각적이고 냄새 없는 것이다). 하지만 이러한 초월성은 전혀 정신적인 것이 아니며, 이는 우리가 유령과 정신 사이의 차이를 이루는 것으로 인지했던 신체 없는 신체를 보존하고 있다. 감각들을 넘어서는passe 것이 여전히 우리 앞에서 감각적인 신체 —— 하지만 그것에게 결여되어 있는 또는 우리가 접근할 수 없는 것으로 남아 있는 —— 의 그림자 속에서 지나간다passe. 마르크스는 감각적이고 비감각적인 것이라거나 감각적이지만 비감각적인 것이라고 말하지 않는다. 그는 감각적 비감각적이고, 감각적으로 초감각적이라고 말한다. 초월성, **초과하는**en supra 운동, 넘어서는 걸음 über, epekeina[192]은 초과 자체 속에서 감각적인 것으로 된다. 이는 비감각적인 것을 감각적인 것으로 만든다. 우리는 접촉하지 못하는 그곳에서 접촉하며, 감각하지 못하는 그곳에서 감각하고, 고통이 일어나지 않는 곳에

---

192) "über"는 독일어로 "~위에", "~을 넘어서"를 뜻하며, "epekeina" 역시 그리스어로 "~위에" 나 "~을 넘어서"를 가리킨다. 이 후자는 4장에서 "epekeina tes ousias"라는 표현을 통해 이미 거론된 바 있다.

서, 적어도 우리가 고통을 겪는 그곳에서 고통이 일어나지 않을 때, 고통을 느낀다(이는 또한 모든 지각의 현상학에게 X로 표시되는 현상인 환영지幻影肢[193]에 대해서도 이야기되는 것이라는 점을 잊지 말기로 하자). 이처럼 상품은 사물에 유령처럼 달라붙어 있으며, 상품의 유령은 사용가치를 작동시킨다. 이러한 신들림은 자기 자신을 익명적인 그림자처럼, 또는 아마 주요 인물일 수도 있는 어떤 엑스트라의 모습처럼 전위시킨다. 그것은 장소를 바꾸며, 우리는 더 이상 그것이 정확히 어디에 있는지, 그것이 어디서 돌고 있는지, 어디서 자신의 **발걸음**으로 무대를 누비는지 알지 못한다. 여기에 하나의 걸음이 존재하며, 그것의 보조步調는 오직 이러한 급변하는 움직임에 속할 뿐이다. 마르크스는 연극의 어법에 의지해야 하며, 상품의 출현을 무대 등장auftritt으로 기술할 수밖에 없다. 그리고 그는 상품이 된 탁자를 돌아가는 탁자로, 분명히 강신술 모임에서 쓰이는 교령交靈 탁자지만, 또한 배우나 무용수의 모습이 비친 환영 그림자이기도 한 돌아가는 탁자로 기술해야 한다. 성별이 결정되지 않은 신학적·인간학적 모습을 지닌 탁자(탁자를 가리키는 독일어 티쉬Tisch는 남성명사다)는 다리와 머리를 지니고 있으며, 그 신체는 생명력을 얻어 몸 전체를 하나의 제도처럼 일으켜 세우고, 타자들에게, 우선 자신의 환영의 동료들인 상품들에게 말을 걸면서 그들과 맞서거나 대립한다. 왜냐하면 유령은 사회적이며, 심지어 자신의 첫 번째 출현부터 경쟁이나 전쟁에 참여하고 있기 때문이다. 그렇지 않다면, 동료socius도 갈등도 욕망도 사랑도 평화도 유지될 수 없을 것이다.

---

193) "환영지"란 사고나 수술로 잘린 손이나 발이 마치 그대로 있는 것 같은 느낌을 갖게 되는 것을 가리킨다.

이 탁자를 경매에 부쳐 상호 출현co-occurence 또는 경쟁concurrence
에 맡겨야 할 것이며, 플라톤에서 하이데거에 이르는, 칸트에서 프란시스
퐁주에 이르는, 또 그 밖에 너무나 많은 다른 사람들의 철학에서, 수사학에
서, 시학에서 볼 수 있는 우리의 유산에 속한 수많은 다른 탁자들, 너무나
많아서 더 이상 셀 수조차 없는 다른 탁자들과 함께 그것이 말하도록 해야
할 것이다.

따라서 마르크스는 방금 탁자가 무대에 등장해서 감각적으로 초감각
적인 사물로 변모했고 여기 서 있다는 것을 고지한 셈인데, 이 탁자는 단
지 자신을 지탱하고se tient 있을 뿐만 아니라 벌떡 서고 자기 몸을 세우
고 일어나고 머리를 들고 자신을 일으켜 세우고 자신을 전달한다. 다른 탁
자들 및 특히 다른 상품들과 맞서면서, 그래, 그것은 자기 머리를 든다. 가
장 훌륭한 번역 ─ 이는 또한 가장 최근에 이루어진 번역이다 ─ 을 인용
하기에 앞서 가능한 한 텍스트의 문자에 가깝게 몇 줄을 환언해 보기로 하
자. 이 나무 탁자는 서 있는 것만으로는 성이 안 차서Er steht nicht nur, 자
신을 일으켜 세우고sondern er stellt sich(마르크스는 몇몇 프랑스어 번역자
들이 이러한 기술의 자의字意에 담겨 있는 대담함에 질려서 완화하는 의미로
첨부하는 것처럼, "말하자면"이라는 말을 하지 않고 있다), 또한 **머리로**, 나
무로 된 머리로 거꾸로 서 있는데, 왜냐하면 이것은, 선 채로 다른 상품들
과 맞서 있는er stellt sich alleu andren Waren gegenüber auf den Kopf 일종
의 완고하고 고집 센, 집요한 동물이 되었기 때문이다. 다른 것들, 자신의
동료들 앞에서 그것들과 대면하고 있는 낯선 피조물이 출현한다. 생명이
면서 동시에 사물, 야수, 대상, 상품, 자동장치인, 한마디로 유령인 낯선 피
조물이. 더 이상 전혀 한 사물이 아닌 이러한 사물Chose이 여기서 전개되

고entwickelt, **자신**을 전개하고, 자신이 유사-자생적인 산출을 통해 산출한 것(처녀생식 및 정해지지 않은 성별. 동물적인 사물Chose, 생명을 가진-생명이 없는 사물Chose, 살아 있고 죽어 있는 사물Chose은 아버지이고 어머니다)을 발전시킨다. 나무 탁자는 머리로 출산을 하고, 나무로 된 자신의 머리에서 환상적인 또는 기괴한 피조물들, 엉뚱한 공상들, 키메라chimères(Grille)의 혈통 전체를 이끌어 내고, 나무와 다른 어려운 역할들, 곧 더 이상 나무와 닮지 않은 후손의 혈통——변덕스럽고 어떻게 될지 알 수 없는 이 미친 나무 탁자가 자기 스스로/자신의 머리로[194] aus freien Stücken 춤을 추기 시작해서 머리를 돌리기 시작할 때까지 계속 춤을 춘다는 사실보다 훨씬 더 기이하거나 놀라운viel wunderlicher 이 창작물들——을 이끌어 낸다.[104] 그리스어와 철학을 이해하는 사람들은 누구든지, 나무로 된 것을 나무가 아닌 것으로 변모시키는 이러한 계보는 물질이 비물질로 변화하는 그림을 보여 준다고 말할 수 있을 것이다. 우리는 휠레Hylē, 곧 질료가 일차적으로 나무라는 것을 알고 있다.[195] 그리고 이처럼 물질이 비물질로 되는 것은 아무런 시간도 들지 않고, 한순간에, 눈 깜짝할 새에 사고의 전능함에 의해 자신의 변모를 수행하는 것처럼 보이기 때문에, 이를 물활론이나 강신술의 투사投射로 기술하고 싶은 생각이 들기도 한다. 나무는 생명을 부여받고 그 속에는 혼령들로 들끓는다. 맹신, 심령주의, 반계몽주의, 계몽주의 시기 이전에 볼 수 있는 미성숙, 유치하거나 원시적인 인류. 하지만 시장

---

194) "자기 스스로/자신의 머리로"의 원어는 "de son propre chef"다. 이는 독일어 표현과 마찬가지로 숙어로는 "자기 스스로", "독자적으로"를 뜻한다. 하지만 "chef"에는 "머리"라는 의미도 담겨 있기 때문에 문자 그대로 한다면 "자신의 머리로"를 뜻할 수도 있다.

195) "Hylē"라는 그리스어는 철학 용어로는 "질료"를 가리키지만, 일상어로는 "나무"나 "숲"을 뜻한다.

없는 계몽이란 무엇이겠는가? 그리고 누가 교환가치 없이 진보를 이룩할 수 있겠는가?

중심적 모순/자본의 모순contradiction capitale. 자본의 기원 자체에 있는. 즉각적으로 또는 마지막으로, 수많은 차이差移의 중개물들을 통과하면서, 이러한 모순은 반드시 모든 명령이 지닌 "실천적인" 이중의 제약을 유발하게 될 것이다. 자유롭게aus freien Stücken **자기 스스로/자신의 머리로** 움직이면서, 하지만 머리에서 발끝까지 나무로 되어 있고 비물질화된 신체 전체를 지휘하는 머리의 운동에 따라 움직이면서, 탁자 사물Chose-Table은 원리/시원에au principe, 시초에, 자신에 대한 지휘의 위치에 있는 것처럼 보인다. 그것은 자신의 주도권에 따라/자신의 주도권으로부터[196] 자신을 해방시킨다. 전적으로 혼자서, 자율적이고 자동적으로, 그것의 환상적인 그림자는 자기 스스로, 자유롭게, 속박 없이 움직인다. 탁자 사물은 최면 상태에 또는 공중 부양 상태에 빠져드는 것처럼 보이며, 얼마간 미치고 제정신이 아닌, 탈이 나고 "이음매가 어긋나 있고out of joint" 섬망에 빠져 있고 제멋대로이며 예측이 불가능한 모든 환영들처럼, 자신의 신체의 무게로부터 가벼워지는 것처럼 보인다. 그것은 자발적으로 자신에게 운동을 부여하는 것처럼 보이며, 또한 다른 것들에게도 운동을 부여한다. 실제로 그것은, 마르크스가 이 환영의 춤에 대한 각주에서 프랑스어로 지적하고

---

196) "자신의 주도권에 따라/자신의 주도권으로부터"의 원문은 "de sa propre initiative"다. 이 말은 원래대로 한다면 "자신의 주도권에 따라"로 이해할 수 있지만, "de"라는 전치사를 "~로부터"로 이해하면, "자신의 주도권으로부터"라는 뜻으로 이해할 수 있다. 전자의 의미라면 이는 "자율성"을 뜻하며, 후자의 의미라면 어떤 기계의 "자동성", 곧 자신의 의지에 따라 움직이는 것이 아니라 어떤 설정된 계획이나 경로에 따라 움직이는 것을 의미한다. 이는 "탁자 사물"이 갖는 역설적인 성격, 곧 스스로 움직이지만, 또한 주체나 자아의 자유의지를 갖는 것은 아닌, 유령적인 사물의 이중적인 성격을 표현하고 있는 것으로 보인다.

있듯이, "다른 것들을 고무하기 위하여" 자기 주위에 있는 모든 것을 운동하게 만들고 있다. "우리는 나머지 전 세계가 완전히 정지 상태에 있는 것처럼 보였던 바로 그때[1848년 혁명의 패배 직후의 반동기]에 **다른 것들을 고무하기 위하여** 중국[태평천국의 난]과 탁자들[독일 상류계급의 신비주의]이 춤을 추기 시작했다는 것을 기억한다."[105]

　중심적 모순은 단지 동일한 사물Chose 속에서 감각적인 것과 초감각적인 것의 믿기지 않는 결합에서만 비롯하는 것이 아니다. 그러한 모순은 또한 **자동적인 자율성**의 모순, 기계적인 자유, 기술적인 생명의 모순이기도 하다. 모든 사물처럼 탁자는 시장이라는 무대에 등장하는 순간부터 자기 자신의 보철물을 닮게 된다. 이러한 나무 탁자의 자율성과 자동성, 자율적이지만 자동적인 속성은 분명히 나무 탁자가 자발적으로 자신에게 운동을 부여하며, 그리하여 자신에게 생명을 불어넣고 자신을 동물화하고 자신을 정신화하고 자신을 **혼령화하는**spiritiser 것으로 보이지만, 그럼에도 나무 탁자는 인공적인 신체로, 일종의 자동 장치, 꼭두각시, 기술적으로 고정된 프로그램에 따라 춤을 추는 못생긴 기계인형으로 남아 있다. 나무 탁자에서는 두 개의 운동 장르, 두 개의 운동의 산출이 서로 교차하며, 바로 이 때문에 그것은 어떤 유령의 출현을 형상화한다. 그것은 자신의 두려운 낯섦[197] 속에서 모순적인 술어들을 결정 불가능한 방식으로 축적한다. 생명 없는 사물이 갑자기 **숨을 부여받은** 것처럼 보이며, 단숨에 프네우마pneuma나 프시케psychē[198]가 씌워진 것 같다. 살아 있는 것이 된 탁자는 네 발로 일어서

---

197) "두려운 낯섦"은 뒤에서 좀더 자세히 나오지만, 프로이트의 유명한 글인 "Das Unheimliche" (1919)의 논의를 시사하고 있다.

서 자신의 동료들과 대면할 차비를 갖춘 예언하는 개와 닮았다. 우상은 법을 만들고 싶어 한다. 하지만 역으로 탁자에 숨결을 불어넣는 정신, 영혼, 또는 생명은 질료의 불투명하고 무거운 사물성 속에, 탁자의 나무로 된 신체 속에 사로잡혀 있으며, 자율성은 자동성의 가면에 불과하다. 투구 속에서 항상 어떤 살아 있는 시선도 감추지 못하는 가면, 심지어 면갑. 자동 장치는 생명체를 흉내 낸다. 사물Chose은 죽은 것도 살아 있는 것도 아니며, 죽어 있으면서 동시에 살아 있다. 그것은 [삶과 죽음의—옮긴이] 경계 위에서 살아간다. 간교하고 창의적이면서 동시에 기계적인, 기발하고 예견 불가능한 이 공격용 기계는 연극용 기계, 메카네mekhanē[199]이기도 하다. 우리가 방금 무대에 나타나는 것을 목격한 것은, 하늘로부터 떨어지고 땅으로부터 솟구친, 허깨비, 유사 신성이다. 하지만 시각/환시vision 역시 **살아남는다/경계 위에서 살아간다**. 그것의 지극히 명철함이 지속된다.

도전 내지는 초대, "고무하기", 유혹에 맞선 유혹, 욕망이나 전쟁, 사랑이나 증오, 또 다른 환영들의 촉발. 마르크스는 이 점에 대해 많이 강조하는데, 왜냐하면 이러한 사회성은 **다수가** 존재하며(항상 하나 이상의 상품이, 하나 이상의 정신이, 그보다 더 많은 유령들이 존재한다), **숫자는** 유령화의 ~~운동 자체~~, 유령화의 끝나지 않는 과정에 속하기 때문이다(보들레르는 근대 자본주의의 개미굴 같은 도시 ─ 환영, 무리, 돈, 매춘 ─ 에 존재하는 숫자에 대해 매우 잘 알고 있었으며, 그 이후에는 벤야민 역시 이를 잘 알고

---

198) "pneuma"는 그리스어로 "공기"나 "숨" 또는 "영혼"을 뜻하며, "psychē"는 "생명"이나 "죽은 영" 또는 "영혼"을 의미한다.

199) "mekhanē" 또는 "mechanē"는 "도구"나 "장비" 일반을 가리키며, 특히 그리스 비극에서 사람을 공중에 띄울 때 아니면 신을 공중에서 땅으로 내려보낼 때 사용되던 장비를 뜻하기도 한다. 요즘도 많이 쓰이는 "deus ex machina"라는 표현은 여기서 유래한다.

있었다). 왜냐하면 어떤 사용가치도 그 자신만으로는 상품의 이러한 신비
성 또는 상품의 이러한 유령 효과를 생산할 수 없으며, 이러한 비밀이 심
오한 동시에 피상적이고 불투명한 동시에 투명하다면, 이러한 비밀이 자
기 뒤에 아무런 실체적 본질도 감추고 있지 않기 때문에 더욱더 비밀스럽
다면, 이는 이러한 비밀이, 이중적인 관계로서 — 이렇게 말해야 할 것 같
은데 — 이중적인 사회적 유대로서, 하나의 관계(전달하기,[200] 차이, 준거
하기 및 차이差移)로부터 탄생하기 때문이다.

　이러한 이중적인 사회적 관계socius는 **한편으로** 사람들을 서로 묶어 준
다. 이것은 사람들이 모든 시간 내내 — 마르크스는 곧바로 주석을 다는
데 — 시간에, 노동 시간 또는 노동의 지속에 (모든 문화, 모든 기술·경제
적 발전 단계에서) 관심을 가져온 한에서 사람들을 결합한다. 따라서 이러
한 사회적 관계는 "사람들"을 묶어 주는데, 사람들은 우선 시간에 대한 경
험들이며, 시간에 대한 이러한 관계에 의해 규정되는 실존들이다. 역으로
시간에 대한 이러한 관계는 경계 위에서 살아감 내지 되돌아옴 없이는, 살
아 있는 현재의 자기 현존을 탈구시키고 이를 통하여 타자와의 관계를 창
설하는 이러한 "이음매에서 어긋나out of joint" 있음 없이는 가능하지 않
을 것이다. **다른 한편으로** 동일한 사회적 관계, 동일한 관계의 "사회적 형

---

200) "전달하기"의 원어는 "férance"로, 이는 이 단어 다음에 나오는 "차이différence", "준거하기
référence", "차이différance"의 어근을 이루는 말이다. 이 말은 라틴어 "fero", 곧 "나르다", "전
달하다"는 단어에서 유래한 말인데, 데리다는 이를 "타자에게 전달하기" 또는 "타자와 관계
맺기"라는 의미에서 관계의 개념으로 해석한다. 가령 『에코그라피』에 나오는 다음 구절을 참
조할 수 있다. "차이는 하나의 관계(하나의 전달하기) — 이는 다른 것, 즉 타자성이라는 의미
에서 차이나는 것, 따라서 타자성, 타자의 독특성과의 관계입니다 — 를 표시하면서 동시에
또한 — 그리고 관계를 표시한다는 사실 자체에 의해 — 전유/고유화 불가능한 것이고 뜻밖
의 것이며, 따라서 긴급하고 예견 불가능한 것이기도 한 도래하는 것, 도착하는 것과 관계를
맺고 있습니다." 『에코그라피』, 35~36쪽.

태"가 상품-사물들을 서로 묶어 준다. 다른 한편으로, 그러나 어떻게? 어떻게 **한편으로** 시간에 관심을 기울이는 사람들 사이에서 발생하는 것이, 다른 **한편으로**, 유령으로서 상품들 사이에서 발생하는 것에 의해서 설명될 수 있는가? 어떻게 "사람들"이라고 불리는 이들, 살아 있는 사람들, 시간적이고 유한한 실존들이 자신들의 사회적 관계 속에서, **동등하게 사회적인**, 상품들 사이의 관계로서 이러한 유령들에게 예속될 수 있는가?

〔자본화의 과정에서, 그리고 교환가치가 자신을 유령화함으로써 상업화하는 사회적 관계에서 시간성이 본질적인 것처럼 보이기 때문에,『자본』에서는 이러한 과정 속에 기입된 인간들의 실존이 무엇보다 **시간적인** 것으로 규정되기 때문에, 지나치는 김에 좀더 지속적인 분석을 해 볼 만한 상속 또는 계통의 가능성에 관해 한마디 지적해 보기로 하자. 여기서 문제가 되는 것은『자본』서두에서 교환가치를 정의하고 탁자를 "감각적 초감각적인", 감각적으로 초감각적인 것으로 규정하고 있는 **정식**이다. 이 정식은 헤겔의『엔치클로페디』(『자연철학』중「기계론」)에 나오는 시간에 대한 정의를 문자 그대로(그리고 우리는 여기서 이러한 문자성을 우연적이거나 외재적인 것으로 치부할 수 없다) 상기시키고 있다. 헤겔은 칸트의 정의를 변증법적인 해석, 곧 지양Aufhebung에 종속시킨다. 그는 시간을 우선은 추상적이고 이념적인 것ein Ideelles으로 분석하는데, 왜냐하면 이것은 (시간이 그 진리를 이루는 공간처럼) 자기-바깥에-있음이라는 부정적인 통일성/단위이기 때문이다. (이러한 시간의 이념성은 분명히 모든 이념화, 따라서 모든 이데올로기화 및 모든 물신화의 조건이다. 물론 이 후자의 두 과정 사이에 존재하는 얼마간의 차이점은 존중되어야 한다.) 그런데 이러한 추상적

이고 이념적인 시간의 시간화로서 지양의 운동을 명시하기 위해 헤겔은 다음과 같은 논평을 덧붙인다. "공간처럼 시간도, 감성 또는 직관 행위의 순수 형식, 비감각적인 감각적인 것das unsinnliche Sinnliche이다……."(§ 258, tr. M. de Gandillac, Gallimard, p. 247. 나는 『철학의 여백』Minuit, 1972, p. 49에서 이 구절에 대한 독해를 제시한 바 있다.)]

상품 탁자, 고집 센têtu 개, 나무 머리tête는 **다른 모든 상품**들과 대면해 있다는 점을 상기해 보자. 시장은 전선front, 머리들fronts 사이의 전선, 대결장이다. 상품들은 다른 사물들과 거래를 하며, 이 완고한entêtés 유령들은 서로 교역을 한다. 단지 둘이서 마주 보고 있는 것만은 아니다. 그것들을 춤추게 하는 것이 바로 이 점이다. 그렇게 보인다. 그러나 만약 상품의 "신비한 성격"이, 만약 **상품으로서** 노동 생산물의 "수수께끼 같은 성격"이 노동의 "사회적 형태"로부터 탄생하는 것이라면, 우리는 이러한 과정이 지니는 신비하거나 비밀스러운 점이 무엇인지, 그리고 상품 형태의 비밀das Geheimnisvolle der Warenform은 무엇인지 좀더 분석해 보아야 한다. 이러한 비밀은 어떤 "착각quid pro quo"[201]과 관련되어 있다. 이 단어는 마르크스 자신이 사용하는 단어다. 그는 우리를 다시 한 번 연극에서 사용되는 술책으로 이끌어 간다. 기계를 사용한 눈속임mekhanē 또는 사람을 잘

---

201) "quid pro quo"는 말 그대로 한다면 "……에 대한 ……"을 뜻한다(예컨대 '내가 네 등을 밀어 줄 테니까 너도 내 등을 밀어 줘'). 하지만 이 단어는 원래 들어가야 할 어떤 것 대신에 다른 것을 잘못 집어넣는다든가(가령 중세의 필사자들이 원문의 어떤 단어를 그릇된 단어로 바꿔 넣는 것), 아니면 어떤 이를 다른 이로 잘못 착각하는 경우를 뜻한다. 연극에서도 배역 중 어떤 사람을 다른 사람으로 착각하는 것을 지칭하기 위해 이 용어를 쓴다. 이런 점을 감안해서 여기서는 "착각"이라고 옮겼다.

못 안 것, 수플뢰르[202]가 잘못 불러 준 대사를 되풀이하기, 수플뢰르가 속삭인 말/훔쳐온 말,[203] 연기자나 인물의 [그릇된—옮긴이] 대체. 여기서 연극에서 일어나는 착각은 거울들의 비정상적인 작용에서 생겨난다. 거울이 존재하며, 상품 형태 역시 이러한 거울이다. 하지만 이것이 갑자기 자신의 역할을 수행하지 않기 때문에, 이것이 기대된 이미지를 되돌려 보내지 않기 때문에, 자기 자신을 찾는 사람들은 더 이상 거기에서 자기 자신을 재발견할 수 없게 된다. 사람들은 더 이상 그 속에서 **"자신들의 노동"**의 **"사회적"** 성격을 재인지하지 못한다. 이것은 마치 거꾸로 그들이 환영화되는 것처럼 보인다. 요괴들과 마찬가지로[106] 유령들의 "고유한" 특징은 그것들이 반영 이미지, 참되고 올바른 반영 이미지를 결여하고 있다는 점이다(하지만 그것을 결여하지 않은 이가 누가 있겠는가?). 사람들은 무엇으로 하나의 환영을 인지하는가? 그것이 거울 속에서 자기 자신을 재인지하지 못한다는 사실에 의해. 그런데 이는 바로 상품들이 **서로** 주고받는 **교역**과 함께 발생하는 것이다. 상품 바로 그것인 이러한 환영들은 인간 생산자들을 환영들로 전환시킨다. 그리고 이러한 연극적 과정 전체(시각적이고 이론적이지만, 또한 광학적이고 **안경과도 관련된**)는 신비한 거울 효과를 개시한다. 만약 이러한 거울이 더 이상 정확한 반영물을 되돌려 보내지 않는다면, 따

---

202) 수플뢰르 "souffleur"(영어로는 "prompter")는 무대 뒤편이나 관객들에게 보이지 않는 곳에서 배우에게 대사나 동작을 일러 주는 사람을 가리킨다.

203) "수플뢰르가 속삭인 말/훔쳐온 말"의 원어는 "parole soufflée"다. 프랑스어에서 "souffler"는 "숨쉬다", "속삭이다"는 뜻을 갖고 있으며, 또한 "훔치다", "빼앗다"는 의미로 쓰이기도 한다. 따라서 이를 어떤 의미로 이해하느냐에 따라 "parole soufflée"는 "수플뢰르가 속삭인 말"이 될 수도 있고, "훔쳐온 말"이 될 수도 있다. 이는 또한 앙토냉 아르토Antonin Artaud에 대한 데리다의 논문의 제목이기도 하다. "La parole soufflée", in *L'écriture et la différence*, Seuil, 1967 참조.

라서 그것이 환영화한다면, 이는 무엇보다도 그것이 자연화하기 때문이다. 사회적 형태의 가정된 반영물로서 이러한 상품 형태의 "신비"는, 우리가 이러한 거울이 인간들을 위해 "인간 자신의 노동의 사회적 특징들"의 이미지를 반영한다고 생각하는 순간에, 그것이 이미지를 되돌려 보내는 zurückspiegelt 그 믿기지 않는 방식 속에 존재한다. 곧 이러한 "이미지"는 자연화함으로써 대상화한다. 이에 따라 —— 바로 여기에 그것의 진리가 있는데 —— 그것은 은폐함으로써 보여 주며, 이러한 "대상적gegenständliche" 특징들을, 바로 노동 생산물 속에 기입되어 있는 것으로, "이 사물들의 사회적이고 자연적인 속성들로als gesellschaftliche Natureigenschaften dieser Dinge" 반영한다. 따라서 —— 그리고 여기서 상품들 사이의 교역은 기다리지 않는다 —— 되돌아온(왜곡되고 대상화되고 자연화된) 이미지는 상품들 사이의 사회적 관계의 이미지, 자율적이고 자동적인 이 생명을 부여받은 "대상들" —— 돌아가는 탁자 바로 그것 —— 사이의 사회적 관계의 이미지가 된다. 거울반영적인 것은 이러한 대상화하는 자연화의 문턱에서 유령적인 것이 된다. "[그러므로 상품 형태의 신비는 다만 상품 형태가 인간 노동의 사회적 성격을 노동 생산물들 자체의 사물적인 성격으로 보이게 하며 —옮긴이] 따라서 총노동에 대한 생산자들의 사회적 관계를, 생산자들과 분리되어 그들 외부에서 실존하는 대상들 사이의 사회적 관계로 반영하는 데 있다. 이러한 착각quid pro quo을 통해, 노동 생산물들은 상품들이 되며, 감각적 초감각적 사물들, 사회적인 사물들이 된다."[107]

사물에 대해서만이 아니라 시간과 관계를 맺고 있는 노동자에 대해서도 사회화, 사회적으로 됨은 이러한 유령화를 경유한다. 마르크스가 여기서 몰입해서 기술하고 있는 "몽환 작용", 물신숭배와 종교적인 것에 관한 질문을 열어 놓는 이 몽환 작용은 이러한 사회적이고 유령적인 — 동시에, 단 한 번에 이루어지는 — 생성의 요소 자체다. 마르크스는 시각적인 유비를 계속 이어가면서 어떤 사물이 시신경에 남겨 놓는 빛의 인상은 — 물론 상품의 경우와 마찬가지 방식으로 — 눈앞에, 그리고 눈의 외부에 있는 대상적인 형태로, 곧 "물리적 사물들 사이의 물리적 관계로", 시신경의 자극으로 주어지지는 않는다는 점을 긍정한다. 하지만 상품 형태와 이것을 표현하는 노동 생산물들의 가치 관계는 그 "물리적 본성"이나 여기서 생겨나는 "물적 관계dinglichen Beziehungen"(물질적 관계)와는 아무런 관련이 없다. "여기서 인간의 눈에 사물들 사이의 관계라는 몽환적인 형태die phantasmagoriesche Form로 나타나는 것은 인간들 사이의 규정된 사회적 관계일 뿐이다."[204] 상품merx이 다른 상품과 관계를 맺고 서로 교환하고 말하고agoreuein 협상하는 것처럼 보일 때 시장mercatus에서 또는 광장agora에서 이루어지는 상품들 사이의 **교역**이라는 이러한 몽환은, 우리가 방금 관찰했듯이, 인간의 사회적 관계 및 사물들 속에 대상화된 노동의 자연화에 상응함과 **동시에**, 더 이상 사용가치로서가 아니라 교환가치로서 무대에 등장할 때의 나무 탁자 및 상품이 된 사물의 탈본성화, 탈자연화, 탈물질화에 상응하는 것이다. 왜냐하면 상품들은, 마르크스가 앞으로 환기하겠지만, 그들 혼자서만 움직이지 않으며, 다른 상품들을 만나기 위해 스스로 시장에 가지 않기 때문이다. 사물들 사이의 이러한 교역은 몽환에 속하는 것이다. 상품에 부여된 자율성은 물활론적인 투사에 상응한다. 이러한 투사는 상품들에 생명을 부여하고 상품 속에 영혼, 인간의 영혼, 말

---

204) 『자본』, 국역본, 91~92쪽; 독일어판, p. 86.

의 영혼 및 의지의 영혼을 불어넣는다.

　A. 우선 말에 대하여. 그러나 이러한 말은 무엇을 말할 것인가? 이 페르소나persona, 이 배우, 이 인물은 무엇을 말할 것인가? "만약 상품들이 말을 할 줄 안다면, 그것들은 다음과 같이 말할 것이다. 인간들은 우리의 사용가치에 관심이 있겠지만, 그것들은 우리에게 대상들로서 속하지 않는다. 우리에게 대상들로 속하는 것은 우리의 가치다. 상품들로서 우리 자신이 수행하는 교역unser eigner Verkehr이 그것을 입증한다. 우리는 오직 교환가치들로서 서로 관계를 맺는다Wir beziehn uns."[108] 이러한 수사법적 기교는 심원한 것이다. 마르크스는 곧바로, 경제학자들은 상품의 이러한 허구적인 또는 유령적인 말을 순진하게 반영하거나 재생산하고, 말하자면 상품이 그들을 통해 복화술을 하게 할 것이라고 주장한다. "그는 상품의 영혼 저 깊은 곳에서aus der Warenseele heraus 말한다."[109] 그러나 마르크스는 "만약 상품들이 말을 할 줄 안다면Könnten die Waren sprechen"이라고 말함으로써, 그것들이 말할 줄 모른다는 것을 암시하고 있다. 그는 (그가 비난하는 경제학자들처럼) 그것들이 말하게 하지만, 그러나 이것은 역설적이게도, 그것들은 교환가치들인 한에서 말하며, 그것들은 단지 그것들이 말하는 한에서만 서로 교역을 행한다는 것을 그것들이 말하게 하기 위해서다. 어쨌든 적어도 우리가 그것들에게 말을 빌려줄 수 있다는 것을 그것들이 말하게 하기 위해서다. 여기서 말한다는 것 또는 말을 빌린다는 것, 교환가치가 된다는 것은 동일한 것이다. 말하지 않는 것은 사용가치이며, 이러한 이유 때문에, 그것은 상품들과 관계를 맺지 않고 상품들에 관심이 없다. 그것들이 말하는 바에 따르면 그렇다. 이러한 말의 허구적인 운동을 통해, 그러나 "나, 상품은 말한다"고 말함으로써 자신을 판매하는 어떤

말의 허구적인 운동을 통해 마르크스는 교훈을 주고 싶어 한다. 상품이 참된 것이 되고 자신의 고유한 영혼을 갖기 위해서는 "나, 상품은 말한다"고 말하는 것으로 충분하다고 믿고 있는 경제학자들에게 (하지만 그 역시 똑같은 것을 믿고 있지 않은가?) 교훈을 주고 싶어 한다. 우리는 여기서, 말하는 것과 "나는 말한다"고 말하는 것 사이에 모상simulacre의 차이가 더 이상 작동하지 않는 장소에 도달한다. 헛소동Much ado about nothing[205]에 불과한 것인가? 마르크스는 곧바로, 얼마간 위선적인 운(우연이나 운명)과 자연(법칙, 필연성, 역사, 문화)의 대립을 활용하면서 셰익스피어의 작품을 인용한다. "잘생긴 용모는 운의 선물이지만, 읽고 쓰는 것은 자연이 갖춰주는 것이다."[110]

B. 그 다음 **의지**에 대해. 상품들이 자발적으로, 자생적으로 시장에 가기 위해 걸어가지는 않으므로, 그들의 "보호자들"과 "소유자들"이 이러한 사물들에 거주하는 척한다. 그들의 "의지"가 상품들에 "거주하기hausen" 시작한다. 여기서 **거주하다**와 **신들려 있다** 사이의 차이는 그 어느 때보다 더 파악 불가능하다. 인격은 자신이 사물에 거주함으로써 생산한 객관적인 신들림의 효과 자체에 의해, 말하자면 그 자신이 신들리게 함으로써 인격화된다. 인격(사물의 보호자나 소유자)은 그가 자신의 말과 의지를 마치 거주자들처럼 사물 속에 머물게 함으로써 그 속에서 생산하는 신들림에 의해, 역으로, 그리고 구성적으로 신들리게 된다. "교환 과정"에 대한 『자본』의 논의는 신들림에 대한, 그리고 그 반영의 법칙들에 대한 논의로 시작한다.

---

205) 이는 셰익스피어 작품의 제목이기도 하다.

상품은 자기 스스로 시장에 갈 수 없으며 자기 스스로 교환될 수도 없다. (……) 상품의 보호자들은 자신들의 의지Willen를 이 물건들에 담고 있는haust 인물들로서 서로 관계를 맺어야만 한다. 그리하여 한 상품의 소유자는 다른 상품 소유자의 동의하에서만, 따라서 각자는 쌍방에 공통된 하나의 의지행위를 매개로 해서만 자기 자신의 상품을 양도하고 타인의 상품을 자기의 것으로 만드는 것이다.[111]

마르크스는 이로부터 계약, 맹세, 협약의 법적 형태에 관한 이론 및 사람들이 쓰고 있는 "경제적 가면"——이는 "경제적 관계의 인격화"[112]만을 드러내 줄 뿐이다——에 관한 이론 전체를 연역한다.

이러한 환영 산출적인 또는 몽환적인 과정에 대한 기술은 "종교적 세계"와의 유비 속에서 물신숭배에 대한 담론의 전제를 구성하게 될 것이다.[113]

그러나 거기로 나아가기 전에 약간 뒤로 물러서서 몇 가지 질문을 정식화해 보기로 하자. 적어도 두 가지 질문을.

첫번째 질문 : 만약 『자본』이 여기서 분석하고 있는 것이 단지 상품 형태의 환영화일 뿐만 아니라, 또한 사회적 유대의 환영화, 교란된 반영에 의해 이 유대가 역으로 유령화되는 현상이기도 하다면, (여전히 회고해서 본다면) 슈티르너가 감히 **자기 자신에 대한** 인간 자신의 환영화에 관해 말할 때 마르크스가 그에게 보내는 신랄한 조롱을 어떻게 생각해야 하는가? 슈티르너가 자신의 환영에 대해 두려움을 갖고 있는 인간에 대해 말할 때, 자신에 대해, 따라서 인간으로서 자신의 역사 전체에 대해 형성하는 개념에 구성적인 두려움을 갖고 있는 인간에 대해 말할 때 보내는 조롱은? 인간이 자기 자신에게 불어넣는 두려움을 스스로 만들어 내면서 자기 자신

을 형성하게 되는, 스스로 자신을 두려워하기에 대해 보내는 조롱은? 그리고 인간이 자신의 고유성 자체로서 걸치고 있는 자기 자신에 대한 애도, 그 자신의 애도의 이야기/역사이자 애도의 작업으로서 인간의 역사에 대해 보내는 조롱은 어떻게 생각해야 하는가? 그리고 마르크스가 나무 탁자의 환영화에 대해 기술할 때, 곧 자신의 머릿속에서 자신의 머리로부터, 자신의 내부에서 외부로, 자신으로부터 출발하여/자신으로부터 만들어진[206] 환영들을 산출하고 출산하는 나무 탁자라는 환영에 대해 기술할 때, 어떠한 반사/성찰réflexion에 의해 마르크스는 슈티르너의 언어 자체——그 자신이 『독일 이데올로기』에서 인용했던——를 재생산하고 그것을 말하자면 그 저자에 맞서 되돌려 보내게 되었는가? 곧 그 자신이 작성한 바로 그 고소 항목의 혐의를 받고 있는 고소인("자신과 대면하고 있는 세계, 실은 자신의 "환각들Fieberphantasien"의 세계, 환영들의 세계에als Gespensterwelt 불과한 어떤 세계를 발견한 다음, 20쪽에 나오는 섬망에 사로잡혀 있는phantasierenden 청소년은 "자신의 머릿속에서 태어난 것들eignen Geburten seines Kopfs"이 여전히 자기 머릿속에 머물러 있으면서도 자신을 감시하게 되었다는 것을 보게 된다."[114])에 맞서 되돌려 보내게 되었는가?

이 질문은 끝없이 전개될 수도 있을 것이다. 이 질문의 진행을 중단하고 다른 경로를 따라가 보자.

두번째 질문: 동일한 사물, 예컨대 나무 탁자가 사용가치를 지닌 평범한 사물이었다가 이후에 상품으로 무대에 등장한다고 말하는 것은 환영적인

---

206) "자신으로부터 출발하여/자신으로부터 만들어진"의 원어는 "à partir d'elle-même"다. 이 말은 어떤 운동의 기점을 가리킬 때 쓰이기도 하며, 어떤 작용의 소재를 나타낼 때 쓰이기도 한다. 여기서는 이 두 가지 의미가 모두 활용된 것으로 보인다.

계기에 하나의 기원을 부여하는 것이다. 마르크스는 나무 탁자의 사용가치는 훼손되지 않은 상태였다고 암시하는 듯 보인다. 그것은 자기 자신과 동일한 사용가치 그대로 존재하고 있었다. 자본과 마찬가지로, 몽환은 교환가치 및 상품 형태와 함께 시작할 것이다. 유령이 "무대에 등장하는 것"은 오직 그때뿐이다. 마르크스에 따를 경우 그전에는 유령은 거기에 있지 않았다. 심지어 사용가치에 달라붙기 위해서 있지도 않았다. 그러나 이전의 단계에 관한 확실성, 곧 이러한 가정된 사용가치의 확실성, 정확히 말하면 교환가치와 상품 형태를 만들어 내는 모든 것으로부터 정화된 사용가치의 확실성은 어디서 유래하는가? 무엇이 우리에게 이러한 구별을 보장하는가? 여기서 문제는 사용가치나 그것에 준거해야 할 필요성을 부정하는 것이 아니다. 문제는 그것의 엄격한 순수성을 의심하는 것이다. 만약 이러한 순수성이 보증되지 않는다면, 우리는 몽환이 이른바 교환가치 이전에, 가치 일반의 가치의 문턱에서 시작되었다고, 또는 상품 형태가 상품 형태 이전에 시작되었다고, 그 자신 이전에 그것이 시작되었다고 말해야 할 것이다. 마르크스가 아직 "춤추기" 시작하지 않았다고 가정하고 있는 이른바 평범한 감각적 사물의 이른바 사용가치, 단순한 질료, 나무 탁자를 이루는 목재의 경우, 그것의 형상forme 자체, 곧 나무에게 나무 탁자의 모양을 부여하는 형상은 적어도 질료인 나무에게 되풀이 (불)가능성, 대체, 교환, 가치를 약속했어야 하며, 우리가 가능한 반복들을 거치면서 그것을 바로 그것으로 식별할 수 있게 해 주는 어떤 이념화 작용——아무리 미약한 것이라 하더라도——을 이미 시작했어야 한다. 순수한 사용이란 존재하지 않는 것처럼, 교환과 교류(의미 자체, 가치, 문화, 정신(!), 의미작용, 세계, 타자와의 관계, 그리고 무엇보다 타자의 단순한 형태 및 타자의 흔적과 같이, 우리가 이를 어떤 이름으로 부르든 간에)의 가능성이 **사용되지-않음**hors-d'usage ── 이는 쓸모없는 것으로 환원될 수 없는 초과의 의미작용을 가리킨다 ── 속에 미리 기입시켜 놓지 않은 **사용가치**도 존재하지 않는다. 문화는 문화 이전에, 그리고 인류 이전에 이미 시작되었다. 자본화도 역시. 이는 결국, 바로 이 때문에 그것은 문화와 인류를 넘어 살아남게 되어 있다는 말과 같다. (더욱이 만약 우리가 다른 맥락에 관여하고 있었다면 교환가치에 대해서도 똑같은 이야기를 할 수 있었을 것이다. 곧 교환가치 역시 교환을 넘어서는 선사의 약속 안에 기입되어 있고, 또 그것에 의해 초과된다. 상품의 등가성은 그것이 시작하게 했던 것처럼 보였던 춤을 일정한 방식으로 중지시키거나 기계화한다. 가치 자체, 사용가치 및 교환가치, 기술의 가치 및 시장의 가치를 넘어설 경우에만 베풂[207]이, 주어지지는 않는다 해도 적어도 약속되며, 결코 춤으로 되돌아가지 않게 된다.)

이렇게 되면 사용가치는, 사라지지 않은 채, 일종의 한계, 한계 개념의 상관항이 되며, 어떤 대상도 상응할 수 없고 또 상응**해서도** 안 되는, 따라서 자본에 대한 일반이론(어쨌든 좀더 일반적인 이론)에서 복합적으로 가공되어야 하는, 일종의 순수 기원이 된다. 수많은 가능한 귀결 중에서 우리는 여기서 한 가지 귀결만을 이끌어 내 보겠다. 사용가치라는 이 한계 개념이 어떤 사용가치를 지니고 있다 해도(곧 그 자체로는 허구적이거나 이념적인, 따라서 이미 어떤 환상에 의해 정화된 한 기원에 의거하여 "몽환적인" 과정에 대한 분석의 **방향을 설정**할 수 있게 해 주는 사용가치), 그것은 미리 오염되어 있다. 다시 말해 자신의 타자, 곧 탁자의 나무 머리에서 탄생하게 될 상

---

207) "베풂grâce"에는 "은혜"나 "감사"의 의미, 심지어 "공짜"라는 의미도 함축되어 있다.

품 형태 및 그 환영의 춤에 의해 미리-사로잡히고 거주되고 신들려 있다. 분명히 상품 형태는 사용가치가 **아니며**, 이 점에 대해 우리는 마르크스를 인정해 주어야 하고, 이러한 구별이 우리에게 제공하는 분석적인 힘을 고려해야 한다. 하지만 그것이 **현재** 사용가치가 **아니라 해도**, 사용가치에 **현실적으로 현존해** 있지 않다 해도, 그것은 **미리** 나무 탁자의 사용가치를 변용시킨다. 그것은 자신이 앞으로 될 환영처럼 사용가치를 변용하고 애도하며, 바로 여기서 신들림이 시작된다. 신들림의 시간, 신들림의 현재의 비동시대성, 신들림의 "이음매가 어긋나out of joint" 있음 역시 시작된다. 신들리기는 현재임을 의미하지 않으며, 어떤 개념의 구성 자체 안에 신들림을 도입하는 것이 필수적이다. 존재 및 시간이라는 개념을 필두로 하여 모든 개념의 구성 안에. 바로 이것이 우리가 여기서 유령론이라고 부르려고 하는 것이다. 존재론은 오직 축귀의 운동 속에서만 유령론과 대립한다. 존재론은 푸닥거리다.

상품의 "신비한 성격"은 기입되기 전에 기입되어 있으며, 상품의 이마 또는 영사막 위에 글자 하나하나씩 모두 씌어지기 전에 흔적이 그려져 있다.[208) 모든 것은 시작되기 전에 시작된다. 마르크스는 어디서, 정확히 어떤 계기, 어떤 순간에 환영이 무대에 등장하는지 알고 싶어 하며, 또 알게 해주고 싶어 하는데, 이는 축귀의 한 방식, 환영을 위협해서 꼼짝 못하게 만

---

208) "상품의 "신비한 성격""의 원어는 ""caractère mystique" de la marchandise"이다. 그런데 프랑스어에서 "caractère"라는 단어는 "성격"이라는 뜻 이외에도 "인물"이나 연극이나 영화 등의 "배역"이라는 뜻을 갖고 있고, 더 나아가 "문자"나 "글자"라는 의미도 지니고 있다. 따라서 우리가 "caractère"라는 단어를 어떻게 이해하느냐에 따라 위의 구절은 "상품이라는 "신비한 배역""을 의미할 수도 있고, 아니면 상품이라는 "신비한 글자"를 뜻할 수도 있다. 그리고 이에 따라 이 문장 전체의 의미도 달라지게 된다.

드는 한 방법이다. 이러한 경계 이전에는 그것은 거기에 있지 않았으며, 힘없이 있었을 뿐이다. 반대로 우리는, 이러한 순간의 반전 이전에, "그것이 상품으로 무대에 등장하는 순간, 그것은 감각적 초감각적 사물로 전환된다"는 것 이전에 환영이 출현했다고, 물론 정의상 실물 그대로는 아니지만, 이미 사용가치 안에, 완고한 탁자의 단단한 나무통 안에 반복(따라서 대체, 교환 가능성, 되풀이 (불)가능성, 독특성 자체의 경험으로서 독특성의 상실, 자본의 가능성)을 새겨 놓았다고, 그것이 없이는 사용 자체도 결코 규정될 수 없는 반복을 새겨 놓았다고 제안하고 싶다. 이러한 신들림은 경험적 가설이 아니다. 신들림 없이는 사용가치라는 개념 자체도, 가치 일반의 개념도 만들 수 없고, 일체의 질료에 형상을 부여할 수도 없으며, 유용한 것이든 팔릴 수 있는 것이든 간에 어떤 탁자도, 나무 탁자도 규정할 수 없고 어떤 범주의 목록table도 규정할 수 없다. 어떤 계율의 판Table도. 신들림 없이는, 심지어, 예컨대 마르크스가 하듯이, 다음과 같은 자명한 사실, 곧 최초의 가정된 소유자에게, **다른 이들을 위해** 만들어진 사용가치로서의 탁자를 시장에 가져가는 사람에게 첫번째 사용가치는 교환가치라는 자명한 사실을 환기함으로써 교환가치라는 개념을 충분히 복잡화하거나 분할하는 일, 또는 균열을 내는 일조차 할 수 없을 것이다. "그러므로 상품은 사용가치로 실현될 수 있기 이전에 먼저 가치로 실현되어야 한다."[115] 그리고 역의 경우도 사실인데, 이는 통시성을 **순환적으로** 만들며, [사용가치와 가치의—옮긴이] 구별을 상호 함축으로 만든다. "다른 한편으로, 상품은 가치로 실현될 수 있기 이전에 먼저 자신이 사용가치라는 것을 보여주어야만 한다."(같은 곳) 비록 어떤 상품의 사용가치로의 전환, 그리고 다른 상품의 경우는 화폐로의 전환이 유통 과정 속에서 독립적인 정지점, 정류 지점을 나타내기는 하지만, 유통 자체는 무한한 과정이다. 만약 『정치경제학비판을 위하여』가 그토록 강조하듯 상품-화폐-상품의 유통 과정 전체가 "시작도 끝도 없는 계열"[116]이라면, 이는 사용가치와 상품, 화폐 사이에서 모든 방향으로 변신이 가능하기 때문이다. 화폐 상품Geldware의 사용가치도 그 자체로 "이중화된다"는 점은 말할 필요도 없다. 우리는 자연적인 치아를 금니로 대체할 수 있지만, 이 사용가치는 마르크스가 "형식적 사용가치"라고 부르는 것, 곧 화폐의 특정한 사회적 기능에서 나오는 것과는 다른 사용가치다.[117]

모든 사용가치는 다른 것을 위해 또는 다른 경우에 사용될 수 있는 가능성에 의해 표시되기 때문에, 이러한 타자성 또는 이러한 되풀이 (불)가능성은 사용가치를 선험적으로 등가물들의 시장 위로 투사한다(물론 등가물들은 항상 비등가물들 사이의 등가물들이며, 우리가 앞서 말했던 이중적인 사회적 관계를 전제한다). 사용가치는 그것의 원초적인 되풀이 (불)가능성에서 미리 교환되기로, 교환을 넘어서기로 약속되어 있다. 그것은 미리 등가물들의 시장 위로 던져져 있다. 비록 이것이 항상 상품 속에서 자신의 영혼을 상실할지도 모를 위험을 겪긴 하지만, 이는 단지 악이 아니다. 상품은 "냉소주의자"로 태어났는데, 왜냐하면 그것은 차이들을 삭제하기 때문이다. 하지만 그것이 천성적으로 평등주의자라 해도, 그것이 "태어날 때부터 평등주의자이며 냉소주의자Geborner Leveller und Zyniker"[118]라 해도, 이러한 원초적인 냉소주의는 사용가치 안에서, 탁자처럼 네 다리로 일어선 이 개의 나무 머리 안에서 이미 예비되어 있었다. 우리는 마르크스가 상품에 대해 말하는 것을 이 탁자에 대해 말할 수 있다. 냉소주의자는, 자신이 앞으로 될, 자신이 미리 그것으로 존재하는 상품처럼, 이미 자신을 성매매하며, "다른 어떤 상품과도, 비록 그것이 마리토르네스보다 더 추한 외모를 가지고 있을지라도, 그 정신뿐만 아니라 몸까지도 교환할 용의를 늘 가지고 있다."[119] 바로 이런 원초적인 성매매를 염두에 두고서 마르크스는, 상기해 보건대, 아테네의 타이먼과 그의 예언적인 저주를 기쁘게 인용한 것이다. 하지만 만약 상품이 타락한다면(그 작품들이 상품 가치가 될 때의 예술, 철학, 종교, 도덕, 법), 이는 상품의 생성은 이미, 그 자신이 위험에 빠뜨리는 가치를 입증하고 있기 때문이다. 예컨대 어떤 예술 작품이 상품이 될 수 있다면, 만약 이 과정이 숙명적인 것처럼 보인다면, 이는 또한 상품이 예술의 원리를, 이런저런 방식으로 작동시키면서 시작했기 때문이다.

이는 비판적인 질문은 아니었다. 이는 오히려 비판적인 경계들에 대한 해체, 비판적인 질문하기의 필수적이고 적법한 실행을 보증하는 확실한 경계들에 대한 해체였다. 이러한 해체는 칸트 이후의 독일 이데올로기에 전형적인 배가倍加에 따라 이루어지는, 비판의 비판은 아니다. 특히 이는 모든 것이 가격의 등가성 속에서 무차별적으로 상품이 되는, 일반적인 몽환화로 반드시 인도하지는 않는다. 우리가 여기저기서 제안했듯이, 상품 형태라는 개념 또는 교환가치라는 개념이 경계를 초과하는 동일한 오염 작용으로 변용되기 때문에 더욱더 그렇지 않다. 만약 자본화가 엄격한 경계를 갖지 않는다면, 이는 또한 그것이 자기 스스로 경계를 초과하도록 만들기 때문이다. 하지만 몽환화의 경계들이 더 이상 현존과 부재, 현실성과 비현실성, 감각적인 것과 초감각적인 것의 단순한 대립에 의해 통제되거나 한정되지 않는 이상, 차이들에 대한 또 다른 접근법이 이처럼 열려진 장을 ("개념적으로" 그리고 "실제적으로") 구조화해야 한다. 이러한 또 다른 논리는 분석적인 차이들 및 규정들을 전혀 삭제하지 않으며, 다른 개념들을 불러온다. 우리는 이러한 또 다른 논리가 좀더 섬세하고 좀더 엄격한 재기입을 가능하게 해 주기를 희망해 본다. 어쨌든 이것만이, 다른 경우에는 비판의 진보 자체를 불러왔듯이, 이러한 끊임없는 재구조화도 불러올 수 있다. 그리고 이러한 탈한정화는 또한 종교, 이데올로기 및 물신숭배에 대한 담론도 변용시키게 될 것이다. 하지만 약속이나 기대의 열림 속에서이긴 하지만, 환영이 거기에 있다는 것, **자신의 최초의 출현 이전**에 거기에 있다는 것을 알아야 한다. 최초의 출현은 [과거 이전에—옮긴이] 이미 예고되었으며, 최초의 출현부터 두번째 출현이었던 게 될 것이다. 동시에 두 번deux fois à la fois, 원초적인 되풀이 (불)가능성, 이러한 시간 및 공간의 환원 불가능한 가상성. 이 때문에 어떤 사건의 "번fois" 또는 날짜를 다르게 사고해야 한다. 다시. "어, 그게 오늘밤에도 다시 나타났어ha's this thing appear'd againe tonight?"

그러므로 『자본』의 서두에는 축귀가 존재하는 것인가? 막이 열리는 위에서 막이 열릴 때? 1권의 첫 장부터? 아무리 잠재적인 것처럼 보일지라도, 아무리 예비적이고 가상적인 것처럼 보일지라도, 이 전제된 축귀는 이 위대한 저작의 논리 전체에 서명하고 봉인하기에 충분할 만큼 강력한 역량을 전개시킨 것인가? 푸닥거리 의식이 거대한 비판적 담론의 진행에 하나하나씩 운율을 붙여 주었던 것인가? 이것은 그림자처럼, 미리 요구된 필수불가결하고—아직도 이렇게 말할 수 있다면—생명력이 넘치는 [죽음과 삶의—옮긴이] 경계 위에서 살아가기처럼, 이 담론을 은밀하게 동반하고 뒤따르고 앞섰던 것인가? 기원에서부터 상속된, 하지만 그 이후에는 매 순간 상속된 경계 위에서 살아가기처럼? 그리고 이러한 푸닥거리의 생존은 삭제할 수 없게도 혁명의 전제의 일부를 이루고 있지 않은가? 『자본』

을 작동시키는 명령 또는 서약의 일부를?

우리가 여기서 방금 읽어 낸 모든 것은 **유한한 섬망**에 대한 마르크스의 관점이었음을 잊지 말자. 여전히 광기의 언어로, 표현상의 섬망 Verrücktheit으로 번역되는 것, 하지만 유한한 시간 동안 번역되는 것은, 마르크스에 따르면 종결되도록 예정되어 있는 광기에 대한, 추상적인 인간 노동의 일반적 합체에 대한 마르크스 자신의 담론이었다.[209] "이러한 섬망의 형태로in dieser verrückten Form"(같은 곳) 나타나는 것을 **끝내야 한다, 끝낼 수 있을 것이다, 끝낼 수 있어야 한다**고 마르크스는 선언한다. 우리는 이러한 섬망 및 이러한 환영들의 끝을 보게 될 것이다(이 말을 번역해 보자면, 끝이 **도래하는 것을 보게 될 것이다**)라고, 마르크스는 가시적으로 사고한다. 그렇게 해야 하는데, 왜냐하면 이 망령들은 부르주아 경제학의 범주들과 연계되어 있기 때문이다.

이 섬망? 이 환영들? 아니면 유령성 일반? 이것이 바로 우리의 질문 거의 전부이며, 우리의 신중함이다. 우리는 마르크스가 『자본』이 대상으로 삼고 있는 이 환영, 이 슈푸크Spuk는 단지 상품 경제의 효과에 불과하다고, 그리고 이는 다른 생산 형태와 더불어 그 자체로 사라져야 한다고, 사라질 것이 분명하다고 명료하게 선언할 때, 그가 환영 일반과 결별하겠다고 생각한 것인지 알지 못하며, 정말로 그렇게 되길 원한 것인지도 알지 못한다.

---

209) 데리다가 지적하는 부분은 다음 구절이다. "만약 내가 저고리나 장화 등은 추상적 인간 노동의 일반적 체화물인 아마포와 관계를 맺는다고 말하면, 이 표현이 황당무계하다는 것[섬망적이라는 것 —옮긴이]은 바로 느낄 수 있다Wenn ich sage, Rock, Stiefel usw. beziehen sich auf Leinwand als die allgemeine Verkörperung abstrakter menschlicher Arbeit, so springt die Verrücktheit dieses Ausdrucks ins Auge."(『자본』, 국역본, 96쪽; 독일어판, p. 90)

부르주아 경제학의 범주들은 바로 이러한 종류[마르크스가 방금 말했 듯이, 착란적인 ─ 데리다]의 형태들로 구성된다. 이것들은 역사적으로 규정된 이 사회적 생산양식, 곧 상품 생산양식에 속하는 생산관계들에 대해 사회적으로 타당한, 따라서 객관적인 사고형태들이다. 따라서 상품세계의 신비 전체, 곧 상품생산의 토대 위에서 획득된 노동 생산물을 환영 같은 몽롱함으로 둘러싸고 있는 마술은 우리가 다른 생산 형태들로 피신하flüchten자마자 사라져 버리게 된다Aller Mystizismus der Warenwelt, all der Zauber und Spuk, welcher Arbeitsprodukte auf Grundlage der Warenproduktion umnebelt, verschwindet daher sofort, sobald wir zu andren Produktionsformen flüchten.[210]

우리가 인용한 최근 번역본[211]은 "환영 같은 몽롱함brume fantoma-tique"이라고 번역함으로써 망령Spuk에 대한 문자 그대로의 준거를 잘 표시하고 있는데, 이전의 다른 번역본들은 빠짐없이 이를 삭제한 바 있다. 또한, 적어도 마르크스가 그렇게 믿고 싶어 하듯이 또는 우리로 하여금 그렇게 믿어 주기를 바라듯이, 신비와 마술, 망령이 순식간에 사라진다는 점역시 강조해 두어야 한다. 곧 그에 따르면 이것들은, 우리가 상품 생산의 종식을 보게 되는(보게 될지도 모를) 바로 그 순간에, 그들이 도래할 때도 그랬듯이 마치 마법을 부린 듯이 **사라져 버리고**(직설법으로 되어 있다), 실

---

210) 우리는 이 구절을 데리다가 준거로 삼고 있는 프랑스어판을 기준으로 옮겼는데, 국역본에는 마지막 문장을 아래와 같이 옮기고 있다. "그러므로 상품세계의 모든 신비, 즉 상품생산의 기초 위에서 노동 생산물을 몽롱하게 둘러싸고 있는 모든 환상과 황당무계, 이 모든 것은 우리가 다른 생산형태로 이행하자마자 즉시로 소멸한다."(국역본, 96쪽; 독일어판, p. 90)
211) Jean-Pierre Lefebvre et al. trad., *Le Capital*, Livre 1, "Quadrige", PUF, 1993.

제로 소멸해 버릴 것이다. 마르크스와 함께 상품 생산의 종식이 정말 가능하다고 가정해 보자. 마르크스는 분명히 "~하는 그 순간", "~하자마자 sobald"라고 말하며, 항상 그렇듯이, 몽롱한 허깨비들로서 환영과 물신, 종교의 도래할 소멸에 대해 말한다. 진리를 필두로 하여 모든 것은 몽롱하게 둘러싸여 있고, 모든 것은 구름에 덮여 있다umnebelt. 『햄릿』에서 유령이 출현하는 배경 또는 무대장치로서, 추운 밤하늘에 드리운 구름들("희미한 별빛 말고는 어두컴컴하고 지독히 추운 한밤중이다it is past midnight, bitterly cold, and dark except for the faint light of the stars").

비록 『자본』이 이처럼 거대한 축귀의 장면으로, 고조된 푸닥거리로 시작했다 하더라도, 이 비판적 국면은 전혀 파괴되지 않을 것이며, 실추되지 않을 것이다. 적어도 그것은 자신의 사건 및 창시성을 무화시키지는 않을 것이다. 왜냐하면 우리는 여기서 사고가 결코 푸닥거리의 충동에서 벗어나지 못할 것이라는 데 내기를 걸고 있기 때문이다. 오히려 사고는 그러한 충동에서 탄생할 것이다. 맹세하기 또는 모의하기/공동으로 맹세하기, 이는 그것의 기회 및 운명이자 한계가 아닌가? 그 유한성의 선물이 아닌가? 사고가 다수의 콩쥐라시옹 사이에서 선택하는 것 이외에 다른 선택지를 갖고 있는가? 질문 자체, 더욱이 가장 존재론적이고 가장 비판적이고 가장 모험적인 질문이 여전히 자신을 방어하고 있음을 우리는 알고 있다. 질문의 **정식화** 자체가 바리케이드를 쌓고 참호를 파고 주변에 장애물을 설치하고 요새를 늘린다. 그것이 신체를 상실할 위험을 무릅쓰고 맹렬하게 전진하는 일은 거의 없다. 질문의 **형식화**는 마법적이고 의례적, 강박적인 방식으로, 때로는 주술 기법이기도 한 **정식**들을 사용한다. 그것은 액막이용 방패의 보호 아래 함정들 및 초병들을 배치하여 자신의 영토를 표시한다. 문제화 자체가 부인하려고, 따라서 푸닥거리하려고 애쓰고 있다(다시 강조해 두지만, 프로블레마problema는 장래의 탐구를 위한 과제이면서 또한 방패, 갑옷, 요새이기도 하다). 비판적 문제화는 환영들에 맞서 계속 싸움을 벌인다. 그것은 자기 자신과 마찬가지로 환영들을 두려워한다.

이처럼 질문을 제기한 가운데 또는 오히려 정지시켜 둔 채, 우리는 『자본』이 같은 구절에서, 또 같은 논리를 따라 물신에 대하여 말하고 싶어 하는 것처럼 보이는 것으로 되돌아갈 수 있을 것 같다. 이 구절에서 또한 문제가 되는 것은, "상품" 물신이 가시적인 것sichtbar이 될 때, "화폐" 물신의 수수께끼는 "상품" 물신의 수수께끼로 환원된다는 것을 증명하는 데 있음을 잊지 말기로 하자. 그런데 마르크스는 또한 아주 수수께끼 같이, 가 **시적이거나 명백한**visible ou évident이라고, 눈을 멀게 만들 만큼, (우리가 여기서 준거하고 있는 프랑스어판이 정확히 번역하고 있듯이) "눈을 파 버릴" 만큼 눈부시게 명백한이라고 덧붙인다. "눈을 멀게 만들 것 같은 상품 물신의 수수께끼die Augen blendende Rätsel des Warenfetischs."[120]

그런데 우리가 알다시피 종교적 세계에 대한 준거만이 이데올로기적인 것의 자율성을, 따라서 그것에 고유한 효력 및 장치들——이 장치들은 외관상의 자율성을 부여받고 있을 뿐만 아니라 일종의 자동성도 지니고 있는데, 이것이 나무 탁자의 완고함을 환기시키는 것은 우연이 아니다——로의 합체를 설명해 줄 수 있다. 상품형태의 "신비한" 성격과 비밀das Geheimnisvolle을 해명함으로써 우리는 물신숭배 및 이데올로기적인 것으로 들어섰다. 이 두 가지는 서로에게 환원되지 않는 가운데 한 가지 공통의 조건을 공유하고 있다. 그런데 『자본』에 따르면 오직 종교적인 유비만이, "종교적 세계의 몽롱한 영역die Nebelregion der religiösen Welt"만이 이러한 형태의 생산과 자율화를 설명할 수 있게 해 준다. 마르크스는 이러한 유비로 나아가야 할 필요성을, 자신이 방금 그것의 발생을 분석한 "몽환적 형태"의 귀결로 제시한다. 만약 사물들 사이의 대상적 관계(우리가 **상품들** 사이의 **교역**이라고 부른 것)가 사람들 사이의 사회적 관계에 대한 몽환적 형태라면, 그렇다면 우리는 유일하게 가능한 유비인 종교의 유비에 의지해야 한다. "여기서 인간의 눈에 사물들 사이의 관계라는 몽환적인 형태로 나타나는 것은 인간들 사이의 규정된 사회적 관계일 뿐이다." 그 결과 **"유비를 발견하기 위해서는**Um daher eine Analogie zu finden(강조는 내가 했다) 종교적 세계의 몽롱한 영역으로 들어가 보지 않으면 안 된다."[212]

말할 필요도 없이 물신숭배와 이데올로기적인 것, 그리고 종교적인 것 사이의 관계는 거대한 쟁점이다. 곧바로 뒤따라오는 구절에서 물신숭배의 연역은 또한 이데올로기적인 것과, 그것의 자동성 및 자율성에도 적용된다.

거기(종교적 세계)에서 인간두뇌의 생산물들[des menschlischen Kopfes. 이는 자신의 형태가 상품 형태로 될 수 있게 되자마자, 다시 말해 **곧바로,** (자신의 머릿속에서 머리 바깥으로) 기이한 것들을 산출할 수 있는 탁자의 나무머리와 유사한 것이다—데리다]은 그들 자신의 생명을 부여받은mit eignem Leben 자율적 인물들로 등장하여 그들 서로 간에 또 인간과도 일정한 관계를 맺고 있다. 나는 이것을 물신숭배라고 부르는데, 이것은 노동생산물들이 상품들로 생산되자마자 거기에 부

---

212) 『자본』, 국역본, 92쪽; 독일어판, p. 86.

착되며anklebt, 따라서 상품생산과 분리될 수 없는 것이다. 이러한 상품 세계의 물신숭배적 성격은, 앞에서의 분석이 보여 준 바와 같이, 상품을 생산하는 노동에 특유한 사회적 성격으로부터 유래한다(국역본, 92쪽; 독일어판, pp. 86~87).

다시 말해, 생산이 존재하자마자 물신숭배가 존재하게 된다. 관념화와 자율화, 자동화, 탈물질화와 유령적인 합체, 모든 노동에 공존하고 있는 애도 작업 등. 마르크스는 이러한 공존성을 상품생산에 한정시켜야 한다고 믿는다. 우리의 관점에서 볼 때 이것은 축귀의 태도, 곧 우리가 앞서 말했던, 그리고 우리가 이 주제와 관련하여 우리의 질문을 아직 정지된 상태로 남겨 놓고 있는 축귀의 태도다.

따라서 종교적인 것은 여느 이데올로기적인 현상이나 여느 환영의 생산이 아니다. 한편으로 그것은 환영의 생산 또는 이데올로기적 환상의 생산에 대해 원초적인 형식 내지 준거 패러다임, 최초의 "유비"를 제시해 준다. 다른 한편으로 (무엇보다, 그리고 분명히 같은 이유에서) 종교적인 것은 또한 메시아적인 것 및 종말론적인 것과 함께, 비록 우리가 여기서 특권화하고 있는 필연적으로 비규정적이고 공허하며 추상적이고 건조한 형태를 띠고 있긴 하지만, 해방적인 마르크스주의의 이 "정신", 우리가 여기서 그 명령 ── 아무리 은밀하거나 모순적인 것처럼 보인다 하더라도 ── 을 재긍정하고 있는 해방적 마르크스주의의 "정신"을 제공해 준다.

우리는 여기서 물신화에 관한 이러한 일반적인 질문을 다룰 수는 없다.[121] 장래의 작업에서는 이 질문을 환영적인 유령성의 질문과 다시 연결시켜 보아야 할 것이다. 이러한 쟁점이 모든 방면에서 무한하게 열려 있기는 하지만, 우리는 여기서 적어도 세 가지 **관점**에서 이를 구별하려고 시도해 볼 수 있을 것 같다.

1. 물신숭배적인 환영성 일반과 『자본』에서 그것의 위치. 상품 가치가 무대에 등장하기 이전에, 나무로 된 탁자의 안무가 시작되기 이전에, 마르크스는 노동의 잔여 생산물을 환영적인 대상성gespenstige Gegenständlichkeit으로 정의했다.[122]

2. 마르크스의 저작에서 이러한 이론적 계기의 위치. 그는 『독일 이데올로기』에서 자신이 환영과 이데올로기적인 것에 대해 말했던 것과 단절하는 것인가 아닌가? 이 점에 대해 의문을 품어 볼 수 있다. 아마도 그 관계는 절단의 관계도, 동질성의 관계도 아닐 것이다.

3. 단지 마르크스에 대한 주해의 차원만은 아닌 이러한 차원들을 넘어서 문제가 되고 있는 것은 분명 **오늘날**의 독특한 형세 속에서 종교Religion와 기술Technique을 연계시키는 모든 것이다.

A. 우선 문제가 되는 것은, 근본주의적인 종교든 아니든 간에, 종교적인 것의 어떤 복귀라는 원초적 형태를 띠고서 국민과 국가, 국제법, 인권, 권리장전에 관한 모든 질문을 과잉 규정하는 것이다. 요컨대 자신의 거주지를, 예루살렘이라는 증상적인 모습 속에, 또는 여기저기서 볼 수 있는 예루살렘의 재전유 및 이 목적을 위해 결성된 동맹의 체계라는 증상적인 모습 속에 집중시키는 모든 것을 과잉규정하는 것이다. 여기서 동일한 이름 아래 말하고 있는 두 개의 메시아적인 공간들을 어떻게 관계시킬 것인가? 또는 어떻게 양자를 분리시킬 것인가? 만약 메시아적인 호소가 보편적인 구조에 고유하게 속하는 것이라면, 장래로 열어 가는 역사의 환원 불가능한 운동에, 따라서 경험 그 자체 및 그 언어(기다림, 약속, 도래하는 것

의 사건에 대한 참여, 임박함, 긴급함, 구원에 대한, 법을 넘어서는 정의에 대한 절박한 요구, 현존하지 않는, 현재 현존하지 않거나 살아 있지 않은 것으로서 타자에게 바친 서약 등)에 고유하게 속하는 것이라면, 어떻게 이것을 아브라함 식의 메시아주의의 모습들과 **함께 사고할** 것인가? 그것은 추상적인 사막화의 모습을 나타내는가 아니면 원초적인 조건의 모습을 나타내는가? 아브라함 식의 메시아주의는 우리가 여기서 이름 붙이려고nommer 시도하고 있는 가능성의 바탕에 근거하여 주어진 표본적인 선행적 형상화, [선행적—옮긴이] 이름prénom이 아니었는가?[213] 그러나 그렇다면 왜, **도착하는** 이가 예고되고 있음에도 불구하고 도착하는 이의 어떠한 형상도 미리 규정되고, 미리 형상화되고, 미리 명명되어서는 안 되는 곳에서, 명사 또는 적어도 형용사를 보존하는가(우리는 종교보다는 경험의 구조를 지시하기 위해 **메시아주의**보다는 **메시아적인 것**이라는 단어를 선호한다)? 이 두 개의 사막 중에서, 어떤 것이 먼저 다른 것을 향해 신호를 보냈던 게 될 것인가? 우리는 메시아적인 것의 비신학적 유산을 인식할 수 있는가? 반대로 좀더 일관적인 메시아적인 것은 존재하는가? 상속이란 결코 자연적이

213) 이 문장에서 데리다는 "성姓"-"이름"의 관계와 메시아주의적인 것의 일반 구조-아브라함 식의 메시아주의의 관계를 대응시키면서 자신의 논점을 표현하고 있다. 프랑스어에서 "nom"은 우리말의 "성"(김씨, 이씨, 박씨 등)을 가리키며, "pré-nom"은 성-앞에 오는(그래서 "pré-nom"이다) "이름"을 나타낸다. 그런데 이름은 개별적인 것, 독특한 것, 고유한 것을 가리키는 반면, 성은 종적인 것, 집합적인 것을 가리킨다. 또는 이렇게 말하는 것이 좀더 정확할 텐데, 이름은 그것이 속한 어떤 성이 없이는 가능하지 않지만, 또한 그것은 성으로 완전히 환원되지 않는 개별성, 고유성, 독특성을 지니고 있다. 곧 성은 개별적인 여러 이름의 가능성의 바탕을 이루며, 역으로 이름들은 이러한 잠재적인 가능성의 다양한 현실태들이다. 데리다가 이 문장에서 아브라함 식의 메시아주의에 대해서는 "선행적 이름" 또는 "이름"이라는 단어를 사용하고, 반면 메시아주의적인 것의 가능성의 바탕에 대해서는 "이름 붙이기"라는 단어를 사용한 것은 이런 관점에서 이해할 수 있다.

지 않기 때문에, 우리는 한 번 이상, 상이한 장소들 및 상이한 시간에서 상속할 수 있으며, 가장 적합한 시간——이는 가장 때맞지 않는 시간일 수있다——을 기다리는 것을 선택할 수 있고, 상이한 **계통**에 따라 상속에 대해 쓸 수 있으며, 따라서 하나 이상의 **효력**에 대해 서명할 수 있다. 이 질문들 및 이 가설들은 서로를 배제하지 않는다. 적어도 우리에게는, 그리고 당분간은. 고행은 성서에 나오는 모든 형태의 메시아적 희망 및 심지어 모든 규정 가능한 모습들의 기대를 버린다. 그리하여 고행은, 절대적 환대이어야 하고, 도착하는 이에 대한 "예"라는 긍정, 예견될 수 없는 장래에 "도래함"이어야 하는 것에 호응하기 위해 자신을 벌거벗긴다. 하지만 이는 "아무것이나 다"가 되어서는 안 되는데, 그 뒤에는 우리가 정당하게 인정하도록/정확하게 식별하도록 연습해야 하는,[214] 너무나 잘 알려진 환영들이 피신해 있다. 정의**로서의** 사건을 기대하면서 개방되어 있는 이러한 환대는, 자신의 보편성을 돌보며 감시하는 한에서만 절대적이다. 혁명적 형태들을 포함하는 메시아적인 것(사실 메시아적인 것은 항상 혁명적이며, 또 그래야 마땅하다)은 긴급하고 임박한 것일 테지만, 또한 환원 불가능한 역설에 따라, 기대의 지평 없는 기다림일 것이다. 우리는 항상 메시아적인 것의 유사類似무신론적인 메마름을 성서의 종교들의 조건으로, 심지어 이 종교들의 것도 아니었던 어떤 사막으로(하지만 구약성서가 정당하게 말하듯, 대지는 항상 신으로부터 빌리고 임대받은 것이며, 결코 점유자들의 소유

---

214) 이 구절의 원문은 "doit justement s'exercer à reconnaître"다. "reconnaître"를 "인정하다"
는 뜻으로 이해한다면, 이 구절은 "정당하게 인정하도록 연습해야 하는"으로 이해할 수 있고,
반대로 "reconnaître"를 "식별하다"는 뜻으로 읽는다면, 이는 "정확하게 식별하도록 연습해
야 하는"으로 해석할 수 있다.

물이 아니다. 우리는 또한 구약성서의 명령에 귀를 기울여야 할 것이다) 간주할 수 있다. 우리는 항상 여기서, 모든 메시아의 살아 있는 모습들 ──그것이 예고되고 인지되었든 아니면 항상 기다려지고 있든 간에──이 자라나고 지나갔던 메마른 땅을 인지할 수 있다. 우리는 또한 이러한 강박적인 compulsive 성장 및 이러한 은밀히 지나감을 유일한 사건들로, 우리가 메시아적인 것 일반──우리가 지나칠 수 없는 또 지나쳐서도 안 되는 이 또 다른 환영──에 접근하고 무엇보다 그것에 이름을 붙일 수 있는 유일한 사건들로 받아들일 수 있다. 사람들은 이러한 절대적 환대의 모습을 낯선 것으로, 낯설게도 친숙한 것으로 판단할 수도 있을 텐데, 사람들은 이러한 절대적 환대에 대한 약속을, 지극히 불가능하고 그 빈곤함 때문에 지극히 신뢰하기 어려운 어떤 경험에, 지극히 불안하고 취약하고 황폐화된 어떤 유사 "메시아주의"에, 항상 전제되어 있는 어떤 "메시아주의"에, 유사 초월론적이지만 또한 실체 없는 유물론──가망 없는 "메시아주의"를 위한 코라khôra의 유물론──에도 깊은 관심을 기울이는 어떤 메시아주의에 일임하고 싶어 할 것이다. 그러나 이러한 절망이 없다면, 또 우리가 도래하는 것을 **계산**할 수 있다면, 희망은 어떤 프로그램의 계산에 불과하게 될 것이다. 우리는 전망을 가질 수도 있지만, 더 이상 아무것도 또는 누구도 기다리지 않을 것이다. 정의 없는 법. 사람들은 신체든 영혼이든 간에 더 이상 초대하지 않을 것이며, 더 이상 어떤 방문도 받지 않을 것이고, 심지어 더 이상 볼 생각도, 도래하는 것을 볼 생각도 하지 않을 것이다. 어떤 이들은──나 자신도 배제하지 않겠다──아마도 이러한 가망 없는 "메시아주의"에서 특이한curieux 취향, 죽음의 취향을 발견할지도 모르겠다. 이러한 취향이 무엇보다도 하나의 취향goût, 예감/선先취향avant-goût이며, 이것이 본질상 호기심 어린curieux 취향이라는 것은 진실이다. 자신이 몰아내는/갈구하는conjure 바로 그것, 그리고 욕망할 여지를 남겨 두는 바로 그것에 호기심을 갖고 있는 취향.

B. 그러나 앞의 것과 분리할 수 없는 것으로서, 기술의, 기술과학의, 또는 원격 기술의 차이差移화하는 전개도 문제가 된다.[123] 이것은 우리가 이전보다 더욱더 공간과 시간의 가상화virtualization에 대해, 가상적 사건들의 가능성에 대해 사고하도록 강제하는데, 이러한 가상적 사건들의 운동과 속도는 우리가 이제는 (이전보다 더욱더, 그리고 이전과는 다르게. 왜냐하면 이는 절대적으로, 전체적으로 새로운 것은 아니기 때문이다) 더 이상 현존을 그것에 대한 재현/표상과, "실시간"을 "지연된 시간"과, 현실성을 그 모상과, 생명체를 비생명체와, 요컨대 생명체를 그것의 환영들의 죽은-생명과 대립시키지 못하게 금지한다. 그것은 우리가 거기에서부터 민주주의의 또 다른 공간에 대해, 도래할 민주주의와 정의에 대해 사고하도록 강제한다. 우리는 우리가 여기서 배회하고 있는 사건이 유령의 독특한 "누구"와 모상simulacre의 일반적인 "무엇" 사이에서 주저하고 있다고 제시한 바 있다. 모든 원격기술과학의 가상적 공간 안에서, 우리의 시대가 —— 연인들과 가족, 국민의 장소도 마찬가지로 —— 나아가고 있는 일반적인 탈장소화dis-location 안에서, 메시아적인 것은 이러한 사건 자체의 가장자리에서 진동하고 있다. 그것은 이러한 주저하기이며, 다른 진동을 갖고 있지 않고, 다르게 "살지" 않는다. 주저하기를 그친다면 그것은 더 이상 메시아적이지 않게 될 것이다. 낡은 국경들의 이름 아래 장래를 살해하지 않고서, 어떻게 메시아적인 것에게 이러한 자리를 만들어 주고 선사해 주고 가능하게 해 주고, 거기에서 살 수 있게 해 줄 것인가? 혈통의 국민주

의와 마찬가지로 조상의 땅의 국민주의는 증오의 씨를 뿌릴 뿐 아니라, 범죄를 저지를 뿐 아니라, 아무런 장래도 갖고 있지 않으며, 비록 그것들이 바보처럼 또는 무의식처럼 삶에 집착한다 할지라도, 아무것도 약속하지 않는다. 이러한 메시아적 주저는 어떠한 결정이나 긍정, 책임도 무력화시키지 않는다. 반대로 이것은 그것들에게 그것들의 기초 조건을 선사해 준다. 이것은 그것들의 실존 자체다.

우리가 결론을 서둘렀으므로, 사태를 도식화해 보기로 하자. 만약 『독일 이데올로기』에서 『자본』에 이르는 동안 변화되지 않은 것이 있다면, 그것은 우리가 똑같이 중요하게 상속해야 하는 두 가지 공리일 것이다. 하지만 이는 어떤 이중 구속의 상속이며, 더욱이 이는 모든 상속, 따라서 모든 책임 있는 결정의 이중 구속에 신호를 보낸다. 명령에는 (이렇게 말하는 게 더 낫다면, 아버지의 혼령에는) 모순과 비밀이 거주하고 있다. 한편으로 마르크스는 유한하고 무한한 차이差移의 과정(환영적이거나 환상적인 또는 물신숭배적이거나 이데올로기적인)으로서 이념성을 존중하고, 그와 더불어, 단순히 그 안에 존재하는 상상계로 간주될 수 없는 모상의 원초성과 고유한 효력, 자율성과 자동성을 존중할 것을 주장한다. 그것은 인공적인 신체, 기술적인 신체이며, 이것을 구성하거나 파괴하기 위해서는 노동이 필요하다. 좋은 "마르크스주의"라면 그렇겠지만, 이러한 운동을 새로운 구조들과 상황들에 적응시킨다는 것을 전제한다면, 이 운동은 귀중하고 대체 불가능한 것으로 남게 될 것이다. 하지만 다른 한편으로 마르크스가 기술에 대한, 심지어 더 나아가 원격 기술 ──그런데 기술은 (가까운 시기의 기술이든 먼 과거의 기술이든 간에) 항상 원격 기술이었던 게 될 것이다[215]──에 대한 최초의 사상가들 중 하나이긴 하지만, 그는 계속해서 자신의 비판 또는 유령적인 모상에 대한 자신의 축귀를 어떤 존재론 위에 정초하고 싶어 한다. 이것은 현재적 실재성이자 대상성으로서 현존에 대한——비판적이지만 전前해체적인——존재론이다. 이러한 비판적 존재론은 환영을 분쇄할 수 있는 가능성, 그것을 어떤 주체의 표상적 의식으로서 푸닥거리할 가능성, 이러한 표상을 노동과 생산, 그리고 교환의 세계와 연결시킬 수 있는 가능성——이 표상을 그것의 조건들로 환원시키기 위해——을 전개하려고 한다. 여기서 전해체적이라는 것은 거짓이나 필연적이지 않음 또는 가상을 의미하지 않는다. 오히려 그것은 비판 그 자체보다 더 근본적이며, 그러한 비판을 근거 짓는 존재론보다 더 근본적인 질문들을 초래하는 상대적으로 안정된 지식을 특징짓는다. 이러한 질문들이 동요시키는 힘을 갖고 있다면 이는 이론적이고 사변적인 전복의 효과들로서 그런 것이 아니다. 그것들은 심지어는 질문들이 아니며, 최종 분석에서는 지진을 일으키는 사건들이다. 사고가 **자기 스스로 행동이 되고**, 신체 및 신체적 경험이 되며(하이데거는 어딘가에서 행동Handeln으로서 사고에 대해 말하고 있다) 노동이 되는, 그러나 항상 분할 가능한, 그리고——노동 분할[분업—옮긴이]의 낡은 도식을 넘어서(심지어 마르크스가 많은 것, 특히 이데올로기적 헤게모니에 관한 자신의 담론을 구성하는 데서 중심 축으로서 삼았던 지적 노동과 육체 노동의 분할까지도 넘어서. 이 후자의 관여성은 아직 상실되지는 않았지만, 이전보다는 많이 제한적인 것이 되었다)——공유 가능한 노동이 되는, **실천적** 사건들이다. 이러한 지진을 일으키는 사건들은 장래로부터 도래하며, 불안정하고 심연적이고 탈장소화된 시간들의 기초

---

215) 원격 기술로서 기술 일반에 대한 데리다의 논의는 『에코그라피』 여러 곳을 참조.

로부터 주어진다. 그것이 없이는 역사도 사건도 정의의 약속도 없을, 어긋난 또는 어그러진 시간으로부터. 존재론적인 것과 비판적인 것이 여기서 전해체적이라는 것은 아마도 무시할 수 없는 정치적 귀결들을 갖게 될 것이다. 그리고 여기서 아주 간단히 말해 두자면, 또한 그것들은 분명히 정치적인 것의 개념, 정치적인 것 자체와 관련해서도 무시할 수 없다.

결론을 짓기 위해 여러 가지 사례들 중에서 다시 한 번『독일 이데올로기』의 한 구절을 한 가지 사례로 언급해 보자. 이는『자본』이 계속 확증했던 것으로 보이는 한 도식을 작동시킨다. 마르크스는 이 구절에서 종교적 유령에 대한, 따라서 환영 일반에 대한 믿음은 표상Vorstellung을 자율화하고, 이것의 발생 및 현실적인 기초reale Grundlage를 망각하는 데 있다고 주장한다. 역사 속에서 이처럼 산출된 인위적인 자율성을 분쇄하기 위해서는 경제·기술적인 생산양식 및 교환양식을 다시 고려해 보아야 한다.

종교 속에서 인간들은 자신들의 경험적 우주를 단지 사고된, 단지 표상된 존재zu einem nur gedachten, vorgestellten Wesen로 변신시키며, 이 후자의 존재는 그들에게 낯선 것으로 맞서게 된다das ihnen fremd gegenübertritt. 여기서도 역시 이는 다른 개념들, "자기 의식 자체"나 이와 비슷한 종류의 헛소리로 설명되어야 할 것이 아니라, 자동 뮬 방적기slef-acting mule(원문에 영어로 되어 있다)의 발명과 철도의 사용이 헤겔 철학과 독립적으로 이루어졌던 것과 같이, 순수 개념으로부터 독립적unabhängig이며 지금까지 실제로 존재해 왔던 생산양식 및 교환 양식 전체에 의해 설명되어야 한다. 만약 그가 종교의 "존재"에 대해, 곧 이 비존재의 물질적 토대d.h. von einer materiellen Grundlage dieses Unwesens에 대해 말하고자 한다면, 그는 이를 "인간의 존재" im "Wesen des Menschen"도 아니고 신의 술어들도 아닌, 종교적 과정의 각 단계에 이미 존재하고 있는 그대로의 물질적 세계 속에서 찾아야 한다(1부의 「포이어바흐」에 관한 장 참조). 우리가 열병閱兵한die wir Revue passieren liessen 모든 '환영들'은 표상들Vorstellungen이었다. 자신들의 현실적 토대로부터 추상되고abgesehen von ihrer realen Grundlage(더욱이 슈티르너는 이를 무시한다), 의식 내부의 표상들로서, 인간 머릿속의 사고들로서 인식된 이 표상들은 일단 그들의 객체성Gegenständlichkeit에서 벗어나 주체로 귀착되고in das Subjekt zurückgenommen 실체에서 자기의식으로 고양되면, 강박 관념der Sparren이나 집착된 관념을 구성하게 된다.[124]

따라서 텍스트의 문자를 따르면 환영이나 정신들에 대한 비판은 주관적 표상이나 추상에 대한, **머릿속에서 일어나는 것**에 대한, 머릿속에서 나온 것에 불과한 것에 대한, 곧 머리 바깥으로 나온 경우에도, 머리 바깥에서 생존하는 경우에도, 거기, 머릿속에 머물러 있는 것에 대한 비판일 것이다. 하지만 경계 위에서 살아감 없이는, **머리 바깥으로**의 이런 자율성 및 이런 자동성의 가능한 생존이 없이는, 비판을 필두로 하여 어떤 것도 가능하지 않을 것이다. 바로 여기에 마르크스주의적 비판의 정신이 위치하고 있다고, 그러나 마르크스주의의 문자와 대립하는 정신이 아니라 그 문자의 운동 자체가 가정하고 있는 정신이 위치하고 있다고 말할 수 있을 것이다. 환영과 마찬가지로 이 정신은 머릿속에도 머리 바깥에도 있지 않다. 마르크스는 이를 알고 있었지만, 마치 이를 알고 싶지 않았던 것처럼 처신한다. 『독일 이데올로기』의 이 다음 장은 슈티르너가 "Mensch, es spukt in Deinem Kopfe!"라고 말하게 만든 이러한 강박관념을 다룰 것이다. 이 문장은 보통 "이 사람아, 자네 머릿속에서 망령들이 출몰하고 있네!"라고 번역되는데, 마르크스는 "사람"의 자리에 성 막스를 집어넣어, 이 문장을 그에게 되돌려 주는 것으로 족하다고 믿는다.[125]

우리는 "에스 슈푸크트Es spukt"가 번역하기 어려운 문장이라고 말한 바 있다. 이것은 분명 망령과 신들림의 문제다. 그러나 그 밖에 또? 독일어 표현은 **망령이 돌아옴**revenance을 이름 붙이는 것으로 보이며, 이를 동사의 형태로 이름 붙이고 있다. 이 동사 형태의 표현은 망령이나 유령, 환영이 존재한다고 말하지 않으며, 어떤 허깨비의 출현이 있다고도, 데어 슈푸크der Spuk가 있다고도 하지 않고, 그것이 나타난다고도 하지 않으며, "그것이 유령한다"고, "그것이 허깨비한다"[216]고 말한다. 모두 비인칭으로 된 이 두 문장의 중성 표현——그것이 어떤 사물이든 어떤 이이든 간에——[217] 에서 **문제가 되는 것/작용되는 그것**은, 어떤 이도 어떤 사물도 아니며, 능동적으로 작용하지 않는 어떤 "누구"다.[218] 오히려 **문제가 되는 것/작용되는 그것**은 두려운 포착[219]의 수동적인 운동, 영접할 준비가 되어 있는 두려운 포착의 경험의 수동적인 운동이다. 하지만 어디서? 머릿속에서? 머리 그것이 포함할 수도 없는 이러한 두려운 포착 이전에 있는 머리란 무엇인가? 그리고 만약 주체도 의식도 자아도 두뇌도 아닌 머리가 우선 이러한 경험의 가

---

216) 이 두 가지 표현은 "ça spectre", "ça apparitionne"라는 프랑스어 문장을 그대로 옮긴 것이다. 앞에서도 나왔듯이 데리다의 이러한 프랑스어 문장은 독일어 문장에서 유령에 해당하는 "spuk"가 동사로 써 있는 것을 표현하기 위해, 원래는 명사인 "spectre"와 "apparition"을 동사형으로 표현한 것이다.

217) 두 문장에서 "ça"는 남성도 여성도 아닌 중성 주어다.

능성에 의해, 그것이 포함할 수도 한정할 수도 없는 것 자체에 의해, "에스 슈푸크트es spukt"의 비정의성indéfinité에 의해 정의된다면? 따라서 영접하지만, 이는 두려워하면서, 불안 속에서, 낯선 것을 배척하려는, 낯선 것을 받아들이지 않은 채 초대하려는 욕망 속에서, 낯선 것을 영접하지 않은 채 영접하는 길들임의 환대이며, 이때 환대가 받아들이는 낯선 것은 이미 내부에 있는 것으로 알려진, 자기 자신보다 자기에게 더 내밀한 낯선 것 das Heimliche-Unheimliche이다. 독특하면서 익명적인 역량을 지닌, 이름 붙일 수 없고 중립적인, 곧 결정 불가능한, 능동적인 것도 수동적인 것도 아닌 어떤 역량을 지닌 낯선 것의 절대적인 친근성es spukt, 아무것도 하지 않은 채, 궁극적으로는 우리의 장소도 그것들의 장소도 아닌 장소들을 보이지 않게 차지하고 있는 어떤 무동일성. 그런데 모든 이것, 아무리 논리적으로 규정 가능하다 할지라도 우리가 말하는 데 실패한 이것, 언어에게 아주 많은 어려움을 안겨 주면서 다가오는 이것, 아무것도 의미하지 않는 것으로 보이는 이것, 우리가 전혀 말하기를 원하는 곳이 아닌 곳에서, 우리가

---

218) 이 문장은 데리다가 언어유희를 하고 있는 문장인데, "문제가 되는 것/작용되는 그것은, ……능동적으로 작용하지 않는 어떤 "누구"다"에 해당하는 원문은 "Il s'agit …… d'un "on" qui n'agit pas"다. 프랑스어에서 "il s'agit de ……"는 관용적으로 "~이 문제다", "~이 중요하다"를 뜻한다. 그리고 "on"은 영어의 "one"이나 독일어의 "man"과 같이 익명적인 "사람"을 가리키며, 주어로 쓰이는 중성 대명사다. 가령 "On ne peut vivre qu'une fois"라고 하면 "사람은 한 번 살 수밖에 없다"는 뜻이다. 그런데 "il s'agit"를 단어 그대로 이해한다면, "그것은 작용된다"는 뜻이 된다. 곧 "s'agit"는 "행위하다", "작용하다"는 뜻을 갖는 "agir" 동사가 수동적인 재귀동사 형태로 표현된 것이다. 그리고 여기서 주어인 "il"은 남성 대명사라기보다는 비인칭 주어에 해당하기 때문에, 데리다는 마지막에서 "능동적으로 작용하지 않는 어떤 "누구"다"라고 쓰고 있다.

219) "두려운 포착"의 원어는 "appréhension"인데, 이 단어는 보통 "이해"라는 의미로 많이 쓰이지만, 여기서는 오히려 "두려움", "근심" 같은 정서적인 의미로 사용되고 있으며, 또한 "포착" 내지 "붙잡음" 같은 행위의 의미도 담고 있는 것으로 보인다. 이 마지막 두 가지 의미를 살려서 "두려운 포착"이라고 옮겼다.

말하고 싶어 하지 않는 것이 무엇인지는 명료하게 알고 있지만, 우리가 말하고 싶어 하는 것이 무엇인지는 알지 못하는 곳에서 우리에게 규칙적으로 말하게 함으로써 우리의 말하려는 의지/말하려는 바vouloir-dire를 혼란에 빠뜨리는 이것, 마치 지식의 질서에도, 의지의 질서에도 또는 말하고자 의지함의 질서에도 속하지 않는 것처럼 보이는 이것은, 그래 바로 이것은 돌아오고, 이것은 복귀하고, 이것은 긴급하게 요구하고, 이것은 사고하도록 선사하지만, 이것, 매 경우마다 불안과 장래, 죽음을 산출할 만큼 아주 저항 불가능하고, 아주 독특한 이것은 "반복의 자동성"(오래전부터 우리 앞에서 돌고 있는 자동장치들의 그것)에 속한다기보다는 우리에게 이 모든 것, **모든 다른 것/전혀 다른 것**tout autre을 선사하며, 반복 강박은 여기에 속해 있다. 모든 다른 것은 모든 다른 것이다/모든 다른 것은 전혀 다른 것이다.[220] "에스 슈푸크트es spukt"의 비인칭적인/비인격적인 망령으로 되돌아옴은 반복의 자동성을 생산하지만 또한 바로 이러한 반복의 자동성에서 자신의 근거율을 발견한다. 게다가 프로이트는 「두려운 낯선 것 Das Unheimliche」의 믿을 수 없는 한 구절에서, 자신은 바로 거기, "에스 슈푸크트es spukt"가 말하는 것에서 (두려운 낯선 것에 대한, 죽음 충동, 반복 강박, 쾌락 원칙을 넘어서 등에 대한) 자신의 연구를 시작했어야 했다고 인정하고 있다.[126] 그는 여기서 자신이 연구를 시작해야만 했던 한 **사례**를 본다. 그는 심지어 이것을 두려운 낯섦Unheimlichkeit에 대한 가장 강력한 사례로 간주하기까지 한다("정확히 말하면 우리는 두려운 낯섦의 이 사례, 아마도 가장 강력한 사례에서 우리의 연구를 시작할 수도 있었을 것이다Wir

---

220) 이 마지막 문장에 대해서는 『법의 힘』의 '용어 해설'을 참조.

hätten eigentlich unsere Untersuchung mit diesem, vielleicht stärksten Beispiel von Unheimlichkeit beginnen können"). 하지만 그가 가장 강력한 사례라고 부르는 것이 하나의 사례로, 사례들의 계열 중에서 가장 강력한 것으로 환원될 수 있는 것인지 물어볼 수 있다. 그리고 만약 이것이 사물 그 자체Chose même라면, 우리가 연구하는 것이자 우리로 하여금 연구하게 하는 것 자체의 원인이라면? 지식과 연구의 원인, 역사 내지 에피스테메의 동기motif라면? 그것이 자신의 표본적인 사례로서의 힘을 이로부터 이끌어 낸다면? 다른 한편으로 프로이트가 사례를 통해, 그 자신이 (여러분은 내가 말하려는 것을 이해할 것이다. 곧 마르크스 그 자신 역시) 출발할 수도 있었던 곳에서, 마땅히 출발했어야 하는 곳에서 출발해야 하는 것을 미처 생각하지 못했던 자신을 정당화하기 위해 부각시키고 있는 푸닥거리의 메커니즘에도 주의를 기울여야 한다.

프로이트는 인식론적, 방법론적, 수사법적인, 사실은 정신분석-교육학적인psychagogique 신중함이 깃든 차분한 어조로 이를 우리에게 설명한다. 만약 그가 출발할 수도 있었던 또는 출발해야 마땅했던 곳에서 출발하지 못했다면, 이는 문제의 사물(두려운 낯섦Unheimlichkeit의 가장 강력한 사례, "에스 슈푸크트", 망령들 및 허깨비들)에 대해 그가 너무 두려움을 느꼈기 때문이다/문제의 사물과 함께하면서 그가 자신에게 너무 두려움을 느꼈기 때문이다.[221] 사람들은 모순적이게도, 결정 불가능하게도, 낯익고-낯선heimlich-unheimlich 것을 무서운 것 또는 끔찍한 것과mit dem Grauenhaften 혼동한다. 그런데 끔찍함은 연구의 차분함을 위해서도 개념들의 분석적인 구별을 위해서도 좋지 않다. 우리는 또한 [두려운 낯섦을—옮긴이] 그 자체로 읽어야 하며, 이런 관점에서 텍스트의 나머지 부분 전체를 읽어야 하는데, 우리는 이를 다른 곳에서, 이 독해와 하이데거의 여러 텍스트에 대한 독해를 교차시키면서 해 볼 생각이다.[127] 우리는 하이데거가 『존재와 시간』 및 다른 곳에서 두려운 낯섦Unheimlichkeit의 가치에 자주, 결정적으로, 조직적으로 의지하고 있는 것이 대개 인지되지 못한 채 또는 무시된 채 남아 있다고 생각한다. 두려운 낯섦에 이처럼 의지하는 것은 프로이트와 하이데거의 두 담론의 근본적인 기획 또는 궤적을 가능하게 해 준다. 하지만 다른 한편으로 두려운 낯섦에 의지하는 것은 작동되고 있는 개념적 구별의 질서를 영속적으로, 그리고 다소간 은밀하게 동요시킨다. 이는 또한 그러한 개념적 구별의 질서로부터 암묵적이거나 명시적으로 따라 나오는 윤리와 정치 역시 불안스럽게 만든다.

우리의 가설은 마르크스의 유령학spectrologie에 대해서도 사정은 마찬가지라는 것이다. 신들림에 대한 이 거대한 문제의 성좌는 바로 우리 자신의 것이 아닌가? 이것은 확실한 경계를 가지고 있지 않지만, 마르크스와 프로이트, 하이데거라는 고유명사 뒤에서 깜빡이고 반짝거린다. 하이데거는 프로이트를 제대로 알아보지 못했고, 프로이트는 마르크스를 제대로 알아보지 못했다. 이는 분명히 우발적인 것은 아니다. 마르크스는 아직도 수용되지 못하고 있다. 따라서 이 강연의 부제는 "마르크스 ── 두렵고 낯선 것"이 될 수도 있었을 것이다. 마르크스는 우리에게는chez nous[222] 이

---

221) 이 문장의 원문은 "c'est qu'avec la chose en question (……) on se fait trop peur"다. 여기서 "on se fait trop peur"의 재귀대명사인 "자신se"을 수동적으로 해석하면, 문제의 사물에 대해 프로이트가 너무 두려움을 느꼈다고 해석할 수 있으며, 반대로 "se"를 재귀대명사 그대로, 곧 "자신에 대해"로 해석하면 이 사물과 함께하면서 "자신에게 너무 두려움을 느끼다"로 해석할 수 있다.

222) "chez nous"는 또한 "우리 집", "우리나라"를 뜻할 수도 있다.

주자, 영예롭고 신성하고 저주받은 이주자, 하지만 여전히 불법적인 이주자로 남아 있다. 그가 평생 그랬던 것처럼. 그는 경계들/국경들에 대한 새로운 사고, 집, 자기 집chez-soi, 경제에 대한 새로운 경험이 힘겹게, 고통스럽게, 비극적으로 시작되는 이접의 시간, "이음매가 어긋난 시간"에 속해 있다. 하늘과 땅 사이에서. 불법 이주자에 대해 서둘러 체류를 거부하거나──이 양자는 항상 같은 것으로 귀착될 위험이 있지만──그를 서둘러 길들이려고/내국인화하려고domestiquer 해서는 안 된다. 그를 귀화시킴으로써 중립화하려고 해서도 안 된다. 그와 함께 더 이상 스스로 자기 자신을 두렵게 만들지 않기 위해서 그를 동화시키려고 해서도 안 된다. 그는 가족의 일원이 아니지만, 다시 한 번, 그를 국경으로 다시 보내려고 해서도 안 된다.

그가 터뜨리는 웃음이 그처럼 생생하고 그처럼 건강하고 그처럼 비판적이고 그처럼 필수적인 것이긴 하지만, 무엇보다도 주요한 유령 또는 아버지 유령 앞에서, 인간의 일반 본질인 "주요 유령Hauptgespenst" 앞에서 그렇긴 하지만, 두렵고 낯선 것das Unheimliche인 마르크스는 아마도 그처럼 많은 환영들을 서둘러 쫓아내지 말아야 했을 것이다. 환영들이 실존하지 않는다는 구실 아래(물론 그것들은 실존하지 않는다. 하지만 그래서?) 또는 이 모든 것은 과거의 것이며, 또 그렇게 머물러야 한다는 구실 아래("죽은 자들이 죽은 자들을 매장하도록 하라" 등), 한꺼번에 쫓아내지도, 그처럼 단순하게 쫓아내지도 말아야 했을 것이다. 그가 교환가치, 이데올로기소 또는 물신의 (상대적) 자율성을 분석했던 운동 속에서 환영들을 자유롭게 놓아주고, 심지어 해방시키는 법 역시 알고 있었던 만큼 더욱더 그러하다.

비록 우리가 죽은 자들이 죽은 자들을 매장하는 것을 원한다 해도, 우리는 그렇게 할 수 없다. 그것은 말이 되지 않으며, **불가능**하다. 오직 사멸자들만이, 오직, 살아 있는 신들이 아닌 살아 있는 자들만이 죽은 자들을 매장할 수 있다. 오직 사멸자들만이 그들을 밤새워 지킬 수 있으며, 지키는 일을 할 수 있다. 환영들 역시 그렇게 할 수 있는데, 그것들은 감시가 있는/그것이 감시하는ça veille 곳이면 어디든지 있다. 죽은 자들은 **그렇게 할 수 없다.** 이는 불가능하며, 또 그렇게 되어서도 안 된다.

반대로, 그렇지만 이러한 불가능한 것의 근거 없음이 **발생할 수 있다**는 것, 바로 이것이야말로 우리가 **사고**해야 할, 그리고 —— 왜 안 되겠는가? —— 다시 축귀해야 할 절대적인 폐허 내지 절대적인 잿더미, 위협이다. 이러한 축귀는 환영들을 몰아내기 위해서가 아니라 이번에는 그것들에게 권리를 부여하기 위해 이루어진다. 만약 환영들에게 권리를 부여하는 것이 환영들을 살아 있는 것으로 되돌아오게 만드는 것이라면, 더 이상 망령들에 불과한 망령들이 아니라, 어떤 환대의 기억 내지 약속이 영접해야 하는 —— 하지만 그들이 있는 그대로 자신을 현존화하리라는 확실성은 없이 영접해야 하는 —— 또 다른 도착하는 이들로서 되돌아오게 만드는 것이라면 말이다. 아니 그것들에 이런 의미의 권리/법을 부여하기 위해서가 아니라 **정의**의 배려에서. 현존하는 실존 내지 본질은 결코 정의의 조건이나 대상 또는 **사물**이었던 적이 없다. 불가능한 것("죽은 자들이 죽은 자들을 매장하게 하라")은, 아 안타깝게도, 항상 가능하다는 것을 계속 상기해야 한다. 이 절대적인 악(이것은 죽음을 알지 못하는, 그리고 더 이상 그것의 말에 귀를 기울이지 않는 절대적인 생명, 충만하게 현존하는 생명이다. 그렇지 않은가?)은 발생할 수 있음을 계속 상기해야 한다. 바로 이러한 불가능성의 꿈찍한 가능성에 따라 정의가 바람직한 것이 된다는 점을 계속 상기해야 한다. 법을 **통하여**, 하지만 따라서 법을 **넘어서**.

만약 마르크스가, 프로이트처럼, 하이데거처럼, 모든 사람들처럼, 그가 "시작할 수 있beginnen können"어야 했던 곳에서, 곧 생명 **그 자체** 이전의, 죽음 **그 자체** 이전의 신들림에서 시작하지 않았다면, 이는 분명 그의 잘못은 아니다. 잘못은 어쨌든 정의상 반복되며, 우리는 그것을 상속한다. 우리는 그것을 감시해야 한다. 잘못은 항상 값비싼 대가를 요구한다. 정확히 말하면 인류에게. 인류가 치러야 할 아주 값비싼 대가는 분명, 인간 Homme의 일반적인 본질이 원原환영archi-fantôme(Hauptgespenst)을 표상할 뿐이라는 구실 아래 그러한 본질과 결별할 수 있다고 믿는 것이지만, 또한──이는 **근저에서는** 동일한 것으로 귀착되는데──다시 한 번, 분명히, 이 주요한 환영을 믿는 것이기도 하다. 경솔한 이들이나 교조적인 이들처럼 그것을 믿는 것. 항상 그렇듯이 믿음들 사이에는 아주 좁은 문이 남아 있을 뿐이다.

치러야 할 값비싼 대가에 대해 질문하는 것이 의미가 있기 위해서는, 장래에 대해 감시하기 위해서는 모든 것을 다시 시작해야 할 것이다. 하지만 이번에는 이 비순수한 "비순수하고 비순수한 환영들의 역사"에 대한 기억 속에서.

우리가, 질문하기 위해, 환영에게 말을 걸 수 있을까? 누구에게? 그에게? 마셀러스가 신중하게, 다시 한 번 말하듯이, 그것에게? "자네는 학자야. 그것에게 말 걸어 봐, 호레이쇼. (……) 질문해 봐Thou art a scholler; speak to it Horatio (……) Question it."

이 질문은, 아마도 반대로 되물어 볼 만한 질문일 것이다. 만약 어떤 환영이 이미 되돌아오지 않았다면, 우리가 **말 거는 것 일반**을 할 수 있을까? 만약 적어도 그가 정의를 사랑한다면, 장래의 "학자", 미래의 "지식인"은 정의를 사랑하는 법을 배워야 할 것이다. 환영으로부터. 그는 환영과 대화 하는 법을 배움으로써가 아니라, 그 환영과, 그녀 환영과 함께 이야기하 는/함께 관계를 맺는s'entretenir 법을 배움으로써, 그에게, 자기 안에 있는 타자에게 말하게 하는 법을 또는 그에게 말을 되돌려 주는——이것이 자 기 안에 있다 할지라도, 타자 안에 있다 할지라도——법을 배움으로써 살 아가는 법을 배워야 할 것이다. 유령들은 항상 **거기에** 있다. 비록 그것들이 실존하지 않는다 할지라도, 비록 그것들이 더 이상 존재하지 않는다 할지 라도, 비록 그것들이 아직 존재하지 않는다 할지라도. 그것들은 우리가 우 리의 입을 열자마자, "거기에"를 다시 사고하도록 해 준다. 심지어 한 컬로 퀴엄에서, 특히 우리가 거기서 낯선 언어로 말을 할 경우에는.

"자네는 학자야, 그것에게 말 걸어 봐, 호레이쇼Thou art a scholar; speak to it, Horatio"…….

주석

1 정의와 법/권리의 구별에 대해서는, 이 두 개념 사이의 차이와 상호 함축에 영향을 미치는 기묘한 비대칭성에 대해서는, 여기서 따라 나오는 몇 가지 귀결들에 대해서는 자크 데리다, 『법의 힘』(진태원 옮김, 문학과지성사, 2004)에 준거할 수 있게 해 주기 바란다.

2 Paul Valéry, "La crise de l'esprit", *Oeuvres*, Bibliothèque de la Pléiade, Gallimard, 1957, t. 1, p. 993. 여기서 서쪽, 유럽 반도의 연안 근처에 있는 덴마크 왕국은, 정확히 영국과 더불어 마스트리히트 조약의 유럽에 저항한 거의 마지막 국가가 되었다는 점을 상기시킬 필요가 있을까?[1992년 덴마크에서 실시된 국민투표에서 유럽연합 조약으로 불리는 마스트리히트 조약이 부결되었다가 재협상을 거쳐 1993년 통과되었다. 영국에서도 1993년 유럽연합 가입이 결정되었다.―옮긴이] 아니, 그럴 필요는 없다. 그 대신 왕실의 우두머리에 대한 지금 이 보충적인 논의는 다른 장소들을 향해 나아갈 것이다. 우선 이 명제들과 나의 『다른 곶』(동문선, 1997)에서 제시된 명제들 사이의 접합의 장소들로 향할 것이다. 이 후자의 책에서도 역시 자본/머리capital(수령, 우두머리)에 대한 논의[capital의 어원은 라틴어 "caput"로 이는 "머리"를 뜻한다―옮긴이], 특히 발레리의 논의가 분석되었는데, 이는 정신의 질문으로서, 곧 유령의 질문으로서 유럽의 질문을 재도입하기 위해서였다. 또한 우리는――따라서 무엇보다도c'est le premier chef――마르크스의 저작/몸체corpus의 여러 곳, 환영에게 썩 잘 맞는 곳들에서 규칙적으로 자신을 드러내는 머리의 어떤 모습, 말하자면 데어 코프der Kopf와 다스 하우프트das Haupt[이 두 단어는 독일어로 각각 "머리"를 가리킨다. 특히 "다스 하우프트"에는 "수령", "우두머리"라는 뜻이 들어 있다―옮긴이]라는 모습에 대해서도 빠뜨리지 않고 강조해 둘 것이다. 좀더 일반적이고 좀더 암묵적으로 본다면 지금 이 책은 이전에 내가 지나왔던 여정을 지속하고 있다. 곧 모든 노동 일반과 동연적同然的인 애도의 노동/애도 작업을 둘러싼 논의(특히 『조종Glas』Galilée, 1974에 나타난 논의), 합체와 입사入射에 대한, 애도 작업에서 실패와 성공을 가르는, 애도의 병리성과 정상성을 가르는 이러한 개념적 대립의 실질적이지만 제한적인 적합성에 대한 논의(이 점에 대해서는 니콜라스 아브라함Nikolas Abraham과 마리아 토록Maria Torok의 저작 『늑대인간의 마법적인 말Le Verbier de l'Homme aux Loups』, Aubier-Flammarion, 1976에 부친 「서문」인 「포르스Fors」, 특히 26쪽 이하 및 「쉬볼렛―파울 첼란을 위하여Schibboleth―Pour Paul Celan」, Galilée, 1986, 『푀 라 상드르Feu la cendre』, Des Femmes, 1987, 『정신에 대해서: 하이데거와 질문』, 『기억들―폴 드 만을 위하여Mémoires―pour Paul de Man』, Galilée, 1988 등을 참조), 사는 것으로도 죽는 것으로도 환원될 수 없는 경계 위에서 살아가는 것의 생존을 다루고 있는 『경계 위에서 살아가기Survivre』(『체류지Parages』, Galilée, 1986에 수록)라는 논문에서의 논의, 채무와 증여의 경제에 대한 『시간을 선사하기Donner le temps』(Galilée, 1992)의 논의 등이 그것들이다. 관념의 관념(되풀이 (불)가능성의 효과로서 이념성의 이념화의 관념)과 분

리될 수 없는, 해체의 동기 그 자체(해체의 "관념"이라는 말은 쓰지 않기로 하자)와 분리될 수 없는 유령성의 논리의 경우는 지난 20여 년 동안 출간된 저작들에서 대부분 명시적으로 작동하고 있으며, 이는 특히 『정신에 대해서』에서 잘 나타난다. 『정신에 대해서』에서는 또한 "망령revenant"이 첫번째 단어로 나온다. "나는 망령에 대해 말해 볼 것이다. (……)"

3 Paul Valéry, *Lettre sur la société des esprits*, O.C., p. 1139.

4 Maurice Blanchot, "La fin de la philosophie", *La Nouvelle Revue Française*, 1ᵉʳ août 1959, 7e année, n° 80.

5 Maurice Blanchot, *L'Amitié*, Gallimard, 1971, pp. 109~117.

6 *Hamlet*, tr. Yves Bonnefoy, 1957, Folio, Gallimard, 1992.

7 *Hamlet*, tr. Jean Malaplate, Corti, 1991.

8 *Hamlet*, tr. Jules Derocquigny, Les Belles Lettres, 1989.

9 *Hamlet*, tr. André Gide, Bibliothèque de la Pléiade, Gallimard, 1959.

10 여기서 올바른 것과 에두른 것이라는 이 질문을 좀더 체계적으로 다루는, 특히 다음과 같은 저작들을 참조하도록 지시해 두어야 할 것 같다. *Du droit à la philosophie*, Galilée, 1990(특히 칸트에 관한 부분), pp. 80 및 여러 곳과 *Passions*, Galilée, 1993, pp. 33 이하.

11 명칭이라는 가치 속에서 이 모든 가치들이 결집되는 방식에 대해서는 *"Titre à préciser"*, *dans Parages*, Galilée, 1986 참조.

12 Emmanuel Levinas, *Totalité et infini*, M. Nijhoff, 1961, p. 62.

13 "디케는 현존으로서의 존재에서부터 사고되는 한에서 연결해 주고 어울리게 해 주는 이음매다. 아디키아는 어긋남, 불화다." Martin Heidegger, "Der Spruch des Anaximander", in *Holzwege*, Klostermann, 1950, p. 329; tr. fr. W. Brokmeier, dans Chemins ……, Gallimard, 1962, p. 291.

14 O.C., pp. 326~327; tr. fr., p. 288.

15 O.C., p. 330; tr. fr., p. 291.

16 "Er sagt es und sagt es nicht.", O.C., p. 328; tr. fr., p. 290.

17 *Donner le temps*, O.C., p. 12, '주 1' 이하 및 pp. 201~202 '주 1', *Sauf le nom*, pp. 83, 112 참조.

18 O.C., p. 329; tr. fr., p. 290.

19 이 점은 다음 책에서 개진된 바 있다. *Passions*, Galilée, 1993.

20 "해체적인" 스타일로 헤게모니 개념을 새롭게 작동시키는 작업에 관해 나는 에르네스토 라클라우Ernesto Laclau의 작업에 준거한다.

21 셰익스피어, 『아테네의 타이먼』, 96쪽.

22 『독일 이데올로기』, 독일어판, p. 212; 영어판, p. 230.

23 셰익스피어, 『아테네의 타이먼』, 96쪽.

24 『정치경제학 비판을 위하여』(김호균 옮김, 중원문화사, 1988), 102쪽.

25 같은 책, 같은 곳.

26 같은 책, 같은 곳.

27 같은 책, 124쪽.

28 같은 책, 프랑스어판, p. 97. 이는 우리가 『조종弔鐘Glas』(헤겔의 경우)과 『정신에 대해서』에서 분석한 의미론적 연쇄다.

29 같은 책, 112쪽.

30 같은 책, 126쪽.

31 횔덜린의 이 단편적인 초고(1800)는 하이데거의 책에서 인용했다. *Hölderlin und das Wesen der Dichtung*(*Gesamtausgabe*, Bnd IV, Klostermann, 1981, p. 35); tr. fr. par. H. Corbin, dans Heidegger, *Approche de Hölderlin*, Gallimard, 1973, pp. 44~45.

32 벤야민은, 아주 여러 가지 이유 때문에, 특히 그가 서두에서 말하는 "자동 장치" 때문에 우리가 관심을 가지고 있는 한 텍스트에서 그렇게 한다. 우리는 한 차례 이상 자동 장치의 모습을 참조하게 될 텐데, 특히 『자본』이 어떤 타자에 대해, 상품 가치, 자율적임과 동시에 자동적인 유령, 자본의 기원은 아닐지 몰라도 자본화의 환원할 수 없는 기원의 모습을 띤 타자에 대해 기술하는 것을 다루게 될 때 그렇다. 여기서 벤야민은 "체스 경기에서 상대방의 모든 수에 응수할 수 있는 능력을 갖추고 있어서 확실하게 승리를 이끌어 내는 자동 장치"의 이야기를 하면서 시작한다. 이 자동 장치 또한, 일련의 거울들이 투명하다는 착각을 불러일으키게 만드는 "탁자" 위에 앉아 있다. 그러고 난 뒤 그는 이러한 "장치Apparatur"의 철학적 "대응물Gegenstück"을 찾는다. 이는 "'역사 유물론'이라고 불리는 인형"이다. "이것은, 알다시피 오늘날 왜소하고 추한 모습 때문에 더 이상 눈에 띄는 것을 꺼리는 신학의 도움을 받는다면, 어느 누구하고도 쉽게 승부를 벌일 수 있다." 이 다음에 나오는 두 번째 테제는 메시아주의, 또는 좀더 정확히 말하면 메시아주의 없는 메시아적인 것을 "약한 메시아적인 힘eine schwache messianische Kraft"(강조는 벤야민)이라고 부른다. 우리가 여기서 상속과 세대들의 유령의 논리에 따라, 이질적이고 이접된 시간 속에서 과거 못지않게 장래를 향하고 있는 논리에 따라 어떤 메시아적 결핍에 관해 말해 보려 하는 것과 공명하는 것이 이 테제 속에 들어 있기 때문에, 많은 차이점에도 불구하고, 또 모든 상이한 점들은 염두에 두고서 이 테제를 인용해 보기로 하자. 벤야민이 안슈프루흐Anspruch(주장, 호소, 호명, 전달)라고 부르는 것은 우리가 명령이라는 단어로 제안하는 것과 그리 멀리 떨어져 있지 않다. "과거는 어떤 은밀한 색인heimlichen Index을 지니고 있으며, 이 색인은 과거를 구원Erlösung이라는 항목으로 이끌어 간다. (……) 과거의 세대들과 우리의 세대 사이에는 은밀한 합의geheime Verabredung가 존재한다. 땅 위에서는 우리가 도착하는 것을 기다리고 있었다. 앞선 모든 세대처럼 우리에게도 약한 메시아적 힘이 부여되었는데, 과거는 이 힘에 대해 무언가 요구사항Anspruch을 가지고 있다. 이러한 요구를 무시하지 않는 것이 정당하다. 역사 유물론자는 왜 그런지를 알고 있다[그것에 관해 무언가를 알고 있다. Der historische Materialist weiß darum—데리다의 추가]." "Über den Begriff der Geschichte", in *Illuminationen*, Suhrkamp, 1977, pp. 251~252, tr. fr. par M. de Gandillac, (번역은 약간 수정했다) "Thèses sur la philosophie de l'histoire", dans Benjamin, *L'Homme, Le Language et la Culture*, Denoël-Gonthier, 1971, pp. 183~184. 여기서 이 모든 테제들——밀도 있고 수수께끼 같으며 까다로운——을, 메시아적인 것이 지금-현재Jetztzeit의 몸체 속에 기입하는 "파편"(단편, 조각, Splitter)에 대한 마지막의 암시에 이르기까지, 메시아의 도래를 위한 "좁은 문", 곧 매 "순간"(왜냐하면 "그럼

에도 유대인들에게 장래는 동질적이고 공허한 시간이 아니기"(O.C., p. 196) 때문이다)에 이르기까지 인용하고 다시 읽어 보아야 마땅할 것이다.

33 *The End of History and the Last Man*, The Free Press, New York, 1992. 이 책은 같은 해에 카날D. A. Canal이 프랑스어로 옮겨 플라마리옹 출판사Flammarion에서 출간되었다. 『역사의 종말과 최후의 인간』(이상훈 옮김, 한마음, 1997). [데리다는 이 책에서 계속 이 프랑스어판에서 인용하고 있다. 우리는 해당 국역본 쪽수를 제시했지만, 번역은 일부 수정했다.─옮긴이]

34 같은 책, p. 22; 국역본(이하 생략), 21쪽.

35 같은 책, p. 13; 12쪽.

36 같은 책, p. 13; 10쪽. 강조는 데리다.

37 같은 책, pp. 14~15; 11~12쪽.

38 같은 책, p. 245; 318쪽. "그렇지만 지금은 이슬람 세계를 제외하고는, 자신이 가장 합리적인 통치 형태라는 자유민주주의의 주장의 정당성을 받아들이는 일반적인 합의가 도출되고 있는 것처럼 보인다⋯⋯."

39 같은 책, pp. 233 및 여러 곳; 303쪽.

40 같은 책, p. 237; 308쪽. 우리는 조금 뒤에서 이 점을 다시 다룰 것이다.

41 같은 책, p. 238; 309쪽.

42 같은 책, pp. 223~224; 290쪽.

43 같은 책, p. 238; 309쪽.

44 같은 책, p. 237; 308쪽.

45 같은 책, p. 11; 7~8쪽. 강조는 후쿠야마.

46 같은 책, p. 246; 318쪽.

47 같은 책, p. 12; 9쪽.

48 같은 책, p. 233; 303쪽.

49 같은 책, pp. 168~169; 215쪽.

50 같은 책, p. 169; 216쪽. "경험적인"이라는 단어에 있는 따옴표는 p. 324; 424쪽에서 "민주주의에 대한 도전의 경험적 증거들"이 문제가 될 때에는 사라진다.

51 같은 책, p. 169; 216쪽. 이는 p. 324; 425쪽에서 문자 그대로 반복된다.

52 같은 책, p. 336; 436쪽.

53 같은 책, p. 373; 485쪽.

54 불행하게도 내가 이 텍스트를 다 작성한 이후에야 알게 된, 여러 가지 측면에서 볼 때 주목할 만한 저작에서 에티엔 발리바르는 "변증법적 유물론"이라는 정식은, 문자 그 자체로는 마르크스에 의해서도 엥겔스에 의해서도 사용된 적이 없음을 환기하고 있다(*La Philosophie de Marx*, La Découverte, 1993, p. 4). 매우 집약적으로 마르크스주의의 역사 전체를 해석하고 또 전위시키고 있는 이 저서의 귀중한 업적 중에서 나는 여기서 나에게 좀더 중요한 것들 몇 가지만 도식적으로 제시해 보겠다. ①마르크스의 "명령"이라는 모티프를 고려해야 할 필요성(이 단어는 규칙적으로 나타난다. pp. 19, 20, 24 등) ②"감각적인 초감각적인 것"(우리는 뒤에 이것에 대해 말해 볼 것이다)을 둘러싼 상품 가치의 세계로

서 "주술화된" 세계라는 주제(p. 59 이하) ③메시아적인 것이든 아니든 간에——하지만 어쨌든 비유토피아적인——임박함이라는 범주(pp. 38, 39, 69, 118) 및 특히 "역사적 시간의 자기 자신에 대한 '비동시대성'의 정치적인 모습"으로 "마르크스에 의해 감지된", 하지만 또한 "그가 일시적인 것 속에 기입해 놓은"(p. 104) 범주로서 "이행"이라는 범주("이행"과 비동시대성에 관해서는 pp. 50~51 참조). 물론 최종적으로 덧붙인 이런 유의 각주에서 토론에 들어가거나 내가 어떤 점에서 동의하는지 정확히 밝힐 수는 없다. 이런 일을 시작하기 위해서는 내가 여기서 마르크스의 철학 내지 존재론(그의 철학소에서 해체 가능한 것으로 남아 있는 것)이라는 단어들로 말하려고 시도하는 것을 발리바르가 『마르크스의 철학』에서 제시하는 것에 맞추어 봐야 할 것이다. "마르크스주의 철학이란 존재하지 않으며, 앞으로도 결코 존재하지 않을 것이다."(p. 3) 하지만 이는 "마르크스의 철학들……을 탐구하는 것"(p. 7)을 막아서는 안 된다. 내가 여기서 마르크스의 철학 내지 존재론이라고 부르는 것은 발리바르가 분석한 언표의 공간이나 수준에 정확히 속하지 않기 때문에, 토론 자료들은, 그것이 어디로 이끌든 간에, 길고 세심한 논의를 요구할 것이다. 하지만 희망컨대 나의 이 책과 같이 도식적이고 예비적인 에세이 속에서도, 적어도 암묵적인 상태로나마, 이러한 토론 자료들을 읽어 낼 수 있으면 한다.

55 Alexandre Kojève, *Introduction à la lecture de Hegel. Leçons sur la "Phénoménologie de l'esprit"*, Gallimard, 1947, pp. 436~437.

56 같은 책, p. 437.

57 『리뉴Lignes』에 실린 미셸 쉬르야Michel Surya의 논문 "La puissance, les riehes et la charité" dans *Lignes*, "Logiques du capitalisme", n°18, janvier 1993, pp. 21, 29에 인용된 앨런 블룸Allan Bloom의 말(p. 30). 그는 앨런 블룸이 후쿠야마의 "스승이자 예찬자"였다는 점을 정확하게 환기하고 있다.

58 이 구절을 다시 읽을 즈음 "정보"의 흐름에서 포착된 최근의 두 가지 사례를 들어 보자. 두 개의 "실수"가 문제인데, 이것들은 언론 매체의 현재 속도가 없었다면 그 가능성을 상상할 수조차 없었을 것이다. ①두 명의 각료가 그들이 총리에게 보낸, 그리고 자신들의 의지와 무관하게 공개되고 만 것을 "유감스럽게" 생각하는 "사적인"(은밀하고 "개인적인" 또는 비공식적인) 편지에 관해 언론(본질적으로는 텔레비전)에서 해명함으로써 (그들의 동료 중 한 사람의 주도 아래) 진행 중에 있던 정부의 정책 결정에 영향을 미치려고 시도한다. 총리는 어쩔 수 없이, 불편한 심기를 드러내면서도 그들을 따를 수밖에 없고, 정부도, 의회도 그들을 따르게 된다. ②아침 라디오 대담 도중에 말실수처럼 보이는 것을 "즉흥적으로 연출"함으로써 같은 정부의 또 다른 장관 한 명은 이웃 나라의 중앙은행의 민감한 반응을 촉발하며 이는 일련의 정치 외교적인 과정을 낳는다. 또한 매일 이런저런 나라의 화폐를 매도하거나 매입하는 어떤 투기자——개인적이고 국제적인——가 지닌 권력에서 미디어의 속도와 역량이 수행하는 역할도 분석해 보아야 할 것이다. 그의 전화 통화나 짤막한 언급은 정부의 정책 결정이라 불리는 것에 관해 전 세계의 모든 의회에서 심각한 압력을 행사하게 된다.

59 대규모의 개입(정치적, 사회적·교육적, 문화적 또는 군사적)이나 아니면 단순한 행정조직의 운영에서도 나타나는 유엔의 경제적 비독립이라는 사실 역시 여기에 추가해야 한다.

또한 유엔은 심각한 재정 위기를 겪고 있다는 점도 알아야 한다. 가장 강대한 나라들이 자신들의 몫을 제대로 지불하지 않고 있다. 사적 자본의 지원을 이끌어 내려는 캠페인이나 (산업과 교역, 금융의 선두 국가들의 단체인) "이사회들"의 구성은 언명되거나 언명되지 않은 일정한 조건 아래, (자주, 여기나 저기서, 저기보다는 여기서, 정확히) 시장의 이익을 추구하는 방향으로 나아갈 수 있는 유엔의 정책을 지원하기 위해 이루어진 것이다. 오늘날 국제기구들을 인도하는 원리들이 자주 이러한 이익들과 합치한다는 사실을 강조해야 하며, 이 사실에 대해 숙고해 보아야 한다. 이 기구들은 왜, 어떻게, 어떤 한계 내에서 이처럼 활동하는가? 이러한 한계들은 무엇을 의미하는가? 이는 당분간 우리가 여기서 제기할 수 있는 유일한 질문이다.

60 이 점에 관해서는 Étienne Balibar, *Cinq études du matérialisme historique*, Maspero, 1974; 『역사유물론 연구』(푸른산, 1990) 참조. 특히 「"공산당 선언"의 정정」에 관한 장 가운데 "정치의 종언", "국가에 대한 새로운 정의", "정치의 새로운 실천"에 관한 구절 참조.

61 정의와 법의 차이에 대해 다시 한 번 『법의 힘』을 참조하는 것을 허락해 주기 바란다. 이러한 구별의 필요성이 법적인 것과 그 종별성, 그리고 오늘날 요구되는 법에 대한 새로운 접근법을 조금이라도 폄훼하는 것은 아니다. 반대로 이러한 구별은 법적인 것에 대한 일체의 재고찰에 필수불가결하며 또 전제되어 있는 것으로 보인다. 특히 오늘날, 다소간 태평하게 "법적 공백"이라고 불리는 것 ──마치 사태 전체를 재정초하지 않고서 단지 빈 곳을 메우면 된다는 듯이── 이 확인되는 모든 곳에서 그러하다. 가장 자주 문제가 되는 것이 **생명의 고유성/속성/소유**propriété[propriété에는 이 세 가지 의미가 모두 들어 있다─옮긴이], 생명의 유산/상속과 생식/세대génération라는 점에 대해 놀랄 만한 것은 전혀 없다(이른바 인간 유전체génome humaine, 유전자 치료, 장기 이식, 대리모, 냉동 수정란 등이 제기하는 과학적, 법적, 경제적, 정치적 문제들).

법, 법의 법, 법droit과 정의를 사고하는 것이 문제가 되는 곳에서, 태평하게 "법적 공백"을 메우면 된다고 믿는 것, "문제를 처리하기" 위해서는 새로운 "법 조항들"을 만드는 것으로 충분하다고 믿는 것은, 마치 윤리에 대한 사고를 윤리위원회에 맡기는 일과 같은 것이다.

62 하지만 "심화한다"는 것은 무엇을 의미하는가? 이것이 단연코 가장 좋은 단어인 것은 아니다. 물론 이 단어는 좀더 멀리 나아가는, 분명 멈추지 않는 어떤 운동을 가리킨다. 하지만 바로 여기서 이 단어의 적합성은 한계를 지니게 된다. "심화한다"는 단어보다 더 많은 것이나 더 적은 것, 또는 그와는 다른 어떤 것이 문제인데, 왜냐하면 지금 쟁점이 되는 것은 뿌리와 그것이 지닌 것으로 가정되는 통일성이기 때문이다. 문제는 근원성, 기초적인 것, 원초적인 것(원인, 원리/시초principe, 아르케arkhé)의 깊은 곳까지, 같은 방향으로 한 걸음 더 나아감으로써 좀더 전진하는 것이 아닐 것이다. 오히려 계속해서 마르크스주의적 비판을 주재하고 있는 기초적인 것, 원초적인 것 또는 근원적인 것의 도식이 그 존재론적 통일성 속에서 질문들과 형식화 절차, 계보학적 해석 ──이것들은 스스로 마르크스주의자로 자처하는 사람들의 담론을 지배하는 것 안에서는 작동하지 **않은, 충분히** 작동하지 **않은** 것들이다── 을 요구하는 곳까지 나아가려고 시도해야 할 것이다. 이는 주제상으로도, 결과로도 충분히 작동하지 않았다. 왜냐하면 이러한 형식화와 계보학의 질문하기의 전개는 거의 모든 담론에 영향을 미치며, 이는 사람들이 말하듯 단지 "이론적인" 방식

에 그치는 것이 아니기 때문이다. 여기서 우리의 실마리로 사용되는 쟁점, 곧 환영이라는 개념 내지 도식은 이미 오래전부터 애도 작업, 이상화, 허상, 미메시스, 되풀이 (불)가능성, 이중 명령, "이중 구속" 및 책임 있는 결정의 조건으로서 결정 불가능성과 같은 문제 설정들을 통하여 그 이름 그대로 예고되어 왔다.

아마도 바로 여기가 다음과 같은 점을 강조해 두어야 할 자리일 듯하다. 마르크스주의와 해체의 관계는 1970년대 초 이래 모든 측면에서 다양한, 그리고 자주 대립하거나 서로 양립 불가능하지만 어쨌든 다수의 접근법들을 촉발했다. 너무 다수여서 여기서 내가 정당하게 대우하기가 어렵고 내가 그것들에 빚지고 있는 것을 제대로 밝히기도 힘들다. 이러한 관계를 직접적인 대상으로 삼고 있는 저작들(마이클 라이언Michael Ryan의『마르크스주의와 해체Marxism and Deconstruction: A Critcal Articulation』, Johns Hopkins University Press, 1982[국역, 윤효녕 옮김, 『마르크스주의와 해체론』, 한신문화사, 1998]나 장 마리 브누아Jean-Marie Benoist의 『마르크스는 죽었다Marx est mort』, Gallimard, 1970 같은 저작들을 들 수 있다. 이 후자의 저서는 제목에도 불구하고 마지막 부분에서 마르크스에게 경의를 표하며, 의도적으로 "해체적"이면서 동시에 사망 확인서가 생각하게 만드는 것보다는 덜 부정적인 태도를 나타내려고 한다. 아무리 많은 시간이 흘렀다 할지라도 또는 아무리 많은 것을 시간에게, 시간을 거스르기에, 곧 망령에게 맡겨 두었다고 할지라도, 우리의 저서의 제목은 장 마리 브누아의 저서 제목에 대한 답변으로 읽을 수 있다) 이외에도, 여기서 일일이 열거하기 힘든 매우 많은 논의들도 환기해 두어야 할 것 같다(특히 장-조제프 구Jean-Joseph Goux, 토머스 키넌Thomas Keenan, 톰 루이스Tom Lewis, 카트린 말라부Catherine Malabou, 빌 마틴Bill Martin, 앤드류 파커Andrew Parker, 가야트리 스피박Gayatri Spivak, 마이클 스프린커Michael Sprinker, 안드레이 바르민스키Andrzej Warminski, 새뮤얼 웨버Samuel Weber의 논의들).

63 『햄릿』 1막 5장, 43쪽. 우리는 그가 살아 있을 때 저질러진("In my dayes of nature") "더러운 죄"("foule crimes")가 그 자신의 죄인지 아닌지 알지 못한다. 그리고 왕이 누설하는 것이 "금지된"("비밀 누설이 금지되지I am forbid to tell the secrets") "내 감옥의 비밀Secrets of my Prison-House"의 비밀은 아마도 바로 여기에 있을 것이다. 격자 형태로 된en abyme 수행문들. 서약, 맹세에 대한 호소, 명령 및 증식되는 모의/공동의 맹세 ——서약에 대한 위대한 시인이자 사상가였던 햄릿의 모든 연극에서 볼 수 있듯이 ——는 어떤 비밀, 분명 불가능한 어떤 증언을 전제하는데, 이러한 증언은 증거나 증빙 자료 또는 S는 P라는 식의 서술적인 언표는 말할 것도 없거니와, 어떤 고백 속에서도 노출될 수 없고 또 노출되어서도 안 되는 것이다. 하지만 이러한 비밀은 또한 비밀에 대한 두 가지 경험 사이에 존재하는 어떤 절대적 모순에 대한 비밀을 감추고 있다. "너에게 말하는데, 나는 너에게 말할 수가 없어, 맹세하는데, 바로 여기에 내 첫번째 죄, 내 첫번째 고백, 고백 없는 고백이 있어. 이 고백들은 다른 고백들을 배제하지는 않아, 나를 믿어줘." ["격자 형태en abyme"는 똑같은 형태나 무늬를 자신 안에 지니고 있고, 또 그것은 자신 안에 좀더 작지만 역시 똑같은 형태나 무늬를 지니고 있고, 이렇게 계속되는 것을 가리킨다. 예컨대 어떤 삼각형 속에 작은 삼각형들이 점점 줄어드는 모양을 생각해 볼 수 있다. 이처럼 격자 형태를 활용하는 것("Mise en abyme"이라고 불린다)은 현대 예술에서 자주 볼 수 있는 기법이다. 가령 디자인에서 볼 수 있는 격자무늬나 일부 소설에서 볼 수 있는 액자 소설, 또는 영화에서 어떤 주인공

이 꿈에서 깨어났는데, 사실은 계속 꿈을 꾸고 있는 중이라든가 하는 것이 이러한 격자 형태의 하나라고 볼 수 있다. 데리다는 이러한 의미의 격자 형태에 관해 자주 논의하고 있는데, 왜냐하면 무한히 같은 형태가 반복될 뿐, 시작도 끝도 존재하지 않는 이러한 격자 형태는 기원이나 목적, 또는 의미의 연쇄의 최종 준거로서 현실의 지시체를 해체하기 위한 효과적인 논거가 될 수 있기 때문이다.—옮긴이]

64 Sigmund Freud, *"Eine Schwierigkeit der Psychanalyse"*, in *Gesammelte Werke*, bd. XII, p. 8; Standard Edition, vol. XVII, p. 141.

65 우리는 교환가치의 유령화로서 물신화라는 주제와 관련하여, 어떤 탁자를 중심으로 이 장면을 뒤에서 다시 다룰 것이다. 이는 『자본』의 서두 자체, 첫번째 장면이다. [정신분석에서 말하는] 원초적 장면이 아니라면 말이다.

66 『정치경제학 비판을 위하여』(김호균 옮김, 중원문화, 1988), 99쪽.

67 도착적인 논리를 지닌, 끝없이 도착적인 모든 "수정주의"는 이 세기의 마지막에 두드러지는데, 이는 아마 이 세기로 끝날 것 같지 않다. 물론 최악의 수정주의나 부정주의에 대해서는 가차 없는 투쟁을 전개해야 하는데, 비록 계속 증식하고 쇄신되고 있기는 하지만 그들의 특징이나 이해관계는 이제 잘 규정되어 있다. 따라서 이들에 맞서 싸워야 하는 과제는 항상 긴급하고 항상 다시 긍정되어야 한다. 하지만 우리는 도처에서 이것과 대칭적인, 그리고 그것 못지않게 위협적인 도착의 전조를 감지하게 된다. 어떤 이들은 흔들리지 않는 떳떳한 신념으로 무장하고서——왜냐하면 자주 무지 또는 무지몽매주의로 둘러싸여 대중매체에서 일체의 유효한 반론권으로부터 보호받고 있기 때문에(나는 미치코 가쿠타니Michiko Kakutani가 최근에 쓴 신문 기고문을 염두에 두고 있다. "역사와 기억이 희생자들일 때, 홀로코스트 부인에 대하여When History and Memory Are Casualties: Holocaust Denial", *New York Times*, 30 April, 1993)——우리의 가장 끔찍한 기억을 사로잡고 있는 환영들로부터 이득을 얻는 것에 만족하지 않는다. 그들은 더 나아가 같은 충동에 따라, 아무런 제재 없이 아무런 가책도 없이 "수정주의"라는 단어 자체를 조작할 수 있는 권리를 스스로 부여한다. 그들은 역사에 대한, 역사를 사고하고 기록하거나 확정하는 방식들에 대한, 진리 등에 대한 방법론적·인식론적·철학적인 질문들을 제기하는 사람들을 고발하기 위해 이 용어를 사용할 만반의 태세를 갖추고 있다. 오늘날 역사에 대한 독해에서 경각심을 촉구하는 사람은 누구든지, 통념doxa의 신임을 얻고 있는 도식들을 얼마간 복잡하게 만들려는 또는 역사적 진리의 개념들과 절차들, 생산이나 역사서술의 전제들 등을 재고하려는 사람은 누구든지 혼합이나 감염 또는 혼동 때문에 "수정주의"로, 또는 적어도 "수정주의"와 유희한다고 고발당하는 위험을 겪게 된다. 이제 기소권은, 이러한 비판의 필요성에 대해서는 아무것도 이해하지 못한 채 자신은 그로부터 면제되기를 바라고, 무엇보다도 자신의 교양 또는 무교양, 신념이나 믿음은 아무런 비판의 대상이 되지 않기를 원하는 신참자들의 수중에 놓여 있다. 우리는 현재 우리의 실존의 민감한 영역을 건드리는 문제에 대한 역사적 탐구 내지 성찰에 대해서는 선험적인 검열이 부과될지도 모르는 아주 불안한 역사적 상황에 처해 있다. 유럽 및 유럽 외부의 역사, 특히 20세기 역사의 반경 전체는 여전히 검토되고 밝혀져야 하며, 근본적인 질문들이 제기되고 재정식화되어야 한다. 여기에 "수정주의적인" 것은 아무것도 없다. 심지어 그와는 정반대라고 말해 두자.

68 Karl Marx, *Le dix-huit Brumaire de Louis Bonaparte*, 1852, tr. fr. G. Cornillet, Messidor, Éditions sociales, 1984, coll. "Essentiel", pp. 69~70; 『루이 보나파르트의 브뤼메르 18일』, 『칼 맑스 프리드리히 엥겔스 저작 선집』 2권, 287쪽. 강조는 데리다. [이 구절은 데리다가 특별히 프랑스어 번역에 대해 논평하고 있기 때문에, 국역본을 따르기보다는 프랑스어판에 맞춰 옮겼다. 그리고 인용문에서 대괄호 안에 들어 있는 말은 모두 데리다가 첨가한 것이다─옮긴이].

69 우리가 여기서 염두에 두고 있는 것은 분명히 미셸 앙리의 작업(『마르크스Marx』 t. I-II, Gallimard, 1976)인데, 그는 『루이 보나파르트의 브뤼메르 18일』을 『공산당 선언』 및 다른 몇몇 저작들과 더불어 "정치 저술" 또는 "역사·정치 저술"로 분류하고 있다. 이 저작들은 비록 철학적이라고 하더라도, 다른 저작들에 비해서는 딜 철학적일 텐데, 왜냐하면 이것들은 "자신 안에 자신의 가지성의 원리를 지니고 있지 못하기"(t. I, p. 10) 때문이다(아주 엄밀하게 말하자면, 어떤 텍스트에게 자신 안에 자신의 가지성의 원리를 지닌다는 것은 무엇을 의미하는가?* 그런 텍스트의 사례가 있었던 적이 있는가? 비록 이러한 내재적 가지성에 대한 기묘하고 확신에 찬 믿음이 앙리의 책 전체를 뒷받침하고 있는 생명의 개념과 낯선 것은 아니지만, 여기가 이를 논의할 수 있는 장소는 아니다). 미셸 앙리에 따르면 이러한 "역사·정치적" 차원(철학적이지 않거나 거의 철학적이지 않은)은 특히, 미국 신문을 위해 씌어진 『루이 보나파르트의 브뤼메르 18일』에서 명시적으로 나타난다(t. I, p. 11). 하지만 아주 문제가 많은, 특히 마르크스의 저작과 같은 저작에 대해서는 더욱더 그러한 이 구별법을 우리가 받아들인다 하더라도, 『브뤼메르 18일』은 "정치적"이거나 "역사·정치적" 텍스트의 울타리 안에 전혀 갇혀 있지 않은 것으로 보인다. 특히 여기서 우리에게 중요한 유령의 역설론은, 앙리의 눈에는 가장 "철학적"이고 가장 의미 있는 텍스트들로 보이는 저작들에서, 가령 우리가 조금 뒤에 살펴보겠지만 『독일 이데올로기』에서 재발견된다. 이러한 유령학을 중요하게 사고함으로써 우리는 생명의 철학이나 "모든 객관성이 배제되는 근원적인 주체성"(t. I, p. 326)의 철학에, 또 그에 대한 앙리의 해석(여기서 지금까지 우리가 수행해 왔던 마르크스에 대한 독해와 관련해 본다면, 비록 전혀 다른 관점에서이긴 하지만, 우리는 그와 적어도 몇 가지 관심사를 공유하고 있다)에 정면으로 대립하려는 것은 아니다. 오히려 우리는, 내적이고 외적인 주름/경계pli의 대체 보충이 생명체를 비생명체와 단순히 대립시키는 것을 금지하는 곳에서, 심오한/심연적인abyssale 방식으로 이러한 유령학을 복잡하게 만들어야 할 필연성을 따르려고 시도하고 있다. 우리가 그렇게 하려고 시도하고 있듯이, 미셸 앙리의 『마르크스』 마지막 장의 결론부에 나오는 마지막 단어들("마르크스의 사상은 우리를 다음과 같은 심오한 질문 앞에 위치시킨다. 생명이란 무엇인가?")에 지지를 보내는 사람들은 이러한 심연으로 되돌아갈 수밖에 없다. 곧 책 전체가 **생명체 및 살아 있는 개체, 살아 있는 주체성, 살아 있는 노동**으로서 현실 노동에 대해 할애되어 있는 이 책이 앞부분에서 제시한 명제들 전체, 곧 지극히 논쟁적인 이 책의 비판적 무기 전체를 다시 문제 삼을 수밖에 없다. 왜냐하면 그는 궁극적으로 생명체라는 이 일의적인 지시체의 이름 아래, 지극히 폭력적인 방식으로 마르크스에 대한 이전의 거의 모든 독해들, 특히 그 독해들의 정치적 차원을 가치절하하고 있기 때문이다. 우리는 다음과 같이 묻게 된다. 왜 정확히 생명의 질문이 "심오한/심연적인"가? 다시 말해 왜 이 질문인가? 이 질문은 "생명"이라는 이

름이 붙은 개념 내지 존재의 비사고된 자기 비동일성으로, 생명이라 불리는 것이 과학 및 철학에 대해 지니는 본질적인 모호성으로 열리는 것이 아닌가? 이 모든 것은, 생명의 철학 및 주체성의 철학이 본질적으로 살아 있는 것으로 규정되는 순간, 이 철학에 대한 개념적인 제시가 아무리 새로운 것이라 하더라도 결국 드러나게 마련인 이 철학의 내적이거나 외적인 한계, 이 철학의 울타리나 몰락의 원리를 표시하지 않는가? 만약 살아 있는 이 주체성의 생명 안에 부정성 내지 객관성의 노동, 죽음이라는 현상 내지 비현상 등을 포함시키다면, 왜 여전히 완강하게 이를 생명이라고 부르는 것인가? 역으로, 존재나 생산을 살아 있는 단자적單子的 주체성의 발현 ——또는 근원적 내재성 ——으로 해석하는 것(가령, t. II, pp. 41~42 참조)에 대하여(사실 이러한 해석은 마르크스의 다수의 텍스트 속에서 광범위한 전거를 통해 정당화된다) 우리는 어떤 죽음의 철학을 대립시켜야 한다고 생각지는 않는다(동일한 텍스트들을 다르게 읽어 보면 이러한 해석 역시 앞의 해석만큼의 근거 및 전거들을 이끌어 낼 수 있을 것이다). 우리의 시도는 그와 다른 것이다. 이러한 대안 자체(생명과/또는 죽음)의 가능성에 접근하기 위해 우리는 경계 위에서의 삶 내지 죽은 것의 귀환(생명도 죽음도 아닌)의 효과들 또는 탄원들에 주의를 기울이는데, 이는 오직 이것들 이래로/이것들로부터만depuis (주체성의 죽음에 대립하는) "살아 있는 주체성"에 대해 말할 수 있기 때문이다. [오직 이것들 이래로/이것들로부터만—옮긴이] 살아 있는 주체성에 대해 말할 수 있으며, 또한 이 주체성이 자신에 대해 말할 수 있고, 자신의 생명의 살아 있는 현재를 넘어서 흔적들 내지 유산들을 남겨 놓을 수 있고, 자신의 주체에 대해 (자신에게) 질문을 제기할 수 있다는 것, 요컨대 또한 타자에게 또는, 이렇게 말하기를 원한다면, 살아 있는 다른 개체들, 다른 "모나드들"에게 자신을 전달할 수 있다는 것을 이해할 수 있기 때문이다. 이 모든 질문들에 대하여 ——그리고 이것이 우리의 독해의 가설인데 ——여기서 유령의 노동은 거울들로 덮인 미궁의 어둠 속에서 아주 가느다란, 하지만 필수불가결한 실마리를 엮고 있다.

* 파트리스 로로Patrice Loraux는 자신의 책(Les Sous-Main de Marx, Hachette, 1986, pp. 34~36)의 서론인 「텍스트 이론la théorie des textes」 중 아주 명쾌한 몇 쪽가량의 논의에서 미셸 앙리의 이 전략을 다루고 있다. 그는 특히 이러한 전략의 전통을 환기시키고 있다.

70 『루이 보나파르트의 브뤼메르 18일』, 프랑스어판, p. 70; 국역본, 287~288쪽.

71 같은 책, 프랑스어판, p. 70; 국역본(이하 생략), 288쪽.

72 같은 책, 프랑스어판, pp. 70~71; 288쪽.

73 같은 책, 프랑스어판, p. 71; 289쪽.

74 같은 책, 프랑스어판, p. 72; 290쪽. 강조는 데리다.

75 내가 『루이 보나파르트의 브뤼메르 18일』에 있는 "붉은 유령"에 대한 이러한 암시를 발견하기 전에 에티엔 발리바르는 나에게 『붉은 유령Le Spectre rouge』이라는 이름의 잡지가 존재했음을 알려주었다("1848년 혁명 기간 동안 (……) 분명 6월의 대학살 이후에 (……) 곧 죽은 프롤레타리아-혁명가들의 사자死者들"). 로미유Romieu는 『붉은 유령』에서 다음과 같이 쓴다. "나는 자크리jacquerie[1358년에 일어난 농민반란—옮긴이]를 예고한다! 프롤레타리아들은 가장 작은 마을에 이르기까지 매복하고 가슴 속에는 분노와 갈망을 담은 채 준비를 마쳤다."(J. Bruhat, Le socialisme français de 1848 à 1871, dans Droz,

Histoire générale du socialisme, t. 1, PUF, p. 507에서 재인용·) 발리바르는 다음과 같이 덧붙여 말했다. "또 빌리에 드 리슬 아당Villiers de L'Isle-Adam이, 제가 제대로 알고 있다면, 파리 코뮌 이후에 쓴 "붉은 죽음의 유령Spectre de la mort rouge"도 생각나는군요. 그런데 여기서 "붉은 죽음"은 분명히 "적군赤軍의 죽음"은 아닙니다."

76 같은 책, 프랑스어판, p. 100; 312쪽.

77 같은 책, 프랑스어판, p. 101; 312쪽.

78 같은 책, 프랑스어판, pp. 74~75(번역은 약간 수정했다); 293쪽.

79 주 69 참조.

80 "(……) 슈티르너는 고대 세계의 끝 무렵에 "정신은 끓어오르는 거품처럼 경계를 넘어선다. 왜냐하면 가스들/정신들Gase/Geister이 그 내부에서 전개되고 있었기 때문이다"라는 점을 발견한다." 그 다음에 마르크스는 성 막스가 기술하는 "놀라운 유희"를 분석한다. 『독일 이데올로기』, 독일어판, p. 169; 영어판, pp. 186~187. 헤겔은 이미 가스와 정신 사이의 유사성에 주의를 기울인 적이 있다. 곧 죽음의 노동, 분해되고 있는 시신의 발효는 자연 철학에서 정신 철학으로의 이행을 표시한다는 것이다. 이 주제에 관해서는 『조종Glas』, Galilée, 1974 중 특히 pp. 70, 106, 263을 참조하고, 또한 『정신에 대해서De l'esprit』, Galilée, 1987, p. 163도 참조.

81 『독일 이데올로기』, 독일어판, p. 136; 영어판, p. 153. 알다시피 마르크스는 계속 [슈티르너의 저작인—옮긴이] 『유일자와 그의 소유』(1845)를 길게 인용하면서 논쟁을 엮어 가고 있다.

82 같은 책, 독일어판, p. 132; 영어판, p. 149.

83 마르크스가 슈티르너와 맺고 있는 관계의 복잡하고 과잉결정된 역사 및 이러한 논쟁의 역사적·정치적 맥락에 대해서는 앙리 아르봉Henri Arvon, 『실존주의의 기원, 슈티르너Aux sources de l'existentialisme, Max Stirner』, PUF, 1954, p. 128 이하 참조.

84 『독일 이데올로기』, 독일어판, p. 137 영어판, pp. 153~154.

85 같은 책, 독일어판, p. 109; 영어판, pp. 125~126. 번역은 약간 수정했다.

86 같은 책, 독일어판, p. 108; 영어판, p. 125.

87 같은 책, 독일어판, p. 114; 영어판, p. 131.

88 "나는 존재한다"라는 선언 속에 기이하게도 죽음이 중얼거리듯 함축되어 있다는 점(단지 "나는 죽게 될 존재다"만이 아니라 "나는 죽어 있다")에 대해 *La Voix et le Phénomène*, PUF, 1967, p. 98 이하; 『목소리와 현상』(김상록 옮김, 인간사랑, 2006), 145~146쪽 이하의 논의를 참조하기 바란다.

89 『독일 이데올로기』, 독일어판, p. 366; 영어판, p. 382.

90 같은 책, 독일어판, pp. 140, 433, 특히 211; 영어판, pp. 157, 449 및 229 참조.

91 같은 책, 독일어판, p. 139; 영어판, p. 156. [여기서 "동격apposition"이란, 감각적인 대상들을 그 대상의 참된 본질로서 정신적 이념과 동일한 것으로 놓는 것을 의미한다. 곧 개별적인 감각적 대상에서 그것의 본질을 이루는 정신적인 보편자를 추출해 내고 이것으로 감각적인 대상들을 대체하는 것을 가리킨다. 이에 따라 더 이상 개별적인 감각 대상들은 그 자체로 지각되지 않으며, 모든 대상은 일반적인 이념, 보편적인 진리라는 동격으로 대체

된다. 마르크스가 "동격들의 산술적 연쇄"——곧 감각적 대상들을 대체하는 동격들이 하나씩 더해지는 것——라고 부르는 것이 이것이다. 그리고 마르크스는 이러한 연쇄에서 사용된 방법은 "정립", 곧 개별적인 감각적 대상들을 제시한 다음, 이것들을 그것들에 해당하는 "동격"으로 대체하는 방법이라는 점을 염두에 두고, 이를 "변증법적 방법"이라고 비꼬아 표현하고 있다. 다시 말해 이러한 연쇄에서는 변증법에서처럼 "정립"과 "반정립"의 "대립opposition"을 통해 운동이 진행되는 것이 아니라, 오히려 "동격apposition"의 대체를 통해 진행된다는 것을 비꼬고 있는 셈이다.——옮긴이]

92 같은 책, 독일어판, 같은 곳; 영어판, 같은 곳.

93 물론 환영이나 판타스마phantasma라는 좁고 한정된 개념을 나타나기phainesthai의 일반성으로 환원할 수는 없다. 귀신들림의 원초적인 경험에 관심을 기울이는 유령적인 것의 현상학은, 후설의 훌륭한 논리에 따르자면, 국지적인 분과학문(예컨대 이미지의 현상학 등) 내부에서 매우 한정되고 상대적으로 파생적인 영역을 잘라 갖는다. 우리는 여기서 이러한 영역 획정의 정당성, 심지어 풍요성에 대해 이의를 제기하지 않은 채 단지 다음과 같은 점만 시사해 두고 싶다(여기서 이 길을 따라 더 나아갈 수는 없지만). 모든 유령성의 근원적 가능성은 후설이 매우 놀라운 방식으로, 하지만 또한 매우 강력하게, 현상학적 체험의 지향적인, 하지만 비내실적非內實的non réelle 구성소로 식별하는 것, 곧 노에마의 방향에서 탐구되어야 한다. 두 개의 상관항(노에시스-노에마, 형상-질료) 중에서 다른 세 가지 항들과 달리, 노에마라는 이 항의 비내실성, 곧 지향적이지만 비내실적인 포함은 세계 "속"에도 의식 "속"에도 있지 않다. 하지만 이것은 모든 경험, 모든 객관성, 모든 현상성, 곧 모든 노에시스-노에마의 상관관계——이것이 원초적인 것이든 변양된 것이든 간에——의 조건 자체다. 이것은 더 이상 국지적이지 않다. 이러한 지향적 구성소의 비내실적인 포함(내포적이면서 비내포적인 포함. 따라서 노에마는 [의식의——옮긴이] 일부를 이루지 않고서도 포함되어 있다) 없이는 어떤 발현에 대해서도, 어떤 현상성 일반(의식도 아니고 의식에 나타나는 존재자도 아닌 이러한 의식에-대한-존재, 이러한 나타나는 나타남)에 대해서도 말할 수 없을 것이다. 이러한 "비내실성", 세계와 관련한, 또 자아론적 주관성의 내실적인 소재와 관련한 그것의 독립성은 허깨비의 출현apparition의 장소 자체가 아닌가? 유령의 비국지적인, 본질적이고 일반적인 가능성이 아닌가? 이것은 또한 현상의 현상성 자체에 타자와 애도의 가능성을 기입하는 바로 그것이 아닌가?

94 같은 책, 독일어판, p. 140; 영어판, p. 157. 『독일 이데올로기』는 슈티르너 역사철학의 헤겔적인 기원을 환기하면서 또한, 슈티르너에서 나타나는 흑인이라는 또 다른 주제, 곧 "흑인의 특성Negerhaftigkeit이라는 것은 "아이"를 의미한다"는 것을 강조한다. 독일어판, p. 146; 영어판, p. 163.

95 같은 책, 독일어판, p. 140; 영어판, p. 157.

96 Platon, *République*, 555e. [이 부분의 국역본 번역은 다음과 같다. "그렇습니다. 그러나 저들 돈벌이를 일삼는 사람들은 땅만 보고 다닐 뿐, 이들을 본 체도 아니하며, 나머지 사람들 중에서 언제고 굴복해 오는 자에게 돈을 빌려 쓰게 하여 손해를 보게 하고, **원금(번 돈)의 몇 갑절이나 되는 새끼 이자를 받아 내어, 이 나라에 수벌과 거지를 양산하네.**" 『국가·정체』 (박종현 옮김, 서광사, 2005), 533쪽. 데리다가 주목하는 부분은 고딕으로 표시된 부분인데,

이것의 그리스어 원문은 "kai tou patros ekgonous tokous pollaplasious"이다. 여기서 "원금의"라고 된 "patros"는 "아버지로부터"라는 뜻도 지니고 있기 때문에, "아버지 금액"으로 이해할 수도 있다. 따라서 이 부분은 "[아버지가 많은 자손을 낳듯이―옮긴이] 원금/아버지 금액에서 몇 갑절이나 되는 새끼 이자를 받아 내어"라는 의미로 해석할 수 있으며, 데리다가 시사하는 것은 바로 이런 의미인 것으로 보인다.―옮긴이]

97 우리가 여기서 마르크스의 유산을 유령적인 것에 대한 사상, 곧 특히 공적인 것 및 (다소간 새로운) 공적인 공간에 대한 정치적 파악이라는 문제에서 환원 불가능한 가상성 virtualité(가상 공간, 가상적 대상, 합성 이미지, 유령적인 허상, 원격기술적 차이, 이념적 되풀이 (불)가능성, 현존과 부재를 넘어서는 흔적 등)을 중시하는 사상과 일치시키면서 또는 그것에 따르게 하면서 그의 유산에 대한 재긍정을 시도하고 있기 때문에, 우리는 파트리스 로로가 매우 다행스러운 정식에서 "마르크스의 저술"을 "합성 이미지"이자 "가상적 대상"이라고 말하고 있는 것을 아주 중시해야 한다. 문제는 "따라서 그 자체만으로는 가독성의 문턱을 넘어서지 않는" 마르크스주의 담론이다. 기록된 글은 "마르크스의 손" 아래, "그 글을 움켜쥐면서 향락을 느끼는[하지만 또한 그 글을 움켜쥐지 않으면서라고 덧붙여야 할 것이다. 모든 것은 이러한 또 다른 향락, 하지만 또한 똑같은 향락과 함께 시작한다.―데리다] 마르크스의 신체의 범위 안에 머물러 있지 않다. 그 다음으로는 다음과 같이 논평한다. "하지만 우리 생각으로는 출판사들은 전혀 다른 대상을 가공해 낸다. 세련된 조작의 산물인 마르크스의 텍스트는 독자에게 마르크스의 글에 대한 합성 이미지를 제공해 주어야 하는데, 왜냐하면 마르크스의 글은 하나의 가상적 대상일 뿐이어서 누구도 이를 손으로 잡을 수 없기 때문이다."(O.C., pp. 21~22) 강조는 데리다.

98 물론 『독일 이데올로기』가 (분명히 광범위하게) 발췌하고 있는 단편들, 대부분 풍자적으로 왜곡되고 있는 이 단편들을 넘어서 슈티르너를 읽어 보아야 하는데, 이는 필수적이면서도 흥미진진한 작업이 될 것이다. 또한 슈티르너의 텍스트를 관통하고 있는, 19세기에 전개된 환영이라는 주제의 전통 내지 계보를 재구성해 보아야 할 것이다. 적어도 칸트(그는 스베덴보리Swedenborg에 관심을 가지고 있었을 뿐만 아니라 초월론적 상상력의 사상가이기도 하며, 따라서 또한 환상적인 것이 감각적인 것과 가지적인 것 사이에 도입한 일체의 개념적 3항의 사상가이기도 한데, 이러한 개념적 3항들 모두는 유령성이 거처하기에 좋은 장소들이다)에서 『환영들에 대한 시론』(*Versuch über Geistersehen und was damit zusammenhängt*, 1851)의 쇼펜하우어를 거쳐, 니체―그는 슈티르너의 텍스트들을 간접적으로 알고 있었으며 1874년 바움가르트너에게 이 텍스트들에 대한 독서를 권장하게 된다―나 말라르메―그의 작품은 "아직 씌어지지 않은 페이지로서 하얀 환영 Mimique" 곁에서 밤새 지켜서 있다―에 이르는 계보를 재구성해 보아야 할 것이다. 이러한 재구성은 여기서 우리의 주제의 한계를 넘어서기 때문에 그냥 몇 구절이나마 죽 인용해 보기로 하자. "낭만주의자들은 혼령들 및 환영들에 대한 믿음의 포기를 신에 대한 신앙 자체의 공격을 나타내는 것으로 느꼈으며, 이것이 낳은 치명적인 결과를 치유하기 위해 단지 공상의 세계에 다시 생명을 불어넣었을 뿐만 아니라, 그들의 몽유병자들 및 프레보르스트의 견자見者들 등과 함께 "천상의 세계의 문을 열었다." 선량한 신자들과 교회의 신부들은 환영들에 대한 믿음을 파괴하는 것은 또한 종교에 대한 기초를 제거하는 것

이며, 종교를 그것이 번성하는 토양으로부터 분리시켜 공중에 떠다니게 하는 것이 아닌지 의심해 보지 못했다. 더 이상 환영들을 믿지 않는 사람은 자신의 무신앙을 끝까지 밀고 나가 사물들 배후에는 어떠한 특별한 존재도, 어떠한 환영이나——우리가 단어를 그 소박한 의미로 받아들인다면 이는 결국 동일한 것으로 귀착되는데——어떠한 "혼령"도 감춰져 있지 않다는 것을 깨닫게 될 뿐이다."(*L'Unique et sa Propiété et autres écrits*, tr. P. Gallissaire et A. Sauge, Bibliothèque l'Âge d'Homme, 1972, p. 107) 그리고 "유령"이라는 제목 아래 나오는 다음 인용문도 보자. "환영들과 함께 우리는 혼령들, 존재들의 왕국으로 들어서게 된다. 우주 전체에 깃들어 자기들의 비밀과 포착할 수 없는 활동을 전개하는 것은 우리가 지고한 존재라고 부르는 신비스런 유령이다. 여러 세기 동안 인간들은 이러한 존재의 본성을 인식하고, 이를 개념화하고 여기에서 실재를 발견하려는 ("신의 존재"를 증명하려는) 과제를 추구해 왔다. 그들은 유령을 비유령으로, 비실재를 실재로, 혼령/정신을 뼈와 살을 갖춘 전체적인 인격체로 변화시키려고 하면서 이러한 가공스럽고 불가능한, 그리고 끝없는 다나이데스의 노동에 매달려 있다. 그리하여 그들은 실존하는 세계 배후에서 "물자체"를, 사물 배후에서 비사물을 추구하고 있다."(p. 112)

99 『독일 이데올로기』, 독일어판, pp. 141~142; 영어판, p. 158. 따라서 마르크스는 이미 기독교 존재신학의 환상을 고발한 바 있는 성 막스의 기독교 존재신학의 환상을 고발한다. 둘 모두는 환영들을 가차 없이 뒤쫓고 있으며, 둘 모두는 환영들을 사냥하고 있다. 마르크스의 가차 없는 추적은 또 다른 가차 없는 이, 성 막스(가 쫓고 있는 것들)를 사냥하고 있다는 점을 제외한다면, 둘은 똑같다. 하지만 둘 모두는 단지 더 이상 망령을, 살아 있는 신체, 뼈와 살을 갖춘 신체인 존재자와 혼동하지 않을 뿐만 아니라, 성 막스가 잘 설명하고 있듯이, 그리스도, 곧 육화에 따라 인간이 된 신체처럼 뼈와 살을 갖추고 있는 원환영과도 혼동하지 않는 좀더 긴요한 존재론의 이름 아래 존재신학적·삼위일체적 유령을 사냥하려고 한다. 마르크스와 성 막스는 존재신학적이고 기독교적인 현상학을 문제 삼는——다른 이들은 재빨리, "해체하는"이라고 말할 것 같다——것처럼 보인다. 하지만, 둘 모두 말하듯이, 이는 이러한 현상학이 망령들에 사로잡히고, 따라서 망령들로 차 있고, 신들려 있는 한에서 그렇다. 그들의 "해체"는, 그들이, 둘 모두, 이러한 유령적인 존재신학에, 살아 있는 인격체의 뼈와 살을 갖춘 현존, 그의 존재자 그 자체, 현실적이고 비환영적인 그의 현존, 뼈와 살을 갖춘 그의 현존에 대한 초현상학적 원리를 대립시키는 바로 그 지점에서 한계에 부딪친다. 이런 불화의 프로그램은 분명 그 자체로도 흥미롭지만, 이는 또한 우리에게 오늘날 진행되고 있는 그처럼 많은 논쟁들에 대한 가상의 모델을 제공하고 있다. 이는 이런 이유 때문에도 우리에게 중요하다.

100 다시 한 번 더 마르크스가 제시하는 발췌문을 벗어나서 슈티르너의 글을 그대로 인용해 보자. "유령을 포착 가능한 것으로 만들려는 욕구 내지 무의미non-sens[원문에 프랑스어로 써어 있음——데리다]를 실현하려는 욕구는 뼈와 살을 갖춘 환영, 현실적인 신체를 부여받은 환영이나 혼령, 신체적 환영을 낳는다. 가장 강하고 가장 뛰어난 정신을 지닌 기독교인들이 이 환상적인 허깨비의 출현을 이해하기 위해 얼마나 자신들의 머리를 괴롭혔는지! 그럼에도 불구하고 두 가지 본성, 신성과 인간성, 곧 환상적인 것과 감각적인 것 사이의 모순을 해소하는 데는, 지극히 낯선 이 유령, 이 기괴한 괴물을 제거하는 데는 성

공하지 못했다. 어떠한 환영도 그처럼 많은 불안을 창조하지 못했다. (……) 오직 그리
스도와 더불어, 정확한 의미의 혼령 또는 환영은 바로 인간이라는 이 진리가 드러났다.
(……) 그때부터 인간은 더 이상 그에게 낯선 혼령들을 두려워하지 않고, 바로 자기 자신
을 두려워하게 되었다. 그는 자기 자신만을 두려워할 뿐이다. 그의 가슴 속에는 죄의 혼
령이 머물고 있어서, 가장 덧없는 생각(이는 그 자체로 하나의 혼령이다)도 악마가 될 수
있다 운운. 환영은 몸을 얻고 신은 자신을 인간으로 만들지만, 인간 그 자신은 무서운 유
령이 되며, 그는 이 유령을 인식하고 본성을 파헤치고자 하고, 사로잡고 실현하고 표현
하려고 노력한다. 인간은 혼령이다."(O.C., pp. 112~113)

101 얼마 전에 출간된『라 페뉠티엠므는 죽었다. 근대성의 유령 기록La penultième est morte.
Spectrographies de la modernité』(Champ Vallon, 1993)의 결론 부분에서 장-미셸 라바테
Jean-Michel Rabaté는 "마르크스와 엥겔스는 슈티르너의 분석이 지닌 비판적 함의를 이
해하지 못한 척한다"(p. 223)고 힘주어 지적하고 있다. 자신이 ""성 막스"를 복권"시키려
고 하는 것은 아니라고 방어하면서도, 라바테는 주목할 만하게도『유일자와 그의 소유』
를 강력한——따라서 유령기록적인——어떤 노선, 이 책의 아나키스트적 후예들만으로
는 도저히 채울 수 없는 노선(셰익스피어에서 사드, 말라르메, 조이스, 베케트에 이르는) 속
에 배치한다.

102『독일 이데올로기』, 독일어판, p. 142; 영어판, p. 158.

103『자본론』제1권 상(김수행 옮김, 비봉출판사, 1989), 1편 1장 4절; 독일어판, *Das Kapital*,
in *Karl Marx · Friedrich Engels Werke*(*MEW*), Bd. 23, Dietz Verlag, 1962.

104 "예를 들면 목재로 탁자를 만들면 목재의 형태는 변화된다. 그럼에도 불구하고 탁자는
여전히 목재이고 보통의 감각적인 물건이다. 그러나 탁자가 상품으로 무대에 등장하자
마자 그것은 초감각적인 사물로 전환된다. 그것은 단지 자신의 발로 땅을 딛고 설 뿐만
아니라 다른 모든 상품을 마주보고 머리로 거꾸로 서기도 한다. 그리고 탁자의 이 나무
머리는, 탁자가 자기 스스로 춤을 추기 시작한다는 것보다 훨씬 더 놀라운, 기이한 망상
들을 빚어낸다. 그러므로 상품의 신비한 성격은 상품의 사용가치에서 나오는 것이 아니
다."『자본』, 국역본, 90쪽; 독일어판, p. 85.

105 같은 책, 국역본, 90쪽; 독일어판, p. 85(대괄호 안 설명은 국역본에 있는 것이며, 강조는 데
리다). 편집자들과 번역자들이 해명하고 있듯이 "마르크스는 1848년 혁명 이후 유럽에
강신술에 대한 유행이 확산되었으며, 그와 동시에 [1851년에—옮긴이] 중국의 태평천
국의 난이 발발했다는 사실을 환기시키고 있다." 우리가 주목했던 것처럼 각각의 시대
는 자신의 환영(우리 역시 우리의 환영들을 갖고 있다), 자신의 경험, 자신의 고유한 매체
médium 및 고유한 유령론적인 영매靈媒média를 지니고 있긴 하지만, 신들림에 대한 "획
기적인" 역사는 존재에 대한 "획기적인" 역사와 동일한 문제들을 제기하긴 하지만(이는
우연이 아니다), 이처럼 복합적인 쟁점이 존재한다고 해서 이 주제에 대한 역사적 탐구가
금지되어서는 안 될 것이다. 이는 그저 이러한 탐구를 아주 신중한 것으로 만들 뿐이다.
예컨대 우리가 준거하고 있는 슈티르너와 마르크스, 엥겔스의 텍스트는 그들의 시대에,
간략하게 "영매적"이라고 부를 수 있는 강력한 유행에 상응——하고 대응——하는 것이
라는 점은 분명하다. 우리는 이런 유행의 사회적, 철학적, 문학적 징표들을 표시할 수 있

으며(으젠 수Eugène Sue의 『파리의 신비』에 대한 슈티르너의 관심, 빅토르 위고 및 다른 이들의 "강신술적인" 시도들을 상기해 보자), 어떤 지점까지는 그것의 역사적 독특성을 식별하고, 심지어 설명하려고 시도해 볼 수도 있다. 하지만 이를 훨씬 더 광범위한 유령학적 계열 속에 재기입하는 것을 빼먹지 말아야 할 것이다.

106 『신비한 도톨 가죽La Peau de chagrin』에 대한 경탄할 만한 독해 중에 새뮤얼 웨버는 자본이 지니고 있는, 정확히 말하면 물신의 유령적인 논리와 관련하여 지니고 있는 이러한 요괴 같은 성격, 이 살아 있는 괴물 같은 성격을 지적한다. *Unwrapping Balzac, A Reading of "La Peau de chagrin"*, University of Toronto Press, 1979, p. 86, 특히 마르크스 및 발자크에 관한 '주 1, 2, 3'을 참조.

107 『자본』, 국역본, 91쪽; 독일어판, p. 86. 번역은 수정.

108 같은 책, 국역본, 104쪽; 독일어판, p. 97.

109 같은 책, 같은 곳.

110 같은 책, 국역본, 105쪽; 독일어판, p. 98[이는 『헛소동』 3막 3장에 나오는 말이다.―옮긴이].

111 같은 책, 국역본, 106쪽; 독일어판, p. 99. 셰익스피어와는 다른 방식으로이긴 하지만, 마르크스 역시 계약 및 맹세에 관한 사상가였으므로, 그가 맹세에 관해 반어적으로 말하는 것을 참조해 둘 만하다. 『독일 이데올로기』, 독일어판, p. 145; 영어판, p. 162.

112 『자본』, 국역본, 107쪽; 독일어판, p. 100.

113 이러한 궤적을 어떻게 해석하든 간에 이는 적어도 『1844년 경제학-철학 수고』의 세번째 초고가 죽음과 감각들에 대하여, 감각들이 자신들의 실천 자체 속에서 "이론가"가 되고, 그리하여 말하자면 감각적인 것을 비감각적으로 만들고, 이렇게 해서 "주관주의 대 객관주의, 정신주의 대 유물론, 능동 대 수동" 사이의 모든 대립을 미리 허물어 버리는 방식에 대해 말하고 있는 것까지 거슬러 올라간다. 내가 보기에 이 당시 마르크스는, 그리고 그 이후에도 계속, 이러한 대립, 그 속에서 이론적인 과제만을 발견하는 철학에 의해 해결 불가능한 것으로 간주된 이 대립은 사회의 상태 및 사회적 실천에 의해 제거되며, 또 제거되어야 한다고 생각하는 것 같다. 『경제학-철학 수고』(강유원 옮김, 이론과실천, 2006), 132쪽 이하 참조.

114 『독일 이데올로기』, 독일어판, p. 144; 영어판, p. 161.

115 『자본』, 국역본, 108쪽; 독일어판, p. 100.

116 『정치경제학 비판을 위하여』, 85쪽.

117 『자본』, 국역본, 113쪽; 독일어판, p. 104.

118 같은 책, 국역본, 107쪽; 독일어판, p. 100.

119 같은 책, 같은 곳.

120 같은 책, 국역본, 117쪽; 독일어판, p. 108. [이는 『자본』 1권 1편 2장의 맨 마지막 문장인데, 원문 전체는 다음과 같다. "Das Rätsel des Geldfetischs ist daher nur das sichtbar gewordne, die Augen blendende Rätsel des Warenfetischs." 이 문장은 국역본에서는 "그러므로 화폐의 물신숭배성의 수수께끼는 상품의 물신숭배성의 수수께끼에 지나지 않는다. 그것은 화폐에서 더욱 강하게 되어 사람들의 눈을 현혹시키고 있을 따름이

다"로 옮겨져 있다. 독일어 문장을 직역한다면, "따라서 화폐의 물신의 수수께끼는, 가시적인 것이 된, 눈을 멀게 만들 것 같은 상품물신의 수수께끼일 뿐이다"로 옮길 수 있는데, "blenden"에는 "눈을 후벼 파내다"라는 의미도 들어 있다. ─옮긴이].

121 일반적인 형태의 물신화에 관해 나는 다른 곳에서 접근해 본 적이 있다. 특히 *Glas*, Galilée, 1974, pp. 51, 149, 231 및 그 이하, 249 및 그 이하, 264 및 그 이하 참조. 물신숭배와 이데올로기의 관계에 대해서는, Sarah Kofman, *Camera obscura — de l'idéologie*, Galilée, 1973 중에서 특히 돌아가는 탁자 전후의 구절(p. 21) 및 에티엔 발리바르, 『역사유물론 연구』, 앞의 책, 4장 「역사변증법에 대하여」를 참조.

122 이러한 환영적 대상성의 고유한 신체는 그것이 띠고 있는 감각적 물질성의 모습 속에서, 어떤 무차별적인 무른 실체로부터 형태를 취하고 굳어지고 세워지거나 경화되고 결정結晶되며, 어떤 무형적인 잔여물로부터 설립된다. "그러면 이번에는 노동 생산물에서 남아 있는 것을 고찰해 보자. 거기에 남아 있는 것은 이 동일한 환영 같은 대상성, 무차별적인 인간 노동의 단순한 응고물, 곧 지출 형태와는 관계없이 지출된 인간노동력의 단순한 응고물[Gallerte. 동질적인 덩어리의 모습으로서 젤라틴 ─ 데리다]뿐이다. 이것들에서 여전히 가시적으로 남아 있는 것[이것들 속에서 자신을 현시하는 모든 것Diese Dinge stellen nur noch dar ─ 데리다]은, 그것들의 생산에 인간의 노동력이 지출되었다는 점이다. 이 사물들에는 공통적인 이러한 사회적 실체가 결정되어 있다는 점에서als Krystalle, 그것들은 가치들, 상품 가치들이다." 『자본』, 국역본, 47쪽; 독일어판, p. 52(번역은 수정). 이러한 "환영적인 대상성"에 대해서는 Samuel Weber, 앞의 책을 참조할 수 있는데, 그는 발자크와 마르크스 사이에서 상품 괴물chimère-marchandise이 지닌 여성적인 성격을 정당하게 강조하고 있다(같은 책, p. 75). 사실 이 점에 관해서는 하나 이상의 징표들이 존재한다. 하지만 어떤 물신의 성별을 어떻게 고정시킬 수 있는가? 그것은 하나의 성에서 다른 성으로 넘어가지 않는가? 정지된 그것의 모습이 어떤 것이든 간에, 그것은 바로 이러한 이행의 운동이 아닌가?

방금 출간된 한 텍스트에서 토마스 키넌 역시, 다른 여러 가지 점 가운데, 이러한 "환영적 실재"에서 "숭고해지는 것들"을 분석하고 있다. "추상의 가혹함 속에서는 오직 유령들만이 살아남는다."("The Point is to (Ex)Change It", dans *Fetishism as Cultural Discourse*, éd. E. Apter & W. Pietz, Cornell University Press, 1993, p. 168)

123 이 모든 모티프에 대해 우리는 당연히 폴 비릴리오Paul Virilio의 저작 및 아직 출간되지 않은 베르나르 스티글러의 저작을 참조한다.

124 『독일 이데올로기』, 독일어판, p. 143; 영어판, pp. 160~161.

125 같은 책, 독일어판, p. 144; 영어판, p. 160.

126 왜 프로이트는 신들림에서, 두려운 낯섦Unheimlichkeit에 대한 경험의 "아마도 가장 강력한" 사례, 일종의 원형을 보는 것일까? 왜냐하면 많은 사람들에게 "죽음과 시체, 죽은 이들의 복귀, 혼령 및 유령들과mit Geistern und Gespenstern 연결되어" 있는 모든 것은 "극단적일 정도로im allerhöchsten" "두렵고 낯설게unheimlich" 보이기 때문이다. 하지만 번역자들에게는 너무나 골치 아프게도 프로이트는 이러한 주장을 다음과 같은 언급, 곧 "에스 슈푸크트es spukt"는 번역하기 아주 어렵다는 언급이 아니라, "현대의 여

러 언어들은 우리말의 "ein unheimliches Haus"[유령이 나오는 집—옮긴이]라는 표현을 ""es spukt"하는 집"[곧 "유령이 나오는" 집—옮긴이]으로 옮기는 도리밖에 없을 것이다"("(……) manche moderne Sprachen unseren Ausdruck: ein unheimliches Haus gar nicht anders wiedergeben können als durch die Umschreibung: ein Haus, in dem es spukt")라는 언급을 통해 예시하고 싶어 한다("Das Unheimliche", GW XII, pp. 254~255; 국역본, 「두려운 낯설음」, 『예술·문학·정신분석』, 정장진 옮김, 열린책들, 2004, 434~435쪽). 사실 "unheimliche"도 "es spukt" 못지않게 번역하기 까다롭다. 그리고 이는 당혹스러운, 근본적으로 이해 불가능한 번역을 낳는다. 예컨대 "(……) 현대의 여러 언어들은 우리말의 "운하임리혜unheimliche 집"이라는 표현을 귀신 들린 집으로 표현하는 수밖에 달리 도리가 없다"(tr. M. Bonaparte et E. Marty, "L'inquiétante étrangeté", dans *Essais de psychanalyse appliquée*, 1933, "Idées", NRF, pp. 194~195)와 같은 번역이라든가 또는 "(……) 오늘날 사용되는 몇몇 언어들은 독일어 표현인 "운하임리혜 unheimliche 집"을 "귀신들린 집"으로 옮기는 수밖에 없다"(Standard Edition, vol. XVII, p. 241) 같은 번역. 그 다음 프로이트가 죽음 자체에 대해 언급한 것에 대해서는, 이 주제에 관한 하이데거와 레비나스의 담론과 관련시키기 위해 다른 곳에서 다룰 생각이다(*Apories*, Galilée, 1996 참조). 환영들에 대한 다른 시대, 다른 양상, 다른 양태. 프로이트는 같은 쪽에서 당시 망령들과의 교류에 대한 훌륭한 보고들이 늘어나고 있다고 언급한다. 학문에 종사하는 섬세한 정신을 가진 사람들은, 특히 생애의 말년에 텔레파시나 영매술의 유혹에 빠져든다는 점에 그는 주목한다. 그는 텔레파시나 영매술에 대해 무언가를 알고 있었다. 그리고 햄릿이 우리의 주제가 될 것이기 때문에 좀더 정확히 지적해 두자면, 프로이트는 『맥베스』나 『줄리어스 시저』 또는 단테의 『지옥』편에 나오는 유령의 출현과 마찬가지로 『햄릿』에 나오는 유령의 출현은 두려운 낯섦Unheimlichkeit이 지닌 위력 전체를 결여하고 있다고 평가한다(O.C., p. 265; 국역본, 앞의 책, 448쪽). 이러한 유령의 출현들은 확실히 무섭고schreckhaft 음산하긴düster 하지만, 호메로스의 신들의 세계와 마찬가지로 두렵고 낯설지는 않다. 설명을 붙이자면, 곧 문학과 연극적인 허구는 두렵고 낯설지 않다는 것이다. 프로이트에 따르면 이러한 세계에서 우리는 시인들이 확립한 허구적 현실의 조건들에 우리의 판단을 맞추며, "영혼, 혼령, 유령"을, 근거 있고 정상적이고 정당한 존재자들vollberechtige Existenzen로 다루게 된다. 이 논문에 나오는 두려운 낯섦에 대한 모든 사례들이 문학에서 빌려온 사례들이라는 점을 감안할 때 정말 놀라운 주장이 아닐 수 없다!

127 프로이트와 하이데거. 『우편엽서La Carte postale』, Flammarion, 1980, p. 206에서 "엽서들"의 서명자는 이들을 두 유령처럼 한데 묶는다. "여기서 나는 프로이트와 하이데거를 '위대한 시대'의 두 위대한 환영, 두 위대한 살아남은 아버지로서 내 안에서 한데 묶는다. 그들은 서로를 몰랐지만, 내 생각에 그들은 한 쌍을 이루고 있으며, 바로 그 때문에 이 독특한 몰시간성을 이루고 있다."

망령은 항상 도래하도록, 다시 돌아오도록 요청 받고 있기 때문에, 사람들이 양식에 따라 믿는 것과는 반대로 유령에 대한 사고는 장래를 향하고 있다. 이러한 사고는 아직 도착하지 않은 것, 도착함 그 자체로부터만 도래할 수 있는 과거의 사고이며, 유산이다.

옮긴이의 글_마르크스의 유령들, 데리다의 유령들

1

여기 우리가 번역·소개하는 『마르크스의 유령들』은 굳이 소개할 필요가 없을 만큼 잘 알려진 자크 데리다의 대표적인 저작 중 한 권이다. 지난 2004년 사망하기까지 40여 년에 걸친 저술 활동 기간 동안 데리다는 80여 권의 책을 출간하고 수백 편의 글과 대담 등을 발표했으며, 여러 편의 영화에 출연했고(물론 이 영화들은 다큐멘터리나 실험적인 영화들이다),[1] 또 상당한 분량의 미간행 원고를 남겼다. 그가 남긴 책들과 논문 그리고 대담은 거의 모두 많은 토론과 주석 및 논쟁의 대상이 되었지만, 1993년에 출간된 『마르크스의 유령들』만큼 큰 화제와 논쟁을 불러일으킨 저작은 드물다. 이 책은 출간되자마자 곧바로 여러 나라 말로 번역되었고,[2] 이 책에 관한 많은 서평과 논평들이 쏟아져 나왔으며,[3] 심지어 프랑스에서는 연극으로 공연되기도 했다.[4] 따라서 『마르크스의 유령들』이 데리다의 저서들 중 가장 중요한 책이라고 할 수는 없을지 몰라도, 적어도 가장 많은 화제를 불러일으킨 저작이라고 할 수는 있을 것이다.

왜 이처럼 이 책이 큰 화제가 되었을까? 이 질문에는 크게 세 가지 측

---

1) 데리다의 저술 및 출연 영화, 그리고 데리다에 대한 논의들에 관한 (불완전하기는 하지만) 문헌 목록은 다음 인터넷 사이트를 참조할 수 있다(http://hydra.humanities.uci.edu/derrida/).
2) 심지어 영미권의 대표적인 좌파 학술지인 『뉴 레프트 리뷰New Left Review』(205, May~June 1994)에는 이 책의 영역본이 출간되기도 전에 발췌본이 미리 실리기도 했다. 우리나라에서도 지난 1996년에 이 책의 국역본이 출간된 적이 있다(『마르크스의 유령들』, 양운덕 옮김, 한뜻, 1996).

면에서 답변할 수 있다. 첫째는 이 책이 출간된 시기를 꼽을 수 있다. 1993
년은 알다시피 소련을 중심으로 한 동유럽 사회주의 국가들이 연쇄 몰
락함으로써 현존 사회주의(또는 역사적 공산주의)가 종언을 고한 지 얼
마 되지 않은 시점이며, 또한 이 책의 2장에서 데리다도 논의하고 있다시
피 프랜시스 후쿠야마의 『역사의 종말과 최후의 인간』(1992)[5]으로 대표
되는, 자본주의와 자유민주주의의 궁극적 승리에 대한 예찬이 울려 퍼지
고 있던 시기였다. 그리고 이러한 승리의 예찬에도 불구하고 걸프 전쟁
(1990~1991)을 비롯하여 유고슬라비아 전쟁(1991~2000)과 아프가니스
탄 내전(1989~) 및 수다한 아프리카 내전 등에서 볼 수 있듯이 새로운 종
류의 내전·국제전이 세계 곳곳에서 분출하기 시작하던 시기이기도 하다.
요컨대 이 책이 출간된 시기는 바로 공산주의가 몰락하고 신자유주의적
세계화가 본격적으로 전개되기 시작하던 때였다. 이처럼 마르크스주의에
대한 준거(현실 운동의 준거든 이론적 준거든 간에)의 토대가 와해된 상황
에서 데리다 같은 세계적인 철학자가 오랜 침묵을 깨고 마침내 마르크스

---

3) 이 책에 대한 비판적인 고찰로는 특히 Michael Sprinker ed., *Ghostly Demarcations*, Verso,
   1998 참조. 이 책에는 안토니오 네그리, 피에르 마슈레, 프레드릭 제임슨 같은 저명한 좌파의 이
   론가들이 『마르크스의 유령들』에 대해 쓴 비판적인 글과 더불어 이 글들에 대한 데리다의 긴 답
   변이 수록되어 있다(데리다의 답변 및 몇몇 글을 묶어 펴낸 국역본이 『마르크스주의와 해체』, 도서출
   판 길, 2009이다). 또한 "새로운 인터내셔널"을 중심으로 『마르크스의 유령들』을 특집으로 다루
   고 있는 *Parallax*, 2001, no. 3 및 "정치학자 데리다Derrida politique"라는 주제 아래 『마르크스
   의 유령들』을 중심으로 데리다를 특집 주제로 삼고 있는 *Cités: Philosophie, politique, histoire*
   30, 2007도 참조.
4) Jacques Derrida, Marc Guillaume & Jean-Pierre Vincent, *Marx en jeu*, Descartes & Cie,
   1997 참조.
5) 이 책은 『마르크스의 유령들』만큼이나(아니 그보다 훨씬 더) 신속하게 세계 여러 나라 언어로 번
   역되고 또 많이 팔려 나갔다. 학술서로서는 이례적으로 프랑스어판이나 국역본 모두 이 책이 출
   간된 같은 해(1992)에 출간되었다.

에 대한 저작을 냈다는 사실은 큰 반향을 불러일으키지 않을 수 없었다.

따라서 이 책이 큰 화제가 된 두번째 이유는, 다른 사람이 아니라 바로 데리다가 마르크스에 관한 책을 냈다는 사실에서 찾을 수 있다. 본문의 이곳저곳에서 언급하고 있듯이 데리다는 학생 시절인 1950년대부터 줄곧 좌파 진영에 속해 있었고, 또 스스로 자신을 좌파의 인물로 간주해 왔다.[6] 하지만 1980년대 말에 이르기까지 드문 몇몇 경우를 제외한다면, 그는 마르크스 및 마르크스주의 일반에 대해서는 물론이거니와 정치 이론이나 정세에 대해서 극히 말을 아꼈으며, 이러한 쟁점에 대해 발언을 하는 경우에도 매우 신중하고 유보적인 태도를 취했다.[7] 프랑스처럼 정치적인 발언과 참여가 지식인의 주요 조건이자 의무 중 하나로 간주되는 곳에서 이러한 데리다의 태도는 호응을 얻기 어려웠으며, 특히 1968년 5월 봉기 이후 맹위를 떨친 여러 좌파 지식인들에게 불신과 의혹, 비판을 받을 수밖에 없었으리라는 점은 쉽게 짐작할 수 있다. 게다가 데리다의 저작이 1970년대 말 이후 미국의 문학 이론계에서 많은 반향을 불러일으키면서 그가 이른바 예일 학파의 한 성원으로 간주되었다는 사실 역시 그의 정치적 입장에 대한 의혹을 확산시키는 데 기여했다.[8] 따라서 그가 마침내 마르크스에 대해

---

6) 1950년대 이래 프랑스의 지적·정치적 상황 속에서 데리다의 위치(그리고 이러한 상황에 대한 데리다의 평가)에 대해서는 마이클 스프린커·자크 데리다, 「자크 데리다와의 대담」, 『이론』 제4호 (1993년 봄호)를 참조할 수 있다.

7) 이를 잘 보여 주는 사례 중 하나가 마오주의적 입장을 표방하는 텔켈 그룹의 지식인들과의 대담이다. 「입장들」, 『입장들』(박성창 옮김, 솔, 1992) 참조.

8) 데리다가 국내에 수용되던 초창기(1980년대 말~1990년대 초)에는 한때 데리다가 마약 중독자라는 어이없는 소문마저 공공연히 나돌았다. 물론 이 소문은 데리다가 체코의 반체제 지식인들과 교류하던 것을 못마땅하게 생각한 체코의 당국자들이 그에게 마약 소지 혐의를 씌워 체포했던 사건이 와전된 것인데, 이는 데리다의 정치적 입장에 대한 세간의 평가가 어떤 것인지 잘 드러내주는 일화로 볼 수 있다.

입을 열었다는 사실 자체만으로도 이 책은 큰 화젯거리가 되기에 족했다.

이런 의미에서 『마르크스의 유령들』은 데리다 사상의 전개 과정에서도 중요한 의의를 지니고 있다고 할 수 있다. 데리다 자신은 줄곧 부인했지만, 많은 사람들은 1980년대 이후, 특히 1990년대 이후 데리다의 작업을 주저 없이 "정치적 전회"나 "윤리적 전회"로 특징짓고 있다. 1980년대 이전의 저작들에서는 정치적·실천적 쟁점들에 대한 침묵 내지 유보적인 태도가 두드러졌다면, 그 이후의 저술들, 특히 『법의 힘』과 『마르크스의 유령들』 이후부터 데리다는 법과 정의, 마르크스주의, 민주주의, 인권, 이주와 이민, 세계시민주의, 환대, 메시아주의(및 성서의 종교들) 등과 같은 윤리·정치적인 쟁점들을 자신의 주요 주제로 삼았을 뿐만 아니라 현실 정세의 문제들에 대해서도 계속 관심을 기울이고 발언했기 때문이다. 따라서 지나치게 단정적이고 획일적인 "전회"나 "단절"이라는 표현을 사용하는 것은 문제가 있겠지만, 적어도 우리가 1990년대 이후 데리다의 저술들을 통해서 비로소 그의 초기 작업에 담겨 있던 실천적 함의를 이해하고 또 발굴할 수 있게 되었다는 의미에서, 『마르크스의 유령들』을 비롯한 그의 "정치적" 또는 "윤리적" 저술들은 적지 않은 의의를 지니고 있다고 인정하는 것이 마땅할 것이다. 그리고 바로 이런 측면에서 이 책은 후기 데리다, 또는 1990년대 이후 데리다 작업을 나타내는 상징이라고 부르기에 부족함이 없다.

2

이 책이 화제를 불러 모은 또 다른 이유는 바로 이 책의 제목에서 짐작해 볼 수 있다. 사실 "마르크스의 유령들"이라는 제목은 여러 측면에서 볼 때

범상치 않다. 우선 마르크스를 주제로 한 책에 "유령"이라는 제목이 달려 있을뿐더러, 시종일관 유령, 망령, 환영, 허깨비 등을 중심으로 마르크스의 저작들에 관한 논의가 진행되고 있다는 점은 자못 충격적이다. 데리다 이전에 과연 누가 유령을 주제로 마르크스에 관해 한 권의 책을 쓸 수 있다고 생각했겠는가? 거의 대부분의 마르크스주의자들에게 (또한 반마르크스주의자들에게도) 유령이나 망령, 환영 따위는 마르크스(주의)에 관한 논의에서는 도저히 상상하기도 어려운 하찮고 부차적인 주제에 불과했을 것이다.[9] 하지만 데리다는 정말 대담하게도 자신의 저서에 유령들이라는 제목을 내걸었을 뿐만 아니라, 실제로 『공산당 선언』이나 『루이 보나파르트의 브뤼메르 18일』 같은 저작, 특히 『독일 이데올로기』나 『자본』 같은 핵심적인 이론적·철학적 저작에서 유령이 중요한 쟁점이 된다는 점을 밝혀내고 있다.

이처럼 매우 사소하고 주변적인 것으로 보이는 어떤 주제나 개념 또는 단어에 초점을 맞춰 이런저런 사상 체계를 분석하는 것은 어떤 측면에서 보면 데리다의 전형적인 스타일이라고 할 수 있다. 가령 『기록학에 관하여De la grammatologie』(1967)에서 데리다는 소쉬르Ferdinand de Saussure의 『일반 언어학 강의』를 분석하면서 기의나 기표 같은 중심 개념들에 주목하는 것이 아니라, "기록écriture"이라는 매우 하찮은 단어, 소쉬르 자신이 지극히 부차적인 것으로 생각했을 뿐만 아니라 데리다 이전까

<hr />

9) 프랑스의 『마르크스주의 고증 사전Dictionnaire critique du marxisme』(Gérard Bensussan · Georges Labica eds., PUF, 1982)이나 국내에도 번역되어 있는 『마르크스사상사전』(톰 보토모어 엮음, 임석진 외 옮김, 청아, 1988) 같은 유명한 마르크스주의 사전 어디에도 "유령"이라는 항목은 나타나지 않는다는 사실은 이를 단적으로 입증해 준다.

지는 누구도 철학의 주요 개념으로 간주하지 않았다는 의미에서 하찮은 이 단어가 사실은 플라톤 이래 레비스트로스까지 지속되어 온 서양의 현존의 형이상학 또는 음성 중심주의를 드러내 주는 핵심 쟁점이라는 것을 밝혀낸다. 또한 루소의 『언어의 기원에 관한 시론』에 나오는, 역시 하찮기 짝이 없는 "supplément"(보통은 "보충"을 의미하지만 데리다의 용어법에서는 "대체 보충"을 뜻한다)이라는 단어에 대한 분석을 통해 데리다는 루소에서도 역시 음성 중심주의가 나타나고 있음을 보여 주며, 더 나아가 원초적인 기원이란 사실은 불가능한 개념이라는 점을 밝혀낸다.

따라서 데리다가 유령이라는 주변적이고 하찮게 보이는 단어를 중심으로 마르크스의 저작들을 독해하고 있는 것은 오히려 매우 일관된 태도라고 할 수 있다. 그럼에도 이 책의 중심에서, 아니 첫머리에서부터 "유령들"이라는 단어가 나타난다는 사실이 놀랍고 또 의미심장한 것이라면, 이는 무엇보다 이 책의 제목이 단수인 "유령"이 아니라 복수인 "유령들"로 되어 있기 때문이다. 왜 이런 복수형의 제목이 필요했을까? 또 이런 복수형 제목이 어떤 의미에서 그처럼 중요한 것인가?

단순히 "유령"이 아니라 "유령들"이라는 복수형으로 된 제목은 마르크스의 저작, 마르크스의 사상에서 유령이나 환영, 망령, 허깨비라는 주제가 양가적인 주제였음을 시사한다. "마르크스의 유령들"이라는 제목은 한편으로는 사회주의 국가들의 몰락을 기회로 삼아 사람들이 무력화시키고 또 몰아내고자 하는 "마르크스라는 유령"을 가리킨다. 지난 150여 년 동안 전개되어 왔고, 특히 1917년 사회주의 혁명 이래 현실적인 정체政體로 존재해 왔던 마르크스주의는 이제 소련 및 동구 사회주의 국가들의 연쇄적인 몰락을 통해 마침내 종말을 고했다. 사회주의는 결국 실패한 체제로, 역사의 유물로 사라졌다. 이제는 자유민주주의만이, 자본주의만이 유일하게 현실적인 체제로 살아남아 영속할 것이다. 하지만 마르크스라는 유령은 언제든지 다시 돌아올지도 모르니, 그 환영마저 모두 몰아내자. 이 허깨비를 사라지게 하자.

하지만 데리다는 이러한 푸닥거리에도 불구하고 마르크스의 유령은 계속 다시 망령으로 돌아올 수밖에 없다고 주장한다. 왜냐하면 유령은 살아 있는 것도 죽어 있는 것도 아니고 삶과 죽음의 경계 위에서 살아가는 것인 한에서 결코 소멸할 수 없으며, 언제든지 그를 부르는 목소리가 있다면 늘 다시 돌아와 우리 앞에 나타나기 때문이다. 일견 말장난처럼 보이는 이러한 주장은 사실은 몇 가지의 의미를 함축하고 있다. 우선 마르크스(주의)가 소멸하지 않고 계속 다시 돌아올 수밖에 없다면, 이는 자본주의에 대한 비판적 분석으로서 마르크스(주의)의 이론적 유산 없이는 누구도 자본주의의 역사적 전개 과정을 제대로 분석할 수 없기 때문이다. 특히 데리다가 3장에서 말하듯이 자본주의의 궁극적인 승리에 대한 찬양에도 불구하고 오늘날의 "새로운 세계 질서" 속에서 출현하고 있는 "열 가지 재앙"(실업, 빈곤, 망명 및 이주, 경제전쟁, 자유 시장의 모순, 종족 간 전쟁, 외채 등)에 대한 분석을 위해서는 여전히 마르크스주의의 유산에 대한 상속은 필수적이다.

더 나아가 마르크스주의는 자본주의에 대한 분석 이론이기에 앞서 무엇보다도 해방의 운동이라는 이유에서도 유령처럼 되돌아올 수밖에 없다. 법적인 공정함의 질서 바깥에서, 자본주의적인 시장의 질서의 모순 속에서 억압받고 착취당하고 차별받는 타자들의 고통의 호소가 울려 퍼지는 한에서 정의에 대한 요구와 해방의 운동은 사라지지 않으며, 지난 150여

년간 해방 운동의 대명사로 존재했던 마르크스(주의)의 유령 역시 끊임없이 자유주의의 공모자들에게 악몽처럼 돌아올 수밖에 없다.

데리다는 이러한 이유들은 결국 존재론을 넘어서는 유령론의 필요성, 아니 필연성을 시사해 준다고 본다. 당·국가 체계로서 마르크스주의는 사라졌고 또한 마르크스주의 이론의 이러저러한 측면들 역시 한계에 봉착했음에도 여전히 마르크스의 정신, 마르크스주의의 유령의 명령들이 우리의 상속을 기다리고 있다면, 이는 바로 마르크스주의를 해방의 운동과 이론으로서 고취시킨 메시아주의적인 것의 차원이 여전히 삶과 죽음의 경계 위에서 살아남아 있기 때문이다. 그리고 이러한 차원을 해명하기 위해서는 생산과 노동의 존재론, 생생한 현재의 존재론을 넘어서 "유령론 hantologie"의 문제 설정이 필수적이다. 이런 의미에서 유령론은 존재론을 대체하는 좀더 포괄적이고 궁극적인 이론이기 이전에 타자들의 부름 및 호소에 대한 책임의 윤리·정치를 가리킨다고 할 수 있다.

따라서 이 책의 제목이 갖는 한 가지 의미는 마르크스에 대한, 마르크스주의에 대한 푸닥거리에 맞서 마르크스의 정신, 마르크스라는 유령이 우리들에게 부르짖는 호소에 귀를 기울이고, 그것의 명령을 상속하고 따라야 한다는 책임감의 표현이라고 할 수 있다. 데리다의 다음과 같은 주장은 이를 잘 보여 준다. "내가 인상적이고 야심적이며 필수적인 또는 모험적인 (……) 이 컬로퀴엄의 기조 강연을 하는 것은, 내가 오랫동안의 망설임 끝에, 내가 지닌 능력의 명백한 한계에도 불구하고, 영광스럽게도 베른트 매그너스가 제안한 초대를 수락한 것은, 철학적이며 학문적인 담론을 제시하기 위해서가 아니다. 이는 무엇보다도 책임을 회피하지 않기 위해서다. 좀더 정확히 말하자면, 이러한 책임의 본성에 관한 몇 가지 가설을 여러분의 토론에 부치기 위해서다. 우리의 책임은 무엇인가? 어떤 점에서 이러한 책임이 역사적인가?"

하지만 다른 한편으로 "마르크스의 유령들"이라는 제목은 또한 마르크스 자신을 끊임없이 괴롭혔던 유령들, 또 마르크스 자신이 계속 몰아내려고 했던, 하지만 결국 완전히 몰아내는 데, 소멸시키는 데 성공할 수 없었던 유령들을 가리킨다. 왜 그는 유령들을 몰아내려고 했을까? 또 왜 그는 그것들을 쫓아내는 데, 푸닥거리하는 데 성공하지 못했을까?

데리다에 따르면 이는, 공산주의라는 유령을 몰아내기 위해 공모했던 그의 적수들(『공산당 선언』이 말하는 "낡은 유럽의 열강들"이자 오늘날 "새로운 세계질서"의 지배자들)과 마찬가지로 마르크스 자신도 생생한 현실 대 가상·환영의 대립, 삶과 죽음의 대립을 신뢰했고 이러한 대립 위에 자신의 이론을 세우고 또 운동의 토대를 마련했기 때문이다. 곧 이 책의 4장에서 볼 수 있듯이 마르크스가 『공산당 선언』에서 이제 공산주의는 더 이상 하나의 유령이 아니라 "당 자체의 선언"이자 현실이라고 주장하고, 『루이 보나파르트의 브뤼메르 18일』에서는 과거의 정치 혁명과 오늘날의 "사회 혁명"을 대비시킬 수 있다고 믿었던 이유는, 공산주의야말로 과거의 모든 이데올로기, 가상, 환영과 결별하는 참된 현실의 운동이고 혁명이라고 생각했기 때문이다.

하지만 정말 공산주의는, 마르크스 그 자신은 모든 가상과 환영 및 유령과 결별할 수 있었을까? 그는 모든 유령·망령과 결말을 볼 수 있었을까? 데리다는 『독일 이데올로기』 2부에서 전개되는 마르크스와 슈티르너의 논쟁 및 『자본』 1권의 서두에 나오는 사용가치 및 물신숭배에 대한 분석을 검토하면서(이는 5장의 주요 주제다), 마르크스가 결코 유령의 논리, 신들림의 논리(데리다에 따르면 이는 또한 차이移différance의 논리이자 되풀이 (불)가능성의 논리이다)에서 벗어나지 못했으며, 다만 그것과의 단절을 (부당하게) 가정하고 있음을 보여 준다.

마르크스는 슈티르너에게, 유령과 단절하기 위해서는 유일하게 구체적인 것으로서 자아, 유일자의 신체에 의거할 것이 아니라(왜냐하면 자아의 신체는 바로 유령의 장소 그 자체이기 때문이다), 현실적인 노동 및 사회적인 실천에 근거를 두어야 한다고 충고한다. 하지만 데리다는 묻는다. 자아 또는 구체적인 개인이 그 내면에서부터 이미 유령에 신들려 있다면, 유령에서 벗어나 있는 실천이나 노동이란 어떻게 가능한가? 마르크스가 말하는 노동이나 실천은 이러한 질문을 회피하는 한 가지 방식에 불과한 것이 아닌가?

『자본』 1권의 서두에 대한 분석에서도 동일한 문제 제기는 계속된다. 마르크스는 놀라운 통찰력과 수사법으로, 평범한 나무 탁자가 어떻게 교환의 과정 속에 진입함으로써 "감각적 초감각적 사물", 곧 상품이 되는지, 따라서 마치 유령처럼 변모하는지 보여 준다. "예를 들면 목재로 탁자를 만들면 목재의 형태는 변화된다. 그럼에도 불구하고 탁자는 여전히 목재이고 보통의 감각적인 물건이다. 그러나 탁자가 상품으로 무대에 등장하자마자 그것은 초감각적인 사물로 전환된다. 그것은 단지 자신의 발로 땅을 딛고 설 뿐만 아니라 다른 모든 상품을 마주 보고 머리로 거꾸로 서기도 한다. 그리고 탁자의 이 나무 머리는, 탁자가 자기 스스로 춤을 추기 시작한다는 것보다 훨씬 더 놀라운, 기이한 망상들을 빚어낸다. 그러므로 상품의 신비한 성격은 상품의 사용가치에서 나오는 것이 아니다."[10] 하지만 다른 한편으로 그는 마치 교환가치를 갖기 이전의 사용가치, 상품이 되기 이전의 자연적이고 평범한 나무 탁자가 존재하는 것처럼 말을 하며, 또한 마치 상품들의 관계를 둘러싼 몽롱한 물신숭배의 세계는 우리가 다른 생산양식으로 넘어가자마자 곧바로 사라지는 것처럼, 이데올로기 없는, 물신숭배 없는, 따라서 환영이나 유령이 없는 세계가 존재하는 것처럼 생각한다.

그러나 데리다는 평범한 나무 탁자에는 항상 이미 상품의 신비한 성격이 기입되어 있으며, 더 나아가 사람들 사이의 사회적 관계는 항상 이미 상품들의 사회적 관계, 따라서 유령들의 사회적 관계에 의해 과잉결정되어 있다고 주장한다. 곧 상품 이전의, 교환가치 이전의 순수한 기원, 순수한 사용가치의 낙원은 존재하지 않으며, 상품 이후의, 물신숭배 이후의 가상 없는, 환영 없는 사회도 존재하지 않는 것이다.

그렇다면 우리는 과연 모든 유령과 결별해야만 하는 것일까? 일체의 망령이나 유령, 환영과 단절하는 것은 해방의 운동과 이론을 위해 필수적인 것인가? 어쨌든 유령이나 환영, 망령은 우리가 어떻게든 몰아내야만 하는 일종의 악을 가리키는 것일까? 데리다는 결코 그렇지 않다고 주장한다. 사실 이 책의 1장에서 데리다가 "시간이 이음매에서 어긋나 있다The time is out of joint"는 햄릿의 말과 아낙시만드로스의 금언에 대한 하이데거의 분석을 결합함으로써 보여 주려고 하는 것이 바로 이 점이다. 데리다는 햄릿의 말을 인과응보의 논리에 따른 복수의 다짐이나 정신분석에 의거한 오이디푸스 콤플렉스의 표현으로 해석하지 않는다. 오히려 그는 이

---

10) 『자본론』 제1권 상(김수행 옮김, 비봉출판사, 1989), 90쪽; *Das Kapital, in Karl Marx · Friedrich Engels Werke(MEW)*, Bd. 23, Dietz Verlag, 1962, p. 85. 번역 일부 수정.

것을 법적인 차원을 넘어서는 정의의 존재론 또는 정의의 유령론의 심오한 울림으로 파악한다. 곧 데리다에게 시간이 "이음매에서 어긋나" 있음은, 어떤 불순한 시대 상황을 의미하거나 시간의 질서의 일시적인 왜곡이나 일탈을 가리키는 것이 아니라, 시간의 질서 안에, 따라서 현존으로서 존재의 질서 안에 근원적인 탈구와 이접, 간극이 존재함을 뜻한다. 더 나아가 이러한 탈구와 이접, 간극은 존재자들 및 인간들이 어쩔 수 없이 감당해야 하는 불행한 숙명·악을 가리키는 것이 아니라, 메시아적인 장래가 도래하기 위한 조건이자 정의가 실행되기 위한 기회를 나타낸다. 왜냐하면 현재들의 시간적인 연속, 곧 과거 현재에서 지금 현재로, 또 지금 현재에서 미래 현재로 나아가는 연대기적인 시간의 연속적인 흐름은 계산 가능성의 질서이면서 또한 인과적인 응보의 논리에 따라 전개되는 "법, 분배의 계산, 복수 또는 징벌의 경제"인데, 시간의 흐름 안에, 존재자의 질서 안에 존재하는 근원적인 어긋남이나 간극은 계산 가능성과 응보의 질서에 균열을 냄으로써, 법적인 처벌과 보상의 논리를 넘어서는 정의의 도래를 가능하게 해 주기 때문이다.

바로 이러한 이유에서 데리다는 햄릿의 말이 하이데거가 수행한 서양 형이상학의 "해체"보다 한 걸음 더 나가 있다고 평가한다. 아낙시만드로스의 금언에 대한 분석에서 볼 수 있듯이 하이데거는 "어떤 것이 마땅히 그래야 하는 것처럼 제대로 이루어지지 않음"이나 "어긋남, 불화"를 의미하는 "아디키아adikia"를 "어떤 것의 이음매가 빠져 있는etwas ist aus den Fugen" 상태로, "무언가가 제대로 되지 않고 있는" 상태로 이해하며, 반대로 "디케Dikē"(보통 "정의"로 번역되는)는 "연결해 주고 어울리게 해 주는 이음매"로, 곧 화합의 이음매를 "허여許與하는Zugeben" 것으로 이해한다.

따라서 하이데거는 햄릿의 말과 달리, 또는 햄릿의 말에 대한 데리다의 해석과 달리 이음매가 어긋남, 이음매가 빠져 있음에서 정의의 조건을 보는 것이 아니라 오히려 그것의 반대를 보고 있다. 데리다가 하이데거는 "조화롭게 한데 모으는 또는 받아들이는 허여/일치accord(Versammlung, Fug)……에 호의적으로 기울어 있는 것 아닌가"라고 반문하는 것은 바로 이 때문이다.

　데리다는 하이데거와 달리 시간의 순서, 현존의 질서 안에 존재하는 근원적인 어긋남이야말로 계산 가능한 현존의 질서에서 벗어나 장래의 도래, 타자의 도착을 가능하게 해 주는 것이며, 이런 의미에서 정의의 조건 자체를 이룬다고 생각한다. 또한 유령이 출현하고 망령이 되돌아와 우리에게 명령을 내리는 것도 이러한 어긋남, 탈구, 이접이 만들어 내는 균열 속에서 비로소 가능하게 된다고 생각한다. 만약 이러한 어긋남과 탈구가 없다면, 마르크스의 정신도, 마르크스의 유령들도 존재하지 않을 것이며, 또한 그 정신, 그 유령의 명령들에 대한 상속도 성립할 수 없을 것이다. 따라서 마르크스의 정신들, 마르크스의 유령들에 대한 상속의 호소가 데리다의 윤리적·정치적 진정성을 표현한다면, 햄릿의 말에 대한 해석은 이 책에 담겨 있는 철학적 깊이의 정점을 이룬다고 할 수 있다.

　마지막으로 덧붙이자면, 이 책에서 주목해야 할 또 하나의 주제는 종교적인 것과 정치적인 것의 관계라는 문제다. 마르크스주의 전통에서(또는 근대성 일반에서) 종교는 사라져야 할 과거의 유물로 치부되었으며, 적어도 공적인 것의 영역에서는 더 이상 존속될 이유가 없고 또 존속되어서는 안 될 것으로 간주되었다(정교분리의 원칙). 하지만 사회주의 국가들의 몰락 이후 기독교 세계와 이슬람 세계 사이에 갈등이 증폭되고 종족 간 전쟁에 항상 종교의 문제가 결부되어 나타나고 있는 현상, 또한 특히 서양 사회 내에서 인종 문제가 계급 관계 이외에 종교적인 갈등에 의해 과잉 결정되고 있는 양상 등은 세속화된 현대 사회에서도 종교적인 것이 단지 개인의 사적 영역에 국한되어 있지 않으며, 또 그것으로 국한될 수 없다는 점을 잘 보여 준다.

데리다는 2장 및 5장의 말미에서 이러한 종교와 정치의 관계를 한편으로는 예루살렘의 전유를 둘러싼 성서의 세 가지 유일신론(유대교, 기독교, 이슬람교) 사이의 투쟁의 문제로, 다른 한편으로는 메시아주의와 메시아적인 것 사이의 관계라는 문제로 제시하고 있다. 곧 데리다는 오늘날 국내 정치나 국제 정치에서 종교적인 것은 끊임없이 유령으로서, 망령으로서 다시 출현하고 있으며, 이러한 현실 정치를 분석하기 위해서만이 아니라 해방의 정치를 사고하기 위해서도 종교의 문제는 우회할 수 없는 필수 쟁점이라는 것을 지적하고 있다. 해방의 정치, 도래할 민주주의의 정치는 과연 종교적인 원천 없이는 가능하지 않은 것인가? 그러나 그렇다 해도 역사적인 메시아주의로부터 메시아주의적인 것을 분리해 내는 것이 가능한가? 그렇다면 메시아주의적인 것이란 과연 어떤 것인가? 또 그것은 어느 정도나 종교적인 것인가? 아니 그 이전에 종교적인 것이란 과연 무엇인가? 이는 이 책에서 명시적으로 또 암묵적으로 끊임없이 제기되는 질문들이며, 『마르크스의 유령들』 이후에도 데리다가 계속 던지는 질문들이다.[11]

---

11) 비단 데리다만이 아니다. 가령 바디우나 아감벤 또는 장 뤽 낭시 등도 상이한 방식이긴 하지만 이러한 질문을 던지고 있다. Giorgio Agamben, *Il tempo che resta. Un commento alla "Lettera ai Romani"*, Bollati Boringhieri, 2000; Alain Badiou, *Saint Paul: La Fondation de l'universalisme*, PUF, 1998; Jean-Luc Nancy, *Déconstruction du christianisme: Volume 1*, La Déclosion, Galilée, 2005 등 참조.

철학자로서 데리다가 지닌 비범한 능력 중 하나는 어떤 철학자나 이론가에 대해 찬성하거나 반대하지 않고서 글을 쓸 줄 알았다는 점이다. 가령 데리다는 반플라톤주의자가 아니면서도 플라톤 철학의 음성 중심주의를 밝혀냈고, 하이데거주의자가 아니었지만 어떤 하이데거주의자도 밝혀내지 못했던 그의 철학의 숨은 면모를 드러냈으며, 니체주의자도 아니고 반니체주의자도 아닌 방식으로 니체의 양가성을 읽어 낸다. 이른바 창조적 오독(그리고 그 이면에 깔려 있는 "영향의 불안")이 철학사의 규칙 아닌 규칙으로 작용하는 것을 고려한다면, 이는 진정으로 희귀한 능력이라고 할 수 있다.

이러한 면모는 이 책에서도, 마르크스에 대해서도 여지없이 발휘되고 있다. 사실 만약 데리다가 마르크스주의자로서만 (또는 반마르크스주의자로서만) 이 책을 썼다면, 이 책이 가지는 중요성이나 의의는 훨씬 줄어들었을 것이다. 데리다가 마르크스주의 내부에서, 마르크스주의의 상속에 대한 책임을 스스로 떠맡으면서도 동시에 마르크스주의와 거리를 두고서 또는 상속이란 항상 식별과 선별을 요구한다는 점을 명시하면서, 마르크스주의자가 아닌 데리다 자신으로서 이 책을 썼기 때문에, 이 책은 마르크스주의에게, 또 마르크스주의의 역사와 이론 및 그 현재와 장래를 진지하게 생각하는 사람에게 훨씬 더 큰 기회를 제공하며, 훨씬 더 큰 장래의 가능성을 열어 놓고 있다. 1993년 출간된 이래 이 책이 마르크스주의에 관한 책으로서는 다른 어떤 책보다 더 많은 논의의 대상이 되고 있다는 점은 이를 단적으로 입증해 준다.

따라서 이 책을 읽는 독자들이 각자 떠맡아야 할 과제는, 아마도 데리다가 제기하는 문제들을 회피하거나 무시하지 않으면서 데리다와 또 다른 방식으로 이 책과 대결하는 일일 것이다. 데리다가 마르크스의 유령들을 불러내고 그것들의 목소리에 귀를 기울였듯이, 이 책을 읽으면서 이 책 속에 깃들어 있는 데리다의 유령들의 부름은 어떤 것인지, 이제 우리가 귀 기울여 볼 때가 되었다.

3

무척 단정하고 고전적인 문체로 쓰인 초기 저작들을 제외한다면, 데리다 번역에서 가장 힘든 일은 아마도, 빈번히 나타나는 데리다의 언어유희를 놓치지 않고 적절하게 살려 내는 일과 그의 문체가 지닌 고유한 리듬을 살리는 일, 이 두 가지가 아닌가 생각한다. 데리다가 수사학적 어법과 철학적인 논증을 교묘하게 결합하여 다양하게 언어유희를 하는 것은 "대체 보충"이나 "되풀이 (불)가능성" 또는 "산종散種" 같은 그의 철학의 주요 개념들을 수행적으로 실천하려는 데서 나오는, 불가피하면서 또 매우 의미심장한 철학적 태도라고 할 수 있다. 하지만 이는 그의 역자들, 특히 상이한 문자 체계를 사용하는 역자들에게는 괴롭기 짝이 없는 짐을 안겨 준다.

또 데리다는 때로는 열 줄이 넘는 긴 문장에서 같은 단어, 같은 문구를 반복함으로써 문장 전체에 리듬감을 주면서도 또한 이를 조금씩 변용하여 의미의 변화를 낳고 있는데(마치 되풀이 (불)가능성이라는 개념의 사례를 보여 주듯이), 문장의 호흡이 길지 않은 우리말 문장으로 이를 살리는 것은 좀처럼 쉽지 않은 일이었다. 그의 어법을 그대로 옮기면 그만큼 문장이 난삽해지고, 반대로 문장을 잘게 끊어 내면 데리다의 고유한 어법, 고유한 리듬은 흔적도 없이 사라지게 된다.

역자로서는 다른 무엇보다도 이 두 가지 점에 충실하려고 노력했지만, 결과가 얼마나 만족스러울지는 전혀 장담할 수가 없다. 예전에 몇 차례 『마르크스의 유령들』을 읽을 기회가 있어서 비교적 쉽게 이 책을 번역할 수 있지 않을까 생각했지만, 그건 전혀 그릇된 판단이었다. 이전의 어떤 책보다 더 힘겹고 능력에 부친 번역이었음을, 부끄럽지만 고백하지 않을 수 없다.

하지만 번역이 어려웠던 만큼 이 책의 번역은 역자 자신에게는 이 책을 새롭게 이해하는 계기가 되었으며, 그것만으로도 이 번역은 개인적으로 아주 소중한 작업이었다. 이전에 프랑스어판이나 다른 외국어로 책을 읽은 독자들에게도 이 번역본이 얼마간이나마 새로운 통찰을 제공해 줄 수 있기를 바랄 뿐이다.

4

이 책은 나의 세번째 데리다 번역서다. 내가 턱없이 부족한 능력에도 데리다 책을 세 권이나 번역하게 된 것은 10여 년 전 한 비평이론 전문지에 국내에 번역된 데리다 책들을 대상으로 주제 서평을 쓴 것이 계기였다.[12] 다섯 권의 번역서와 국내 학자들이 쓴 한 권의 논문 모음집을 대상으로 한 서평이었는데, 서평 대상이 된 대부분의 번역서가 오역으로 심하게 훼손되어 있는 것을 보고 큰 실망을 느꼈고 또 충격을 받았다. 그 뒤에도 데리다 책들은 여러 권이 더 번역되었지만, 일부를 제외하고는 번역의 질은 결코 좋아졌다고 할 수 없는 형편이다.

이렇게 데리다 번역서들에서 많은 문제점이 노출되는 것은, 일차적으

---

12) 「차이에서 유령론으로」, 『현대비평과 이론』 제14호(1997년 가을·겨울호) 참조.

로 데리다 연구자들 및 전공자들에게 책임이 돌아갈 수밖에 없다. 데리다가 고국보다 더 큰 영향력을 발휘했던 미국의 경우(다른 나라의 경우도 마찬가지이긴 하지만), 대부분의 번역은 전문가들(그들 중 상당수는 독창적인 이론가들로 활동하고 있기도 하다)이 맡고 있으며, 또 데리다에 대한 논의도 그 번역서들을 중심으로 이루어진다. 이런 식의 논의 구조는 번역의 질을 한층 더 높일 뿐만 아니라 데리다에 대한 논의를 훨씬 더 생산적이게 만들고 또 미국의 이론적 맥락 속에 더 밀접하게 연결시켜 준다. 따라서 이는 너무나 당연한 방식이며 바람직한 태도라고 할 수 있다.

하지만 국내에서는 (이는 비단 데리다에만 해당하는 것은 아니다) 좋은 번역서가 존재한다 해도 굳이 원서를 인용해서 논의를 할 뿐만 아니라, 프랑스어 해독 능력이 없는 경우에는 영어판이나 독일어판, 일본어판 같은 각종 외국어판본을 인용해서 글을 쓴다. 이 경우 기존에 나와 있는 번역본에 대한 검토가 이루어질 수 없는 것은 물론이거니와 서로 다른 판본을 바탕으로 삼아 데리다의 주요 개념이나 용어들을 서로 다른 식으로 번역해서 사용하는 일이 일어나게 된다(더욱이 대부분의 경우 왜 그런 식으로 번역을 하는지 아무런 논거도 제시하지 않는다). 또 대개는 미국이나 독일 또는 심지어 일본 내의 논의를 그대로 모방하거나 수용하여 논의를 전개하게 된다. 데리다 국역본 중 상당수가 심한 오역으로 훼손되고 있어도 데리다 전문가들로부터 아무런 비판이나 문제 제기도 나오지 않는 것이나, 데리다에 대한 논의가 다소 산발적으로 이루어지는 것은 어찌 보면 당연한 결과라고 할 수 있다.

국내에서 데리다에 관한 독서와 연구가 좀더 효과적이고 생산적으로 이루어지기 위해서는 기존의 수용 및 논의 방식에 대한 좀더 진지한 반성과 전환의 모색이 필요하다고 생각한다(반복하거니와 이는 비단 데리다에만 해당하는 것은 아니다). 그 일환으로 우선 이 번역본에 대한 좀더 치밀하고 날카로운 문제 제기와 비판이 이루어지기를 기대해 본다.

5

이국의 땅, 그것도 데리다가 오랫동안 살고 사고하고 저술하고 죽었던 땅에서 그의 저서를 번역하는 일은 남다른 감회를 느끼게 했지만, 또 그에 못지않은 불편함을 가져다주기도 했다. 나를 대신해서 번역과 관련된 이런저런 번거로운 일을 맡아 해 준 친구 한형식과 후배 박지선에게 고마움을 전한다. 한없이 늦어지는 원고를 기다리면서 조바심을 친 이제이북스 여러분들에게도 사과와 감사의 말을 함께 건네고 싶다. 그들이 마음을 졸인 만큼 독자들에게는 좀더 편안하게 다가갈 수 있는 번역이 되었으면 한다.

프랑스 리옹에서

옮긴이

2판 옮긴이 후기

지난 2004년 자크 데리다가 사망하므로, 1960년대에 시작된 이른바 '구조주의 운동'(여기에는 좁은 의미의 구조주의만이 아니라 이른바 '포스트 구조주의' 역시 포함된다)은 막을 내리게 되었다. 20세기 후반의 철학 및 인문사회과학, 그리고 예술의 향방을 규정했던 이 거대한 사상 운동은 앞으로 사상사가 및 지성사가들을 무척 바쁘게 만들 것이다.

구조주의 운동은 기호학, 정신분석, 마르크스주의라는 세 가지의 '이단적 과학'을 때로는 숙주로 삼고, 때로는 표적으로 삼아 전개되었다. 그런데 약 50여 년의 시간적 거리를 두고 살펴보면, 이 운동에서 진정한 쉬볼렛으로 기능했던 것은 바로 마르크스주의가 아니었는지 자문하게 된다. 하지만 그것은 실로 이상한 종류의 쉬볼렛이었다. 다소 단순화하자면, 그 운동의 초기에 마르크스주의는 이 운동의 가담자들과 그 적수를 가늠하는 암호였다. 이들 중 상당수가 프랑스 공산당을 경멸했던 이유는 그것이 진정한 마르크스주의 정당이 아니기 때문이었다. 그런데 어느 시점부터 마르크스주의는 이 운동이 거리를 두어야 하는, 그리고 필경 떨쳐 버리고 지워 버려야 하는 어떤 것이 되었다. 마르크스주의와 경쟁하거나 그것을 대체하는, 또는 그것을 일부로 포함하는 새로운 이론을 만들어 내는 것이 그 대표자들의 주요 목표가 되었다. 마르크스주의의 쇄신을 화두(중 하나)로 삼던 운동이, 결국 '반反마르크스주의'로 또는 '마르크스주의-이후'

로 귀착된 것이다. 그런 만큼 많은 마르크스주의자들이 구조주의 운동 또는 그 영미식 판본이라고 할 수 있는 '포스트 담론'을 증오하거나 경원한 것은 이유가 없는 것이 아니다.

*

매우 단순하게 축약되긴 했지만 이런 배경을 염두에 두고 본다면, 지난 1993년에 출간된 『마르크스의 유령들』은 여러모로 이례적인 저작이라고 할 수 있다. 그것은 이 책이 베를린 장벽이 무너지고 현실 사회주의 체제가 붕괴한 직후에 출간되었으며, 또한 구조주의 운동이 거의 막바지에 이른 무렵에 나왔기 때문이다. 더욱이 이 책은 마르크스주의에 작별을 고하기 위한 것이 아니라, 그 나름의 방식으로 마르크스주의의 유산을 상속하는 것을 목표로 삼고 있다.

스스로 『마르크스의 유령들』을 '때맞지 않는' 또는 '시대에 거스르는' 저작이라고 불렀을 때 데리다 자신도 염두에 두고 있었겠지만, 역자로서는 바로 이 점이 이 책을 여전히 우회하기 어려운 저작으로, 그 어느 때보다 깊은 현재성을 지닌 저작으로 만드는 것이 아닌가 생각한다. 좀더 정확히 말하면, 마르크스주의와 구조주의 운동 양자를 모두 포기하지 않는 이들에게, 이 두 가지 유산 및 그것들 사이의 갈등과 차이를 오늘날 정치를 새롭게 사고하기 위한 공동의 유산으로 받아들이는 이들에게, 『마르크스의 유령들』은 피할 수 없는 하나의 도전이라고 할 수 있다. 이 책이 아무쪼록 국내에서 의미 있는 흔적들을 남길 수 있기를 바란다.

*

이미 1996년에 국내에 출간된 바 있는 이 책을 역자가 2007년에 다시 번역해서 책을 낼 수 있었던 것은 도서출판 이제이북스 전응주 사장의 후의 덕분이었다. 그 뒤 초판 번역에서 드러났던 몇 가지 오역을 수정하고 문장들을 새로 다듬어 이렇게 다시 2판 번역을 낼 수 있게 된 것은 그린비출판사 여러분들의 우정 덕분이다. 유재건 전前 사장과 김현경 전前 주간, 그리고 박순기 현 대표 및 편집부 여러분들의 애정에 힘입어 이 번역이 다시 한 번 빛을 보게 되었다. 그분들 모두에게 깊이 감사드린다.

초판 번역이 절판된 이후 많은 독자분들이 재출간 일정을 문의해 준 바 있다. 그때마다 곧 출간될 것이라고 본의 아닌 거짓말을 해 왔는데, 이제야 마음의 짐을 덜게 되었다.

2014년 7월 안암동 연구실에서
옮긴이

용어 해설

경계 위에서의 삶 survie

프랑스어에서 "survie"는 보통 "생존"이나 "살아남기" 또는 "사후의 삶"을 뜻한다. 그러나 이런 일반적인 용법만으로는 데리다가 사용하는 이 개념의 의미를 충분히 해명하기 어렵다. 이 책 및 다른 곳에서 데리다는 이 개념을 주로 유령이나 망령, 환영들에게 고유한 삶의 양식을 가리키기 위해 사용하고 있다. 이 경우 "survie"는 "sur-vie"로 분철되는데, 이때 "sur"는 "~위에 있음", 특히 삶과 죽음의 경계, 존재와 비존재의 경계 같은 이원적 대립의 경계 위에 있음을 의미한다. 그리고 "vie"는 이러한 대립 쌍 중 어느 하나에 속하지 않고 그것의 경계 위에서 존속하고 살아가는 것을 가리킨다.

이러한 의미로 이해하면 "sur-vie", 곧 "경계 위에서의 삶"은 삶과 죽음의 대립으로 환원되지 않고, 삶과 죽음의 경계 위에 놓여 있는 삶의 양식을 가리킨다. 사실 유령이라는 존재자 또는 "사물Chose"(데리다는 유령을 가리키기 위해 대문자로 쓴 "Chose"라는 단어를 즐겨 사용한다)은 생물학적으로 이미 죽었다는 의미에서 더 이상 살아 있다고 할 수 없지만, 그럼에도 소멸하지 않고 계속해서 되돌아오고 출몰한다는 점에서는 여전히 살아 있는 어떤 것이라고 할 수 있다.

하지만 경계 위에서의 삶이 반드시 문자 그대로의 유령에만 한정된다고 볼 이유는 없을 것이다. "현실 세계"에도 이런 의미의 유령 같은, 경계 위에서의 삶을 영위하는 존재자들이 많이 존재하기 때문이다. 가령 이주 자들, 특히 합법적인 체류증을 얻지 못한 채 은밀하게 숨어서 생활하는 수 많은 불법 이주자들은, 시민으로서, 인간으로서의 삶을 제대로 영위하지 못한다는 의미에서는 살아 있는 존재자들이 아니지만, 반대로 엄밀히 살 아 있으며 더욱이 그 사회의 모순을 집약적으로 구현한 채 살아가고 있다 는 의미에서는 결코 죽은 존재자들이라고 할 수 없다. 따라서 이들은 모두 유령으로서, 환영으로서 경계 위에서의 삶을 영위하는 이들이라고 할 수 있다.

경계 위에서의 삶이라는 개념은 철학적으로는 존재론의 한계를 넘어 서는 유령론의 필요성을 함축하고 있다. 존재와 비존재, 생명과 비생명이 라는 대립에 기반을 둔 존재론으로는, 존재자에도 비존재자에도 속하지 않고 생명체도 비생명체도 아니지만 다양한 효과를 산출하고 여러 사건 을 불러일으키는 어떤 것들, 곧 유령들을 제대로 해명할 수 없기 때문이다. 이 책에서 데리다는 여러 번 이러한 유령론의 필요성을 시사한다. 가령 다 음과 같은 구절에서 이를 엿볼 수 있다. "죽음을 향해서가 아니라, **경계 위 에서의 삶**을 향해, 곧 삶이나 죽음이 그것의 흔적들이며 흔적의 흔적들일 어떤 흔적을 향해, 그것의 가능성이 미리, 현재 살아 있는 것/생생한 현재 및 모든 현실성의 자기 동일성을 어긋나게 하거나 어그러지게 한 어떤 경 계 위에서의 삶을 향해."(강조는 데리다. 본문 15~16쪽) 다음 구절도 마찬 가지다. "비록 마르크스가 유령의 종별성을 사회경제적 계보학이나 노동 과 생산의 철학 속에 기입하는 것처럼 보이기는 하지만, 이러한 종별성은 상상의 심리학이나 상상적인 것의 정신분석, 또는 존재론이나 비非존재론

mé-ontologie으로부터 도출될 수 없다. 이 모든 연역은 유령적인 경계 위에서의 삶의 가능성을 전제한다."(본문 288쪽)

더 나아가 이 개념은 실천적인 측면에서 본다면 정의의 문제를 살아 있는 존재자들에게 한정하지 말고 이미 죽은 존재자들이나 아직 태어나지 않은 존재자들에게까지 확장해야 할 필요성도 함축하고 있다. 햄릿에게 부여된 복수의 의무 또는 좀더 정확히 말하면 어긋난 시간을 바로잡고 정의를 구현해야 할 책임이나, 마르크스의 유령들의 유산을 상속해야 할 책임 등이 이미 이를 가리키고 있으며, 아직 태어나지 않은 우리의 후손들에 대한 생태학적 책임 같은 것 역시 이를 함축한다.

되풀이 (불)가능성itérabilité

프랑스어에서 itération은 같은 행위를 "반복, 되풀이"하는 것을 의미하며, 여기에서 나온 동사 réitérer 역시 "반복하다, 되풀이하다"를 의미한다. 따라서 itérabilité는 관용적인 의미로 본다면 반복 가능성과 다른 의미가 아니다. 하지만 데리다는 iter라는 접두어가 "다른"이라는 의미를 갖고 있는 산스크리트어 itara에서 유래했다는 사실에 주목하여, itération을 altération, 곧 "변형"이나 "타자화"의 의미로도 사용하고 있다("Signature, événement, contexte", in *Marges — de la philosophie*, Minuit, 1972 참조). 따라서 itérabilité는 반복 가능성이라는 의미와 더불어 차이화 가능성이라는 의미를 동시에 포함하는 개념이며, 반복 속의 차이 내지는 **반복을 가능하게 해 주는 차이**를 뜻한다. 좀더 구체적으로 말하면 itérabilité, 곧 되풀이 (불)가능성 개념은 다음과 같이 이해할 수 있다.

우선 되풀이 (불)가능성 개념은 언어 및 소통의 성격에 대한 매우 새로운 관점을 제시해 준다. 되풀이 (불)가능성 개념이 문제 삼고 있는 전통적인 언어관(이는 아리스토텔레스로 거슬러 올라간다)에 따르면 언어가 성립하기 위해서는 각각의 단어는 일의성—意性을 지니고 있어야 한다. 그러나 이러한 일의성의 요구는 단어의 다의성과 양립 불가능한 것은 아니며, 무한하게 다의적이지 않는 한 경험적 다의성은 얼마든지 원칙적 일의성과 양립할 수 있다. 데리다에 따르면 언어의 일의성에 대한 이러한 요구는 이념적인 형상, 곧 어떤 상황에서든 동일성이 식별되고 유지될 수 있는 보편적 본질·형상으로 표현된다. 무한하게 많은 맥락이나 상황에서 동일하게 반복될 수 있는 이 보편적 본질·형상에 의해 비로소 의미의 가능성 및 소통 가능성이 획득될 수 있다. 데리다 역시 동일하게 반복될 수 있는 이 본질·형상에 의해 언어가 성립할 수 있다는 이러한 관점을 수용한다.

전통적인 관점에 대해 데리다가 새로 추가하는 것은 이러한 본질·형상의 itérabilité, 곧 무한히 많은 상이한 상황들이나 맥락들에서 동일한 것으로서 되풀이될 수 있음은 항상 이미 자신 안에 선험적으로 변화 내지 타자화의 가능성을 포함하고 있다는 점이다. 다시 말해 우리가 어떤 언어행위를 할 때 이 언어행위 자체는 항상 자신의 가능성의 조건으로서 다른 언어행위의 가능성을 내포하고 있으며, 이는 단순히 언어행위의 사실적인 조건에 그치는 것이 아니라 원칙적인 조건을 이룬다. 이런 의미에서 데리다는 "되풀이의 구조는 [……] 동일성과 차이를 동시에 함축한다. 가장 '순수한' 되풀이 ―하지만 이는 결코 순수하지 않다 ―는 그 자체 안에 자신을 되풀이로 구성하는 어떤 차이의 간극을 포함한다. 어떤 요소의 되풀이 (불)가능성은 자기 자신의 동일성을 선험적으로 분할한다. 심지어 이 동일성이 다른 요소들에 대한 차이화의 관계를 통해서만 자기 자신을 규정하거나 한정할 수 있다는 점, 따라서 이는 이러한 차이의 표시를 지니고 있다는 점은 고려하지 않는다 하더라도 그렇다"(Derrida, *Limited Inc*, Galilée, 1990, p. 105. 강조는 데리다)라고 말하고 있다.

이렇게 이해된 되풀이 (불)가능성이라는 개념은 필연적으로 기록 écriture에 대한 새로운 관점을 요구한다. 전통적으로 기록은 말을 통한 의사전달의 범위를 훨씬 넘어서는 소통을 위한 기술적 **도구**라는 의미로 이해되었다. 이는 다시 말하자면 기록은 현재 이곳에 부재하는 수신자에게 사고 내용을 전달하기 위한 도구, 따라서 전달해야 할 내용을 가급적 정확하게 전달하고 재현하는 것을 본성으로 하는 도구에 불과하다는 것을 뜻한다. 그러나 데리다가 보기에 이는 **경험적** 부재의 한계 내에서, 따라서 여전히 현존의 형이상학의 한계 내에서 이해된 기록 개념에 불과하다. 오히려 기록이 함축하는 것은 수신자의 절대적 부재, 나아가 **송신자인 나 자신의 부재 속에서도 가능해야 하는** 소통의 개념이다. 예컨대 내가 이러저러한 서류나 수표, 책 등에 해 놓은 서명은 한편으로는 나를 대표하며, 따라서 나의 현존을 전제하는 듯 보이지만, 다른 한편으로 이 서명은 그것이 **나를 대표하거나 대리한다는 바로 그 이유 때문에** 원칙적으로 나의 부재 가능성을 전제하고 있는 것이다. 이런 의미의 소통은 송신자와 수신자의 **절대적 부재의 가능성**을 자신 안에 포함하고 있으며, 이러한 부재의 가능성 내에서 되풀이될 수 있어야 한다. 그리고 이러한 되풀이 (불)가능성의 기록학적 토대가 바로 기록이다. 이러한 측면에서 볼 때 되풀이 (불)가능성의 개념은 데리다 철학의 고유한 특징을 가장 잘 보여 주는 개념 중 하나라고 할 수 있다.

마지막으로 우리가 "itérabilité"를 "되풀이 (불)가능성"으로 옮긴 것은 다음과 같은 이유 때문이다. 앞서 본 것처럼 이 개념은 보편적인 본질·

형식의 되풀이나 반복을 가능하게 해 주는 것이 동시에 이것의 동일한 되풀이나 반복을 불가능하게 한다는 것을 의미한다. 따라서 이 개념의 핵심은 **가능성과 불가능성의 동시성**(시간적인 의미가 아니라 논리적·구조적인 의미에서) 내지는 **가능성의 조건과 불가능성의 조건의 동일성**에 있다. 이렇게 볼 때 "itérabilité"에 대한 적절한 역어는 무엇보다도 가능성과 불가능성이라는 규정을 모두 담고 있어야 한다. 더 나아가 우리가 불가능성의 경우 특별히 (불)이라고 괄호를 친 이유는 첫째, 일상적인 어법을 전제한 가운데 그 어법 내에서 작동하고 있는 해체의 움직임을 보여 주려는 데리다 특유의 논의 방식을 존중하려는 의도이며, 둘째, 여기서 문제가 되는 사태는 완전히 현행화되지 않은 **가능성** 또는 오히려 **잠재성**virtualité의 사태라는 점을 고려해서다. 따라서 일반 독자들에게는 다소 어려운 용어이겠지만, 이 용어는 기본적으로 반복 속의 차이 내지는 반복을 가능하게 해 주는 차이를 의미한다는 점을 유념하기 바란다.

메시아주의messianisme-**메시아적인 것**messianique

메시아주의와 메시아적인 것의 구분은 90년대 데리다 철학을 이해하기 위해 필수적인 요소 중 하나다. 데리다는 발터 벤야민의 「역사 개념에 대하여Über den Begriff der Geschichte」에 나오는 "약한 메시아적 힘eine schwache mesianische Kraft"이라는 말에서 시사를 받아, 한편으로는 모든 해방 운동의 유사 초월론적 토대를 가리키기 위해, 다른 한편으로는 유대교, 기독교, 이슬람교와 같이 성서에 기초한 세 가지 보편 종교를 해체하기 위해 이 개념들을 사용하고 있다. 데리다는 이 책에서 처음 이러한 구분을 도입했으며, 그 뒤 몇 번에 걸쳐 이러한 구분에 관한 자신의 입장을 해명하고 있다.

데리다에게 메시아적인 것은 무엇보다 해방의 경험의 보편적 구조를 가리킨다. "만약 메시아적인 호소가 보편적인 구조에 고유하게 속하는 것이라면, 장래로 열어 가는 역사의 환원 불가능한 운동에, 따라서 경험 그 자체 및 그 언어(기다림, 약속, 도래하는 것의 사건에 대한 참여, 임박함, 긴급함, 구원에 대한, 법을 넘어서는 정의에 대한 절박한 요구, 현존하지 않는, 현재 현존하지 않거나 살아 있지 않은 것으로서 타자에게 바친 서약 등)에 고유하게 속하는 것이라면, 어떻게 이것을 아브라함 식의 메시아주의의 모습들과 **함께 사고할 것인가?**"(본문 322~323쪽) 그런데 이것이 보편적 구조라면, 이는 역사적으로 규정된 메시아주의, 특히 종교적 메시아주의들과 구분될 수 있어야 하며, 더 나아가 어떻게 이것이 역사적으로 규정된 형태의 메시아주의로 표현될 **수밖에 없었는지**, 그 이유와 메커니즘, 한계가 무엇인지 해명되어야 한다.

데리다가 이런 문제들에 관해 가장 명료하게 진술하고 있는 곳은 1994년 미국의 빌라노바 대학(Villanova University)에서 이루어진 한 좌담인데, 역자가 다른 말을 덧붙이는 것보다 데리다의 발언을 그대로 인용하는 게 가장 좋을 것 같다. "내가 『마르크스의 유령들』에서 메시아주의와 구분되는 메시아성에 관해 강조한 것은 메시아적 구조가 보편적 구조임을 보여 주기 위해서였다. 여러분이 타자에게 말을 걸자마자, 여러분이 장래에 개방되자마자, 여러분이 장래를 기다리는 것, 어떤 이의 도래를 기다리는 것의 시간적 경험을 갖자마자 [경험하게 되는 것], 그것은 바로 경험의 개방이다. 누군가가 도래하고 있고, 지금 도래하고 있다. 정의와 평화는 이러한 타자의 도래 및 약속과 관련을 맺어야 할 것이다. 내가 내 입을 열자마자 나는 어떤 것을 약속하고 있다. [……] 비록 내가 거짓을 말한다 하더라도 나의 거짓말의 조건은 내가 여러분에게 진리를 말할 것을 약속한다는 점이다. 따라서 약속은 여느 언어행위 중 한 가지에 불과한 게 아니다. 모든 언어행위는 기본적으로 하나의 약속이다. 약속의 보편적 구조 및 장래에 대한, 도래에 대한 기대의 보편적 구조, 그리고 이러한 도래에 대한 기대가 정의와 관련되어 있다는 사실이야말로 내가 메시아적 구조라고 부르는 것이다. 이 메시아적 구조는 이른바 메시아주의들로, 곧 유대교적이거나 기독교적인 또는 이슬람교적인 메시아주의로, 이 메시아의 규정된 모습과 형태들로 국한되지 않는다. 여러분이 메시아적 구조를 메시아주의로 환원하자마자 여러분은 보편성을 환원시키고[제거하고] 있는 셈이며, 이는 중대한 정치적 결과를 낳게 된다. 이렇게 되면 여러분은 여러 가지 전통 중 한 전통을 신임하고, 선택받은 국민 및 [……] 어떤 주어져 있는 근본주의를 신임하는 셈이다. 이 때문에 나는, 매우 미묘한 것처럼 보이긴 하지만, 메시아적인 것과 메시아주의 사이의 차이가 매우 중요하다고 생각한다. [……]

이제 다음과 같은 점을 지적하면서 논의를 끝내기로 하자. 종교들, 예컨대 성경의 종교들은 이러한 일반 구조, 곧 메시아성의 특수한 사례들에 불과한가에 관한 문제 ── 이는 내게는 진실로 문제이며, 수수께끼이다 ── 는 여전히 남아 있다. 경험의 구조로서 메시아성의 일반 구조가 존재하며, 이러한 토대 없는 토대 위에 계시들이 존재해 왔다(이는 우리가 유대교, 기독교 등으로 부르는 하나의 역사다). 이는 한 가지 가능성이며, 이 경우 여러분은 스타일 상 하이데거 식의 태도를 취하게 될 것이다. 곧 여러분은 종교들이 그 위에서 가능했던, 토대 없는 토대 위에서 메시아성의 구조를 기술하기 위해 이러한 종교들로부터 종교의 가능성의 기초적인 존재론적 조건들로 거슬러 올라가야 할 것이다.

이것이 한 가지 가설이다. 다른 가설 — 고백하건대, 나는 이 두 가지 가능성 사이에서 망설이고 있다 — 은 계시의 사건들, 성서의 전통들, 곧 유대, 기독교, 이슬람 전통들은 절대적 사건들이며, 이러한 메시아성을 드러내 줄 환원 불가능한 사건들이다. 우리는 메시아주의가 없다면, 아브라함, 모세, 예수 그리스도 등과 같은 사건들이 없었다면 메시아성이 무엇인지 알지 못할 것이다. 이 경우에는 독특한 사건들이 이러한 보편적 가능성들을 드러내거나 계시해 줄 것이며, 오직 이런 조건 하에서 우리는 메시아성을 기술할 수 있다. 마땅히 나는 이 두 가지 가능성 사이에서 동요하고 있음을 고백해야 하며, 내 생각에는 양자를 동시에 이해할 수 있는, 두 가지 가능성을 공정하게 취급할 수 있는 어떤 다른 도식이 구성되어야 한다. 이 때문에 — 아마도 이는 좋은 이유는 아닐 것이며, 언젠가 나는 이를 포기하게 될 것이다 — 당분간 나는 '메시아적'이라는 말을 계속 사용할 것이다. 비록 메시아주의와 다르다 할지라도 메시아적인 것은 메시아에 준거하고 있다." John Caputo ed., *Deconstruction in a Nutschell*, Fordham University Press, 1996, pp. 22~24.

애도 작업travail de deuil

애도 작업은 데리다의 정신분석 수용 및 변용에서 핵심적인 위치를 차지하는 개념 중 하나이며, 더 나아가 주체와 타자의 관계 및 관계 개념 일반에 대한 데리다의 사유의 특징을 가장 잘 드러내 주는 개념이다.

프로이트는 「애도와 우울증Trauer und Melancholia」(1917)이라는 글

에서 애도 작업을 사랑하는 대상으로부터 점차적으로 리비도를 분리시키는 것으로 규정하고 있다. 반대로 이러한 정상적인 애도 작업이 제대로 수행되지 못하고 자아의 일부가 상실된 대상과 동일화될 때, 그리고 자아가 이 자신의 일부를 외부 대상으로 취급할 때 자아는 상실된 대상을 자기 자신의 일부분의 상실로 받아들이게 되며, 여기에서 우울증이 일어나게 된다.

데리다의 친구였던 니콜라스 아브라함Nicholas Abraham과 마리아 토록Maria Torok(저명한 정신분석사가 엘리자베트 루디네스코Elisabeth Roudinesco는 이들의 정신분석학이 데리다의 관점과 제일 가깝다고 지적한 바 있다)은 비정상적인 애도 작업, 즉 우울증에 대한 새로운 개념화를 통해 이러한 프로이트의 관점을 수정한다(Nicholas Abraham & Maria Torok, *Le Verbier de l'homme aux loups, precede de "Fors"*, Flammarion, 1976; *L'Ecorce et le noyau*, Flammarion, 1987 참조). 이들은 프로이트가 상실된 대상과의 동일화로 간주한 것을, 타자를 자아의 내부에 위치한 일종의 지하 납골당 안에 안치하는 것으로 개념화할 것을 제안한다. 이는 다시 말하자면 자아가 자신의 내부에 "합법적인 묘소"를 마련함으로써 타자의 시신을 안치하고 이를 통해 이미 상실된 타자의 죽음 이후의 삶을 계속 유지시키고, 더 나아가 자신의 동일성을 이 타자가 죽은 이후의 삶과의 동일화로 대체한다는 것을 의미한다.

데리다에 따르면 이들의 작업의 중요성은, 비록 충분하게 전개되지는 못했지만, 정상적인 애도와 병리적인 애도의 경계를 문제 삼는다는 데 있으며, 더 나아가 이를 통해 자아 또는 주체와 타자 사이의 관계에 대한 새로운 이해의 실마리를 제공해 준다는 데 있다. 이런 관점에서 볼 때 데리다에게 특히 중요한 것은 이들이 프로이트를 비롯한 대부분의 정신분석가들이 동일시했던 입사入射introjection와 합체incorporation라는 개념을 분명히 구분하고 이를 정상적인 애도 작업과 실패한 애도 작업, 또는 납골과 각각 결부시켰다는 점이다. 아브라함과 토록에 따르면 입사는 적절한 상징화 과정을 통해 부재, 간극의 장애를 극복하고 이를 통해 **자아를 강화하고 확장**하는 데 있으며, 따라서 이는 정상적인 애도 작업과 결부되어 있다. 반면 근원적으로 환상적인 성격을 지니는 합체는 대상의 부재를 상징화과정을 통해 **은유화**하지 못하고 이 대상을 **탈은유화**해서 자아 안으로 삼켜 버리며(이른바 식인성食人性 합체), 더 나아가 이를 납골당 안에 안치시키고 이 합체된 대상과 스스로를 동일화한다.

데리다는 이처럼 아브라함과 토록이 입사와 합체를 구분하고 납골이라는 개념을 도입함으로써 비정상적인, 또는 실패한 애도 작업에 대한 새로운 이해를 가능하게 한 점을 높게 평가하지만 동시에 이러한 구분은 제한적인 의미만을 지니고 있다는 점도 지적하고 있다. 이는 이러한 구분이 정상적인 애도와 병리적인 애도, 또는 성공한 애도와 실패한 애도의 구분을 지속시킬 수 있기 때문이다. 데리다가 보기에 애도 작업은 본질적으로 타자를 상징적·이상적으로 내면화하는 것, 곧 타자를 자아의 상징 구조 안으로 동일화하는 것을 의미한다. 이런 측면에서 본다면 소위 정상적 애도, 성공적인 애도는 타자의 타자성을 제거한다는 의미에서 타자에 대한 심각한 (상징적) 폭력을 함축하고 있다. 따라서 데리다가 보기에 애도가 타자에 대한 존중, 타자에 대한 충실한 기억을 목표로 하는 이상, 정상적 애도는 실패한 애도, 불충실한 애도일 수밖에 없다. 그렇다면 납골로서의 실패한 애도, 합체는 타자의 온전한 보존이라는 측면에서 볼 때는 오히려 성공한 애도, 충실한 애도라고 볼 수 있지 않을까? 데리다는 이 역시 충실한 애도일 수 없다고 본다. 자아 내부에 타자가 타자 그 자체로서 충실하게 보존되면 될수록 이 타자는 자아로부터 분리된 채 자아와 아무런 연관성 없이 존재하게 되며, 따라서 어떤 의미에서는 입사에서보다 더 폭력적으로 타자는 자아와의 관계에서 배제되기 때문이다.

이런 분석을 통해 드러나는 것은 애도의 필연성 및 불가능성이라는 역설 또는 이중 구속이며, 이는 주체가 근본적으로 식인 주체라는 점을 보여 준다. 곧 타자와의 관계 이전에 그 자체로 존재하는 자아·주체·우리란 존재하지 않으며, 자아·주체·우리는 항상 이미 타자의 입사나 합체를 통해 **비로소** 자아·주체·우리일 수 있다는 것이다. 따라서 정상적 애도라는 관념이 전제하는 것처럼 타자로부터의 완전한 분리란 존재하지 않으며, 또한 실패한 애도라는 관념이 전제하는 것처럼 타자의 완전한 합체도 역시 존재하지 않는다. 이처럼 자아, 주체의 존재가 항상 이미 타자의 존재, 타자에 대한 애도를 전제한다면, 중요한 것은 타자의 타자성을 어떻게 존중할 것인가의 문제, 레비나스가 말한 것처럼("타인과의 관계, 곧 정의") 타자와 어떻게 정의로운 관계를 맺을 것인가의 문제이다.

데리다에 따르면 매체·기술의 발전에 따라 이미지·환영·유령들이 점점 더 증식해 가는 시대에 애도 작업의 문제는 더욱더 중요성을 띠게 되며, 이에 따라 **존재론·애도·기술** 사이의 **3중적 관계**에 대한 분석, 곧 유령론이 필수적이게 된다.

유령spectre, 망령revenant, 환영fantôme, 허깨비apparition
제목에서 짐작할 수 있듯이 유령은 이 책의 중심 개념이며, 데리다는 "스펙트르spectre" 이외에도 "르브낭revenant", "팡톰fantôme", "아파리시옹 apparition"같이 유령을 의미하는 상이한 단어들을 다양하게 활용하고 있다. 그런데 이 단어들은 모두 넓은 의미의 유령이나 귀신을 뜻하면서도 동시에 각자 얼마간 상이한 의미를 지니고 있다. 예컨대 『에코그라피』의 「유령기록」에서 데리다는 이 세 단어에 대해 다음과 같이 상이한 의미를 부여하고 있다. "사로잡힘[귀신들림]을 가리키는 거의 비슷한 낱말들 가운데서 **유령**spectre이란 말은 **망령**revenant이란 말과 달리, 볼 수 있는 어떤 것을 말합니다. 유령이란 우선 가시적인 것입니다. 그러나 그것은 비가시적인 가시적인 것, 곧 살과 뼈로 현전하지 않는 어떤 육체의 가시성입니다. 이것은 자신을 드러내 주는 그 직관을 거부합니다. 이것은 만질 수 있는 것이 아닙니다. **환영**fantôme이라는 말은 파이네스타이phainesthai(자기 자신을 드러내기), 눈앞에 나타나기, 백일하에 드러나기, 현상성을 똑같이 가리킵니다."(『에코그라피』, 204쪽. 강조는 데리다) 따라서 "revenant"이라는 단어는 '되돌아오기re-venir'라는 말에서 유래했다는 데서 알 수 있듯이 사라지지 않고 계속 되돌아오는 것을 가리킨다는 점에서 망령으로 번역될 수 있으며, 이런 점에서 비실재적인 가시성, 비가시적인 어떤 가시성을 가리키는 유령이나 환영이라는 단어와 구분된다. 더 나아가 유령은 **타자와의 비대칭적 관계**를 함축한다는 점에서 환영과 구분될 수 있다. "누군가가 내게 이 '유령spectre'이란 단어가 '존경respect'이란 단어의 완벽한 철자 바꾸기임을 알려 주었습니다. 그 이후에 저는 우연히 다른 단어도 역시 그 단어의 완벽한 철자 바꾸기임을 발견했는데, 그게 바로 '왕권sceptre'이었습니다. 존경·유령·왕권 이 세 단어들은 어떤 공동 형상을 이루고 있는데 [······] 존경이란 것은 나타나지 않으면서 나타나는, 그리고 유령으로서 나를 바라보는 타자의 법에서 비롯합니다."(『에코그라피』, 214쪽). 데리다의 이러한 용법을 감안하여 이 책에서는 유령과 환영, 망령을 각각 구별해서 번역했다. 다른 한편 "apparition"은 이 책에서 유령을 가리키는 주요 용어 중 하나인데, 프랑스어에서 "apparaître"는 "나타나다", "드러나다" 등을 의미하며, "apparition"은 이것의 명사형으로 보통 "나타남", "출현" 등의 의미를 가진다. 그런데 이 책에서 이 용어는 유령이라는 개념과 결부되어 사용되고 있기 때문에, "나타남"이나 "출현"이라는 의미보다는 "허깨비", "헛것"이라는 의미를 더 많이 함축하게 된다. 이런 점을 감안해서 이 책에서는 주로 "허깨비"로 번역했으며, "출현"이라는 의미를 특별히 강조할 필요가 있는 경우에는 "허깨비의 출현"이라고 옮겼다.

전미래futur antérieur

프랑스어에서 전미래 시제는 미래에 앞서 있는 어떤 시점을 가리킨다. 예컨대 다음과 같은 문장을 보자. "그녀가 돌아올 때쯤이면, 나는 내 번역을 끝마쳤을 것이다J'aurai fini ma traduction, quand elle reviendra." 이 문장에서 "그녀가 돌아올 때quand elle reviendra"는 미래 시제를 가리키고, 이 시제 이전에 완료될 어떤 행위, 곧 "나는 내 번역을 끝마쳤을 것이다J'aurai fini ma traduction"의 시제가 바로 전미래 시제가 된다. 이처럼 통상적인 용법에서 전미래는 미래 이전에 완료되는 어떤 시점을 가리키며, 따라서 과거와는 무관한 시제라고 할 수 있다(물론 어떤 과거의 상황에서 그 당시의 시점에서 볼 때 미래에 이루어질 행위를 염두에 두고 전미래 시제를 사용할 수는 있다).

그러나 데리다는 선형적 시간관을 전제하고 있는 일반적 용법과는 달리 전미래 시제를 과거에 대해 소급적·구조적 영향을 미치는 시제로 파악한다. 다시 X라 부르기로 하자. (1) 이러한 사건 X의 발생(또는 "돌발 surgissement")은 그때까지 누구도 예견할 수 없었던 것이라는 점에서 이 사건 이전의 시간적 흐름 또는 인과적 흐름 속에서 파악 불가능한 것이다. (2) 그런데 이처럼 사건 A가 발생한 다음, 이 사건은 자신의 과거의 시간적 흐름에 대해 소급적인 영향을 미치게 된다. 곧 사건 A가 일단 발생한 다음에는 이 사건은 필연적인 어떤 것으로, 곧 A 이전의 시간적 흐름이나 인과적 흐름의 합리적(또는 인식 가능한) 결과로 제시된다. 이렇게 되면 사건 X의 발생은 더 이상 돌발적이거나 우연적인 것이 아니라 필연적인 것, 적어도 합리적인 것이 된다. 다시 말해 A 이전의 시간적·인과적 흐름과 A라는 사건 사이에는 필연적이거나 합리적인 관계가 성립하게 된다(또는 좀더 일반적으로 말하면 목적론적인 관계라고 할 수도 있을 것이다). 데리다가 전미래 시제로 표현하려고 하는 것은 이처럼 (합리적으로 예견 불가능했다는 점에서) 우발적으로 발생한 어떤 사건이 **사후**에 필연화되는 소급적·구조적 메커니즘이다.

가령 『법의 힘』에 나오는 다음과 같은 문장을 살펴보자. "정의의 태초에 로고스, 언어활동 또는 언어가 존재했던 게 될 것이다Au commencement de la justice, il y aura eu le logos, le language ou la langue." 이 문장은 충분히 알아차릴 수 있듯이 『요한복음』 1장 1절의 "태초에 말씀logos이 계셨다"는 문장의 변용이다. 두 문장의 차이점 중 하나는 후자의 경우 과거 시제가 사용된 반면, 전자에서는 전미래 시제가 사용되고 있다는 점이다. 여기서 데리다가 전미래 시제를 사용하는 것은 후자의 문장이 외관상으로는 "말씀이 계셨다"고 말함으로써 실제로 존재했던 사태를 있는 그대로 진술하는 것처럼 보이지만, 사실은 이러한 **실제로 존재했던 사태**는 어떤 사건 X가 발생한 결과로, 또는 이 사건 X가 어떤 특정한 세력에 의해 특정한 목적에 따라 전유된 결과로, **사후에 재구성된 사태**임을 보여 주기 위해서다. 곧 태초라는 것, 기원이라는 것은 실제적인 사태, 또는 더 나아가 가장 먼저 존재했던 원인이 아니라, 사실은 억압되고 전위轉位되어displaced 드러나지 않는 어떤 우발적 사건 X의 사후적인 결과라는 것이다. 시간적이거나 인과적인 흐름이 이런 식으로 재구성되면, X라는 사건의 우발성은 말소되고 대신 X라는 사건은 재구성된 서사의 과정 속에 편입되어 태초의 어떤 기원, 근원적인 원인이 산출할 수밖에 없는 필연적 결과로 나타나게 된다.

　따라서 통상적인 전미래 시제의 용법과 데리다의 전미래 시제의 용법 사이의 차이는 전자의 경우 미래에 일어날 어떤 사건 X(이는 예견되어 있는, 또는 적어도 예측 가능한 사건이다)를 전제한 다음, 이 사건 이전에 이루어질 행위나 사건을 기술하고 있는 반면, 데리다는 전미래 시제에서는 드러나지 않는 어떤 사건 X가 소급적으로 작용하는 메커니즘을 지시하기 위해 전미래 시제를 사용하고 있다는 데 있다. 이는 다시 말하면 데리다의 전미래 시제 용법은 이중적임을 의미한다. 곧 데리다의 용법에서 (1) 완료에 해당하는 부분("했던 게")은 **과거에 대한 소급 작용 및 그 결과**를 가리키며 (2) 미래에 해당하는 부분("될 것이다")은 이러한 소급 작용의 **구조적 필연성**을 가리킨다. 곧 이러한 소급 작용은 어떤 특정한 사건의 경우에만 발생하는 것도 아니고 앞으로 언젠가는 소멸하게 될 일시적인 역사적 불운도 아니다. 이는 모든 역사적인 사건, 행위에 필연적으로 수반될 수밖에 없는 메커니즘이다(그러므로 위에서 말한 "특정한 세력에 의해 특정한 목적에 따라 전유된 결과"라는 표현을 잘못 이해하지 않도록 주의해야 한다). 따라서 데리다의 전미래 시제 용법은 선형적인 시간관을 전제하는 일상적 용법과 달리 —— 말하자면 —— 시간의 시간화 내지는 역사의 역사화 메커니즘을 보여 준다고 할 수 있다. 이러한 이중적인 측면을 보여 주기 위해 이 책에서 전미래 시제로 씌어진 문장들은 대개 "~했던 게 될 것이다"로 옮겼다.

전유appropriation, 비전유expropriation, 탈전유exappropriation

전유專有와 관련된 이 개념들은 데리다의 저작에서 자주 등장하는 용어들이다. "appropriation"이라는 단어는 "자기 것으로 삼다"는 의미를 지닌 라틴어 "appropriare"에서 유래한 것인데, 이 라틴어는 "ad + proprium"이 합쳐져서 만들어진 것으로, "고유한", "자기 소유의", "본래의"라는 뜻을 지닌 "proprius"를 어근으로 하고 있다(또한 이 라틴어는 그리스어 "oikos"에서 유래한 것이다). 따라서 "appropriation"은 "전유" 또는 "자신의 것으로 삼기"를 의미할 뿐만 아니라 자아나 주체의 "고유성", "동일성"을 구성하고 확보한다는 의미에서 "고유화"라는 뜻도 포함하고 있다. 반면 "비전유"라는 말은 보통 "몰수"나 "징발", (토지 등의) "수용收用" 등을 뜻한다. 하지만 데리다에게 이 용어는 또한 전유나 소유의 포기, 중지 등을 의미한다. 다시 말해 "expropriation"은 "appropriation"과 달리 자아나 주체가 자신과 다른 타자를 자신의 일부로 병합하거나 합체하는 일을 중지하는 것, 포기하는 것을 의미한다. 가령 무소유라든가 순수한 비폭력 같은 것이 데리다가 말하는 "비전유"에 가까운 의미라고 할 수 있다.

이 두 가지 용어가 일상어에서 자주 사용되는 단어들인 반면, "탈전유", 곧 "exappropriation"이라는 개념은 전유를 뜻하는 "appropriation"

앞에 "ex-"라는 접두어를 추가함으로써 데리다가 새롭게 고안해 낸 신조어다. "전유"가 자신과 다른 대상이나 타자를 주체 안으로 병합하고 합체하는 운동을 가리키고, 반대로 "비전유"는 이러한 운동을 포기하거나 완전히 중지하는 것을 의미한다면, "탈전유"는 한편으로는 전유가 함축하는 타자의 동일화, 타자의 병합의 운동에 대한 반대나 저항을 뜻하면서 다른 한편으로는 비전유가 가져올지도 모르는 자기 파괴나 최악의 부정적인 결과(예컨대 저항을 포기함으로써 오히려 지배를 강화하는 결과를 낳는 것)를 피할 수 있는 길을 모색하는 운동이라고 볼 수 있다. 바로 이러한 의미에서 데리다는 때로 "탈전유"를 "유한한 전유"라고 부르기도 한다. 곧 "탈전유"는 자아나 주체가 자기 파괴로 치닫지 않는 가운데 타자의 타자성을 유지하고 긍정하려는 운동이라고 할 수 있다.

『에코그라피』에 나오는 다음 구절은 이러한 데리다의 의도를 잘 보여준다. "제가 '탈전유'라고 부른 것은 이중 운동을 말합니다. 곧 이는 내가 의미를 인지하든 그렇지 않든 간에, 그 의미가 내게는 낯설고 초월적인 타자로 남아 있으며 여전히 타자성이 존재하는 그곳에 머물러 있음을 내가 알고 또한 그러하기를 욕망하지만, 그러면서도 동시에 그 의미를 내 것으로 전유하기 위해서 그 의미를 향해 나아가는 이중 운동입니다. 내가 만일 의미를 완전하고 철저하게 그리고 남김없이 내 것으로 재전유할 수 있다면 의미란 존재하지 않을 것입니다. 내가 만일 의미를 절대적으로 내 것으로 전유하고자 하지 않는다면 그 경우에도 역시 의미는 존재하지 않을 것입니다. 따라서 유한한 전유의 운동, 즉 탈전유가 있어야만 합니다. [……] 나는 이것이 내 것이기를 원해〈야만 하〉고, 이는 먹고 마시고 지각하고 애도하는 것에서만큼이나 사랑 관계에서도 유효합니다. 그러나 이것이 내 것이라는, 또는 내가 이를 원한다는 데에 어떤 이로움이 존재하기 위해서는 이것은 충분히 타자로 남아 있어야 합니다."(『에코그라피』, 195쪽. 강조는 데리다).

현존의 형이상학métaphysique de la présence

현존의 형이상학 또는 현전現前의 형이상학이라는 개념은 데리다와 관련하여 가장 널리 사용되는 대표적인 개념 중 하나다. 이 개념은 서양의 형이상학에 대한 하이데거의 "해체" 작업을 계승하면서 동시에 그것을 비판적으로 변형시키려는 데리다의 초기 작업을 집약적으로 표현해 준다.

따라서 현존의 형이상학이라는 개념에 대한 이해는 하이데거의 철학에 대한 이해를 전제하는데, 간략히 다음과 같이 말해 볼 수 있을 것이다. 보통 하이데거의 철학은 『존재와 시간』(1927)으로 대표되는 초기의 작업과 이른바 "전회Kehre" 이후(대략 니체에 대한 강의가 이루어진 1930년대 후반 이후)에 전개되는 후기의 작업으로 구별된다. 초기 하이데거의 작업은 현존재Dasein의 분석으로서 기초 존재론을 확립하려는 시도로 볼 수 있다. 하이데거는 존재자의 이러저러한 측면이나 영역들을 이론적으로 확립하려는 작업으로서 모든 학문은 인간 현존재가 일상적인 삶 속에서 자기 주위의 존재자들과 맺고 있는 실천적인 관계(후설이나 하버마스가 말하는 "생활 세계"로 이해할 수도 있다)에 뿌리를 두고 있다고 본다. 따라서 특수한 존재자의 영역이 아니라 존재자의 존재가 가지는 의미 자체를 해명하려는 존재론으로서의 철학은 이러한 현존재가 자신의 존재("실존")를 이해하는 방식에 근거를 두어야 하는데, 하이데거는 이를 바로 기초 존재론이라고 부른다.

반면 전회 이후에 하이데거는 더 이상 인간 현존재에 대한 분석에서 출발하여 존재의 의미를 해명하려 하지 않고 대신 존재 자체의 사태에서 출발하려고 시도한다. 이를 위해 그는 서양의 철학이 형이상학화되기 이전의 사상, 곧 소크라테스 이전의 자연철학자들의 단편에 나타난 존재 이해를 출발점으로 삼는다(본문에서 논의되는 「아낙시만드로스의 금언」역시 이러한 노력의 일환이다). 그는 이들의 단편에서 존재가 "현존présence"(독일어로는 "Anwesen")으로서 드러나고 있다고 본다. 곧 이들에게는 존재가, 현존하는 것을 현존하게 해 주는 운동 내지 사건으로서 나타난다(또는 하이데거 식으로 말하면 "탈은폐된다"). 반면 플라톤이나 아리스토텔레스에 이르면 벌써 존재의 망각이 일어나서 존재는 더 이상 이러한 현존하게 해 줌의 사건으로서 이해되지 않고, 어떤 항구적인 실체로, 곧 "현존자présent"(das Anwesende) 내지 "현존성"(Anwesenheit)으로 간주된다(하이데거에 따르면 우시아ousia, 수브스텐시아substantia, 코기토cogito 등과 같은 서양 철학사의 근간 개념들은 이러한 존재 망각의 표현들이다). 따라서 서양의 형이상학은 소크라테스 이전의 사상가들에서 탈은폐되었던 존재(곧 현존하는 것들을 현존하게 해 주는 선사의 사건으로서 존재)가 점차로 망각되어 온 역사이며, 이는 니체에 이르러 절정에 이르렀다고 본다.

이것이 하이데거가 말하는 현존의 형이상학의 대략적인 내용이다. 하지만 현존의 형이상학이라는 명칭 자체는 하이데거가 아니라 데리다가 붙인 것이다. 데리다는 하이데거의 논의를 따라 서양의 형이상학을 포괄적으로 "현존의 형이상학"이라고 부른다. 그러나 그는 하이데거와 달리 소크라테스 이전 철학자들의 단편에서 존재가 원초적으로 자신을 드러낸다고 보지 않으며, 철학사에 속한 철학자들의 저작 속에서만 서양 형이상학의 흔적을 발견할 수 있다고 생각하지도 않는다. 또 어떤 의미에서는 하이데거 자신도 여전히 현존의 형이상학의 울타리 안에 갇혀 있다고 본다.

데리다에서 현존의 형이상학은 일차적으로 기의와 기표, 또는 음성과 기록의 문제로 나타난다. 곧 그에 따르면 서양의 형이상학은 의미나 진리의 생생한 현존으로서 로고스를 추구해 왔으며, 이러한 로고스는 음성을 통해서 생생하게, 현존 그대로 드러난다고 간주해 왔다. 이는 플라톤이나 아우구스티누스 같은 오래된 철학자에서 볼 수 있을 뿐만 아니라 루소나 헤겔 또는 후설이나 하이데거 같은 철학자, 그리고 소쉬르나 레비스트로스 같은 20세기의 '인문학자들의 작업에서도 나타난다는 것이 데리다의 생각이다. 다시 말해 로고스가 생생하게 구현되는 자연적인 매체로 음성을 특권화하고 대신 문자나 기록 일반은 이러한 음성을 보조하는 데 불과한(심지어 배반하기도 하는) 부차적인 도구로 간주하는 이론에서는 어디서든 현존의 형이상학이 드러난다는 것이다. 따라서 데리다에게 현존의 형이상학은 로고스 중심주의이자 음성 중심주의를 뜻하며(나중에는 특히 라캉에 대한 논의를 통해 이는 팔루스 중심주의로 확장된다), 이것이 로고스의 자연적인 발현 장소로서 음성을 특권화하는 한에서 이는 또한 기술에 대한 폄훼와도 밀접하게 관련되어 있다.

데리다는 서양의 형이상학에 대한 하이데거의 해체 작업은 근본적인 중요성을 지니고 있지만, 동시에 그것이 "존재의 부름l'appel de l'être"이나 "존재의 목소리voix de l'être"같이 음성 중심주의를 함축하는 모호한 은유에 의존하고, 또 존재의 의미는 기호들, 기록들의 연관망에서 벗어나 있다고 간주하는 한에서는 여전히 서양 형이상학의 울타리 안에 갇혀 있다고 본다.

로고스 중심주의, 음성 중심주의로서 현존의 형이상학이라는 주제는 초기 데리다의 저작에서 광범위하게 나타나지만, 80년대 이후의 후기 작업에서는 거의 언급되지 않고 있다. 반면 초기 저작에서는 하이데거의 형이상학 "해체"(또는 "극복überwindung")의 주요 개념인 "es gibt"(보통 사용되는 의미로 한다면 "~이 있다")나 "Ereignis"(보통은 "사건"을 의미하지만, 하이데거는 이 단어에 함축된 "고유한eigen"이라는 어간을 적극적으로 활용해서 사용하고 있다) 또는 "장래Zukunft" 등에 대한 논의가 거의 나타나지 않고 있다가, 『법의 힘』이나 『시간의 선사Donner le temps』(1992), 『마르크스의 유령들』 또는 『아포리아』(1996) 등에서는 광범위하게 활용되고 또 변용되고 있다("장래avenir"와 "도래à-venir", "도착하는 이arrivant", "선사don", "임박함imminence", "사건", "전유", "비전유", "탈전유" 등이 그 사례). 이런 의미에서 하이데거의 서양 형이상학 해체는 데리다 철학의 주요 원천이면서 또 가장 중요한 대결의 쟁점이라고 할 수 있다. 데리다가 하이데거를 자신의 유령이라고 말한 것은 이 때문이다.

찾아보기